20/02

Goldmann Klassiker

LYRIK DES OSTENS

Gedichte der Völker Asiens

Herausgegeben von
Wilhelm Gundert, Annemarie Schimmel und
Walther Schubring

Wilhelm Goldmann Verlag

Redaktion: Herbert G. Göpfert

Made in Germany · 3/80 · 1. Auflage · 1112
Genehmigte Taschenbuchausgabe

Umschlagentwurf: Atelier Adolf & Angelika Bachmann, München
Druck: Presse-Druck Augsburg
Verlagsnummer: 7588
Lektorat: Martin Vosseler · Herstellung: Lothar Hofmann
ISBN 3-442-07588-2

Wer sich selbst und andre kennt,
Wird auch hier erkennen:
Orient und Okzident
Sind nicht mehr zu trennen.

Sinnig zwischen beiden Welten
Sich zu wiegen, laß ich gelten;
Also zwischen Ost und Westen
Sich bewegen, sei's zum besten.

GOETHE

Vorderer Orient

Ägyptische Hymnen

Aus dem Streit des Lebensmüden mit seiner Seele

Heut steht der Tod vor mir,
Wie die Genesung vor dem Kranken,
Der ausgehn soll nach seiner Krankheit.

Heut steht der Tod vor mir,
Wie Duft von Myrrhen,
Wenn man unterm Segel sitzt im Winde.

Heut steht der Tod vor mir
Wie der Geruch von Lotosblüten,
Wenn man am Ufer sitzt der Trunkenheit.

Heut steht der Tod vor mir
Wie ein betretener Weg,
Wie eines Mannes Heimkehr aus dem Kriege.

Heut steht der Tod vor mir,
Wie man sein Haus zu sehen wünscht
Nach langen Jahren der Gefangenschaft. *nach Erman*

Klage des blinden Harfners über die Vergänglichkeit

Geschlechter gehn vorüber,
Und andre bleiben, seit der Zeit der Vorfahren.
Die Götter, die einst waren, ruhen in ihren Pyramiden,
So auch die Edlen und Verklärten begraben in ihren Pyramiden.
Die einst Häuser bauten – ihre Stätten sind nicht mehr,
Was hat man mit ihnen getan?
Ich habe die Worte des Imhotep und Dedefhor gehört,
Deren Sprüche man überall anführt –
Wie ist es mit ihren Stätten?
Ihre Mauern sind zerstört, ihre Stätten sind nicht mehr,
Als wären sie nie gewesen.
Keiner kommt wieder von dort, zu erzählen, wies ihnen geht,
Zu erzählen, wes sie bedürfen, unser Herz zu beruhigen,

Bis ihr dem Orte naht, an den sie gegangen sind.
Sei wohlgemut, laß das Herz vergessen, daß man dich einst verklären wird.
Folge deinem Herzen, solange du lebst,
Leg Myrrhen auf dein Haupt und kleide dich in feines Linnen,
Salbe dich mit den echten Wundern der Gottesdinge.
Vermehre dein Gutes, laß dein Herz nicht ermatten,
Folge deinem Herzen und deinem Vergnügen,
Verrichte deine Sachen auf Erden und quäle dein Herz nicht,
Bis jener Tag des Wehgeschreis zu dir kommt.
Der mit ruhendem Herzen, Osiris, erhört ihr Schreien nicht,
Und die Klagen erretten niemanden aus der Unterwelt.
  Feire den frohen Tag, und werde sein nicht müde –
  Siehe, niemandem ist vergönnt, seine Habe mit sich zu nehmen,
  Siehe, keiner, der fortgegangen ist, kehrt zurück!

Erman

Echnaton

Aus dem Sonnengesang

Du erstrahlst so schön im Lichtberg des Himmels,
Du lebendige Sonne, die zuerst zu leben anfing.
Du leuchtest auf im östlichen Horizont
Und erfüllst alle Lande mit deiner Schönheit.
Du bist schön und gewaltig, glänzend und hoch über allen Landen.
Deine Strahlen umarmen die Länder bis zum letzten Ende deiner Schöpfung.
Du bist fern, und doch sind deine Strahlen auf der Erde.
Du bist im Angesicht der Menschen, und doch kann man deinen Weg nicht sehen.
Gehst du zur Rüste am westlichen Horizont,
So ist die Welt in Finsternis wie im Tode:
Die Schläfer sind in der Kammer, die Häupter verhüllt,
Nicht kann ein Auge das andere sehen.
Jedes Raubzeug kommt hervor aus seiner Höhle,
Und alles Schlangengewürme beißt.

Die Welt liegt in Stille, denn der sie schuf, ist zur Ruhe
gegangen.
Im Morgengrauen aber leuchtest du wieder auf und
glänzest aufs neue als Sonne am Tage.
Es weicht die Finsternis, sobald du deine Strahlen spendest,
Die Länder sind in Festesstimmung,
Die Menschen erwachen und stellen sich auf die Füße:
Du hast sie sich erheben lassen.
Sie waschen ihren Leib, sie nehmen die Kleidung,
Ihre Hände erheben sich in Anbetung, weil du erschienen
Die ganze Welt tut ihre Arbeit. [bist.
Alles Vieh labt sich an seinem Kraute,
Bäume und Pflanzen grünen;
Die Vögel fliegen auf aus ihrem Neste,
Ihre Flügel erheben sich in Anbetung für dich.
Alles Wild hüpft auf den Füßen,
Was da kreucht und fleucht,
Sie leben, da du ihnen aufgeleuchtet bist ...
Wie zahlreich sind doch deine Werke!
Sie sind verborgen vor dem Angesicht der Menschen.
Du einziger Gott, außer dem es keinen andern gibt,
Du hast die Erde geschaffen nach deinem Sinn,
Du einzig und allein,
Mit Menschen, Herden und allem Getier.
Die Fremdvölker, Syrien und Äthiopien und das Land
Ägypten ...
Du hast den Himmel gemacht fern von der Erde,
Um an ihm zu erstrahlen,
Um alles, was du, einzig du, erschaffen hast, zu sehen,
Wenn du aufleuchtest in deiner Gestalt als lebendige Sonne
Strahlend und glänzend, fern und doch so nah.
Du machst Millionen Gestalten aus dir, dem *Einen*,
Städte, Dörfer, Äcker, Wege und Ströme. *Junker*

Aus den „Sprüchen der Grossen Herzensfreude"

Mein Herz springt eilends,
Sobald ich an meine Liebe zu dir denke.

Es läßt mich nicht wie ein Mensch gehen
und hüpft auf seinem Platze.

Nicht läßt es mich ein Kleid ergreifen.
Nicht nehme ich meinen Fächer.
Nicht lege ich Schminke an mein Auge.
Nicht salbe ich mich mit Wohlgeruch.

„Halte nicht an! Du erreichst das Ziel!"
Sagt es mir, so oft ich an ihn denke.
Mache mir, mein Herz, keinen Kummer!
Warum handelst du töricht?

Warte gefaßt! Der Geliebte kommt zu dir,
Ebenso aber die Augen der Vielen.
Laß nicht die Menschen über mich sagen:
„Jene Frau ist in Liebe gefallen!"

Mögest du fest bleiben, so oft du an ihn denkst,
Mein Herz, und nicht springen! *Schott*

Ich werde mich drinnen niederlegen
Und so tun, als wäre ich krank.
Dann treten meine Nachbarn ein, nachzusehen.
Dann kommt meine Geliebte mit ihnen.

Sie wird die Ärzte überflüssig machen,
Denn sie kennt meine Krankheit.

Die Stimme der Wildgans schreit,
Die von ihrem Köder gepackt ist.
Deine Liebe, die mich zurückhält,
Kann ich nicht lösen.

Ich werde meine Netze abschlagen.
Was soll ich meiner Mutter sagen,
Zu der ich jeden Tag gehe,
Mit Vogelfang beladen?

Heute habe ich keine Falle aufgestellt.
Die Liebe zu dir hat mich gefangen. *Schott*

Aus den „Liedern vom Fluss“

Die Liebe der Geliebten ist auf jener Seite.
Der Fluß ist zwischen uns.
Ich will zu ihr.
Ein Krokodil liegt auf der Sandbank.

Ich steige in das Wasser
Und wate durch die Wellen.
Mein Herz ist stark in der Flut.
Das Wasser ist wie Land für meine Füße.

Denn die Liebe zu ihr ließ mich gefeit sein,
Als hätte sie mir Wasserzauber gesungen. *Schott*

Aus den „Heiteren Liedern zum Brautkranz“

Winden sind in ihm,
Vor denen man erhöht wird.

Ich bin deine Geliebte, die Beste.
Ich gehöre dir wie der Garten,
Den ich mit Blumen bepflanzt habe
Und mit allerlei süßduftenden Kräutern.

Lieblich ist der Kanal darin,
Den deine Hand gegraben hat,
Uns im Nordwind zu erquicken,
Ein schöner Platz zum Wandeln.

Deine Hand liegt auf meiner Hand.
Meinem Leib ist wohlgetan.
Mein Herz ist in Freude,
Weil wir zusammen gehen.

Deine Stimme zu hören, ist mir Süßwein.
Ich lebe davon, sie zu hören.
Jeder Blick, mit dem ich angesehen werde,
Nützt mir mehr als Essen und Trinken. *Schott*

An die Liebesgöttin Hathor

Komm, Goldene, die vom Gesange zehrt,
Deren Herzenswunsch der Tanz ist,
Die über Jubel zur Ruhezeit strahlt,
Die über Tanz in der Nacht glücklich ist.

Komm und wandle an der Stätte der Trunkenheit
In jener Säulenhalle der Ergötzung.
Ihre Ordnung bleibt, ihre Vorschrift steht.
In ihr gibt es keinen unerfüllten Wunsch.

Dich begütigen Königskinder mit dem, was du liebst.
Fürsten opfern dir immer wieder.
Dich preist der Festpriester mit Lobgesängen.
Der Gelehrte liest dein Festbuch.

Dich rühmt der Musikant mit seiner Trommel
Und die mit Tamburinen mit ihren Fingern.
Über dich frohlocken Frauen mit Kränzen
Und Mädchen mit Blumengebinden.

Dir lärmen Trunkene in der Nacht.
Dir singen die, welche am Morgen wecken.
Dir springen Beduinen mit ihren Gürteln
Und Nubier mit ihren Stöcken.

Die Libyer klettern vor dir am Kletterbaum.
Dich grüßen die Bärtigen vom Gottesland.
Dir hüpfen die Meerkatzen mit Stöcken
Und die Affen mit Stäben.

Für dich legen die Greife ihre Flügel an.
Zu dir heben die Füchse ihre Häupter.
Dich preisen die Nilpferde mit aufgesperrten Mäulern
Und erheben vor dir ihre Tatzen. *Schott*

Aus dem Gilgamesch-Epos

Zwiegespräch zwischen Gilgamesch und der Schenkin

Der mit mir durchwanderte alle Fährnisse,
Enkidu, den ich liebte ...
Der mit mir durchwanderte alle Fährnisse,
Seitdem er dahingegangen ist zu dem Geschick der Menschheit,
Weinte ich Tag und Nacht um ihn.
Ich ließ ihn nicht begraben:
Vielleicht würde doch mein Freund auferstehen auf meine Rufe.
So lag er sieben Tage und sieben Nächte,
Gleich einem Wurm, auf seine Nase gefallen.
Seit seinem Tode hab' ich das Leben nicht mehr gefunden,
Bin gleich einem Verbrecher in der Steppe umhergejagt.
Jetzt, Schenkin, blick ich in dein Antlitz,
Daß ich den Tod, den ich fürchte, nicht erleben muß!

Die Schenkin sprach zu ihm, zu Gilgamesch:
„Gilgamesch, wohin schweifst du?
Das Leben, das du suchst, wirst du nicht finden.
Als die Götter die Menschheit schufen,
Haben sie Tod bestimmt für die Menschheit,
Das Leben haben sie in ihrer Hand behalten.
Du, Gilgamesch, voll sei dein Bauch,
Tag und Nacht vergnüge dich,
Täglich mach ein Freudenfest,
Tag und Nacht tanze und springe!
Gesäubert seien deine Kleider,
Dein Kopf sei rein, im Wasser seiest du gewaschen!
Schau auf den Kleinen, der dich bei der Hand genommen hat,
Die Gattin vergnüge sich in deiner Umarmung ...

Landsberger

Hymnen

Sumerische Hymne an den Gewittergott Adad

Wenn der Herr zürnt,
  zittert der Himmel vor ihm,
Wenn Adad grollt,
  bebt die Erde vor ihm;
Große Berge
  strecken sich vor ihm nieder.
Bei seinem Zürnen,
  bei seinem Grollen,
Bei seinem Brüllen,
  bei seinem Tosen
Sind die Götter des Himmels
  zum Himmel emporgestiegen,
Die Götter der Erde
  in die Erde hineingegangen;
Die Sonne ist hineingegangen
  in den Grund des Himmels,
Der Mond verschwunden
  in des Himmels Höhe ... *Zimmern*

Aus einem Hymnus an den Mondgott Sin

Kräftiger junger Stier mit starken Hörnern, vollkommenen Gliedmaßen, lasurfarbenem Bart, voller Üppigkeit und Fülle,
Frucht, die von selbst erzeugt wird, von hohem Wuchs, herrlich anzuschauen, an deren Fülle man sich nicht sättigen kann!
Mutterleib, der alles gebiert,
  der bei den lebenden Wesen einen glänzenden Wohnsitz aufschlägt,
Barmherziger, gnädiger Vater,
  in dessen Hand das Leben des ganzen Landes gehalten wird;
O Herr, deine Gottheit ist wie der ferne Himmel,
  wie das weite Meer, voller Ehrfurcht!
Dein, dein Wort: wenn es im Himmel erschallt,
  werfen die Igig sich auf das Antlitz nieder,

Dein, dein Wort: wenn es auf Erden erschallt,
küssen die Anunnak den Boden.
Dein, dein Wort: wenn es droben wie der Sturmwind
dahinfährt, läßt es Speise und Trank gedeihen,
Dein, dein Wort: wenn es auf die Erde sich niederläßt,
so entsteht das Grün.
Dein, dein Wort macht Stall und Hürde fett,
breitet aus die Lebewesen,
Dein, dein Wort läßt Wahrheit und Gerechtigkeit entstehen,
so daß die Menschen die Wahrheit sprechen.
Dein, dein Wort ist der ferne Himmel,
die verborgene Erde, die niemand durchschaut,
Dein, dein Wort, wer verstünde es,
wer käme ihm gleich? *Perry*

Klage um Tammuz, den Fruchtbarkeitsgott und Geliebten der Ischtar

Um den Entschwundenen
wird Wehklage angehoben:
„O mein Kind!" wird um den Entschwundenen gewehklagt.
„O mein Tammuz!" wird um den Entschwundenen gewehklagt,
„O mein Salbungspriester!" wird um den Entschwundenen
gewehklagt.
Von der glänzenden Zeder aus,
da ihn die Mutter gebar,
Von Eanna aus, nach oben und unten
wird gewehklagt.
Das Haus des Herrn wehklagt, wehklagt,
Die Stadt des Herrn wehklagt, wehklagt.
Diese Klage ist eine Klage um die Pflanze,
die keine Blüte hervorbringt,
Diese Klage ist eine Klage um das Getreide,
das keine Ähre hervorbringt,
Es ist um Schatz und Besitz,
die Schatz und Besitz nicht neu hinzubringen,
Um die schwachen Gatten, schwachen Kinder,
die Kraft nicht hervorbringen.

Diese Klage ist eine Klage um den tiefen Fluß,
der Schilf nicht hervorbringt,
Diese Klage ist eine Klage um das Feld,
das Getreide, Pflanzen nicht hervorbringt.
Diese Klage ist eine Klage um den Teich,
der Fische nicht hervorbringt,
Diese Klage ist eine Klage um das Röhricht,
das Rohr nicht hervorbringt.
Diese Klage ist eine Klage um die Wälder,
die Tamarisken nicht hervorbringen.
Diese Klage ist eine Klage um die Steppe,
die Sträucher nicht hervorbringt.
Diese Klage ist eine Klage um die Beete,
die Gewürzkräuter nicht hervorbringen.
Diese Klage ist eine Klage um den Brunnen des Gartens,
der Met, Rebenwein nicht hervorbringt.
Diese Klage ist eine Klage um den Palast,
der langes Leben nicht hervorbringt. *Zimmern*

Amos

Drohwort (9, 1—4)

Ich sah den Herrn am Altare stehn.
Er schlug den Knauf, daß die Schwellen erbebten.
Und sprach: Ich will . . .
ihren Rest mit dem Schwerte töten.
Nicht einer soll entrinnen,
nicht einer soll entkommen.
Wenn sie zur Hölle durchbrechen, hol ich sie mir.
Wenn sie zum Himmel auffahren, stürz ich sie herunter.
Wenn sie sich auf dem Gipfel des Karmels verstecken,
spür ich sie auf und fasse sie.
Wenn sie sich auf dem Grunde des Meeres verbergen,
gebiet ich der Schlange, sie zu beißen.
Und wenn sie vor ihren Feinden her in die Gefangenschaft ziehn,
so befehle ich dem Schwert, sie zu töten.

Balla

Unbekannter Prophet

Orakel (Jes. 17, 12—14)

Ha Brausen vieler Völker,
wie Meeresbrausen brausen sie.
Tosen gewaltiger Nationen,
wie Wassertosen tosen sie.

Er fährt es an,
es flieht in die Weite,
gejagt wie Spreu vom Wind,
wie dürres Laub vom Sturm.

Am Abend noch Schrecken,
ehe der Morgen tagt, ist es vorbei.
Das ist das Geschick unserer Räuber,
das Los unserer Plünderer.

Balla

Unbekannter Prophet

Orakel über den Fall Babylons (Jes. 21, 1-10)

Ein Brausen wie Stürme
im Südlande fahrend
kommt aus der Wüste,
dem furchtbaren Lande.
Ein grauses Gesicht
wird mir kund:
Ein Räuber raubt!
Ein Verwüster verwüstet!

Drum beben
meine Hüften auf einmal.
Krampf hat mich gepackt
wie Krampf einer Gebärenden.
Mein Herz klopft stürmisch,
Angst hat mich befallen.
Die Dämmerstunde, die ich sonst so liebte,
ist mir grauenvoll geworden.

Denn der Herr
hat mir gesagt:
„Stelle den Späher auf.
Was er sieht, soll er melden!
Und sieht er Kolonnen,
Rossegespanne,
so soll er lauschen,
lauschen, lauschen."

Der Späher rief: „Ich sehe,
da kommen
Kolonnen von Menschen,
Rossegespanne!"
Er schrie: „Gefallen,
gefallen ist Babel!
All seine Götzen
sind zu Boden geschmettert!"

Mein zermalmtes,
zertretenes Volk:
Was ich vernommen,
hab ich verkündigt. *Balla*

PSALMEN

Psalm 8

Herr, unser Herrscher, wie herrlich ist dein Name in
allen Landen, du, den man lobet im Himmel!
Aus dem Munde der jungen Kinder und Säuglinge hast du
eine Macht zugerichtet um deiner Feinde willen,
daß du vertilgest den Feind und den Rachgierigen.
Wenn ich sehe die Himmel, deiner Finger Werk,
den Mond und die Sterne, die du bereitet hast:
Was ist der Mensch, daß du seiner gedenkest,
und des Menschen Kind, daß du dich seiner annimmst?
Du hast ihn wenig niedriger gemacht denn Gott,
und mit Ehre und Schmuck hast du ihn gekrönt.
Du hast ihn zum Herrn gemacht über deiner Hände Werk;
alles hast du unter seine Füße getan:
Schafe und Ochsen allzumal,
dazu auch die wilden Tiere.
Die Vögel unter dem Himmel und die Fische im Meer,
und was im Meer gehet.
Herr, unser Herrscher, wie herrlich ist dein Name
in allen Landen! *Luther*

Psalm 30

Ich will dich preisen, Herr, denn du zogst mich empor
und ließest meine Feinde sich nicht freuen über mich.
Herr, du mein Gott, ich schrie zu dir,
und du hast mich geheilt.
Du, Herr, hast mich der Unterwelt entrissen,
halfst mir zum Leben aus der Schar der Todgeweihten.

Lobsingt dem Herrn, ihr seine Frommen,
preist seinen heilgen Namen!
Nur kurz steht man in seinem Zorn,
ein Leben lang in seiner Güte.
Am Abend kehrt das Weinen ein,
am Morgen ist schon Jubel da.

Einst dacht ich in sorglosem Glück:
„Niemals komm ich ins Wanken!
Herr, du hast mich in deiner Huld
auf schirmende Berge gestellt!"
Doch du verbargst dein Antlitz,
da wurde ich bestürzt.

Ich rief, o Herr, dich an,
um Gnade flehte ich zu Gott:
„Was nützt dir denn mein Tod, wenn ich zur Grube fahr?
Preist dich der Staub, kündet er deine Treue?
Hör, Herr, und sei mir gnädig;
Herr, sei ein Helfer mir!"

Mein Klagen hast in Freudenreigen du verwandelt,
mein Trauerkleid gelöst, mit Freude mich gegürtet,
damit dir meine Seele singe und nicht schweige,
damit ich, Herr, mein Gott, dir immer danke!

Fohrer

Psalm 126
(Volksklagelied)

Als einst der Herr die Heimkehrer nach Zion brachte,
war uns, als träumten wir.
Damals war unser Mund voll Lachen,
voll Jubel unsre Zunge.

Damals sprach man: „Der Herr hat Großes
vollbracht an ihnen!"
Ja, Großes hatte uns der Herr getan,
des waren wir so froh!

Wende nun, Herr, unser Geschick
gleich Bächen im Südlande!
Die jetzt mit Tränen säen,
mögen mit Jubel ernten!
Sie gehen weinend hin,
tragen den Beutel voller Samen,
doch jubelnd mögen sie heimkehren,
wenn sie die Garben tragen! *Fohrer*

Aus dem Hohenlied

(Kap. 8, 1-7)

O daß du mir gleich einem Bruder wärest,
der meiner Mutter Brüste gesogen!
Fände ich dich draußen, so wollte ich dich küssen,
und niemand dürfte mich höhnen!
Ich wollte dich führen und in meiner Mutter Haus
bringen,
da du mich lehren solltest;
Da wollte ich dich tränken mit gewürztem Wein
und mit dem Most meiner Granatäpfel.
Seine Linke liegt unter meinem Haupt,
und seine Rechte herzt mich.
Ich beschwöre euch, ihr Töchter Jerusalems,
daß ihr meine Liebe nicht aufweckt, noch reget,
bis es ihr selbst gefällt.
Wer ist die, die heraufsteiget von der Wüste,
und lehnet sich auf ihren Freund?
Unter dem Apfelbaum weckte ich dich,
da ist dein genesen deine Mutter,
da ist dein genesen, die dich geboren hat.
Setze mich wie ein Siegel auf dein Herz
und wie ein Siegel auf deinen Arm.

Denn Liebe ist stark wie der Tod,
und ihr Eifer ist fest wie die Hölle.
Ihre Glut ist feurig
und eine Flamme des Herrn,
Daß auch viele Wasser nicht mögen die Liebe auslöschen,
noch die Ströme sie ertränken.
Wenn einer alles Gut in seinem Hause um die Liebe geben wollte, so gälte es alles nichts. *Luther*

Salomo ben Gabirol

Morgengebet

Am Morgen eil ich dir, o Herr, entgegen,
Dir tönt mein Morgen-, dir mein Abendsegen.
Vor deiner Größe steh ich scheu, erschrocken –
Was kann, dir unbemerkt, in mir sich regen?
Was will mein Herz? Was kann die Zunge stammeln?
Mein höchster Flug – vor dir, o wie verwegen!
Doch dir gefällt der Menschen Preis, drum dank ich,
So lange nur dein Hauch mich will bewegen!

Heller

R. Meir

Seufzen, Wimmern,
Jammerklagen!
Schwerter klirren,
Die mein armes Volk erschlagen,
Das die Mörder
Noch zu höhnen wagen,
Die Entsetzten, Müdgehetzten
Aus dem Lande jagen!
Felsenriffe
Bluten, wo wir sterbend lagen –
Kannst du, Herr, kannst du's ertragen?

Pest von Schwindlern
Hören wir uns schelten,
Als Verruchte, als Verfluchte
Läßt man uns nur gelten;
Unter Schauern kauern
Wir in Höhlen – Todeszelten,
Wo die Leiber unsrer Weiber,
Unsrer Kleinen sie zerschellten.
So verachtet, hingeschlachtet,
Muß ich, muß verzagen –
Kannst du, Herr, kannst du's ertragen?

Feinde pflanzen
Zahllos auf die Zeichen,
Schleudern Speere,
Die das Herz erreichen,
Raufen, schänden das Gesicht mit Bränden,
Füllen Gruben mit den Leichen.
Wenn im Tale
Tiefgeduckt wir schleichen,
Spähn die Schergen von den Bergen.
Auf uns loszuschlagen –
Kannst du, Herr, kannst du's ertragen?

Vorn die einen,
Andre stehn im Rücken;
Wie mit Sägen sie zu Schlägen
Und mit Äxten an uns rücken!
Ammon, Amalek, sie alle
Üben Tück' auf Tücken,
Edom tut es allen
Vor, uns zu bedrücken;
Mord und Tod erwartet,
Die sich ihm nicht bücken!
Eingeschlungen, was errungen
Unter Müh und Plagen –
Kannst du, Herr, kannst du's ertragen?

Wie wir stöhnen
Unter solchen Ruten,

An Gestrüpp und Dornen
Uns verbluten!
Warum den Tyrannen
Gabst du preis die Guten,
Löwen uns zur Beute,
Wilden Wasserfluten?
Wie am Nacken roh sie packen,
Schimpf ins Antlitz sagen –
Kannst du, Herr, kannst du's ertragen?

Sieh in Not und Drangsal
Uns der Hoffnung leben!
Hör uns rufen an den Stufen
Deines Throns mit Beben!
Laß der Armen dich erbarmen
Die ihr Herz dir geben!
Darfst, aus Ketten uns zu retten,
Uns wie einst zu heben,
Darfst, zu trösten die Erlösten,
Daß in Lust sie schweben,
Darfst nur unsre Tränen fragen –
Kannst du, Herr, kannst du's ertragen?

Heller

Mose ben Esra

Das Rätsel von der Kerze

Der Sonne Schwester ists, gemacht,
Zu dienen dir in dunkler Nacht;
Der Palme gleich strebts himmelan –
Ein goldner Speer, erstrahlts in Pracht;
Die Träne perlt an seiner Wang,
Wird von der Flamm sein Leib benagt;
Ists nah dem Tod, enthaupt es schnell!
So wird sein Leben angefacht.
Nie sah ein solches Wesen ich,
Das weint zu gleicher Zeit und lacht!

Geiger

Jehuda Halevi

Seufzer nach den Denkmalen des Heiligen Landes

Hast du vergessen der Deinen, die jammernd schmachten in
Fesseln?
Zion, vergissest du jener unschuldigen Schar,
Eines Restes der Herde, die sonst in ruhigen Tälern
Vor dir weidete; jetzt fremd und entfernet von dir?
Nimmst du den Frieden nicht an, mit dem von jeglicher Seite
Sie dich grüßen, wohin irgendein Treiber sie trieb?
Ach, den Gruß eines Sklaven, der noch in den Fesseln zu hoffen
Waget: es rinnen ihm Zähren nach Zähren hinab
(Wie der Tau vom Hermon in nächtlichen Tropfen hinabrollt)
Glücklich, könnt er sie nur weinen in deinem Schoß,
Könnte mit ihrem Bade nur deine verödeten Hügel
Feuchten! Und dennoch nein! sinket die Hoffnung ihm nicht.
Wenn ich dein Elend beweine, so gleich ich der nächtlichen Eule;
Harfe des Dankes wird Harfe der Freude, mein Herz,
Denk ich deiner Erlösung. O Beth-El, heilige Stätte,
Heilige Hallen, wo einst sichtbar der Ewige sprach,
Wo die azurnen Tore des Himmels sich nimmer verschlossen;
Sonne, Mond und Gestirn wichen dem herrlichen Glanz
Gottes. Könnt ich ergießen mein Herz, wo des Ewigen Geist sich
Auf der Jünglinge Schar, Israels Jünglinge goß.
Seliger Ort! dem höchsten der irdischen Throne zu heilig,
Nur dem Schöpfer geweiht, nur des Erhabensten Thron;
(Ach, und entweihet jetzt von verwegenen Knechten!)
O könnt ich
Einsam irren umher, Zion, in Trümmern von dir;
Könnt in trauriger Stille, auf dunklen Fittigen schwebend,
Zu dir tragen mein Herz, welk und vom Jammer geknirscht,
Könnte mit meinem Angesicht dort hinsinken zur Erde,
Fest anschließen die Stirn an den gesegneten Staub,
Und aufrichten sie dann zu den Gräbern meiner verwesten
Väter, anstaunend jetzt Hebron, der Könige Grab,
Euch, ihr Berge, die ihr die größesten Lichter der Welt deckt,
Zion, so atme ich Äther der Geister in dir.
Nackt und entsohlet würd ich mit Wollust suchen den
Erdgrund,

Der, sich eröffnend, dich, Lade des Bundes, empfing.
Dich in den dunklen Schoß, du Heilges der Heiligen, aufnahm,
Daß der Verruchten Hand nimmer entweihete dich.
Hingestreuet des Hauptes Schmuck auf deine Gefilde,
Wäre Verwünschung mir, mir dem Verzweifelnden Trost.
Jede Verwünschung, womit ich den Tag des Jammers belege,
Der dich verödet, o Land, wäre mir einzige Lust;
Sonst ist jede mir schnöde, so lang ich von Hunden den Löwen,
Fürsten von Sklaven zerfleischt, Edlen von Raben zerhackt
Sehe gezerret umher. Ich scheue und hasse das Taglicht,
Das so scheußliche mir, schreckliche Bilder mir zeigt.
Der du den Kelch der Trübsale mischest, halt, o Erbarmer,
Halt ein wenig! Gefüllt ist er mit bitterem Trank.
Laß mich erholen mich, und allen Jammer noch einmal
Fühlen; und gieße den Rest völlig dann über mich aus.
Krone der Schönheit, ermuntere dich. Erwach, o Geliebte,
Denke, Zion, der Huld, denke der Liebe zu dir,
Welche die Herzen deiner Gespielen mit mächtigem Reiz zieht,
Daß dein Wohl sie entzückt, daß sie dein Jammer betrübt.
Aus der Gefängnisse Kluft sehnt ihre Seele zu dir sich;
Knien sie nieder; zu dir neiget sich sehnend ihr Haupt.
Nimmer vergisset die Herde, von jenen Höhen verscheuchet,
Deiner Hürde; sie denkt ihrer im dunkelsten Tal,
Schmachtet ächzend zurück zum Schatten der heiligen Palmen,
Lenket immer zu dir ihren ermatteten Tritt.
Dreimal selige Burg! kann übermütig im Stolze
Pathros gleichen sich dir, Sinear gleichen sich dir?
Mag ein unheiliger Spruch sich deinem Urim und Thummim
Gleichen? Besitzt ein Volk, was du vom Himmel empfingst?
Wo sind ihre Gesalbten des Herrn? Wo ihre Propheten?
Wo des Levitenchors göttlich-entzündetes Lied?
O die Reiche der Götzen, sie werden im Rauche vergehen;
Du nur, Wohnung des Herrn, du nur, Erkorene, bleibst.
Heil dem Manne, dem einst in deinen Mauern Ruh wird!
Heil dem Manne, der harrt, bis er mit Jauchzen erblickt,
Daß dein Morgen erscheint, daß deine Freude nun ausbricht,
Daß sich alles erneut, wenn du dich wieder verjüngst.

Herder

Nachts

Jüngst weckten mich Gedanken Dir zu eigen
Und ließen schaun mich Deiner Gnaden Reigen.
Hell lehrten sie, wie Dein Gebild, die Seelen,
Mit mir verflochten – Wunder, nie zu schweigen!
Und sah mein gläubig Herz Dich nicht, als hätt es
Gedurft sich mit am Sinai erzeigen?
Dich sucht ich in Gesichten, und vorbeizog
Dein Glanz, in Wolken mir herabzusteigen.
Aufscheuchte da mein Sinnen mich vom Lager,
Vor Deiner Herrlichkeit mich, Herr, zu neigen.

Rosenzweig

Abraham ben Meir ben Esra

Vergebens strebe ich nach Glück;
Verderben will mich das Geschick:
Denn stellt ich Totenkleidung her,
So stürbe sicher keiner mehr,
Und wollt ich Kerzenhändler sein,
Dann gäb es nur noch Sonnenschein!

Schimmel

Charisi

Weinlied

Seh Blitze ich mit Hagel ringen?
Sinds Funken, die aus Strömen springen?
Es flimmert goldnen Fäden gleich,
Getrieben aus des Herzens Ringen.
Die Kelche füllet Süßigkeit,
Und Perlen ihren Mund umschlingen;
Wie Tau verbreiten Lichtglanz sie
Und Glut in deinen Mund sie bringen.
Als wär ein Himmel der Pokal,
Aus dem des Weines Blitze dringen!

Kaempf

Immanuel ben Salomo Romi

Ohne Mann

Noch bin ich schön, noch glänzt mein Haar
Wie Seide! Dennoch find ich keinen,
Der mich erküre zu der Seinen,
Trotz der Verehrer großen Schar.
Gold bindet manches frohe Paar;
Doch bin ich arm und kann nur weinen.
Schon wählte jede Freundin einen;
Ich bleibe ledig immerdar.
Die Jahre rinnen unterdessen,
Und immer weiter rollt die Zeit;
Ich werde alt und bald vergessen.
Dann ist vorbei die Herrlichkeit.
Gewiß! Wer keinen Mann besessen,
Gewinnt auch keine Seligkeit. *Livius Fürst*

Elieser ben Gerschon Chefez

Vom Gefängnis aus düsterer Dunkelheit
Kommt der Mensch in lichtvoll strahlenden Glanz.
Was weint der Neugeborene? War ihm die Dunkelheit
Süßer als jetzt des Lichtes strahlender Glanz?
Ja süßer als jetziges Licht war ihm die Dunkelheit,
Denn dort war der Ruhe und Unschuld schimmernder Glanz;
Jetzt, zur Mühsal geboren, ist um ihn Dunkelheit,
Da er zur Sünde hervorschlich, wohin kam der Glanz?
Warum weint denn der Mensch? In Mühsals Dunkelheit
Eilt er zur Welt von bewölktem, getrübtem Glanz,
Und freut sich des Treibens – kann es erhellen die Dunkelheit?
Der Sündengeborene weint des Mangels an Glanz.
Verhärtet er sein Herz, kommt dichte Dunkelheit,
Doch kehrt er um zu Gott, kehrt wieder der Glanz. *Wiener*

Jehuda Leib Gordon

Gottes Herde

Nur Herde sind wir – Gottes heilge Herde:
Für uns, die Opfer, ist Altar die Erde;
Gefesselt gehen wir, in Seilen, straffen:
Das Opferlamm zu sein, sind wir geschaffen.
Von der Geburt zum Grabe gehn gebunden
In Riemen wir, wie mans für gut befunden.

Wie Weideschafe sind wir, Vieh zum Schlachten:
Uns fressen die, die uns zur Weide brachten,
Ziehn uns das Fell ab, lassen Wolle scheren
Und sehen unsre Krippen nicht, die leeren.
Von Kind an läßt man uns in Wüsten gehen,
Wo es kein Futter gibt, wo Stürme wehen.

Erwählte Herde, eisern aufgerichtet:
Was uns geschah, es hat uns nicht vernichtet.
Die Wölfe ließen uns noch einen Knochen,
Nicht ganz hat uns der Scherer rauh zerbrochen,
Den Geist hat nicht der falsche Hirt zerschlagen –
Doch ewig können wir das nicht ertragen!

Schimmel

Chaim Nachman Bialik

Die Himmelsleuchte, die mein Herz erfüllt,
Ich hab sie nicht wie herrenloses Gut gefunden,
Geerbt vom Vater nicht. Errungen hab ich sie
In schwerem heißen Kampf, in mühevollen Stunden
Mit meinem Herzblut.

Ein Funken tief im Winkel meines Herzens glüht;
Ein kleiner Funken zwar – aus mir jedoch, mein Eigen.

Ich hab ihn nicht entwendet, niemand gab ihn mir
Zu Lehen, dem ich mich dafür müßt dankbar zeigen:
Er ist mein eigen.

Doch wollen Hammerschläge meiner großen Not
Die Kammern meines Herzens allzu grausam sprengen,
Dann loht zu hohen Flammen auf mein kleines Licht,
Dann strebt die Glut in mir zum Weiten aus dem Engen
Und wird zum Liede.

Erheben aber soll aus meinem Liede sich
Die Flamme, soll euch alle voller Macht erfassen,
Und euer Herz entzünden, hell aufglühen lassen –
Mag in dem Brand, der wecken wird die dunklen Massen,
Ich selbst auch sterben. *nach Merzbach*

SALMAN SCHNEIUR

Am Scheidewege

Am Scheidewege steht ein Baum,
Gar traurig anzusehn –
Ein Jude geht mit Sack und Stock,
Schaut rückwärts und bleibt stehn.

O Herr der Welten! Heilges Volk,
Kommt zum Gebet herein:
Gehn Juden heim nach Israel,
Wird große Freude sein.

Woher, mein Vater? Und warum
Siehst du so traurig aus?
„Verließ die lieben Enkel doch,
Das Grab der Frau, mein Haus!"

Ach, Alter, was verläßt du sie,
Im fremden Land allein?
„Nach Israel, der heilgen Stadt,
Verlangt das Herze mein!“

Was machst du, wenn du dorthin kommst?
„Zur Klagemauer gehn,
Zum Grab der Väter, Rachels Grab,
Schütt aus mein Herz mit Flehn.“

O Herr der Welten! Heilges Volk,
Kommt zum Gebet herein:
Gehn Juden heim nach Israel,
Wird große Freude sein. *Schimmel*

Jehuda Karni

Mit jedem Stein

Legt mich in die Bresche mit jedem anrollenden Stein
Und hämmert mich fest in das Maß,
Daß ich vielleicht die Heimat versöhne, Sühnopfer zu sein
Der Sünde des Volks, das die Breschen zu schließen vergaß!

Wie gut wärs, zu wissen, daß ich ein Stein in Jerusalem bin!
Wie glücklich wär ich, wüßt ich die Seele der Mauer verbunden!
Soll ärmer mein Leib sein als meine Seele, mein Sinn,
Die mit dem Volke zum Himmel, zur Hölle den Weg gefunden?

Mit Mörtel bedeckt mich, mit jerusalemischem Steine
In den Bau mich zu legen –!
Aufsingen aus Mauern die sehnsuchtsvollen Gebeine
Dem Messias entgegen! *Schimmel*

EPHRAEM DER SYRER

Hymnen

Die Lust der Welt ist
Elend: weh ihren Freunden!
Wie Flut das Schifflein,
Treibt sie mich in das Unglück.
Gefangen lieg ich
Im Banne irdischer Lüste.

Herr, nimm das Steuer,
Führ mein Schiff in den Hafen
Am Weltenabend,
Der in Ewigkeit währet!

*

Die Hand soll dich greifen?
Da des Klügsten Scharfsinn
Dich nicht faßt mit Forschen,
Denn berghoch bist du!

Das Ohr soll dich hören?
Zwar du redest Donner,
Doch bist du auch Stille
Und lautloses Schweigen.

Ein Mensch soll dich schauen?
Zwar leuchtest du glanzvoll,
Doch du birgst dein Antlitz!

*

Durch dein Kreuz und dein Leiden
Spende mir sanften Schlummer,
Halte mir Traumes Wirren
Fern und schändliche Bilder;
Und leite mich durch die Nacht,
Daß ich schlafe in Frieden,
Ledig des Diensts der Sünde
Und frei vom Geist des Truges.

Grimme

Balai

Das Brautgezelt Adams
War in Eden bereitet,
Und die Wächter staunten,
Wie erhaben er war.
Und alle Vögel,
Die wohnten darin.

Doch der Neid des Verfluchten
Vertrieb ihn daraus.
Da begannen zu weinen
Wehklagend die Vögel:
Weh, weh, o Schöner!
Weh, weh, o Mächt'ger!
Wer entriß deine Schönheit dir?
Wer verführt' und verspottet' dich?

Zingerle

Jakob von Sarug

Die Taufe im Jordan

Zur Taufe kam der Heilge an den Fluß,
Sein Feuer glüht entflammend in den Wellen,
Der Fluß frohlockt im reinen Schoß der Taufe
Wie in Elisabeth Johannes vor dem Herrn.

Die Feuerkohle stieg zum Bad ins Wasser,
Und dort ergoß sie ringsum Flammenbrände;
Die Feurigen staunten vor dem Flammenbade
Des reinen Leibs, zu heiligen die Befleckten.

Des Wassers Fluten flossen dort zusammen
Mit Himmelsstrahlen, und vom Glanze, der
In ihn herab sich ließ, geriet der Fluß
In hellen Brand. Von allen Engeln her
Versammelten sich Wolken fliegend, und
Beschatteten den Fluß, ein Brautgezelt
Dem Bräutigam bildend, dem Hochherrlichen,
Der da zur Taufe kam.

Zingerle

Klage einer gefallenen Seele

Wer gibt mir wieder
Die schönen Zierden,
Womit ich prangte,
Eh ich gesündigt?

Wenn Gott auch gnädig,
Der Allerbarmer
Mich wieder aufnimmt –
Wer kann die Schönheit,
Die ich verloren,
Zurück mir stellen?

Mein schönes Wesen,
Das herrlich strahlte
Gleich hellem Tage,
Das dann verfinstert
Erlosch – wer macht es
Schön wieder schimmern?

Wenn durch Erbarmung
Auch rein ich werde
Von meinen Schulden,
Wer hebt mich wieder
Auf jene Höhe,
Der ich entsunken?

Zingerle

Aus einem äthiopischen Marienlied

Gruß dir, Mariam, Sternenkrone, Thron der Sonne weit,
Erde trägt ein Blüten-, Früchtekleid,
Mariam, Wonnezeit!

Gruß dir! Düfte, Spezereien, Aarons Salböl: da
Sind, granatgleich, güldne Schellen ja:
Mariam, Tunika.

Gruß dir! Duft des Gartens singe lieblich dir zum Ruhme
In der Ernte mit der Erde Krume:
Mariam, Feldesblume.

Gruß dir! Wenn dein leuchtend Angesicht entzückte mich,
Einer schönen Blume ich verglich
Mariam, Perle, dich!

Wie der Durstge rasch dem Wasser sich zu nahen mühte,
Eilt mein Mund zum Preise deiner Güte,
Mariam, Weinstockblüte! *Schimmel*

Imru'l-Kais

Der Jugend ihren Abschied hab ich gegeben, doch
Halt ich vom frohen Leben auf die vier Stücke noch:
Das erste: zu ermuntern Zechbrüder ungesäumt,
Daß sie den Schlauch handhaben, den vollen, welcher schäumt.
Das andere: zu tummeln die Rosse, daß es staubt,
Auf einen Rudel Wildes, wo es sich sicher glaubt.
Das dritte: auf Kamelen, wenn sich der Nacht Gewand
Verbreitet hat, zu traben durch unbekanntes Land;
Zu richten aus der Wüste den Ritt in eine Stadt,
Bekanntschaft neu zu knüpfen, und was man Lust nur hat.
Das letzte ist: zu küssen ein Weib, vom Duft betaut,
Das nach dem amulettreich geschmückten Säugling schaut,
Die hier mein Klagen höret, und dort sein Weinen kränkt,
Und die nach ihm sich wendet, daß er sich nicht verrenkt.
Ich sandt ihr einen Boten in tiefer Mitternacht,
Damit sie niemand höre, wenn sie sich aufgemacht.
Sie kam langsamen Schrittes, vom Nachtweg bang, heran,
Und mit zwei Seiten streifte sie an vier Mägdlein an,
Die sie gelind antrieben, daß wie berauscht sie ging,
Im Mark die Neige Schlummers, der sie noch erst umfing.
Sie sprach, als ich die Kleider ihr nahm (als ob ein Reh
Schlanknackig, dunkeläugig du schrecktest auf im Klee):
„Beim Sterne deines Glückes! Ja, wär ein Bote mir
Gekommen außer deinem – doch was versagt ich dir?"
Sie scheute zu berühren das Schwert an unserm Rand,
Und breitet auf mich leise ihr streifiges Gewand.
Sie lehnte, wenn ein Schauder der Nacht sie überschlich,
An eines Unerschrocknen und Holden Schulter sich. *Rückert*

Alkama

Ihr fragt mich nach den Frauen – wahrlich, ich
Schau mit des Arztes Augen auf sie hin:
Ist grau der Mann und wenig sein Besitz,
Hoff er von ihnen keinen Glücksgewinn.
Sie wollen Reichtum, wenn sie ihn nur sehn,
Nach jungen Männern steht allein ihr Sinn! *Schimmel*

Nabigha adh-Dhubjani

Abschied von Majja

Von Majja soll ich gehn, und scheiden ohne Trost?
Mit Reisekost versehn, doch ohne Reisekost!
Ein Reh, das links mir kam, sagt mirs auf morgen an,
Der schwarze Rabe hat es mit Krächzen kundgetan.
Dem Morgen sei kein Dank geboten und kein Gruß,
Wenn die Geliebtesten ich morgen lassen muß!
Nun ist der Abschied da; nur daß der Tiere Zug
Und mein Gepäcke noch (Herz, sei dir das genug!)
Ein Weilchen folgt der Spur von einer, schön und hold,
Die mit dem Pfeil dich traf und hat es nicht gewollt.
Mit Perlen und Rubin schmückt sich die edle Magd,
Mit Wechselreihen von Granaten und Smaragd.

Rückert

Ihr Schleier fiel, sie wollt ihn fallen lassen nicht,
Sie griff danach und barg inzwischen ihr Gesicht
Mit einer zarten Hand gefärbten Fingerspitzen,
Gleich Blüten, die nicht fest an ihrem Stengel sitzen,
Und mit dem Lockenwurf, der krause Wellen schlägt,
Wie Weinlaub überrankt den Pfeiler, der ihn trägt.
Ich sah in ihrem Blick ein ungestillt Verlangen:
So blickt ein Kranker auf, wenn er Besuch empfangen.

Rückert

Schanfara

Aus der Kaside: Ihr Söhne meiner Mutter

Den langen Hunger halt ich hin, bis daß ich ihn ertöte,
Ich schlage ihn mir aus dem Sinn und denke nicht der Nöte.
Den Staub der Erde leck ich eh'r, als daß ich es erlebe,
Daß über mich ein Stolzer sich mit seinem Stolz erhebe.
Und wo ich nicht der Ungebühr und Hochsinn wär entronnen:
Wo flösse reicher als bei mir von Speis und Trank der Bronnen?
Doch meine herbe Seele will bei mir nicht ruhig bleiben

Im Druck der Schmach, ohn alsobald von dannen mich zu treiben.
Da schnür ich ein das schmächtige, mein leeres Eingeweide,
Wie ein geschickter Spinner dreht und zwirnt die Schnur der Seide,
Und kommt der Morgen dann hervor nach einem kargen Mahle,
Als wie ein falber hagrer Wolf umrennt von Tal zu Tale,
Der nüchtern ist am Morgen und dem Wind entgegenschnaubet,
Sich in der Berge Schluchten stürzt und suchet, was er raubet,
Und wenn die Beute ihm entging, wo er sie hatt erwartet,
So ruft er, da antworten ihm Gesellen gleichgeartet,
Schmalbauchige, grauköpfige, von scharfer Gier gerüttelt,
Wie Pfeile anzusehn, die in der Hand ein Spieler schüttelt,
Ein Schwarm als wie ein Bienenschwarm, vom Weisel zugesellet,
Den einzufangen auf der Höh ein Zeidler Stöck aufstellet.
Sie reißen ihre Rachen auf, und ihre Kiefern gähnen,
Dem Klaff gespaltner Klötze gleich, mit grimmgefletschten Zähnen.
Der Alte heult, sie heulen in die Runde, anzuschauen
Als wie auf einem Hügel steht ein Chor von Klagefrauen!
Er dämpft den Laut, sie dämpfen ihn; sie scheinen ihm, er ihnen
Zum Trost in Not, zum Muster in Bedürftigkeit zu dienen.
Er klagt, sie klagen mit; er schweigt und ruht, sie ruhn und schweigen,
Und ja, wo nicht das Klagen hilft, ists besser, Fassung zeigen.
Dann kehrt er um, sie kehren um und eilen nach den Bergen
Und suchen mit gefaßtem Mut ihr grimmes Leid zu bergen –
Selbst Kran'che werden nur den Rest von mir zu trinken kriegen,
Die nachts mit lautem Flügelklang zur Morgentränk ausfliegen.
Sie hatten Eil und Eil hatt ich, doch war ihr Flattern schwächlich;
Ich, als ihr Flügelmann geschürzt, flog ihnen vor gemächlich.
Und von der Tränke kehrt ich schon, als sie sich mit den Köpfen
Drauf stürzten und sich tauchten drein mit Hälsen und mit Kröpfen.
Dann um den Rand her war zu sehn und ringsum ihr Gedränge

Wie der Kabilen Reisetrupp mit der Kamele Menge.
Ununterbrochen schluckten sie und flogen endlich weiter,
Wie von Ohada mit dem Tag aufbricht ein Haufen Reiter. –

Rückert

Taabbata Scharran

Aus der Totenklage um seinen Oheim

Mittags begannen wir Jünglinge
Den feindseligen Zug,
Zogen die Nacht hindurch,
Wie schwebende Wolken ohne Ruh.

Jeder war ein Schwert,
Schwertumgürtet,
Aus der Scheide gerissen
Ein glänzender Blitz.

Sie schlürften die Geister des Schlafes,
Aber wie sie mit den Köpfen nickten,
Schlugen wir sie,
Und sie waren dahin.

Rache nahmen wir völlige,
Es entrannen von zwei Stämmen
Gar wenige,
Die wenigsten. –

Da lachten die Hyänen
Beim Tode der Hudseiliten,
Und du sahest Wölfe,
Denen glänzte das Angesicht.

Die edelsten Geier flogen daher,
Sie schritten von Leiche zu Leiche,
Und von dem reichlich bereiteten Mahle
Nicht in die Höhe konnten sie steigen.

Goethe

Safijja von Bahila

Auf den Tod ihres Bruders

Wir waren gleich zwei Stämmen aus einer Wurzel Grund,
Schön wachsend, wie nur immer ein Baum auf Auen stund.
Und als man von uns sagte: „Schon sind sie lange vereint,
Nun ist ihr Schatten lieblich, und ihre Frucht erscheint!“
Da riß des Schicksals Tücke meinen Einzigen von mir:
Oh, was verschont das Schicksal und läßt es dauern hier!
Wir alle waren Sterne von einer Nacht, und er
Ein Mond, die Nacht erleuchtend; nun leuchtet der Mond
nicht mehr!

Rückert

Hatim at-Ta'i

An sein Weib

Abdallahs Kind und Maleks und jenes Mannes Sproß,
Der trug die zwei Gewänder und ritt das rote Roß!
Hast du die Kost bereitet, so hol auch nur herein
Den Gast, der mit mir esse, denn nicht eß ich allein;
Sei es ein Nachtanklopfer, sei es ein Hausnachbar,
Denn üble Rede fürcht ich nach meinem Tod fürwahr.
Ich bin der Knecht des Gastes, solang er bei mir weilt;
Sonst von der Art des Knechtes ist mir nichts zugeteilt!

Rückert

Zuhair ibn Abi Sulma

Aus der Mu'allaka

Der Krieg ist, wie gekostet ihr habet sein Gericht,
Nicht ein vom Hörensagen mutmaßlicher Bericht.
Ja, wo ihr ihn erwecket, erweckt ihr eine Schand.
Und wo ihr auf ihn störet, ist aufgestört ein Brand.
Das Weh wird euch zermalmen, schwer wie ein Mühlstein ruht,
Zweimal im Jahr wirds hecken und werfen Zwillingsbrut.
Es wird euch Knaben hecken, die einst euch machen stöhnen

Und Achmar Aad, und wird sie groß säugen und entwöhnen.
Es wird euch Segen tragen, desgleichen Iraks Feld
Nie eintrug seinen Bauern an Scheffeln und an Geld ...
Ich bin der Lebensmühsal geworden satt, und wer
Gelebt hat achtzig Jahre, o glaub mir, satt wird der.
Ich weiß, was da ist heute, und was da gestern war;
Was aber morgen sein wird, ist mir nicht offenbar.
Ich sah das blinde Schicksal umtasten nach dem Fang;
Wens greift, der stirbt, und wen es verfehlt, der altert lang.
Wer sich nicht in die Leute vielfältig schicken kann,
Den wird ein Huf hier treten, und beißen dort ein Zahn.
Wer seine Ehre wahret mit Huld, der mehret sie,
Und wer nicht Tadel scheuet, entgeht dem Tadel nie.
Wer Gutes hat zu spenden und karg es vorenthält,
Den schilt man, und entbehrlich macht er sich selbst der Welt.
Wer Wort hält, meidet Rüge, und wer zur stillen Pflicht
Sich mit dem Herzen wendet, kommt ins Gedränge nicht.
Vorm Stricke des Geschickes wer flieht, den wird er fahn,
Und legt er an den Himmel Strickleitern selber an.
Doch wer die Huld hinwendet, wo sie nicht angewandt,
Dem wird das Lob zu Tadel, und Reu wird ihm bekannt.
Wer trotzt dem stumpfen Ende der Lanze, dem gebeut
Mit Schreck das schärfre Obre, woran die Spitze dräut.
Doch wer nicht seinen Brunnen mit Waffen schützen kann,
Reißt selbst ihn ein; und den, der nicht angreift, greift man an.
Wer in die Fremde wandert, verliert den Freund zu Haus;
Und wer sich nicht auszeichnet, den zeichnet niemand aus.
Wer alles sich läßt bieten, was immer man ihm beut,
Und keiner Schmach sich weigert, der hats zuletzt bereut ...

Rückert

Aus einer Totenklage

Wenn das Lob der Menschen ewges Leben könnte geben,
Starb er nicht; das Lob der Menschen gibt nicht ewges Leben:
Doch ein bleibend Erbteil ist in ihm; und deine Kinder
Magst du wohl damit versehen und dich selbst nicht minder.

Rückert

al-Chansa

Aus den Totenliedern auf ihren Bruder Sachr

Jawohl, der Zeiten Lauf und was er tilgt, ist wunderbar,
Er lässet übrig uns den Schweif und rottet aus das Haupt,
Läßt jeden Namenlosen uns und schlägt uns mit Verlust
Der Edelsten, daß wir sie sehn vermodert und verstaubt.
Das ewig neue Zwillingspaar von Tag und Nacht, es bleibt
Im Wechsel unentlaubt, und nur die Menschen sind entlaubt.

Rückert

Labid

Die Furcht des Herrn nur führt zum bessern Teile:
Mit ihm sei meine Weil und meine Eile.
Brauch die Kamele, wozu jedes taugt;
Das Werk gerät, wie man das Werkzeug braucht.
Leg deinem Tier das Band an mit Verstand;
Behütet ist, wer angelegt das Band.
Vergilt mit Gutem, tat man Gutes dir;
Denn nur der Mensch vergilt, und nicht das Tier.

Rückert

Maisun, die Gemahlin des Kalifen Mu'awija

Ein Kleid von Woll und frei das Herz von Leide
Ist lieber mir als ein Gewand von Seide.
Ein Zelt, an das der Wüste Winde schlagen,
Ist lieber mir als der Paläste Ragen.
Ein hart Kamel im freien Feld zu reiten
Ist lieber mir als Maultiers sanftes Schreiten.
Ein Hund, der für die Wandrer bellt zum Zeichen,
Ist lieber als die Kätzchen mir, die weichen.
Ein Bissen Brot im Winkel einer Hütte
Ist lieber mir als eines Kuchens Schnitte.
Ein Rüstiger und Schlanker, der mein Vetter,
Ist lieber als ein Tölpel mir, ein fetter.

nach Rückert

Kais ibn Dharich

Eh wir geschaffen, verband sich mein Geist mit dem ihren,
Da wir noch Samen, und da in der Wiege wir schliefen.
Mit uns erwuchs unsre Liebe und wurde nun stärker,
Und sie erlischt nicht, ob sie uns zum Tode auch riefen.
Nein, sie besteht über alles, was je uns geschehe,
Und sie besucht uns im Dunkel der Gräber, der tiefen.

Schimmel

Ich lieb dich mit solcherlei Liebe, wie ich
Sie nicht fand bei anderen Liebenden meist:
Ich lieb dich in gütiger Lieb und Erbarmung,
Wie mich es das Wissen um Schwieriges heißt,
Und Liebe: kaum läßt mich das Schicksal dran denken,
Als fast schon im Schmerz mir die Seele zerreißt,
Und Liebe, beginnend beim Leib, bei den Farben,
Und Lieb in der Seele, noch zarter als Geist. *Schimmel*

Dschamil ibn Ma'mar

An seine Geliebte Bothaina

O Freunde, saht ihr schon in euerm Leben einen
Getöteten aus Lieb um seinen Töter weinen?
Ein Toter bin ich hier bei ihrem Stamm als Gast,
Indes mein eigner Stamm unfern hat frohe Rast.
Erwach, o Herz, das du in Torheit dich versenket,
Und wirf die Torheit weg, und was zur Torheit lenket.
O ließ sie mir Verstand, so ging ich nicht nach ihr;
Doch nach ihr geh ich nun, weil kein Verstand bei mir!

Rückert

Die Männer deines Stammes,
Die mir den Tod gelobt,
Bothaina! daß sie kämen
Und hätten es erprobt!

Wo sie mich schreiten sehen
Einher am Hügel hoch,

Fragen sie: „Wer ist dieser?“
Und kennen wohl mich doch.

Sie sagen mir: „Willkommen!
Glück auf! Gott sei mit dir!“
Und dürften sie es wagen,
Sie töteten mich hier.

Wie dürften sies? es zahlt nicht
Ihr aller Blut mein Blut,
Noch, meinen Mord zu sühnen,
Ist reich genug ihr Gut. *Rückert*

Abu Sa'tara al-Baulani

Der frische Mund

Kein Frostkorn aus der Wolke Schoß (von welcher sind umfangen
Die Firsten des Al-Dschudi, wann die nächtgen Schleier hangen; –
In einer Bergschlucht hält sie still, bis daß zu wehn begonnen
Ein Nord, von dessen Hauch zu Eis ihr Obres ist geronnen –):
Ist frischer, kühler als ihr Mund: nie hatt ich zu genießen
Den Schmack davon, doch konnt es wohl mein Blick vom Ansehn schließen!

Rückert

Walid ibn Jazid

Ist ein Traumbild jüngst von Selma,
Als ich schlief, zu mir gewallt.
Sprach ich: „Halt, ich will dich fragen
Nach der Lieb!“ Da macht es halt.
O mein Freund, o mein Gefährte,
Jetzt das Licht zu zünden galt!
Auf dem Land, wo man nicht weidet,
Wachsen Dorn und Distel bald. *Schimmel*

Kann leichtfertig sein,
Kann halten mich rein,
Ich fastete fromm,
Ließ Lieb mich allein;
Bald üb ich Geduld,
Bald gar nicht, o nein –
Fühlt wohl sich ein Fisch
In Wüste und Stein?
Sulaima, erlaubs:
So komm ich herein,
Küß tausendmal dich
Und schwöre dir fein!
Sollt wünschen ich nicht,
Bei Selma zu sein,
Dem Reh schwarzgeaugt,
Des Nacken voll Schein? *Schimmel*

Omar ibn Abi Rabi'a

Am Tag der Reise wär ich fast gestorben –
Ach, könnt ich sterben vor dem Tag, dem langen!
Vor heftger Angst vermocht ich kaum zu sprechen,
Mir fließen Tränenströme auf die Wangen.
Der Liebsten Tränen tropfen, meine rinnen;
Wir treffen reinen Herzens uns mit Bangen.
Wär sie allein gewesen – eine Gabe,
Die ich ersehnt, ich hätte sie empfangen.
Das Kleid ließ ihren Silberfußring sehen,
Der so gebogen glänzt wie tote Schlangen.
Die Liebste sprach: „Wär nicht die Menschenmenge –
Nach einem Kusse hätt ich wohl Verlangen!" *Schimmel*

Dhu 'r-Rumma

Aus einer Satire

In deinem Hof sind die Kamelläus abgezehrt
Und ausgedörrt gleich Kürbisschalenstücken.
Doch, hören sie von fern der Karawane Tritt,

Wird sie ein Lebensodem neu durchzücken;
Die Fleisch und Blut nicht hatten, leben plötzlich auf
Und freun sich auf den Schmaus an feisten Rücken.

Rückert

ABDALLAH IBN AUFA

Auf sein Weib

Des Muntasa Töchterlein hab ich gefreit,
Gezwungen und ungern, das schadete mir.
Sie hat nicht dem Mangel gesteuert im Haus,
Und hat mir die Unruh gebracht ins Quartier.
Sie grinset den Zahn wie ein bissiger Hund,
Und schlafen die Leute, so wachet das Tier.
Sie regt unter Nachbarn den Zwiespalt mit Lust,
Verunreinigt, was sie vermag, mit Begier,
Durch Reden „Ich sah", was sie nicht hat gesehn,
Durch Sagen „Ich weiß", nicht bewußt ist es ihr.
Und trinkt sie den Schlauch aus, so löscht sie den Durst nicht,
Und ißt sie das Schaf auf, nicht satt wird sie dir.
Und was ihr verboten ist, lässet sie nicht,
Und stünden gezückete Lanzen dafür.
Und stiege sie auf das Gebirge, so flöhn
Die Gemsen, gescheucht aus dem stillen Revier.
O schlimm, wenn sie sitzt mit dem Manne zu zwein,
Und schlimm, wenn sie voll macht mit Weibern das Vier.

Rückert

BASCHSCHAR IBN BURD

Auf den Tod seiner kleinen Tochter

O Tochter des, der keine Tochter
Gewünscht: erst fünf, erst sechs warst du,
Als du vom Atemholen ruhtest
Und brachst mein Herz und meine Ruh –
Wärst besser als ein Sohn –: dem Weine
Eilt früh er, nachts den Dirnen zu!

Schimmel

Sie schalten meine Lieb zu einer Sklavin,
Weil sie ihr Herz nicht so wie ich verloren.
Ich sprach: „Der Liebende sieht mit dem Herzen,
So laßt dem Herzen, was es sich erkoren; –
Nicht mit den Augen sieht man in der Liebe,
Und durch das Herz nur hören dann die Ohren!“

Schimmel

Abu Nuwas

Auf einen Jüngling im roten Gewand

Er zeigte sich im Anemonenkleide,
Gleich wie ein Feind, und doch ein Freund genannt.
Verwundert sprach ich drauf: „Du bist ein Vollmond,
Du kommst, und wundersam ist dein Gewand.
Hat deiner Wangen Rot dich so gekleidet?
Hast du dein Kleid mit Herzensblut getränkt?“
Er sprach: „Die Sonne hat vor ihrem Scheiden
Mir ein Gewand aus Abendrot geschenkt.
Mein Kleid, der Wein, und meiner Wange Schein
Ist rot in rot, und nichts als rot allein.“ *Littmann*

Die Lieb war lang, wir waren fern einander.
Wir stritten auch; nicht frommte uns der Streit.
Da traf ich sie bei Nacht im Schlosse trunken,
Doch war sie züchtig noch in Trunkenheit.
Der Mantel sank herab von ihren Schultern
Beim Tändeln; das Gewand fiel auch geschwind.
Am Zweige, dran die zarten Äpfel hängen,
An schweren Hüften rüttelte der Wind.
Ich sprach: „Gib deinem Lieb ein treu Versprechen!“
Sie sagte: „Morgen wird es schön vollbracht.“
Ich kam am Morgen, sprach: „Dein Wort?“ Sie sagte:
„Der helle Tag verwischt das Wort der Nacht.“

Littmann

Beweine Leila nicht, klag nicht um Hind –
Bei Rosen trink vom rosenroten Wein,

Ein Glas, das, wenn es in die Kehle rinnt,
Wird Aug und Wange seine Röte leihn.
Der Wein Rubin, der Becher eine Perle
In einer Sklavin Hand, von Wuchs gar fein;
Und ihre Hand kredenzt dir Wein, ihr Mund
Schenkt Wein: zweifacher Rausch kommt von den zwein!
Ich hab zwei Freuden, meine Freunde eine:
Denn etwas kommt nur mir zu, mir allein! *Schimmel*

Nun tadle mich nicht mehr! Der Tadel reizt zum Zorne.
Nein, heile mich mit dem, das auch die Krankheit bringt,
Mit ihm, dem goldnen Trank, vor dem die Sorgen weichen,
Von dem berührt, ein Stein sogar vor Freuden springt.
Wenn er in seinem Krug zu dunkler Nachtzeit nahet,
So strahlt von seinem Glanz im Haus ein heller Schein.
Dann kreist er bei den Mannen, die das Glück begünstigt,
Als ihrer Wünsche Ziel kehrt er bei ihnen ein,
Kredenzt von einer Maid in Kleidern eines Knaben,
Die Knabenfreund und Mädchenfreund mit Lieb erfüllt,
Und spricht zu dem, der sich der Wissenschaften rühmet:
Du kennst nur einen Teil, ein Teil ist dir verhüllt.

Littmann

Abu'l-Atahija

Dankt einem Geizigen dafür, daß dieser durch Versagung ihm den Dank erspart hat

O Gottes Lohn dem Geizigen dafür,
Daß er mir nicht des Rückens Last gemehrt.
Erhöht hat über ihn er meine Hand,
Sein Wert hat mir gesichert meinen Wert.
Von seiner Milde floß mir zu das Heil,
Daß Dankbarkeit nicht meine Brust beschwert.
Durch seine Huld ward ich im stillen reich –
Er sei dafür aufs Höchste mir geehrt.
Des Mannes bestes Gut entging mir nicht,
Der mir des Dankes Sorg hat abgewehrt. *Rückert*

Über den Hingang der früheren Generationen

Wo sind die langen Reihen der Geschlechter?
Der Städte Herren und der Burgen Wächter?
Die in der Sitzung voller Hochmut saßen,
Die überheblich schritten durch die Straßen?
Sie waren Könige – doch wen macht nicht
Des Zeitlaufs Tücke allzubald zunicht?
Wer ists, da man im Unglückshaus nicht fand,
Daß allzulang verfallen schon sein Pfand?
Und lebten sie im Glück auch manches Jahr,
Wies ihrer Seele angemessen war,
So sind nach ihrem Tod sie nur Gerüchte –
Verschiedne Wege geht ja die Geschichte;
Und wer der Zeit vertraut, die sich so dreht,
Erlebt den Tag, der schändlich ihn verrät. *Schimmel*

ABU'L-SCHIS AL-CHUZA'I

Da wo du weilst, da hält mich Liebe fest,
Die mich nicht rückwärts und nicht vorwärts läßt.
Um dich gescholten sein, muß süß mir gelten;
Sie nennen dich – so mögen sie mich schelten!
Du gleichest meinem Feind, drum lieb ich ihn;
Ist mir von dir doch, was von ihm, verliehn.
Klein gelt ich mir, seit ich dir gelte klein –
Wie kann, was du verachtest, wert mir sein! *Rückert*

DHU'N-NUN

Gebet

Ich hatte Tränen – du hast sie vernichtet;
Du ließest bluten die Augenlider;
Ich hatt ein Herz, und du hast es verzehret,
Ich hatt einen Leib; du zerrissest die Glieder.
Ich hatte, Herr, einen Blick, daß ich schaute

Die Wahrheit – du warfest die Blindheit drauf nieder!
Dein Diener erkrankte, o Herr, bis zum Tode –
Wenn du es willst, heilst du noch heute ihn wieder!

Schimmel

Jahja ibn Mu'adh

Wenn ich bereue, so läßt er mich wünschen,
Und wenn ich sündige, läßt er mich hoffen,
Wenn ich entfliehe, so ruft er mich zu sich,
Wenn ich mich nahe, zieht er mich heran.
Wenn ich ihn liebe, erzeigt er mir Freundschaft,
Weih ich mich ganz ihm, so spricht er vertraut.
Und er verzeiht mir, wenn ich mich vergehe,
Und wenn ich gut bin, belohnet er mich.
O mein Geliebter, du bist mein Erbarmen,
Nimm meine Traurigkeit alle von mir!
Dir gilt allein alle Sehnsucht des Herzens,
Seis insgeheim oder seis offenbar ...

Schimmel

Sumnun ibn Hamza

Ich hab mein Herz von dieser Welt getrennt –
Mein Herz und du sind nicht getrennt für mich;
Und wenn der Schlummer meine Augen schließt,
So find ich zwischen Lid und Auge dich.

Schimmel

Ibrahim al-Chawass

Der Weg zu dir ist nun ganz klar geworden,
Und wer dich sucht, der fragt nicht nach dem Pfad;
Wenn Winter dräut, so ist in dir doch Sommer,
Und du bist Schatten, wenn der Sommer naht!

Schimmel

Ibrahim ibn al-Muwallad

Wär nicht die Leidenschaft der Liebenden, ihr Weinen,
So säh' das Volk, wie Glut und Wasser selten sind:
Denn alles Feuer flammt empor aus ihren Herzen,
Und alles Wasser nur aus ihren Augen rinnt.

Schimmel

Ibn al-Mu'tazz

Auf die Narzisse

Nur Auge! Siehst du sie: als ob die Träne
Als Perle über ihren Lidern lag;
Ganz weiß ringsum, und gelblich die Pupille,
Der Körper grün, und Duft die Seele zag,
Im Park, des Blumen sich mit bunter Seide
Verschleiern, wenn früh Tau besucht den Hag.

Schimmel

Die Wolke

Sie kam gezogen, wie ein Rabe schwebend,
Mit schwarzem Haupt, und schwer die Flügel hebend;
Dann ihre Güsse –: tosend, laut erbebend,
Dem durstverbrannten Staube Heilung gebend,
Mit langem Regen totes Land belebend!

Sieh, wie der Tag in Wolken blieb,
Der Blitz drin lachend Spiele trieb;
Des Himmels Träne rinnt, als weint
Ein Liebender nach seinem Lieb! *Schimmel*

Al-Halladsch

Niemals steigt und niemals sinkt die Sonne,
Ohne daß nach dir der Wunsch mir stände.
Keinen Hauch tu ich, betrübt und fröhlich,
Dem sich Dein-Gedenken nicht verbände.

Mit den Leuten sitz ich nicht zu sprechen,
Ohne daß mein Wort du bist am Ende.
Keinen Tropfen Wasser trink ich dürstend,
Ohne daß dein Bild im Glas ich fände.

Schimmel

Du rinnest zwischen Herzhaut und dem Herzen,
So wie die Tränen von den Lidern rinnen,
Und wohnest im Bewußtsein tief im Herzen,
So wie die Seelen in den Körpern drinnen.
Nichts Regungsloses kann sich jemals regen,
Wenn du es nicht bewegst, verborgen innen.

Schimmel

Al-Chubzarruzzi

O Freunde, saht ihr schon einmal:
Es kam der Herr zum Knecht gegangen;
Besuchte mich ganz unverhofft
Und sprach: „Wie bist du voll Verlangen!“
Am Firmament des Glückes war
Der Einung Stern nun aufgegangen:
Bald küßt Narzissen-Augen ich,
Bald biß ich in die Apfel-Wangen.

Schimmel

As-Sanaubari

Auf, Gazelle, schau, die Beete ihre Wunder offenbaren,
Frühling hob von ihren Wangen Schleier, drin verhüllt sie waren.
Rosen wangengleich, Narzissen Augen, die den Liebsten schauen,
Anemon in schwarzgestickten Seidenmänteln, roten, klaren,
Sängerinnengleich Zypressen, aufgeschürzt bis an die Knie:
Maid im Wind, so spielt die eine nachts mit der Gefährten Scharen.
Leise Winde trieben Blätter in den Bach, und er erbebte –
Nie beträt sie ein Gemeiner, könnt die Gärten ich verwahren!

Schimmel

Ein silberner Tag ist es, drum vergolde den Becher mit Wein,
Es lädt weißverschleiert die Luft zur Brautschau im Perlenschmuck ein.
Glaubst du, es sei Schnee? Rosen sind's, die zitternd auf Zweigen erblüht –
Die Rose des Frühlings ist rot, weiß blüht sie im Winter im Hain!

Schimmel

Asch-Schibli

Das Girren der Taube

Eine Taube, die am Morgen laut sich macht
Und betrübte Weisen singt im Waldrevier;
Ihres Freundes denkt sie und der guten Zeit,
Weint aus Kummer und erregt den Kummer mir.
Und ihr Weinen hat den Schlaf mir oft geraubt,
Und geraubt hat oft den Schlaf mein Weinen ihr.
Und ich klag und sie versteht von mir es nicht,
Und sie klagt, und ich versteh es nicht von ihr.
Aber daß ihr etwas fehlt, das fühl ich wohl,
Daß mir etwas fehlt, das fühlt sie wohl mit mir.

Rückert

Laß Monde leuchten oder untergehen:
Sie können nicht vor unserm Mond bestehen;
Von seinem Lichte strahlt in allen Zeiten
Ein Licht, das nicht berührt der Zeit Verwehen!

Schimmel

Mein Leib schmilzt von der Glut des Herzens,
Mein Herz kann selbst nicht mehr bestehn:
Löst oder bindet meine Fesseln –
Was ihr auch tut, mir scheint es schön!
Die Leute wissen, daß ich liebe,
Allein sie wissen doch nicht, wen!

Schimmel

Auf seinem Totenbett sprach er:

Ein jedes Haus, in dem du wohnst,
Bedarf nicht mehr der Kerzen Licht;
Am Tag, wenn man Beweise bringt,
Ist uns Beweis dein Angesicht! *Schimmel*

Al-Muhallabi

Seht den Tag, es gleicht sein Himmel
Einem Hengste schwarzgescheckt;
Gleich als ob der Gärten Blüten
Schönster Teppich bunt bedeckt:
Himmel ist tiefdunkler Atlas,
Erde: Seide grüngefleckt. *Schimmel*

Der, den ich liebe, fragte (– und der Abschied
Ließ Tränen mir und Schluchzen sich vereinen –):
„Was tust auf dem ganzen Weg?“ Ich sagte:
„Den ganzen Weg werd ich um dich nur weinen!“
Schimmel

Abu't-Tajjib al-Mutanabbi

Ich möcht ein Herz nicht haben, das ganzes Glück umfing,
Eine Reihe blanker Zähne, ein offner Augenring.
Die Schöne, die dich ausschließt, versperrt dir nicht dein Glück,
Und führt, wenn sie dich einläßt, dich nicht dazu zurück.
Laß mich, daß ich erreiche, was nie noch ward erreicht!
Schwer ist der Weg der Ehren, der Weg der Schande leicht;
Du freilich wünschest Ehre wohlfeilen Kaufs für dich;
Doch Honig ist zu kaufen nicht ohne Bienenstich. *Rückert*

Jeder täte gern hervor sich, wenn es anging ohne Not;
Doch Freigebigkeit bringt Armut und die Tapferkeit den Tod.
Rückert

Wie lang wettreisen wir mit Sternen in der Nacht,
Die ihre Nachtfahrt nicht mit Huf und Fuß vollbracht
Und deren Lider nicht des Schlummers Mangel spüren,
Wie die des Fremden, der schlaflos die Nacht verbracht?
Die Sonne schwärzte uns das Weiß der Wangen ein –
Das Weiß von Bart und Haar hat sie nicht schwarz gemacht!
Für beide sollte doch ein gleiches Recht bestehn,
Wenn eines Richters Spruch für unsre Welt bedacht.
Dem Wasser geben wir auch nicht die kleinste Rast –
In Wolken erst, im Schlauch es jetzt die Reise macht! *Schimmel*

Du klage vor den Leuten nicht! Du wirst damit sie laben,
Als klagte ein verwundet Reh den Geiern und den Raben!
Rückert

Abu Firas

An Saifaddaula, als seine Mutter diesen um Loskauf ihres Sohnes gebeten hatte

Du bist der Himmel, wir sind seine Sterne.
Du bist das Land, und wir die Berge hier,
Du bist die Wolke, wir die Regengüsse,
Du bist die Rechte, ihre Finger wir.
Weshalb weist ein verzagtes Weib zurück du,
Das keine Zuflucht kannte außer dir?
Sie kam, erflehend ihres Einzgen Lösung –
Die Leute harren: wie entsprichst du ihr? *Schimmel*

Ich rief den Schenken früh zum Morgentrank,
Und er stand auf, die Lider noch voll Traum;
Dann ging er um mit Weinpokalen; sterngleich
Versprüht auf uns und fließt der lichte Schaum.
Des Südwinds Hand wirft Schleier, deren Rand
Die Erde streift, graudunkel in den Raum,
Der Regenbogen stickt mit Gelb und Rot
Und Grün und Weiß den trüben Wolkenflaum,
Gleich Schleppen einer Maid in bunten Kleidern,
Da immer kürzer ist der nächste Saum. *Schimmel*

Al-Ahnaf al-Ukbari

Ein Haus baut sich die schwache Spinne, drinnen
Sie wohnen kann: – ich hab kein Heim gleich ihr.
Der Käfer findet Schutz in seiner Sippe –
Ich finde niemals Schutz und Liebe hier. *Schimmel*

Wie ich im Wirtshaus trank!
Bei Tamburinenklang,
Kurdumtu rief die Trommel,
Tilir die Flöte sang.
Wir saßen wie im Ofen,
So heiß und so gedrang,
Und prügelten fast blind uns
Und einäugig im Zank!
Wie war ich morgens elend,
Vor Katzenjammer krank! *Schimmel*

Al-Chalidi

Die kohabische Rose

Es ist im Garten die kohabische Rose
Geschmückt mit Doppelschöne wunderhold.
Ihr Äußres ist von Rubinenschale,
Ihr Innres aber ist von blassem Gold:
Als läg auf meines Liebsten Wange meine
Am Tage, da von ihm ich scheiden sollt. *Rückert*

An ihren Horizonten stehn die Sterne:
Im Veilchenfelde weißer Lilien Schein!
Der Jupiter strahlt in des Himmels Mitte,
Quecksilber zitternd scheint er fast zu sein,
Ein Knopf von gelbem Gold auch; seine Spitze
Von Silber eingefaßt ein Edelstein.
Die Venus schwankt im Dunkel wie ein Trunkner,
Der zu viel trank vom ungemischten Wein,

Und hüllt sich in ein leichtes weißes Wölkchen,
Bald lockt sie, bald birgt schamhaft sie sich drein.
So haucht wohl eine Schöne in den Spiegel,
Wenn sie – vollkommen schön – noch ledig, rein.

Schimmel

Al-Kadi at-Tanuchi

Nie vergeß ich den Tigris: der Mond
Sank am Himmel, das Dunkel floß ein –
Schien ein blauer Teppich gebreitet,
Der geschmückt war mit Goldstickerein . . .

Schimmel

As-Sabi

Wie manch Gedicht läßt lang sein Inhalt scheinen,
Und wenig Worte nur sinds, wenn dus liest,
Und manches, das mit vielen Worten prunket,
In dem du nur Geschwätz und Torheit siehst!
Das Meer ist weit, doch salzig ist sein Wasser,
Und süß der See, drin wenig Wasser fließt.

Schimmel

Du kannst für die Frommen jedes Glaubens
Den Beweis für ihre Dogmen leihn:
Sieht der Muslim dich, hält er dich sicher
Für die Huri, ewig hold und fein.
Sieht ein Christ dich, *Reh,* wie du voll Anmut
Wiegst auf schlankem *Zweig* des *Vollmonds* Schein,
Preist sein Dogma von der Trinität er:
Denn in dir ward Drei ja ganz zu Ein!
Sieht ein Jude deine Stirn erglänzen,
Weist er Ketzer ab und Heiden: „Nein,
Seht ihr nicht – das ist der Glanz des Herren,
Der dem Mose strahlt' am Wüstenstein!"
Sehn die Magier dein Gesicht so leuchtend,
Drüber nächtig schwarz die Locken dein,
Wirst du ihre Sonn – und ob des Dunkels
Werfen sie sich hin in langen Reihn.

Die Sabäer sehen, daß du einzig
Bist an Schönheit, unvergleichlich rein,
Wie die Venus scheinst du ihnen, glückhaft,
In Merkurs und Jupiters Verein.
Alle schauen nur auf deine Hände,
Ob sie irrend oder gläubig sei'n –
Jenen halfst du, mich verwirrst, verläßt du,
Und ich wandle, glaubenslos, allein!

Schimmel

Ibn al-Hadschdschadsch

Aus einem Weinlied

Sieh die Lilie deines Pokales:
Anemonen trägt sie zum Kleid;
Trommeln dröhnen zwischen den Sängern,
Saiten zittern zur Festeszeit.
O ihr Freunde, ich dürste: der Wein ists,
Der dem Verdurstenden Rettung verleiht –
Gebt mir reinen, süßen zu trinken,
Den der Koran mit Strenge verbeut,
Und mit dem nur jener vertraut ist,
Der sich ganz dem Satan geweiht!
Laßt im Mihridschan mich nur trinken
Und in der Fasten geheiligter Zeit!
Laßt mich trinken! – ich sah den Platz schon,
Den die Hölle für mich hält bereit! *Schimmel*

As-Sulami

Aus einem Weinlied

Wir ziehen beim Wehen des Morgens
In Hütten, errichtet aus Zweigen,
Wir beten zum Rufe der Zithern
Und lauschen der Stimme der Geigen,
Der Vorbeter beugt sich vorm Becher
Und pflegt sich vor Flöten zu neigen . . . *Schimmel*

Abu Tahir al-Wasiti Saiduk

Da der Vereinung Mantel uns umhüllte,
War wie ein Augenblick die längste Nacht;
Nun, da sie fortging, wurden meine Nächte
Die eines Blinden, wo kein Morgen wacht.

Schimmel

Abu'l-'Ala' al-Ma'arri

Der Tod ist ein langer Schlaf, der nimmer endet
Der Schlaf ist ein kurzer Tod, der wieder sich wendet.

von Kremer

Es gleicht der Mensch dem Mond: ist voll
Sein Schein, so nimmt er ab im Nu;
Wie Korn im Halm steht, bis es reif
Gemäht wird, siehst die Menschen du.
Vielleicht nützt die Vernichtung – stößt
Man Moschus, nimmt an Duft er zu. *Schimmel*

Ibn Hazm

Ich bewache meinen Blick,
Daß er nicht dein Aug erreicht,
Daß kein tastend Mißgeschick
Mir dein Herz erweicht.

Geh dir also aus dem Wege,
Meide dein Revier,
Doch wenn ich mich schlafen lege,
Dann verein ich mich mit dir:

Laß die Seelen beieinanderliegen
Herz an Herz –
Körperloses, inniges Umschmiegen
Ohne Schmerz.

Die Vereinigung der Seelen
Spendet größre Lust
Als ein körperlich Vermählen
Brust an Brust. *Jahn*

IBN ZAIDUN

Wenn mir das Glück, dich anzusehn, entschwindet,
Genügt das Wort schon, das von dir mir kündet,
Der kurze Gruß genügt, den ich dir schicke,
Wenn Schläfrigkeit des Wächters Auge bindet.
Ich will mich vor dem Klatsch der Schwätzer hüten,
Da Vorsicht wohl der Liebe Dauer gründet.
Und ich gedulde mich, denn ich bin sicher,
Daß, wer Geduld übt, einst sein Glücksziel findet.

Schimmel

Aus dem Abschiedsgedicht an Wallada

Nachtblitz, regnend tränk das Schloß der Holden,
Die mit reiner Liebe mich getränkt;
Frage, ob sies tröstet, mein zu denken,
Wies mich tröstet, wenn sie mein gedenkt!
Morgenwind, bring jener meine Grüße,
Deren Gruß von fernher Leben schenkt,
Die nicht sieht, daß mich das Schicksal tötet,
Dem sie hilft, und das mich so bedrängt.
Königskind, die Gott aus Moschus formte,
Der die Menschen sonst aus Lehm gemengt –
Oder schuf er sie aus Silber, krönte
Sie mit Gold, daß Höchstes sie empfängt?
Neigt sie sich, scheint schwer ihr Perlgeschmeide
Für die Zarte, die sich niedersenkt!
Auf den Wangen scheinen Sternenspuren
Ihr als Schmuck und Amulett gehängt.
Schadets, daß ich ihr nicht ebenbürtig?
Liebe ists, die gleichen Rang uns schenkt!

Schimmel

O Nacht, sei lang! Ich wünsche kurz
In der Vereinung dich allein!
Schläft mein Mond bei mir, möchte ich
Nicht deines Mondes Hüter sein!
O Nacht, berichte von ihm – gern
Genieße ich die Worte dein!
Bei Gott – sag an: Ist er mir treu?
Sie sprach: „Nein, er verrät dich, nein!“ *Schimmel*

Al-Mu'tadid

Sieh hin! hell leuchtet der Jasmin!
Beim Frühtrunk nun vergiß das Härmen!
Nie bricht der Gläubge das Gesetz,
Das morgens ihm gebeut zu schwärmen.
Die Zeit ist frostig und ist kalt –
Mit Weine muß man sie erwärmen! *Schack*

Jasminenblüten sind am Strauch
Gleich Himmelssternen aufgegangen;
Die roten Streifen glänzen dran
Wie frischgeküßte Mädchenwangen! *Schimmel*

Ibn Abdschad

Siehst du der frohen Lotosblume Frische,
Den süßen Duft, den ihre Mitte trägt?
Sie gleicht an Glanz der Schale voller Perlen,
In die man schwarze Ringe eingelegt. *Schimmel*

At-Tortuschi

Ich lasse meinen Blick am Himmel schweifen –
Seh ich, den du jetzt siehst, den Stern so licht?
Ich halt die Wandrer an aus allen Landen,
Ob einer deinen Duft geatmet nicht.

Zu allen Winden wend ich mich, die wehen –
Vielleicht gibt einer mir von dir Bericht.
Ich geh verstört dahin auf meinem Wege –
Ein Lied vielleicht von deinem Namen spricht.
Auf jeden, den ich treffe, blick ich: – trägt er
Nicht einen Zug von deinem Angesicht? *Schimmel*

Ibn Wakil

Aus einem Liebesgedicht

Des Rufers Rufe erklangen,
Die uns zum Aufbruch zwangen,
Trost sucht ich zu erlangen –
Sonst wäre ich vergangen!

Der Liebe Meer ertränkt
Den, der drin schwimmt mit Macht,
Ihr Feuer brennt und sengt
Den, der sich dran gemacht,
Und ihre Qual bedrängt
Den, der da nächtens wacht.

Sie schont den Körper nicht,
Macht schwarz die Tage licht,
Doch wenn wir euch umfangen,
Ist weiß die Nacht vergangen.

Und Tage sind gezogen,
Wie langer Jahre Wacht,
Und Jahre sind verflogen,
Wie ein Tag, eine Nacht,
So wie der Träume Wogen,
Wenn die Vereinung lacht.
Es floß aus dem Pokal
Des Weines Feuerstrahl
In uns; die Lieder klangen,
Die Sängerinnen sangen. *Schimmel*

Ibn Scharaf

Lang war die Nacht und träg der Tag, zum Aufbruch sich zu rüsten,
Die Sterne klagten, daß so lang sie diesmal wachen müßten;
Doch endlich blies der Morgenwind hinweg die dunkle Hülle,
Und aus den Gärten ringsum stieg der Wohlgerüche Fülle.
Im Osten wies, vor Scham erglüht, von Schüchternheit befangen
Die Morgenröte nach und nach die taugenäßten Wangen.
Im Fliehen schritt von Stern zu Stern die Nacht im Himmelsraume,
Und einer nach dem andern sank wie Blätter von dem Baume.
Zuletzt erschien die Sonne selbst in strahlendem Gefunkel,
Und bei des Tages Nahen schwand dahin das nächtge Dunkel!
Lang hatt' ich, auf dem Lager wach, umsonst nach Schlaf gerungen,
Bis endlich um die Frührotzeit der Schlummer mich bezwungen:
Als so ich lag und um mich her auf Blumen, frisch erschlossen,
Vom Wind der Frühe rings versprengt, des Taues Tränen flossen,
Da trat als Traumbild jene, die so oft ich unter Tränen
Herbeigewünscht, zu mir heran, und stillte so mein Sehnen.
Wie schön die Vielgeliebte war mit ihren vollen Hüften!
Wie schwankte, hin und her gewiegt, ihr die Gestalt in Lüften!
Als sie zurück das schwarze Haar sich schlug vom Angesichte,
Dacht' ich des Morgens, der die Nacht verscheucht mit seinem Lichte.
Denn schwärzer ist das Nachtgraun nicht, als ihre Lockenhaare,
Und aller Glanz des Frührots strahlt von ihrem Wangenpaare.

Schack

Ibn Wahbun

Bewundre den Anblick der dunkelnden Nacht,
Da wir auf dem Wasser Vergnügen erdacht:
Es ziert unseren Nachen ein Schöner so schlank,
Dem Weidenzweig gleich, drin ein Windhauch spielt sacht;

Zwei Kerzen trägt er, und sein Antlitz erscheint
Wie zwischen zwei Sternen der Vollmond voll Pracht,
Der Schimmer sinkt nieder ins Wasser, als ob
Der Blitz in den Wolken des Horizonts lacht.

Schimmel

Al-Mu'tamid

Wie ich mich einst auf jeden Festtag freute,
So fürcht ich ihn im Kerker von Aghmat.
Die Töchter hungern, tragen Lumpenstaat
Und spinnen Wolle für die fremden Leute.

Dann kommen sie und geben mir die Hand
Und wünschen frohes Fest und senken ihren hohlen
Verzweiflungsblick auf ihre nackten Sohlen,
Als hätten Kampfer sie und Moschus nie gekannt.

Auf ihren bleichen Wangen ist kein Licht.
Sie sehn mich an und wagen kaum zu sprechen.
Es ist heut Feiertag. Ich soll das Fasten brechen.
Mir fehlt das Brot. Und nur mein Herz zerbricht.

Einstmals gehorchte mir das Schicksal blind,
Wenn ich befahl. Jetzt muß ich ihm parieren.
O wüßten alle Könige, die jetzt noch froh regieren,
Welch eitlen Träumen sie verfallen sind!

Jahn

Al-Hariri

Die Ernt ist wie die Saat; drum, was ihr sät, seht!
Ein Tor, wer früh versäumt hat und zu spät späht.
Wie, wer den Braten wegwirft und das Brett brät!
Wer nie dem Rater folgt, der, was mißrät, rät,
Und nie, was er bebaut, zerstört, der steht stet
Auf dieser ird'schen Welt, die selbst nicht stet steht.

Rückert

Wohlgetan ist sie an jedem Glied des Leibs,
Deren Anblick mir im Auge wohlgetan.
Angetan hat sie mirs ganz, die ganz und gar
Ist mit dem Gewand der Anmut angetan.
Zugetan bin ich mit allen Sinnen ihr,
Die ein Ohr nie meinen Bitten aufgetan.
Abgetan hat sich der Hoffnung mein Gemüt,
Weil ihr Blick sich hat nach andern umgetan.
Ausgetan hab ich aus meinem Herzen sie,
Weils sie heimlich einen andern eingetan. *Rückert*

Ibn Chafadscha

Stolz steht der Berg wie eines Pferdes Widerrist.
Er sperrt den Windhauch ab mit seinem großen
Skelett und sucht die Nacht zu ihrer Frist
Mit spitzen Schultern kalt zurückzustoßen.

Er steht allein im Land gleich dem Gelehrten,
Der aller Dinge Wahrheit sucht zu finden,
Läßt sich von Wolken einen schwarzen Turban winden,
Zu dem die Blitze rote Federn ihm bescherten.

Ich schrie ihn herzzerreißend an. Er blieb voll Schweigen.
Doch eines Nachts ward er von selbst zum Sprecher:
„Wie lang noch bin ich Zuflucht der Verbrecher
Und der Asketen, die schon Gott zu eigen?

Wie viele Winde hab ich abgefangen.
Wie oft hab ich das Meer zurückgehalten.
Wie viele Wandrer sind vorbeigegangen
Und hielten, Mann und Roß, die Rast in meinen Falten.

All diese Wesen traf schon längst der große Schauer.
Der Tod ist ihres Schicksals Peitschentreiber.
Der Wälder Rauschen ist das Stöhnen meiner Trauer,
Der Tauben Sang der Schrei der Klageweiber.“

So sprach der Berg. Ich weinte, sah sein Leiden
Und rief: „Leb wohl. Die einen müssen wandern.
Ewig zu bleiben, Freund, ist das Geschick der andern,
Doch beide sind dazu verdammt, zu scheiden."

Jahn

Sie kam, vom Mantelsaum der Nacht umhüllt,
Zu mir als Traumbild, wie die Berg-Gazelle.
Von ihrem Mund die Feuchte trank ich bald
Und bald des süßen Weines goldne Welle,
Bald küßt ich ihrer Wangen Abendrot,
Von ihren dunkeln Haaren überschattet.
Am Stabe des Orion schlich die Nacht
Schon altersgrauen Hauptes und ermattet;
Langwallenden Gewands, mit blonden Locken
Kam dann der Tag und lächelte vor Wonne,
In seines Mundes Zähne, die Jasminen,
Verliebte nach dem Regen sich die Sonne.
In seinen Kleidern schwankten Duftgesträuche
Und löschten ihren Durst in kühlen Flüssen;
Wir aber brauchten Regen nicht, da Arm
In Arm wir lagen unter Tränengüssen. *Schack*

Ibn Baki

Ich reicht ihr, als Nacht ihre Säume schon zog,
Den Becher mit moschusduftendem Wein.
Ich drückte sie an mich, wie Krieger ein Schwert,
Mein Wehrgehenk schien ihre Locke zu sein.
Doch als die Ermattende Schlummer umfing,
Löst ich ihren Arm, der mich zärtlich schloß ein,
Und schob sie hinweg von der pochenden Brust –
Auf pochendem Kissen, wie schliefe sie ein?

Schimmel

Ibn Kozman

Hör, der Fromme sagt: „Bereue!“ –
Das ist dummes Zeug, fürwahr!
Könnt ichs denn? Der Garten lächelt,
Wind bringt Moschusdüfte dar.
Und der Lenz – gleich wie der Sultan –
Breitet seine Fahnen weit,
Festgewänder trägt der Obstbaum,
Vögel zwitschern weit und breit.
Und die Gärten tragen wieder
Ihr smaragdenfarbnes Kleid,
Und in Blau und Weiß erglänzen
Veilchenblüte und Bahar.
Tau und Myrte, weiße Iris,
Duft und Schatten, Wasser rinnt,
Klug und freundlich ist der Holde,
Und der Späher taub und blind,
Und der Sänger singt vortrefflich,
Und die Flöte spielt so lind –
Und der Himmel rein und leuchtend,
Und der Wein so hell und klar!

Schimmel

Ibn Zuhr

Den Lieb verwirrte,
Wacht er nicht auf?
Wie ist er trunken!
Ob uns hinfort
Manch Tag am Fluß verrinnt,
Und mancher Abend?
O schöner Ort:
Der sanfte Moschuswind
Mit Duft uns labend,
Die Stätte dort
Mit frischem Leben lind
Uns neu begabend –

Die grüne Myrte
An Flusses Lauf,
Im Blätter-Prunken:
Manch Blatt entschwirrte:
Halb schwimmt es drauf,
Halb ists versunken!

Schimmel

AD-DUWAINI

Die nächtge Schminke entschwand
Der Dämmerung Augenrand
Zur Morgenzeit.
Des Flusses Arme und Hand
Umhüllt ein grünes Gewand
Aus Wiesen weit. *Schimmel*

OMAR IBN AL-FARID

Aus der Wein-Ode

Wir tranken einst auf das Wohl des Freunds, des Geliebten, Wein:
Eh man noch die Traube schuf, da flößte er Rausch uns ein.
Der Vollmond war sein Pokal; er selbst war die Sonn, die kreist
Durch Neumond; und mischst du ihn, erglänzet der Sterne Schein.
Und wär nicht sein süßer Duft – wer führte zur Schenke mich?
Was täte die Phantasie, könnt er nicht den Glanz ihr leihn?
Und nennst du im Stamme ihn, so werden die Brüder gleich
Ganz trunken, berauscht – jedoch von Schande und Sünde rein.
Er stieg aus dem tiefsten Grund der Weinkrüge auf, entschwand,
Und nichts als der Name blieb von ihm noch zurück allein.
Doch kommt einem Manne er einmal wieder in den Sinn,

So wohnet das Glück in ihm, es fliehen ihn Not und Pein.
Und hätten die Zecher nur das Siegel des Krugs erblickt:
Das hätte sie schon berauscht, ehe sie noch geschmeckt den
Wein!
Und hätt man den Staub besprengt am Grab eines Toten nur:
Der Geist kehrte wieder ihm, belebt würde sein Gebein!
Hätt man in den Schatten nur des Walls, wo die Rebe wächst,
Gelegt einen Kranken: leicht könnt man ihn von Qual befrein.
Und brächte zur Schenke man Gelähmte – sie gingen gleich;
Es spräche der Stumme schon, hört er von des Duftes Weihn!
Und schwebte sein Wohlgeruch im Osten, und wär im West
Ein Kranker, der nichts mehr riecht – Duft-Sinn könnt er ihm
verleihn.
Und färbte sein Glas die Hand des Zechers, ders anfaßt, rot:
Der irrte nicht mehr zur Nacht – er trägt ja des Pol-Sterns
Schein!
Und käm er verschleiert nah dem Blinden, so säh der hell,
Der Taube gewinnt Gehör, gießt man aus dem Krug nur ein . . .
Sie sprachen: „Beschreib ihn uns: du kennst ihn am besten ja!“
„Wohl kenn ich ihn wahrlich gut: so nenne ich euch den Wein –
Ganz rein, doch wie Wasser nicht, ganz zart, aber nicht
wie Luft,
Ein Geist, aber ohne Leib, ein Licht, doch nicht Feuerschein!

Schimmel

Jakut ar-Rumi der Geograph

Wenn die Zeit mich überfällt mit Heeresmacht,
Deren Vortrab Kummer ist und Sorgennacht,
Rüst' ich meinen Hinterhalt, der glücklich focht
Unter zwei Emiren: Buch und Lampendocht.
Aus dem Schoß der Nächte führ' ich dann hervor
Wunder, deren Wahrheit man nicht glaubt zuvor,
Und mit ihnen mach' ich mich von Sorgen rein,
Wie von Sorgen andre rein wohl macht der Wein.

Rückert

Sahl ibn Malik

Des Morgens Strom begann im Ost zu steigen,
Nahm sich als Meer den Horizont zu eigen;
Der Tauben Klagruf unterbrach das Schweigen –
Sie schienen vorm Ertrinken Angst zu zeigen –;
Dann weinten sie im Frühlicht auf den Zweigen.

Schimmel

As-Siradsch al-Muhar

Pfirsichblüte

Eine der Blüten strahlt in Schönheit
Und sie schimmert rötlich und weiß,
So, als blickten auf uns ihre Augen,
Augen, vom Rausch noch gerötet und heiß.

Schimmel

Ibrahim al-Mazini

Das Wort des Geliebten

Süß ist, wenn rauschend der Regen rinnt,
Wolkenschleier den Mond verhüllt,
Wehet im Garten der Wind voller Duft,
Der dann, verströmend, das Dunkel erfüllt.

Süß ist das Rieseln des Wassers im Bach,
Löste der Holztaube Stummheit die Nacht,
Süß, wie der Schlummer die Lider beschleicht,
Wenn du ermüdet und matt lang gewacht.

Aber dein Wort ist noch süßer als dies,
Trifft mir das Herz, das bestürzte, den Sinn;
Schlägt es ans Ohr mir, so breiten sich weich
Über mich Schwingen der Leidenschaft hin;

Dann ist mein Herz ein verwunschenes Boot,
Auf deiner Stimme Wellen gezogen:
Leise umarmt es der Brise Hauch,
Tanzen lassens die brausenden Wogen . .

Schimmel

Dschamil Sidki az-Zahawi

Die Schwestern

Die Jüngere:

Ich bin das Liebesvöglein, ich singe jeden Morgen,
Und wenn der Morgen anhebt, dann weiß ich nichts von Sorgen.
's ist Zeit, o liebe Schwester! Wach auf vom Schlummer schnell –
Die Nacht ist doch zu Ende, der Morgen leuchtet hell.
Du, öffne doch die Augen, die du noch halb verschließt!
Sei froh, wenn du den Lichtglanz, die Luft erfüllend, siehst!
Schau nur! Denn Schönheit füllt ja das Auge morgens ganz!
Es leuchtet jedes Teilchen in einem heitren Glanz.
Wie zwischen Palmenhainen der Tigris drüben rauscht!
Es drängt mich, aufzustehen, wenn man so liegt und lauscht.
Den Nachtigallen lächeln die Blumen zu im Land,
Der Wind bewegt die Zweige an der Kanäle Rand.
Die Nachtigall erwachte vor uns – wie schön sie singt!
Auf! Daß wir es ihr gleichtun und horchen, wie es klingt!

Die Ältere:

Was du da siehst, o Schwester, das ist der Morgen nicht –
Es ist, wie Silber fließend, vom Monde nur das Licht.
Nein, noch ist fern der Aufgang der hellen Morgenglut.
Wie schön die Nacht! Ihr Schlummer tut meinem Auge gut.
Ach, laß mich schlafen, weil ich im Schlafe träumen kann:
O still! Der Liebste oder sein Traumbild spricht mich an!
Er war von mir gegangen, und nun besucht er mich –
Ach, laß an seiner Nähe mein Auge freuen sich.
Wie mir sein Traumbild lächelt! Und wie es näher zieht!
Wenn ich die Augen öffne, wie rasch das Bild entflieht!
Des Freundes Antlitz ist mir mehr als das Morgenlicht,
Denn wer den rechten Weg kennt, fragt nach dem Irrtum nicht.
So laß mich mit den Freuden, die mich im Schlafe laben,
Und laß den Morgen denen, die gar nichts andres haben!

Schimmel

MUSTAFA SADIK AR-RAFI'I

Der verstohlene Kuß

Den Tag vergeß ich nie: früh hatt ich krank mich,
Dem Wind gleich unverhofft, zu ihr gewandt.
Und ich – und sie – ... sie wurde freier, zeigte,
Was ich verbarg, barg, was ich gab bekannt.
Ich ließ nicht ab, bis sie mich schüchtern küßte,
Ganz heimlich, ängstlich noch vor Schmuck und Band.
Wir glichen Blumen, die sich küssen, lautlos
Wie Rosenmund zum Mund der Rose fand.
Für sie enthielt mein Mund ein Briefchen – ihr Mund
Nahms an und hat die Antwort gleich gesandt ... *Schimmel*

MICHAIL NU'AIMA

Der Prophet

Die Wolken schwärzten sich vom Zorn
Der Nacht, die langsam näher kam,
Noch sahen wir kein festes Zelt,
Das uns in seine Obhut nahm.

Dann kam der Sturm, und scharfer Sand
Rieb uns die Augen rot.
Wir eilten vor, und zwischen Lid
Und Augen sahen wir den Tod.

Dann sprang vom düstern Horizont
Der Donner wie ein Tier uns an,
Wir packten unsre Decken fest,
Doch sanken hin, die Stirn voran.

In Wirbeln riß darauf der Wind
Das Tuch von unsern Schultern ab,
Die Wolken stürzten wie Geröll
Von hohem Berg auf uns herab.

Die Pferde stöhnten neben uns,
Vom Schlangenbiß der Nacht verletzt,
Wir sahen hoch: es hatte sich
Der Tod schon zwischen uns gesetzt.

Da stand Er auf und rief: Der Mut
Ist mächtiger als das Geschick!
Wir folgten Schritt vor Schritt und sahn:
Der Tod blieb ohne Kraft zurück. *Hansen*

Ibrahim Nadschi

Aus: Die Rückkehr

Hier ist das Heiligtum, das wir umschritten,
Drin früh und spät zu beten wir begehrt,
Oft neigten wir der Schönheit uns inmitten –
O Gott, sind wir als Fremde heimgekehrt?

Auch meiner Liebe Haus und meiner Träume
Empfing mich kalt, als sei ich fremd, und nicht
Erkannt es mich –; einst hatten doch die Räume,
Wenn sie von fern mich sahn, gelacht voll Licht!

Mein Herz begann, ein wundes Tier, zu zittern.
„Sei still, mein Herz, sei still!" sprach ich beklommen.
Die Tränen gaben Antwort mir, die bittern:
„Warum kam ich? Ach, wär ich nie gekommen!"

Warum kam ich? löscht' nicht die heiße Liebe
Und machte frei vom Klagen mich und Leid,
Daß ich in Frieden in der Stille bliebe,
Und wäre endlich dann einmal befreit?

Ist dir *ein* Vogel, warmes Nest, entflogen,
Dann kennt sein Freund nicht mehr des Himmels Sinn;
Ihm kommen Tage herbstlich bleich gezogen
Und gehn wie Wüstenwindes Klagen hin,

Lebt müde Trauer in der Schönheit Haus,
Von der nur Seufzer noch die Luft durchwallen.
Die Nacht stieg hier herab und streckt sich aus,
Und ihre Schemen gleiten durch die Hallen.

Und das Vergehen sah ich, und ich sah,
Wie seine Hand spann an den Spinngeweben.
Da schrie ich auf: „Weh dir! Beginnst du da,
Wo doch nichts starb, wo alles noch voll Leben?"

Ja, alles lebt noch: Freude, Traurigkeit,
Die Nächte voller Angst, die frohen, hellen.
Und ich vernehme schon den Schritt der Zeit;
Die Einsamkeit tritt über diese Schwellen. *Schimmel*

Ilya Abu Madi

Ich weiß nicht

Ich kam, weiß nicht woher – kam in die Welt,
Ich sah den Weg und ward darauf gestellt,
Und werd ihn gehn, ob mirs auch nicht gefällt –
Wie kam ich, sah den Weg? Ich weiß es nicht.

Bin ich seit langem hier, seit kurzen Tagen?
Bin frei ich, bin in Fesseln ich geschlagen?
Trag ich mein Leben, werde ich getragen?
Ich möcht es wissen, doch ich weiß es nicht.

Wird nach dem Tod man auferstehn, gerichtet?
Gibts ewges Leben? Werden wir vernichtet?
Ists Lüge, Wahrheit, was das Volk berichtet?
Ists wahr, daß mancher weiß? Ich weiß es nicht.

Wo ist mein Lachen, Weinen, wie als Kind?
Wo meine Torheit, da ich jugendblind?
Wo meine Träume, die verloren sind,
Doch wie verlor ich sie? Ich weiß es nicht. *Schimmel*

Fuad al-Chaschsch

Ohne dich ...

Ohne dich wär ich ja nicht, nicht wären meine Lieder,
Die das All im Tanz hallt wider –;
Ohne dich wär ich ein Schatten, voll Vergänglichkeit, der nieder
Streckt vorm Sonnenkuß die Glieder;
Naht der Abend sich dann wieder,
So verbirgt er sich, legt
Sich bewegt,
Wie die Spiegelung zitternd sich regt,
Entschwindend über dem bräunlichen Sand.

Du wandeltest mir Tod zu Ewigkeiten,
Kannst über die Verzweiflung Hoffnung breiten;
Du tatst mein Auge auf, ich lernte sehen
Und recht zu gehen:
Ich, der mit losen Freunden ausgelassen
Durchschweifte spielend die Gassen,
Die nichtigen Freuden zu fassen –
Da traf aus deinem Blick die Liebe mich
(Und noch war ich
Der Jugendlust verschrieben; es beschlich
Mein Herz zu viel von Erden-Gaukelein) –
Da war ich nicht mehr mein:
Mein Leben ward ein Teil von deinem Leben,
Und in dein Wesen konnt ich ganz mich geben,
So wie der Liebende entwird in Gottes Sein. *Schimmel*

Firdusi

Beschreibung Mazenderans

Mazenderan, unser Land, sei gerühmt,
Beständig sein Boden gebaut und geblümt.
In seinen Gärten ist immer die Ros,
Auf seinem Gebirge Tulp und Zeitlos.
Die Luft ist lind, grün Auen sind,
Nicht kalt noch warm, stets Frühlingswind.
In Gärten singt die Nachtigall,
Das Reh geht auf der Berge Wall.
Nie ruht es aus von Sprung und Tanz;
Durchs ganze Jahr ist Duft und Glanz.
Von Rosenwasser fließt sein Bach,
Sein Ruch macht Seelenfreuden wach.
September, Oktober, Dezember und März
Siehst Tulpen du dort allerwärts.
Der Bäche Saum ist jahrlang smaragd,
Überall ist der Falk auf der Jagd.
Allerorten ist Schmuck bereit,
Gold, Sammet und Seiden und Kostbarkeit.
Aufwarten die Schönen mit Kronen von Gold,
Edle Diener mit Zonen von Gold.
Wem nicht zu Gesicht kam dieses Land,
Der hat nicht die wahre Freude gekannt. *Rückert*

Farruchi

Als der Fürst den Pferden Brandzeichen geben ließ

In blaue Seide hüllt sein Angesicht das Feld,
In siebenfachem Flor strahlt Bergesflur erhellt.
Dem Moschusrehe gleich läßt Erde Duft entstehn,
Wie Vogelflaum sprießt Laub der Weide, ungezählt.
Vom Lenz hat gestern nacht der Wind uns Duft gebracht –
Willkommen sei der Wind, der Duft, den er enthält!
Barg denn der Wind im Arm gestoßnen Moschus gar?
Ob Puppen wohl zum Spiel der Hag im Arme hält?

Des Flieders Halsband ist mit Perlen weiß geschmückt,
Rubinenschmuck im Ohr hat Judasbaum erwählt.
Das menschenhänd'ge Blatt streckt die Platane aus,
Da auf den Rosenbusch das Rotweinglas gestellt.
Chamäleonkleider trägt der Hag und jeder Zweig,
Das Wasser perlengleich, und Perl aus Wolken fällt.
Du hast ganz recht gesehn: daß von des Fürsten Glanz
Ein buntes Ehrenkleid ein jeder Park erhält!
Des Fürsten Lager ward so froh und feurig jetzt,
Daß fröhlich ihn bestaunt das Schicksal und die Welt.
Da siehst du Grün um Grün, so wie wohl Heer um Heer,
Wie Festungsbauten dicht erblickst du Zelt um Zelt.
In jedem Zelte ruht ein Freund beim trunknen Freund,
Auf jedem Grün ein Lieb, dem froh sein Lieb gesellt.
Das Grün voll Harfenklang, die Sänger mit Gesang,
Die Schenken mit dem Wein, die Zelte klanggeschwellt.
Kuß und Umarmung hier, der Holden Ziererei,
Der Sänger wach, doch dort manch Haupt dem Schlaf verfällt.
Zur Pforte unsres Herrn, des Fürsten voller Glück,
Hat sonnengleich die Glut für uns den Weg erhellt.
Das Feuer lodert auf: Standarte aus Brokat,
Heiß wie des Jünglings Sinn, gold, wie des Wechslers Geld.
Das Eisen wie ein Zweig Korall, rubingefärbt,
Granatenapfelkern, wie ihn die Frucht enthält.
Die nicht den Schlaf gesehn, die Burschen, Rang um Rang,
Die Rosse, nicht gebrannt, in Reihen aufgestellt.
Dort unser hoher Fürst, auf flußgeübtem Roß,
Das Lasso in der Hand: Isfendiar, der Held!
Das Lasso ringelt sich, wie Kinderlocken hold,
Das fester als der Bund von treuen Freunden hält.
Abu'l-Muzaffar Schah, der Fürst mit seiner Schar,
Der Schah, der Städte nimmt, der Löwen wohl zerspellt!
Ein Drachen, windet sich das Lasso in der Hand,
Wie schlangengleich der Stab in Mosis Hand sich wellt.
Wer in die Schlinge fiel, die schlängelnd treibt ihr Spiel:
Auf Schulter und Gesicht er Königs Mal erhält.
Brennt er sich so uns ein, beschenkt er uns doch auch;
Den Dichter er am Zaum, den Gast am Zügel hält! *Schimmel*

Pindari Razi

Vorm Tode brauchst du nicht zu fliehen an zwei Tagen:
Wenn er dir nicht bestimmt, und wenn die Stund geschlagen –
Am Tag, da er bestimmt, nützt es dir nichts, zu fliehen;
Und ist er nicht bestimmt, kann er dich nicht erjagen!

Schimmel

Unsuri

Über das Schwert

Ein Spiegel, drauf man Perlensplitter streute,
Demantenstaub in Seide eingenäht,
Sein Schimmer scheint so leuchtend deinem Auge,
Als spiegle Meer den Himmel sternbesät;
Man schüttelts: Wasser ists; man schwingts: ein Blitzstrahl;
Man wirfts: ein Pfeil; ein Bogen, wenn mans dreht!

Schimmel

Kisa'i

Den blauen Lotos sieh im Wasser ruhn:
Ein Damaszenerschwert mit flüss'gem Stein;
An Art und Farbe ganz dem Himmel gleich,
Denn in ihm liegt ein Mond mit vollem Schein.
Auch gleich dem Mönche, goldblaß das Gesicht,
Der sich in blaue Kleider hüllte ein. *Schimmel*

Die Rose ist ein Huldgeschenk vom Himmel,
Die Rose kann den Menschen Glück verleihn.
Verkaufst du, Rosenhändler, sie für Silber –
Was kaufst du für das Geld denn Beßres ein?

Schimmel

Abu Sa'id ibn Abi 'l-Chair

Als kaum es deinen Duft gespürt, der mit dem Ostwind, hergeflogen,

Hat sich mein Herz von mir getrennt, ist, dich zu suchen,
ausgezogen.
Vergessen hat es längst nun schon den Leib, der einst ihm
Heimat war,
Und hat zugleich mit deinem Duft dein ganzes Wesen
eingesogen.

Ethé

Abdallah-i Ansari

Aus den Gebeten

O Herr, gib meinem Herzen voll Gnade Lebensgeist,
Da allem Schmerz geduldig du Arzeneien leihst.
Wie wüßt ich armer Sklave, was es zu suchen gilt?
Der Wissende bist du nur – so gib mir, was du weißt!

Voll Unruh muß ich ohne dich, Herr, schwanken,
Denn deine Wohltat kennt nicht Zahl noch Schranken:
Und würde jedes Haar mir auch zur Zunge –
Noch immer nicht könnt ich genug dir danken!

Wie Blut pulsiert die Liebe im Körper hin und her,
Erfüllt mich mit dem Freunde, macht von mir selbst mich leer.
Die Teile meines Körpers ergriff der holde Freund –
Von mir blieb nur der Körper, das Übrige ist er!

Schimmel

Melikschah al-Seldschuki

Der Kuß

Gestern abend auf mein Auge drückte einen Kuß mein Lieb,
Und entschwand, indes vom Kusse mir noch feucht das Auge
blieb.
Wohl nur deshalb hat die Lose auf mein Aug den Kuß
gedrückt,
Weil die eignen schönen Züge sie in meinem Aug erblickt.

Rosenzweig-Schwannau

Ahmad Ghazzali

Als ich noch ungeübt, die Lieb zu tragen,
Schlief nachts mein Nachbar nicht von meinem Klagen.
Jetzt klag ich nicht mehr, seit die Schmerzen wachsen –
Wo wäre Rauch, wenn rings die Flammen schlagen?

Schimmel

Omar Chajjam

Weißt du, warum bei jedes Frührots Schein
Der Hahn dich schreckt durch sein eindringlich Schrein?
Weil wieder eine Nacht vom Leben schwand,
Und du schläfst sorglos in den Tag hinein.

Der Tropfen weint: „Wie bin vom Meer ich weit!“
Das Weltmeer lacht: „Vergeblich ist dein Leid!
Sind wir doch alle eins, sind alle Gott –
Uns trennt ja nur das winzge Pünktchen ‚Zeit‘!“

Der Töpfer in der Werkstatt stand
Und formte einen Krug gewandt,
Den Deckel aus eines Königs Kopf,
Den Henkel aus eines Bettlers Hand.

O komm, Geliebte, komm, es sinkt die Nacht,
Verscheuche mir durch deiner Schönheit Pracht
Des Zweifels Dunkel! Nimm den Krug und trink,
Eh man aus unserm Staube Krüge macht.

Ich war ein Falke, den sein kühner Flug
Hinauf zum Reich der ewgen Rätsel trug.
Dort fand ich keinen, der sie mir enthüllt,
Und kehrt' zur Erde wieder bald genug.

Der flüssige Rubin, der sich ergießt
Und lachend aus dem Hals der Flasche fließt,
Ist eines Herzens Blut – und der Kristall
Ist eine Träne, die ihn rings umschließt.

Mit Schmerzen führtst ins Dasein du mich ein.
Das Leben gab mir nichts als lauter Pein.
Mit Widerstreben scheid ich. – Sprich, was war
Der Zweck von meinem Kommen, Gehn und Sein?

Als du das Leben schufst, schufst du das Sterben:
Uns, deine Werke, weihst du dem Verderben.
Wenn schlecht dein Werk war, sprich, wen trifft
die Schuld?
Und war es gut, warum schlägst dus in Scherben?

Der Schöpfung Zweck und Streben ist die Liebe,
Die Kraft im Saft der Reben ist die Liebe,
Sie ist der Reim im Lied der Jugendzeit,
Merk auf mein Wort: das Leben ist die Liebe.

In jener Nacht, wo keine Sterne blinken,
Wo keines Auswegs Hoffnungsstrahlen winken.
Schrick nicht zurück, wenn deine Reihe kommt!
Der Becher kreist, und jeder muß ihn trinken.

Rosen

Sana'i

Ich gab dir, Lieb, das Herze mein –
gut Nacht, ich geh!
Sein Leiden kennest du allein –
gut Nacht, ich geh.
Verging nun der Vereinung Zeit,
ists recht – ists recht;

Ich schließ ans Herz die Trennung dein –
gut Nacht, ich geh.
Mit Locke raubst du und Gesicht
des Tages Licht:
Vortrefflich, Lieb, du Zaubrer fein –
gut Nacht, ich geh!
Dein Antlitz: Glaubens Licht; dein Haar:
Unglaubens Nacht;
Von beider Plage leid ich Pein –
gut Nacht, ich geh!
Nun siehst du zwischen Wasser mich
und Feuers Brand:
Das Auge feucht, der Mund dörrt ein –
gut Nacht, ich geh.
Wenn du nur einmal nach mir fragst,
bin ich schon froh;
Dann wird mein Schmerz geringer sein –
gut Nacht, ich geh!

Schimmel

Muslims, ich lieb jenen Abgott mit glühendem Sinn,
Spiel ist das nicht – wie verstört und verwirrt ich stets bin!
Lieb ist ein Ozean, und seine Fluten sind Glut,
Heben sich Wogen wie Berge der Finsternis drin,
Lauernd am Ufer der Drachen verschlingende Schar,
Vielhundert Schlangen uns drohend im Meere mittin.
Gram ist das Schiff auf dem Meer, und sein Anker Geduld,
Bietet sein Segel dem Sturme des Ungemachs hin.
Gleich einem Edlen im Kleide der Heiligkeit warf
Man mich ins tobende Meer, eh ich recht mich besinn.
Tot war ich – sieh, ich ertrank, und, o Wunder! ich leb,
Fand jene Perle, die niemand besitzt, als Gewinn! *Schimmel*

Amir Mu'izzi

Ich sprach: „Gib mir drei Küsse, du Mond, der mir gefällt!"
Er sprach: „Wann gäbe Küsse der Mond denn in der Welt?"
Ich sprach: „Zur Nacht strahlt heller mir deiner Wangen
Glanz!"

Er sprach: „Zur Nacht erglänzet der Mond am Himmelszelt!“
Ich sprach: „Nie, daß du ruhtest an irgendeinem Ort!“
Er sprach: „An keinem Orte der Mond sich ruhig stellt!“
„Ein Rosenhag voll Wunder erblüht auf deiner Wang!“
„Ein Wunder, wenn im Monde erblüht ein Blumenfeld!“
„Es wies mir deine Wange des Wanderderwischs Weg!“
„Der Mond den Karawanen zur Nacht den Weg erhellt!“
Ich sprach: „Von deinem Antlitz geschädigt wird mein Leib!“
„Zerreißt nicht auch das Leinen, wenn Mondlicht darauf fällt?“
Ich sprach: „Ein Wunder wär es, zög ich dich an die Brust!“
Er sprach: „Wärs nicht ein Wunder, wenn fest den Mond man hält?“
Ich sprach: „Das Glas voll Wein ist ein Stern in deiner Hand!“
Er sprach: „Der Mond hat immer zum Sterne sich gesellt!“

Schimmel

Raschidaddin Watwat

An Kutbaddin Muzaffar Schah

O du, durch dessen Locke die ganze Welt voll Duft!
O du, durch dessen Antlitz die ganze Luft voll Licht!
Du bist so schön wie Joseph, und ohne dich schwand mir
Gleich wie dem Vater Jakob vor Gram der Augen Sicht.
Pistazie und Mandel: dein Auge und dein Mund,
Wie Buchsbaum und Zypresse dein Haar, dein Wuchs besticht.
Mein Antlitz ward vor Trennung, mein Auge ward vor Gram
Ein Schacht von bleichem Golde, ein Meer voll Perlen licht.
Dein Antlitz ward zur Kibla, und um nur dich zu sehn,
Ziehn hin zu deiner Straße der Pilger Scharen dicht.
Herr war ich der Asketen – in deiner Liebe ward
Ich Bechers Sklave, leiste auf den Koran Verzicht.
Dein Mund ist Lebensquelle; so lang ich danach such,
Umgibt mich tiefes Dunkel, wie selbst Iskender nicht.
Aus Gram um dich, du Perle im Meer der Schönheit, streut
Der Hand Muzaffar Schahs gleich viel Perlen mein Gesicht.
Der Hand des Kutbaddin gleich, des edler Ehrenrang
Des Himmelthrones Zinnen an Höhe gleichgericht.

Vom Staube seines Heeres ward Himmels Auge blind,
Das Trampeln seiner Rosse der Welten Ohr zerbricht.
Gleich hundert Himmelsbäumen ist eine Gunst von dir,
Zehn Paradiesesquellen von dir ein Finger schlicht!
Dein Name glückhaft strahlend, dein Titel voller Macht
Er ward der Stolz der Feder, der Kanzeln Zier und Licht.
Du bist die helle Sonne, vor deines Rates Glanz
Flieht, wie der Stern am Morgen, dein Feind, der schwache Wicht.
Dein Reich ist wie der Himmel, dein Wort die Sonne klar,
Essenz dein Rang, die Großmut dem Akzidens entspricht.
Du bist die lichte Sonne – das Roß mit raschem Lauf
Kreist unter deinem Schenkel es wie die Sphäre nicht?
In deinem scharfen Schwerte verkörpert sich der Tod,
Doch in dir selbst verkörpert zeigt Leben sein Gesicht!

Schimmel

Kaukabi Marwazi

Sieh die nicht ganz erblühte rote Rose:
Dem Püppchen gleich, das ein Idol verehrt.
Wie rote zarte Lippen der Geliebten,
Die sich dem Freund zum Kusse zugekehrt!

Schimmel

Safiaddin Jezdi

Welch Schmerz ist das, den ‚Liebe' man genannt,
Durch den man ganz verwirrte Stadt und Land?
Man nannte Liebe das, was man gemischt
Aus allem, was an Herzensqual sich fand!
Es gibt auch Schenken in der Liebe, wo man
Mit Herzblut füllt den Becher bis zum Rand.
Ein einzges Glas in diesem Götzentempel
Hat uns in Rausch, in Unruh schon gebannt.
Wie manches Füllen, stolz und ungebärdig,
Das rasch gezähmt der Liebe Last und Band!

Schimmel

Abu'l-Muzaffar Tahir

Warum bringst, Mondgesicht, du keinen Wein?
Denn ohne Wein kann ichs hier nicht ertragen!
Sieh die Narzisse, wie sie aufgeblüht,
Auf Silberschale den Pokal zu tragen! *Schimmel*

Mubarak Schah al-Merwerudi

Mein Herz sah dich im tiefen Traum einmal:
In dunkler Nacht sah es der Sonne Strahl.
Voll Seligkeit fands dich an seiner Seite,
Das Ohr voll Klang, hielt es den Weinpokal.
O Jammer, daß mein Herz nun aufgewacht,
Und sah, daß Traum dies Glück war allzumal,
Daß es nicht in der Hand die Locke hielt . . .!
Ach, Schicksals Hand zerbrach es fast vor Qual!
Schimmel

Enweri

,,Schreibst du Ghaselen?" sprach ein Liebender zu mir.
Ich sprach: „Von Lob und Spott hab ich mich abgewandt!"
„Warum?" sprach er. Ich sprach: „Weil es ein Irrtum war:
Der Zustand ist vorbei und kommt nicht mehr zustand!
Ghasel, Satire, Lob sang ich ja deshalb nur,
Weil *Leidenschaft* und *Gier* und *Zorn* mich noch gebannt:
In Kummer sitzt und Leid die erste Nacht um Nacht,
Wie man den Zuckermund beschreibt, der Locken Band;
In großer Not und Qual ist jene Tag für Tag:
„Wie krieg ich wann von wem fünf Dirhem in die Hand?"
Der Zorn getröstet sich so wie ein kranker Hund,
Wenn er den schwachen Punkt, draus er Gewinn schlägt, fand.
Als Gott die Hunde nun, die ewig hungernden,
Durch seine große Huld aus meinem Haupt gebannt,
Sing ich Ghasel und Lob und Spottlied, Herr, nur dann,
Wenn – ach! – mein niedres Ich mißhandelt den Verstand!
Zu schwatzen, Enweri, steht nicht den Männern an:
Du tatst es einst – gib acht nun auf den Mannesstand!
Schimmel

Feridaddin Attar

Aus dem Proömium zum Ilahiname

Erhabner Gott, du, Einer, ohnegleichen:
Dich nennen Herr die Herrn aus allen Reichen.
Du bist das Ende und auch das Beginnen,
Das Außen, o Erhabner, und das Innen.
So viel Jahrtausende rennt der Verstand,
Doch hat von dir er keinen Hauch erkannt ...
Für alles, was geschaffen, bist du Licht,
Du nur verleihst dem Auge seine Sicht.
O Wunder, daß du sichtbar und verhüllt!
Du bists, der – ohne Herz – den Herzgrund füllt.
Die Seelen stammen, Freund, von deinem Strahle,
Du bist der Kern, das andre ist nur Schale.
Nur Namen hat die Welt von dir, kein Zeichen;
Nicht kann dich schauender Verstand erreichen
Verborgen dem Verstand, sichtbar im Sein,
Zeigst du den Abglanz deines Wesens rein –
Durch dich erschien die Welt – in jedem Nu
Sprichst ganz Geheimes in der Seele du.
Wohl sucht Verstand dich vielfach zu umschreiben, –
Zuletzt muß er doch voller Schmerzen bleiben.
Wie schön! Zeigst du im „Sei!“ dein Angesicht,
Und hüllst die sieben Sphären in dein Licht!
Wie schön! O Sprechender! Gibst Lipp und Mund –
Du bist so klar und doch verhüllt im Grund.
Wie schön! O Sehender! Du schenkst das Sehen,
Daß wir im Schleierinnern dich erspähen.
Wie schön! Die Welt erhellt von deinem Schein,
Der Mensch geformt nach deinem Widerschein!
Wie schön, daß du gezeigt in Herz und Seele
Dem Sucher deine Schönheit ohne Fehle!
Du bist das Licht, das in den sieben Sphären
Um diesen Staubball kreist in stetem Währen.
Du bist das Licht, das strahlt im Sonnenglanze,
Wodurch der Teil ist ewig und das Ganze.
Du bist das Licht, das Mond und Stern bewohnt,

Verloren sind vor ihm so Stern wie Mond.
Du bist das Licht, dran niemals rührt die Glut,
Schmerz wie Arznei, die tief im Herzen ruht.
Du bist das Licht, aus Eifersucht entbrannt,
Das alle, die es lieben, setzt in Brand.
Du bist das Licht, das der Propheten Seele,
Und das erscheint in Heilgen ohne Fehle,
Du bist das Licht, den Wandrern helle Kerzen,
Und großer Glanz für alle Menschenherzen ...

Von deinem Licht ward der Verstand verstört,
Und ward von Scham unwissend und betört.
Kommst du im Frühling sichtbarlich gegangen,
So lüftest du den Schleier von den Wangen,
Du wirfst zur Erde des Gesichtes Glanz
Und schmückst den Staub mit holden Bildern ganz.
Der Frühling kommt mit Blüten allzuhauf,
Vor deinem Antlitz wallt die Rose auf.
Sieh, wie die Rose nach dir sehnend lacht!
Daher kommt ihrer vielen Farben Pracht.
Narzissen setzt du Kronen auf aus Gold,
Juwelenschmuck aus Wolken auf sie rollt.
Trägt Veilchen deines Klosters Ordenskleid
Und senkt den Kopf so tief aus Trennungsleid.
Die Lilie will mit jeder Zunge loben
Dich, Herr, und trägt deshalb das Haupt erhoben.
Ihr Herzblut trinken Tulpen, die dich lieben,
Die Wang ist bleich, ihr Herz blutrot geblieben.
Nach dir sich sehnend, ist verwirrt ihr Sinn,
Sie werfen sich in deinen Staub nun hin.
Wie man dich auch beschreibt: es ist voll Fehle –
Gewiß weiß ich: du bist der Seele Seele! ...

Nichts will ich, Liebster, noch als dich beschreiben,
Und dann allein mit deiner Liebe bleiben.
Willst du allhier mir diesen Wunsch versagen,
So werde über deine Hand ich klagen.
Durch deine Gnade gabst du Hoffnung mir –
Vereine mich in Liebe nun mit dir!

Vereinigung nur wünsche ich von dir,
Daß Herz und Seele leuchtend werden mir.
Du bist die Sonne, und in deiner Nähe
Bin ich wie Schatten, wenn ich bei dir stehe.
Nein, auch den Schatten machst du noch zunicht,
Wenn du verströmest je dein ewges Licht.
In stetem Hoffen ward zu Blut mein Herz,
In stetem Hoffen ruhelos, voll Schmerz.
Schenk Einigung mir nur für einen Nu,
Gib einen Hauch dem Leid um dich nur Ruh!
Ich hoff auf dich ja hier zu jeder Zeit:
Ich bitte Gott, daß Er mein Tun verzeiht!
Ich hoff auf dich, wenn ich gehorsam bin:
Ach, schenke Glück durch dein Licht meinem Sinn!
Ich hoff auf dich am Tage des Gerichts,
Besitz ich auch als Schmerz und Reue nichts.

Ich bin dem niedern Selbst ja so verfallen:
Ein kleiner Sperling in des Falken Krallen.
Du mögest mich vor diesem doch bewahren –
Ach laß mich deinen Anblick nur gewahren!
Daß ich den Schmerz der Liebe trank – du weißt es!
Und Tag und Nacht darin versank – du weißt es!
Ich klage laut im Schmerze deiner Liebe,
Da stets in diesem Strudel Blut ich bliebe.
Du mögest mich von diesem Schmerze heilen –
Laß mich aus Güte nicht alleine weilen!
Du weißt: ich habe nichts als dich erlesen –
Besitze nichts, o Seele, als dein Wesen.
Von dieser Welt und jener hab ich dich,
Du, Ziel von allem hier und dort für mich!
O Gott, wer bin ich hier? Ein Bettler arm,
Der dir bekannt in deiner Freunde Schwarm.
O Gott, der Bettler tritt sehr hilflos vor:
Ist Handvoll Knochen nur an deinem Tor.
O Gott, verwirrt, verstört ist mein Gemüt –
Da es im Feuer deiner Liebe glüht!
Vor Sehnen ward mein Herz zu Blut – du weißt es!
Laß mich vergehn! Was bleibt, o Gut – du weißt es!

Dein Bleiben ist am Ende mein Vergehen,
Und du wirst stets auf Teil und Ganzes sehen.
Du bist ja ewig – ich kann es nicht sein;
Ich werd vergehn – und du bleibst ganz allein!

Schimmel

Imami Herati

Das große Fest ist einmal nur im Jahr –
Seit ich dich seh, ist Festzeit immerdar.
An *einem* Tag trägt Rosenlast der Zweig –
Dein Antlitz trägt für mich stets Rosenschar.
Einmal pflück Veilchensträuße ich im Hag,
Nie welkt *ein* Veilchen mir: dein dunkles Haar.
Nur *eine* Woche blüht Narzisse auf –
Stets bleibt die schönste mir: dein Auge klar.
Narzisse ist nur frisch, so lang sie wacht –
Schön ist, obs schläft, obs wacht, dein Augenpaar.
Im Lenz nur duftet der Jasminenstrauch –
Du, Hyazinthe, bist des Dufts nie bar.
Duft schenkt den Hyazinthen, die ihn hüten,
Die Locke dein, die Seelenspeise war.
Sie sprießt aus Silber, jene nur aus Stein,
Die krönen Felsen, sie Zypressen rar.
Stolz ist im Hag Zypresse immergrün –
Doch kläglich stellt sie neben dir sich dar!

Schimmel

Dschelaladdin Rumi

Einleitung zum Methnewi

Hör auf der Flöte Rohr, was es verkündet,
Hör, wie es klagt, von Sehnsuchtsschmerz entzündet:
Als man mich abschnitt am beschilften See,
Da weinte alle Welt bei meinem Weh,
Ich such ein sehnend Herz, in dessen Wunde
Ich gieße meines Trennungs-Leides Kunde;
Sehnt doch nach des Zusammenweilens Glück
Der Heimatferne allzeit sich zurück.

Klagend durchzog ich drum die weite Welt,
Und Schlechten bald, bald Guten beigesellt,
Galt jedem ich als Freund und als Gefährte,
Und keiner fragte, was mein Herz beschwerte.
Und doch – so fern ists meiner Klage nicht,
Den Sinnen nur fehlt der Erkenntnis Licht.
So sind auch Seel und Leib einander klar,
Doch welchem Aug stellt je ein Geist sich dar?
Kein Hauch, nein Feuer sich dem Rohr entwindet,
Verderben dem, den diese Glut nicht zündet!
Der Liebe Glut ists, die im Rohre saust,
Der Liebe Seufzen, das im Wein aufbraust.
Getrennter Liebenden Gefährtin sie,
Zerreißt die Schleier uns die Melodie.
Als Gift, als Gegengift stets unvergleichlich,
An Mitgefühl und Sehnsucht unerreichlich,
Gibt sie vom Pfad im Blute uns Bericht,
Von Madschnuns Liebe singt sie manch Gedicht.
Vertraut mit diesem Sinn ist nur der Tor,
Gleich wie der Zunge Kunde nur das Ohr.
In Leid sind unsre Tage hingeflogen,
Und mit den Tagen Plagen mitgezogen!
Und ziehn die Tage, laß sie ziehn in Ruh,
O du der Reinen Reinster, daure du!
Den Fisch nur sättigt nie die Flut, doch lang
Sind des Darbenden Tage, lang und bang.
Aber mein Wort sei kurz: versteht doch nicht
Der Rohe, was der Vielgeprüfte spricht.

Rosen

Es klopfte einer an des Freundes Tor –
„Wer bist du“, sprach der Freund, „der steht davor?“
Er sagte „Ich!“ – Der sprach: „So heb dich fort,
Wenn du so sprichst! Ist hier der Rohen Ort?
Den Rohen kocht das Feuer Trennungsleid –
Das ists, was ihn von Heuchelei befreit!“
Der Arme ging, ein Jahr von ihm zu scheiden,
Und glühte hell im Schmerz, den Freund zu meiden.
Da ward er reif. Nun kam er von der Reise,

Daß wieder er des Freundes Haus umkreise.
Er klopft' ans Tor mit hunderterlei Acht,
Daß ihm entschlüpft kein Wörtlein unbedacht.
Da rief sein Freund: „Wer steht denn vor dem Tor?"
Er sprach: „Geliebter, du, du stehst davor!"
„Nun, da du Ich bist, komm, o Ich, herein –
Zwei Ich schließt dieses enge Haus nicht ein!"

Schimmel

Wie ich die Liebe auch erklären will –
Komm ich zur Liebe, schweig ich schamvoll still.
Erklärung mag erleuchten noch so sehr,
Doch Liebe ohne Zungen leuchtet mehr.
Die Feder eilt im Schreiben, kaum zu halten –
Kommt sie zur Liebe, muß sie gleich sich spalten.
Verstand, der deutet: Esel im Morast!
Die Liebe wird nur durch die Lieb erfaßt.
Nur Sonne von der Sonne Zeichen gab.
Brauchst Zeichen du, wend dein Gesicht nicht ab.
Der Schatten mag von ihr wohl Zeichen geben –
Die Sonne schenkt der Seele Licht und Leben . . .
Fremd bist du in der Welt ohn Sonnenlicht –
Der Seele Sonne bleibt, kennt Zeiten nicht.
Steht auch die Sonne draußen ganz allein –
Leicht bildest du dir ihresgleichen ein.
Der Seele Sonne, frei vom Ätherband,
Ihr ähnelt nichts im All, nichts im Verstand.
Einbildungskraft hat keinen Raum für sie,
Nie nahte Ähnliches der Phantasie . . . *Schimmel*

Wenn sich ein Baum bewegte mit Wurzel und Blätterkleid,
Spürt' er nicht Wunden der Axt noch brächt ihm die Säge ein Leid.
Ginge die Sonne nicht von uns nächtlich in eiligem Flug:
Sage, wie würde die Erde erleuchtet zur Morgenzeit?
Stiege das salzige Wasser nicht himmelaufwärts vom Meer,

Wie würden Gärten belebt dann durch Bäche und Regenzeit?
Sieh, wenn zur früheren Heimat ein Tropfen wiederum kommt,
Wird er in einer Muschel zur köstlichen Perle geweiht.
Joseph erlangte auf Reisen Schätze und endloses Glück –
Hatte er einst nicht beim Abschied gejammert voll Traurigkeit?
Fehlt dir der Fuß zur Reise, so wähle den Weg in dich selbst:
Nimm auf, dem Rubinschachte gleichend, in dich alle Strahlen der Zeit.
Reise, o Freund, aus dir selber und in dein eigenes Herz:
Solche Reisen verwandelt das Staubkorn in goldene Herrlichkeit.
Vom Herben und Bitteren wandle zur süßen Reife dich nun:
So hält der salzige Boden viel tausend Früchte bereit . . .

Schimmel

Aus dem Diwan-i Schams-i Täbris

„Es lebt", sprach man, „Meister Sanai nicht mehr!"
Der Tod eines solchen Meisters wiegt schwer!
Er war keine Spreu, die der Wind leicht entführt,
Ein Wasser nicht, das in der Kälte gefriert,
Er war kein Kamm, der im Haare zerbricht,
Ein Korn, das die Erde zerdrückt, war er nicht.
Ein Goldschatz war er, verborgen im Sand,
Weil er die zwei Welten als Körnlein erkannt.
Er warf alle irdische Form erdenwärts,
Zum Himmel empor trug er Seele und Herz.
Vermischt mit der Hefe stieg aufwärts der Wein,
Dann trennten sich beide: der Trank wurde rein.
Ich schwöre: „Er gab, die das Volk nicht erkannt,
Die innere Seele, dem Freund in die Hand!"
Die Reise vereint alle Menschen der Welt,
Aus Merw und aus Raj, aus Arabiens Zelt.
Ins eigene Haus kehrt ein jeder zurück,
Gesellt sich doch Taft nie zum härenen Stück!
Weil Er deinen Namen jetzt auslöschen will
Im Buche des Sprechens, mein Freund, sei fein still!

Schimmel

Der Gottesmann ist trunken ohne Wein,
Der Gottesmann wird satt ohn Speise sein.
Der Gottesmann ist stets verzückt, verwirrt,
Dem Gottesmann ist Schlaf und Hunger Schein.
Der Gottesmann ist in der Kutte Schah,
Der Gottesmann ist Schatz in Schutt und Stein.
Der Gottesmann ist nicht aus Wind noch Staub,
Der Gottesmann ist nicht aus Feuerschein.
Der Gottesmann ist unbegrenztes Meer,
Der Gottesmann schenkt Perlen von allein.
Der Gottesmann hat hundert Mond und Stern,
Der Gottesmann hat hundert Sonnen rein.
Der Gottesmann ward wissend nur durch Gott;
Der Gottesmann weiß nicht aus Bücherreihn.
Der Gottesmann ist jenseits Sünd und Recht,
Dem Gottesmann ist Glaub und Unglaub klein.
Der Gottesmann, er ritt vom Nichtsein fort,
Der Gottesmann zieht hoch zu Roß nun ein.

Schimmel

Glücklich die Zeit, da wir im Schlosse weilen,
wir: du und ich.
Wohl ist der Leib –, die Seele nicht zu teilen,
wir: du und ich.
Des Gartens Farbe und der Hauch der Vögel
wird Lebensquell
In jener Zeit, da wir zum Garten eilen,
wir: du und ich.
Vom Himmel kommt die Sternenschar, zu schauen
auf dich und mich.
Wir zeigen ihr den Mond selbst ohn Verweilen,
wir: du und ich.
Ohn „Ich“ und „Du“, so werden in Verzückung
wir dann vereint,
Beglückt, und frei von wirrer Rede Zeilen,
wir: du und ich.
Vor Neid verschlingen alle Himmelsvögel
ihr eignes Herz

Dort, wo so selig lachend wir verweilen,
wir: du und ich.
Das Wunder ist, daß wir, in einem Winkel
hier hold vereint,
Zugleich getrennt sind viele tausend Meilen,
wir: du und ich!

Schimmel

Am Himmel erschien mir ein Mond in dämmernden
Morgenzeiten;
Vom Himmel kam er herab und starrte auf mich, den
Geweihten.
Ein Falke, der während der Jagd den Vogel ergreift und ihn
forträgt –
So trug er mich aus mir hinweg, um über den Himmel zu gleiten.
Als ich auf mich selber nun sah, da war ich mir selbst nicht
mehr sichtbar,
Denn in diesem Mond ward mein Leib der Seele gleich, der
befreiten,
Als ich so seelenhaft flog, sah außer dem Mond ich nichts weiter,
Bis mir das Geheimnis ward kund erstrahlender Ewigkeiten.
Es gingen in diesen Mond ganz auf die neun Sphären des
Himmels:
Das Schiff meines Daseins versank nun tief in des Ozeans
Weiten.
Das Meer schlug Wellen, und sieh – die Weisheit enttauchte
den Wogen
Und warf eine Stimme empor: so war's und geschah's in den
Zeiten.
Es schäumte das wogende Meer; in jeder schaumigen Flocke
Ward sichtbar jemandes Bild, um sich zur Gestalt auszubreiten.
Und jeglicher Schaumflockenleib, der Zeichen empfing aus dem
Meere,
Zerschmolz diesem Winke gemäß, ließ sich in das Meer wieder
gleiten.
Doch ohne die herrliche Macht der Täbriser Sonne des Glaubens
Erblickte man nie diesen Mond, und konnte zum Meer sich
nicht weiten!

Schimmel

Wenn einst der Morgen der Nähe Gottes zu wehen beginnt,
Eilends der Liebenden Herz aus dem Körper zu gehen beginnt,
Und der Mensch erreicht einen Ort, wo in jeglichem Hauch nun
Ohne des Sehens Schmerzen den Freund er zu sehen beginnt.

Schimmel

Seit ins Herz der Liebe Funke sprang,
Alles andre seine Glut verschlang.
Legt' das Herz die Bücher all beiseit,
Lernt' Gedichte, Lieder und Gesang!

Schimmel

Ich denke deiner Lippe und küß des Rings Rubin –
Da ich sie nicht erreiche, küß ich voll Sehnsucht ihn.
Zu deinem hohen Himmel reicht niemals eine Hand –
Drum küsse deinen Staub ich und liege auf den Knien!

Schimmel

Ohne die Liebe, sag, wäre das Leben da schön?
Sieh, nur die Liebe kann Freude und Frohsinn erhöhn!
Regnete ewig die Wolke auch Tropfen ins Meer –
Ohne die Liebe wird nie eine Perle entstehn!

Schimmel

Ich lege meinen Kopf in deines Türstaubs Grund,
Gefesselt liegt mein Herz in deiner Locke Rund.
Zur Lippe kam die Seele – reich deine Lippe mir,
Daß ich dir legen kann die Seele in den Mund!

Schimmel

SA'DI

Aus dem Gulistan (Rosengarten)

Wenn dich Familienbande fest umstricken,
So darf dein Geist nicht mehr nach Freiheit blicken!
Die Sorg um Kinder, Kleider, Nahrung, Geld,
Zieht dich zurück vom Weg zur Geisterwelt.

Den ganzen Tag hab ich mir vorbedacht,
Mit Gott nur umzugehn die ganze Nacht;
Allein beim Beten kann ich nie vergessen:
Was werden meine Kinder morgen essen?

Graf

Was nützts, des Freundes Angesicht zu küssen,
Wenn wir im Augenblick uns trennen müssen?
Der Freundesabschied ist dem Apfel gleich,
Die eine Seite rot, die andre bleich! *Graf*

Ein Vogel wird nicht zu dem Korne fliegen,
Sieht er im Netz den anderen schon umgarnt.
Laß andrer Schicksal dir zur Warnung dienen,
Daß nicht dein eignes Schicksal andre warnt!

Graf

Die finstre Nacht der Freunde Gottes
Ist glänzend wie der helle Tag;
Nicht kommt dies Glück durch eigne Stärke,
So lang es Gott nicht schenken mag. *Graf*

Aus dem Divan

Zur Unzeit hat in dieser Nacht gekrähet wohl der Hahn,
Weil noch Verliebte nicht genug an Kuß und Druck getan.
Umspielt von dunklen Locken ist des Liebchens Busen rein,
Wie von des Schlägels Ebenholz des Balles Elfenbein.
In dieser Nacht, wo Schlummer selbst des Unheils Aug beschleicht,
Gib acht! sei wach, daß ungenützt das Leben nicht verstreicht,
Bevor du hörst von der Moschee Adina Morgenhall
Oder vom Tor des Schlosses des Atabeg Paukenschall.
Wie töricht wär es, wenn den Mund du hättest weggetan
Vom hahnenaugenroten Mund, weil kräht ein dummer Hahn!

Rückert

O Nacht gesegnet, Tag zwiefach gesegnet,
Wo mir im Siegesglanz das Glück begegnet!
Nun, Pauker, schlag zwiefachen Freudenschlag!
Denn gestern Weihnacht, heut ist Frühlingstag!

Mond oder Engel? Kind von Adam stammend,
Bist du es, oder Sonne weltentflammend?
Weißt du nicht, Gegner lauern im Versteck?
Zum Trotz den Bösen tu dein Gutes keck.
O Feind, die Liebe schenkt Erhörung, schließe
Nur fest die Augen, daß dich's nicht verdrieße.
Wohl weiß ich Nächte, wo im Trennungsband
Ich mit den Seufzern schürte Weltenbrand.
Doch aus dem Dunkel jener Nächte stammen
Auch diese Gluten, die mein Wort durchflammen.
Und wenn nicht wäre jener Nächt Entsetzen,
So wüßte Saadi nicht dies Heut zu schätzen! *Rückert*

Wenn rechts und links bricht Unheil in die Welt
Und vorn und hinten Feuer vom Himmel fällt,
Nimm dir nur Gradheit vor und sei getrost,
Denn viele sind zu deinem Schutz bestellt.
Weil keinem du das Herz gekränket hast,
Bleibt ungekränkt dein Herz von aller Welt.
Nur hinter Dieben sind die Wächter her,
Nur gegen Mörder zieht der Vogt zu Feld. *Rückert*

Jüngst als ich Armer sollt an deinem Blick ersatten,
Kam ein gelehrter Mann dabei mir zu unstatten.
Der litt nicht, daß ich mich an meiner Sonne sonnte,
Dazwischen stellte sich der schwere Wolkenschatten!
Rückert

Aus der Elegie auf den Tod des Sa'd Abu Bekr

Ich weiß nicht, was der Brief enthält für Kunden,
Am Titel aber hab ich Blut gefunden.
Die Großen harren, Aug und Herz im Bunde,
Die Edlen alle zählen Zeit und Stunde.
Gestreut wird Perlensaat vom Sklavenschwarme,
Bemalt von Mägden werden Händ und Arme.
Heerfürst und Schar mit Mond und hohem Mute
Sitzen auf Rennern von arabschem Blute.

Daß sie Sa'd Abu Bekr, den Gerechten,
Den großen Schah zum Schahpalaste brächten.
Des Harems Fraun auf dem Balkon sich freuen,
Juwelen auf den Hauptschmuck ihm zu streuen.
Die Erde sprach: „Wir wollen fröhlich leben!"
Der Himmel sprach: „Wenn es euch ist gegeben!"
Hoffnung auf Kron und Thron des Schahes dachte
Gar nicht daran, daß seinen Sarg man brachte.
Was ist des Harems Schönen widerfahren,
Daß Staub ihr Schmuck und Stroh ist in den Haaren?
Zerreißen darf man nicht um ihn die Kleidung,
Denn Menschen stehen unter Gottes Leitung;
Doch bei solch einer herzversehr'nden Wunde
Darf man die Klage führen wohl im Munde.
Jawohl, es dürfen die Verwaisten weinen,
Wehklagen mögen die gekränkten Seinen!
Ich weiß nicht, was der Brief enthält für Kunden,
Am Titel aber hab ich Blut gefunden. — *Rückert*

Der Herrscher eines Reiches fehlt, wenn er
Vergeudet Tag und Nacht in Rausch und Wein:
Welthüterschaft und hoher Fürstenthron,
Ein großes Amt ist das, halt es nicht klein!
Gott fragt dich einst am Tag der Rechenschaft,
Warum ein Kind sich stieß an einem Stein. *Rückert*

Iraki

Die Liebe stimmt ein Lied verborgen an:
Wo ist der Liebende, ders hören kann?
In jedem Hauch singt sie ein neues Lied,
In jedem Nu ein andres Stück sodann.
Die ganze Welt ist Echo ihres Sangs:
Wann hörte je solch langes Echo man?
Und ihr Geheimnis ist weltweit bekannt:
Wann wär ein Echo wohl verschwiegen, wann?
Hör ihr Geheimnis aus der Stäubchen Mund —
Ich rühr mit Wort und Zeichen nicht daran!

Schimmel

Erglänzen vom Wein die Pokale?
Sinds Wolken im Sonnenglanzstrahle?
So rein sind und zart Wein und Gläser,
Daß eins scheinen Trank dir und Schale.
Ist alles denn Glas, ist der Wein nichts?
Ists Wein, der das Glas überstrahle?
Wenn Sonne die Lüfte erfüllet,
Verschmelzen der Glanz und das Fahle,
Versöhnen der Tag und die Nacht sich,
Daß Ordnung der Welt nun erstrahle.
Kannst Nacht nicht und Tag unterscheiden,
Noch Wein oder Becher beim Mahle!
Begreife durch Wein und durch Becher
Das Wasser des Lebens im Tale!
Enthüllung der Schleier des Wissens,
Wie Nacht sich und Taglicht dir male!
Wird dies aus dem Wort dir nicht deutlich
Vom Anfang zum anderen Male,
So suche das Welt-Glas – dann klärt sich
Dem Geist dieses Rätsel im Strahle:
Daß Er alles ist, was besteht –
Freund, Herz, Seele, Glaube, Gebet! *Schimmel*

Bruchstück

Ganz und gar hold wie die Seele, Knabe du –
Was ist schöner als die Seele? Knabe, du! –
Küsse deine eigne Lippe, und dann sieh,
Wie das Lebenswasser mundet, Knabe du! *Schimmel*

Hafis

Lang schon hat der Herzbesitzer
Keine Nachricht mehr gesendet,
Nicht ein Wörtchen mehr geschrieben,
Keinen Gruß mehr hergesendet;

Und ich schrieb wohl hundert Briefe,
Während doch an mich so wenig
Boten als Berichte sandte
Jener holde Reiterkönig.

Mir, der ich, dem Wilde ähnlich,
Des Verstands verlustig gehe,
Sandt er niemand, der stolzierte
Gleich dem Rebhuhn oder Rehe.

Wußt er auch, mein Herzensvogel
Würde meiner Hand entweichen,
Sandt er doch kein Netz, geflochten
Aus der Schrift, der kettengleichen.

Wehe! jener trunkene Schenke
Mit dem Mund, der Zucker spendet,
Wußte mich berauscht, und dennoch
Hat er mir kein Glas gesendet.

Sprech ich auch von heilgen Stätten
Und von Wundern stolze Worte,
Sandte er doch niemals Kunde
Mir von irgendeinem Orte.

Sei, Hafis, ja stets bescheiden,
Denn dir ziemt es nicht zu rechten,
Wenn der König keine Kunde
Sandte einem von den Knechten.

Rosenzweig-Schwannau

Das Heil, wohin ists gekommen, und wir, die Kranken, wohin?
Dort wandelt hin die Genesung, und wir hier wanken wohin?
Was hat der nüchterne Fromme mit trunkener Liebe gemein?
Wohin dort locket die Predigt, und hier die Schlanken wohin?
Mein Herz war müde des Klosters, zur Schenke kommt es und staunt,
Wohin ist der Wein gekommen, und die ihn tranken, wohin?
Dahin ist (bleibe gesegnet ihr Angedenken!) die Lust;
Wohin das zärtliche Kosen? das holde Zanken wohin?
Da sich mein Auge zur Schminke den Staub der Schwelle gewählt,

Wohin, sprich, soll ich mich wenden aus diesen Schranken,
wohin?
Du siehst den Apfel des Kinnes, und nicht die Grube dabei;
Den Wald der Locken, und siehst nicht, aus diesen Ranken
wohin?
Von Hafis, dürft ihr, o Freunde, nicht fordern Ruh und Geduld;
Wo, wo ist Ruhe? Geduld wo? Sinn und Gedanken wohin?

Rückert

Aller Liebreiz, alle Anmut ist auf seiner Wang entfacht.
Nur die Lieb und Treue fehlt ihm; hätt ihm Gott die zugedacht!
Mein Herzliebster ist ein Kind, er wird mich spielend eines Tags
Töten, ohne daß des Blutes das Gesetz ihn schuldig macht.
Es ist besser, daß mein Herz ich nehme gut in acht vor ihm,
Denn er kennt nicht gut und böse, und er nimmt es nicht in acht.
Einen Abgott, vierzehn Jahr alt, hold und zierlich, hab ich, dem
Von dem Monde, vierzehn Tag alt, Huldigung wird
dargebracht.
Ein Geruch der Milch aus seiner Zuckerlippe atmet noch,
Aber Blut der Herzen träufelt, wo sein schwarzes Auge lacht.
Mein Herzliebster, wenn das Herz er also schlägt, so wird
der Schah
Ihn zum Feldherrn wählen, daß er schlägt das Herz der
Feindesmacht.
Auf der Spur der jungen Rose, lieber Gott, wo ist mein Herz
Hingelaufen, denn ich hab es nicht gesehn seit Tag und Nacht?
Meine Seele geb ich dankbar aus, wenn jene Perle zart,
Um zu ruhn, die Brust von Hafis einst zu ihrer Muschel macht.

Rückert

Ihre Düfte haben die Violen
Von dem Moschus deines Haars gestohlen.
Die Zypresse geht, von deinem Gange
Anmut der Bewegungen zu holen,
Und dein klares Lächeln nachzuahmen,
Wird vom Ostwind dem Jasmin empfohlen.
In der Rosenknosp ist deines Mundes
Halberschloßne Heimlichkeit verhohlen.

Aus dem Auge trunkener Narzissen
Sieht von dir ein Blick mich an verstohlen.
Du bist meiner Wünsche Blumengarten,
Blühend von dem Scheitel zu den Sohlen.
Eifersüchtig über deine Reize
Wach ich, wie es mir ist anbefohlen.
Feuer bist du, ewiges, der Liebe,
Und die Herzen brennen dir wie Kohlen.
Hafis, seit du sein Idol geworden,
Darf nicht knien mehr vor der Welt Idolen.

Rückert

Verwirrter Locken, lachend und heiß, vom Rausch entbrannt,
Zerrißnen Hemdes, singend, den Becher in der Hand,
Die Augen händelsuchend, die Lippe zaubervoll,
So trat um Mitternacht er an meines Lagers Rand.
Den Kopf zu meinem Ohre geneigt, betrübten Tons:
„Mein Freund seit alters – sprach er – hält dich der Schlaf gebannt?“
Wenn man solch einen Nachttrunk dem Liebenden kredenzt,
Verrät die Liebe, wer nicht dem Wein sich zugewandt.
Du tadle nicht die Trinker, o Frömmler, heb dich weg:
Am Tag des Urvertrages ward uns dies Los gesandt.
Was Er in unsern Becher uns füllt, das trinken wir,
Seis Wein des Paradieses, seis Todesweines Brand.
Des Weinpokales Lachen, der Schönen Locken kraus –
Die machten viele Reue, der meinen gleich, zu Tand!

Schimmel

Das Herz ist deiner Liebe Königszelt,
Das Auge dir zum Spiegel aufgestellt.

Der Bürde deiner Gnaden beuget sich
Dies Haupt, das sich nicht beugt vor aller Welt.

Der Paradiesbaum jenem, mir dein Wuchs!
Da jeder Sinn sein eignes Maß enthält.

Doch was soll ich in diesem Heiligtum,
Wo nur mit Scheu der Ost den Vorhang hält!

Was ist's auch, wenn ich der Befleckte bin?
Denn deine Reinheit strahlt vor aller Welt.

Einst war Medschnun, jetzt bin ich an der Reih',
Und jeder steht hier seinen Tag im Feld.

Der Liebe Königsmacht, der Freuden Schatz,
Durch deine Huld ist all dies mir bestellt.

Heil dir! Und meinen Zweck hab ich erreicht,
Wenn Herz und Leben dir zum Opfer fällt.

Nie sei von deinem Bild mein Auge leer!
Nur ihm zum Wohngemach ist es erhellt.

Sieh nicht Hafisens äußre Armut an!
Sein Innres birgt der Liebe gutes Geld. *Rückert*

Die Träne rinnet in der Nacht für dich,
Der Seufzer früh am Morgen wacht für dich.
Was weißt du von der Trän und von dem Seufzer?
Nacht lächelt, und der Morgen lacht für dich.
Rückert

Seit ich geruhet *eine* Zeit bei dir,
Ruh ich für Zeit und Ewigkeit bei dir.
Wie könnt ich schaudern vor des Todes Kelch,
Da ich geschmeckt Unsterblichkeit bei dir?
Rückert

DSCHAMI

Ein solches Weh füllt meine Herzgemächer,
Wofür es weder Arzt gibt noch Besprecher.
Das Gegengift, der Zaubertrank, o Schenke,
Ist Wein; schenk ein den Wein, den Kummerbrecher!

Als Hefenzecher seht die heftgen Zähren
Vorbrechen hinter meinem Wimpernfächer,
Vom lautern Herzblut, daß sie drüber weinten,
Floß über, wie mein Auge, so ihr Becher.
O der du unterm blauen Himmelsbogen
Wölbst, Einziger, der Braue Kuppeldächer!
Von dir verbannt wird jeden Tag für Dschami
Der Kummer stärker und das Weh nicht schwächer.
Ein einzig Wörtchen sag ich dir und gehe;
Du kannst erraten, was verschweigt der Sprecher.

Rückert

Was sag ich, wie von deinem Wehe mir zittert das Herz;
Gleich dem im Blut erlegten Rehe mir zittert das Herz!
Mehr als der Vogel, den gefangen des Voglers Schlinge,
Bestrickt von deinem Lockenringe, mir zittert das Herz!
Gleich einem aus der Flut aufs Trockne geratnen Fische,
Entratend deiner Lebensfrische, mir zittert das Herz!
Leg aus Barmherzigkeit einmal die Hand, die kühle
Hieher, und fühle, wie das schwüle mir zittert, das Herz!
Gib einen Kuß, und bring mir leise das Herz ins Gleise,
Weil heut auf ganz besondre Weise mir zittert das Herz!

nach Rückert

Komm, Schenke, da den Becher nun in den Händen hält
Im Garten die Narzisse, die Tulipan im Feld.
Laut liest vom Blatt der Rose die Nachtigall ein Wort,
Was hundert Kommentaren schwer auszulegen fällt.

Rückert

Strahlort der Schönheit unvergänglich
Spiegel des Glanzes überschwänglich!
Dein Angesicht der schönste Schauplatz
Der Schau des Lichtes uranfänglich.

Rückert

Kaiser Akbar

Tautropfen sinds nicht, die auf Rosen fallen –
Es sind die Tränen nur der Nachtigallen!

Schimmel

Maulana Kasim Kahi

Da vom Bilde seiner Wange Spiegel ward voll Rosen all –
Papagei, der sich drin spiegelt, wird sogleich zur Nachtigall!

Schimmel

Zuhuri

Aus einem Frühlingsgedicht

's ist Lenz! Verboten Leben ohne Wein!
Beweint muß der Asketen Leben sein!

's ist Lenz! Narzisse nun ergreift das Glas,
Und Tulpe hebet den Pokal im Gras.

's ist Lenz! Jetzt hebt der Sprosser an mit Macht,
Der aufruhrbringende Lasur, er lacht.

Sieh, wie zum Park „Leb wohl" die Welkheit ruft;
Die müde Schwermut schüttelt ab die Luft.

Luft legt die Brust auf Brust der Rose lind,
Der Rosen Tasche knöpfet auf der Wind.

Zum Schlaf spielt sich kokett das Knospenkind,
Die Wiege schaukelt bittend lauer Wind.

Vielleicht will auch der Park zur Schenke ziehn,
Da Saum und Schoß er füllte mit Jasmin? *Schimmel*

Faizi

Elegie auf den Tod seines Sohnes

Der du der Glanz warst in dem Auge rein – wie geht es dir?
Mein Tag ward finster ohne dich; allein – wie geht es dir?
Seitdem du mich verlassen, ist mein Haus ein Totenhaus;
Doch du wohnst tief nun unter Staub und Stein – wie geht es dir?
Auf Dorn und Lehm, die nun dein Schlummerkissen, dein Lager sind,
Jasminenwange, Silberkörper klein – wie geht es dir?
Im Blute wird das Herz mir und das Auge nun untergehn.
O Kummer, den ich früher nie gefühlt! Jetzt fühl ich ihn.
O Klage, die ich früher nie geklagt! Jetzt muß ich flehn!
Die Toren sagen mir: „Sieh der Geduld Pfad! Erwähle ihn!"
Ich bin nicht frei, mir meinen Weg zu wählen – wie kanns geschehn?

Schimmel

Mirza Kasim

Die Rosenknospe, feucht vom Morgentau,
Lacht wie der Mund Schirins, der schönen Frau.
Von halb verdeckter Schmeicheleien Kosen
Erröten tausend halb entknospte Rosen.

Hammer-Purgstall

Hatif

Er ist der Eine, keiner außer Ihm!
Er nur allein, und kein Gott außer Ihm!
Das Herzensaug tu auf, den Geist zu sehn,
Und das, was unsichtbar ist, zu erspähn!
Wenn du dich in das Land der Liebe wendest,
Siehst überall du Rosengärten stehn.
Wirst sehn, wie sich – für diese Menschheit günstig –
Im Sphärenkreise alle Himmel drehn.

Was du erblickst, das wird das Herz begehren,
Was du begehrst, wirst du erblicken schön.
Der Bettler jenes Landes, kopflos, fußlos,
Wird, schwer den Kopf vom Reich der Welt, hier gehn;
Dort wirst du eine Schar Barfüßer schauen –
Doch auf den Sternen stehen ihre Zehn;
Mit nacktem Haupte siehst du eine Schar dort:
Sie schlugen auf ihr Zelt in Thrones Höhn.
Und sieh, zur Zeit des Reigens, der Ekstase,
Wie über Welten ihre Säume wehn!
Im Herzen jedes Stäubchens, das du spaltest,
Wird leuchtend eine Sonne dir erstehn.
Gibst du der Liebe, was du auch besitzest –
Verdammt sei ich, sollt dir Verlust geschehn!
Zerschmilzt die Seele in der Glut der Liebe:
Kannst Lieb als Alchemie des Lebens sehn!
Dann wirst du aus dem Zwang der Dimensionen
Ins weite Reich des ohne Orte gehn,
Bis man dorthin dich führt, wo du nur Einen
Kannst von der Welt und ihrem Volk erspähn:
Dem Einen schenk mit Herz und Seele Liebe –
Mit der Gewißheit Aug' wirst du verstehn:
Er ist der Eine, keiner außer Ihm!
Er nur allein, und kein Gott außer Ihm!

Durch Liebe werden alle Dinge leichter,
Die der Verstand als gar zu schwer gedacht.

Und sprechen jene Wissenden (die manchmal
Man ‚trunken' nennt und manchmal auch ‚erwacht')
Von Wein und Glas, vom Schenken und vom Sänger,
Vom Magier, Kloster, von des Gürtels Pracht:
Verborgene Mysterien sind es alles,
Die sie andeutend heimlich kundgemacht!
Und weißt den Weg du zum geheimsten Wissen,
So ist als Grund dies Eine nur gedacht:
Er ist der Eine, keiner außer Ihm!
Er nur allein, und kein Gott außer Ihm! *Schimmel*

KA'ANI

Aus dem Frühlingsgedicht

Quecksilberklar ward Narzissenauge am Rain,
Lockig die Haare der Hyazinthen und fein,
Silbernes Eis ward Quecksilber-Wasser voll Schein,
Lenzwind sprang auf, Winter-Gallapfel ward Wasser rein,
Mitternachts ist er verstohlen dem Garten entflohn.

Wieder hißt Wolke auf Bergen des Lenzes Panier,
Wildbäche tragen Gestein ab vom Bergesrevier,
Wiederum regt sich am Ufer das junge Getier:
Tauben und Enten, Rebhühner und Gänse sind hier,
Nachtigall, Pfauen und Amseln mit lieblichem Ton.

Keck kneift den Arghuwan in seine Wange der Wind,
Daß auf die Haut ihm rubingleich ein Blutstropfen rinnt:
Rose, die's sieht, ist so eifersüchtig gesinnt,
Daß ihr zerspringen die Haut und die Adern geschwind,
Blutstropfen quellen granatblütenfarbig nun schon!

Tulpe sitzt schweigend – ein reizvolles Liebchen – im Saal –
Da sie im Garten zu oft sich gefüllt den Pokal;
Rötlich das Antlitz, und stammelnd die Zunge zumal,
Und auf den rosigen Wangen von Moschus ein Mal,
Wie ein Verliebter, dem Kummer das Herz läßt verloh'n!

Schimmel

Elegie auf den Tod Husains

Was regnet? – Blut! – Wer? – Augen! – Wann? – Bei
Tag und Nacht! –
Warum? – Aus Gram! – Um wen? – Kerbelas Herrn
voll Macht! –
Wie hieß er denn? – Husain. – Aus welchem Haus? –
Ali's. –
Die Mutter? – Fatima. – Der Ahn? – Muhammad hieß. –
Wie starb er? – Märtyrer. – Wo? – Marjas Steppen-
hänge. –

Wann? – Zehnten Muharram. – Allein? – Nein, in der
Menge. –
Bei Nacht getötet? – Nein, bei Tag. – Wann? –
Mittagsstund. –
Die Kehle abgetrennt? – Nein, nein, der Nacken rund. –
Vor Durst getötet? – Nein. – Gab man ihm Wasser? – Ja.
Wer? – Schimr. – Aus welchem Quell? – Dem Quell des
Nichtseins, ah! –
Starb er als Märt'rer? – Ja. – Verbrach er etwas? – Nein. –
Sein Amt? – Rechtleitung nur. – Sein Freund? – War
Gott allein.
Wer tat den Frevel denn? – Jezid. – Wer ist denn der? –
Ein Sohn der Hind. – Von wem? – Ein Bastardsproß
ist er. –
Tat er es selbst? – Gesandt hat einen Brief er schon. –
An wen? – An Mardschanas verräterischen Sohn. –
Mardschanas Sohn, war das Zijad? – Ja, er allein. –
Und widersprach er nicht Jezids Befehlen? – Nein. –
Hat dieser Schuft erwürgt Husain mit eigner Hand? –
O nein, er hat ein Heer nach Kerbela gesandt. –
Heerführer war? – Der Omar ibn Saad. – Und er
Schlug Fatmas edles Volk? – Nein, Schimr ohne Ehr! –
Schämt sich denn nicht der Dolch, den Hals ihm
abzuschneiden? –
Doch. – Warum tat ers? – Nicht wollts Schicksal andres
leiden! –
Warum? – Fürsprecher sollt er für die Menschheit sein. –
Was muß man dafür tun? – O klage viel und wein! –
Und fielen Söhne auch von ihm dabei? – Ja, zwei. –
Noch mehr? – Neun Brüder. – Mehr? – Verwandte
allerlei. –
Hatt er mehr Söhne noch? – Ja, einen. – Wer war das? –
Sadschad. – Wie ging es dem? – Von Leid gebeugt und
blaß. –
Blieb er in Kerbela? – Nach Syrien ging er weit! –
In Ruhm und Glanz? – O nein, in Schmerz und
Niedrigkeit. –
Allein? – Mit seinen Fraun. – Wie hießen sie voll Harm? –

Sakina, Fatima, Zainab, Kulthum so arm. –
Hatt er ein Kleid am Leib? – Der Wegstaub war sein Rock. –
Hatt einen Turban er? – Ja, der Verbrecher Stock. –
War krank er? – Ja. – Welch Mittel hat er? – Tränen heiß. –
Und was für Nahrung sonst? – Herzblut war seine Speis. –
Und wer begleitet' ihn? – Die Kinder vaterlos. –
Noch mehr? – Das Fieber, ja, das niemals ihn ließ los. –
Was blieb vom Schmuck der Fraun denn übrig? – Nur zwei Dinge:
Des Unrechts Kett am Hals, am Fuß des Grames Ringe. –
Tät dies ein Heide? – Nein! – Ein Jude, Parse je?
Ein Hindu? – Nein! – Ein Götzendiener? – Nein! – O weh!
Ist denn zu solchem Vers Ka'ani fähig? – Ja. –
Was wünscht er? – Huld. – Von? – Gott. – Wann? – Wenn Vergeltung nah! –

Schimmel

IRADSCH

Grabinschrift

Ihr Freunde, die ihr schon hier lebt
Und die ihr noch ins Dasein strebt:
Der, welcher schläft an diesem Ort,
Ich bins, Iradsch, von süßem Wort.
Hier ist das Grab der Lieb der Welt,
Das alle Lieb umschlossen hält.
Der Liebe galt mein Tun allhier –
Begraben ward sie nun mit mir:
Ein holdes Angesicht beglückt
Im Tod mich, wie's mich einst entzückt.
Ich bin derselbe, der die Zeit
Des Lebens, Freunde, euch geweiht.
Der Welt Gepäck ich niederleg –
Nun warte ich auf euch am Weg.
Ward auch der Staub mein Heimathaus –
Ich schaue sehnend nach euch aus.

Lenkt euren Schritt zum Grabe wieder,
Setzt einen Augenblick euch nieder:
Mein Herz, in Staubes Herz gesenkt,
Wird glücklich, wenn ihr sein gedenkt. *Schimmel*

Arif Kazwini

Bittere Klage

In Weinen, Kummer, Leid bin ich gebannt,
Und keine Ruhe noch mein Leiden fand.
Ich bin im eignen Vaterlande fremd,
Und fremder noch ward mir mein Vaterland.
Wohin daheim ich auch den Fuß gesetzt,
Fiel Dieben ich und Räubern in die Hand.
Mein Lebensbaum bringt mir nur bittre Frucht:
Die Wurzel will ich reißen aus dem Sand!
Gleich Kerzen bin zerflossen ich in Glut –
Ach weh, kommt nicht zu nahe meinem Brand!
Wird Fremde Heimat, ist das Grab am besten;
Brings Leichentuch – fremd ward mir mein Gewand!
Ja, brings! Müh dich nicht ab, mich zu verderben,
Da selbst ich schon in mein Verderben fand!

Schimmel

Aschki

Not, o Not!

Jede Sünde, die der Mensch begangen,
Nur aus Not hat er sie angefangen.
Wär er sonst absichtlich hingegangen,
Hätt sich tiefer in die Schuld verfangen?
Not hält den Verzagten in den Zangen –
Leichenlied, wo frohe Lieder klangen!
Not ists, deren Qualen edle Wangen
Vor dem Feigen sich zu beugen zwangen!
Zu Füchsen macht die Löwen dein Gebot,
Not, o Not!

Arbeitslos der Mann – des Unglücks Waagen
Senken sich, im Hause klingt sein Klagen.
Und die Frau gebiert, voll Angst und Plagen –
Eines Kindes Leiche wird getragen:
Vater sprach: „Nichts aß ich seit zwei Tagen!“
Ging das Kind – zu stehlen wollt es wagen,
Klomm auf reichen Nachbars Dach mit Zagen,
Stürzt' hinab, zerbrochen und zerschlagen.
Wer sonst als du ist schuld an seinem Tod,
Not, o Not?

Eine Jungfrau, arm, doch klug und zart,
Einem schlanken Freund ihr Herz bewahrt –
Ach, daß man kein Geld bei ihm gewahrt!
Kam ein Händler, schmutzig und bejahrt,
Sprach von „Scheit“ und „Klotz“ und Holzesart,
Gold hat sich in seiner Hand geschart –
Wie das Gold so rasch die Menschen paart!
Man verkauft schwarz Haar dem weißen Bart.
Wer ists als du, der dieses Leid gebot,
Not, o Not?

Schimmel

Muhammad Ikbal

Die Rose

Im Himmelsrosenhag sprach eine Huri:
„Ich habe nie, was jenseits ist, erkannt;
Was ist das: Tag und Nacht, und Morgen, Abend?
Geburt und Tod, sie kennt nicht mein Verstand!“
Zum Dufthauch ward sie, sproßt' am Rosenzweige,
So setzte sie den Fuß in dieses Land.
Das Auge tat sie auf, ward Knospe, lächelnd,
Ward Rose – Blatt um Blatt fiel in den Sand,
Und von der Zarten, die die Fesseln löste,
Blieb nur ein Ach – man hat es Duft genannt.

Schimmel

Die Tulpe

Flamme war ich im Schoße der Liebe am Morgen der Ewigkeit,
Die schon lohte, eh noch der Falter erschien und die Nachtigall.
Mehr bin ich als die Sonne und liege in jedem Stäubchen,
Schuf der Himmel aus meinem Glanz doch die Sterne und
Funken all.

Schimmel

Wissenschaft und Liebe

Die Wissenschaft:
Kann aller Zahl Geheimnisse durchdringen,
Und Zeit und Schicksal liegt in meinen Schlingen,
Mein Auge ist beschränkt auf diese Seite,
Mir ist es gleich, was sie vom Jenseits bringen,
Und hundert Weisen spielt mein Instrument,
Zu Markt trag ich, was man Geheimes kennt!

Die Liebe:
Dein Zauber macht das Meer zur Flammenflut,
Die Luft wird Feuer und trägt giftge Brut!
Als du mein Freund warst, warst du reines Licht,
Du trenntest dich von mir – dein Licht ward Glut.
Bist in der Gottheit Kammer doch geboren –
Hast dich in Satans Stricke nun verloren!
Komm, mache diesen Staub zum Rosenfeld,
Verjünge wieder diese alte Welt!
Komm, nimm ein Körnchen meines Herzleids ab,
Zum Paradies mach wüstes Himmelszelt!
Wir sind vom Schöpfungstag verbunden – sieh:
Wir sind zwei Stimmen einer Melodie! *Schimmel*

Bitter klagte nachts die Frühlingswolke:
„Leben ist ein ewges Weinen nur!"
Zuckte auf der rasche Blitz und sagte:
„Nein, du irrst: nur eines Lachens Spur!"
Wer hat das dem Rosenhag berichtet?
Tau und Rose sprachen's auf der Flur! *Schimmel*

Nach meiner Form schnitzt ich das Götzenbild,
Ich malte Gott nach meinem Bilde dann;
Ich kann mir selbst auf keine Art entfliehn –
In jeder Form bet ich mich selber an. *Schimmel*

Lied der Tahira

Sollte mein Auge je dich erschaun, Antlitz um Antlitz, dort und dort,
Künd ich den Kummer, den ich erlitt, Zeile um Zeile, Wort um Wort.

Um dein Gesicht nur einmal zu sehn, weh ich dahin, dem Morgenwind gleich
Winkel um Winkel, Haus um Haus, Türe um Türe, Port um Port.

Von meinem Auge, sehnsuchterfüllt, rinnet des Herzbluts Fluten und Flut,
Ströme um Ströme, Meer um Meer, Quelle um Quelle, fort und fort.

Für meine Seele zum Gewand webte mein trübes Herz deine Lieb –
Faden um Faden, Garn um Garn, Einschlag um Einschlag, Bort um Bort.

Wandt ich dem eigenen Herzen mich zu, fand ich darin nichts als dein Du
Seite um Seite, Stück um Stück, Schleier um Schleier, Ort um Ort.

Schimmel

Junus Emre

Warum?

Bist du denn fremd hierhergezogen –
  Ach, warum weinst du, Nachtigall?
Und hast ermattet dich verflogen?
  Ach, warum weinst du, Nachtigall?

Hast hohe Berge überschritten?
Bist über Flüsse tief geglitten?
Hast Trennung du vom Freund erlitten?
  Ach, warum weinst du, Nachtigall?

Ach, wie so bitter klingt dein Flehen!
Neu läßt du meinen Schmerz erstehen!
Du möchtest deinen Freund wohl sehen?
  Ach, warum weinst du, Nachtigall?

Du kannst doch deine Flügel breiten
Und kannst sie ja zum Fluge weiten
Und alle Schleier überschreiten!
  Ach, warum weinst du, Nachtigall?

Liegt deine Stadt in Feindes Banden?
Ward denn dein guter Ruf zuschanden?
Ist denn dein Freund in fremden Landen?
  Ach, warum weinst du, Nachtigall?

Du wohnst im Lenz im Rosenhage,
Dir duften Blüten alle Tage –
Doch immer neu klingt deine Klage:
  Ach, warum weinst du, Nachtigall?

Ihr Augen, die im Schlafe ruhten:
Erwachend hebt ihr an zu bluten –
Mein Herz verbrennt in hellen Gluten!
  Ach, warum weinst du, Nachtigall?

Alle Übersetzungen der türkischen Gedichte stammen von Annemarie Schimmel

In Leidenschaft fiel tief mein Herz –
    Sieh, was die Lieb aus mir gemacht!
Ich gab mein Haupt an Streit und Schmerz –
    Sieh, was die Lieb aus mir gemacht!

Ich weine still in mich hinein,
In Blut färbt mich die Liebe ein,
Kann nüchtern nicht, verwirrt nicht sein –
    Sieh, was die Lieb aus mir gemacht!

Berauscht hat mich der Liebe Trank,
Sie nahm mein Herz und macht' mich krank,
Wollt führen mich zur Opferbank –
    Sieh, was die Lieb aus mir gemacht!

Bald weh ich, wie der Wind es tut,
Bald staub ich, wie ein Weg voll Glut,
Bald fließ ich, wie des Wildbachs Flut –
    Sieh, was die Lieb aus mir gemacht!

Blaß meine Haut, mein Auge weint,
Mein Herz zerstückelt und versteint,
Erfahren und dem Schmerz geeint –
    Sieh, was die Lieb aus mir gemacht!

Als armer Junus wohl bekannt,
Von Kopf bis Fuß voll Wundenbrand,
Ich schweife fern von Freundes Hand –
    Sieh, was die Lieb aus mir gemacht!

Im Paradies die Flüsse all
Sie fließen mit dem Ruf Allah,
Und dort auch jede Nachtigall
Sie singt und singt Allah Allah.
Des Himmelsbaumes Zweige dicht,
Die Zunge, die Koranwort spricht,
Des Paradieses Rosen licht
Sie duften nur Allah Allah.

Die Huris an dem hohen Ort,
Sie strahlen mehr als Mondlicht dort,
Und Moschus, Ambra ist ihr Wort:
Sie wandeln mit dem Ruf Allah.
Die je von Herzen heiß geminnt,
Von deren Aug die Träne rinnt,
Bis ganz und gar von Licht sie sind,
Sie sagen immer nur Allah.

Die Himmelstür ward aufgetan,
Erbarmen füllt nun alles an,
Das Tor der Paradiesesbahn
Tut auf sich mit dem Ruf Allah.
Du, Junus, sollst zum Freunde gehn,
Laß nicht das Heut bis Morgen stehn –
Denn morgen will zu Gott ich gehn,
Will wandern mit dem Ruf Allah!

Hadschdschi Bayram

Was hat denn mein Herz, was hat denn mein Herz?
Nur Kummer und Schmerz um dich füllt mein Herz!
Mein Herz ist entbrannt, entbrannt ist mein Herz –
Im Brennen nur fand die Heilung mein Herz!

Nesimi

Ists dein Rubin, die Seele nicht vielmehr?
Ists deine Locke, ists der Fessel Wehr?
Ist, was aus Gram um dich vom Auge rinnt,
Blut-Träne oder blutig-rote Beer?
Ist es dein Wuchs, ists die Zypresse schlank?
Ists deine Wange, eine Rose mehr?
Ist es dein Aug, ists Babels Zauberkunst?
Ist es dein Zahn, ists Perle, leuchtend sehr?
Ists dein Gesicht, ists Rosengarbe licht?
Ists deine Brau, ists Kanzelbogen hehr?
Ist denn Nesimis Aug vom Gram um dich
Ein Perlenschrein, ists ein Quecksilbermeer?

Das Volk der Welt nicht mehr ergetzt mein Herz,
Sorglosem Schlafe ist entsetzt mein Herz,
Es schämt sich, daß es Gott verletzt, mein Herz –
Auf Gott alleine stützt sich jetzt mein Herz.

Kaygusuz Abdal

Krumm und Schiefes rede ich, grüne Pflaume jedes Wort –
Wie ein Storch durchwandle ich fremd die Weite, Stund um Stund.

Meines Lebens Ernte ging, und ich kenn mich selber nicht;
Keinen Tag schloß ich mich an einem, dem die Wege kund.

Ruft die Liebesvögel man, gibt man Liebeskörner dann,
Schreie wie die Ente ich, tappe wie die Trappe rund.

Noch ließ ich das Ich ja nicht, kenne Menschlichkeit noch nicht.
Wie ein Heilger seh ich aus – doch ein Esel spricht im Grund . . .

Ich bin auch Geschöpf des Herrn, aber stumpf und kenntnislos;
Wie verstört entfliehe ich aus der weisen Männer Bund.

Nichts weiß von Erkenntnis ich, dumm, ganz ohne Wissenschaft –
Fragen sie mich nach dem Sinn, strauchelnd hinkt das Wort vom Mund. –

Armer du, du täuschtest dich, wurdest deines Fleisches Knecht.
Gier und Lüste fingen dich – in der Falle sitzt du, wund.

Kadi Burhanaddin

Wie soll ich denn bestehen, fern von dir?
Weiß nicht: wie soll mirs gehen, fern von dir?
Vom Auge rinnen Tränen, du mein Fürst,
Als Bettler muß ich flehen, fern von dir!

Mein Herz willst du, ich geb mein Leben dir;
Mein Herz treff Schmerzes Wehen fern von dir!
Um jedes deiner Haare trag ich Leid
Und muß zum Haar vergehen fern von dir!
Mein tränend Auge fleht mein Herze an,
Erbittet Blut zu Lehen, fern von dir.
Vereint sind unsre beiden Seelen, Lieb,
Mag Leib als Schleier stehen, fern von dir.
Ach, fern von dir verbrenn ich, fern von dir ...
Darfst mich nicht achtlos sehen fern von dir!

Dschafer Tschelebi

Ich lieb ein Lieb, das mich berückt –
ich schweig, wers ist!
Ob Sehnsucht auch mein Herz erdrückt –
ich schweig, wers ist!
Erreiche ich mein Ziel auch nicht,
mein Herz ruht nicht:
Des Herzens Ruh, mein Traum beglückt –
ich schweig, wers ist.
Brennt tulpengleich vor Schmerz mein Herz,
brandmalerfüllt:
Mein Fürst, mit Schönheitsmal geschmückt –
ich schweig, wers ist.
Ob man mich auch zersägen mag,
dem Kamme gleich:
In wessen Haar mein Haupt ich drückt' –
ich schweig, wers ist.
Und schneiden sie in Stücke mich,
wie Ohren klein:
Wer ohrberingt mich keck entzückt –
ich schweig, wers ist!

Ahmed Pascha

Hätt ich durch deines Lobes Hag als Sprosser mich
geschwungen
Und wäre tausend Knospen gleich der Mund mir auf-
gesprungen
Und hätte ich in jedem Mund – o du mit Zuckerlippen! –
So wie die Lilie auf dem Feld sogleich auch hundert Zungen,
Und hätt in jeder Zunge ich auch hunderttausend Worte,
Hätt tausendfach Erklärung auch gleich jeden Laut
durchdrungen,
Und wäre auch ein Schreiberohr an jedem meiner Haare,
Und wären tausend Sprachen auch in jedem Rohr erklungen,
Und wollte ich dein Wesen dann beschreiben und besprechen:
Ich hätte bis zum Jüngsten Tag es noch nicht ausgesungen;
Ich könnte auch ein Teilchen nicht von dir gebührend schildern,
Und hätten meine Worte auch die ganze Welt bezwungen –
Ich kündete mit jedem Ton, daß ich nicht fähig wäre –
So viel ichs auch versuchen mag: es wär mir nicht gelungen!

Prinz Dschem

Mag auch durch deine Ziererei mein Lebensgarn zu Ende gehn,
Hab ich von deinem langen Haar kein Haarbreit Gutes doch
gesehn.
O Götzenbild, weist auch ein Weg mich zu der wahren Liebe
hin:
Ein Heide wär ich, wollt ich mich von deiner irdschen Liebe
drehn!
Werf ich mich hin vor ihrem Haus, so tadle mich doch nicht,
Asket:
Ein solcher Kniefall wiegt ja auf dein Beten, magst du lang
auch stehn!
Seit dich, o Herz, der Laute gleich, die Zeit gekniffen hat ins
Ohr:

Daß Glut vom höchsten Himmel fällt, ist durch dein brennend
Lied geschehn.
Durch Flehen hast du nichts erlangt; so geh nun, Herz, sei
leicht und frei –
Mit leichtem Herzen geht ja stets der Freund vorbei an deinem
Flehn.
Der Kerze Zunge hängten sie am Markte allen sichtbar auf,
Sie ließ von dem Geheimnis dein ein wenig ja das Volk
erspähn.
Was für ein Liebender bist du! Nicht eine von den Lieblichen
Der Stadt kann deinem Auge ja, dem liebchen-haschenden,
entgehn!

Hamdi

Sulaikas Klage

Seit am Tag des „Ja" die Saat des Leids gesenkt die Liebe,
Ließ mich wachsen, mit dem Wasser Schmerz getränkt, die
Liebe.
Als der Schmerz dann meine Ähren ausgedroschen hatte,
Hat im Nu die Ernte an den Wind geschenkt die Liebe.
Seit mein Herz vertraut ward mit dem Kummer um den
Freund,
Hat die trauten Freunde fremd von mir gedrängt die Liebe.
Auch Gesundheit bietet keinen Gruß mir mehr, seitdem
Mit des Tadels Hand zum Willkomm mich empfängt die Liebe.
Schlafes Spur ist nicht in meinen Augen, Wasser füllt sie –
Ich weiß nicht, wohin am Ende mich noch lenkt die Liebe!

Nedschati

Aus der Winter-Kaside

Da Schneeheuschrecken aus der Luft geschneit,
Hoff Ernte nicht vom grünen Feld der Freud!
Die Wolken gleich Kamelen erdwärts schäumen,
Des Frohsinns Karawane packt ohn Säumen.

Wo ist die Kerze Sonn mit Strahlen, lichten?
Wer brennt sie an, Schneefalter zu vernichten?
Wind zieht ein Eiskastell um Flüsse her –
Der Sonne Kugeln fällt Erobrung schwer!
Die Sonne sucht am Mittag man mit Kerzen;
Aus Gram, sie nicht zu sehn, entbrennen Herzen.

Mesihi

Aus der Frühlingsode

Höre der Nachtigall Worte: „Der Lenz kam so schön!“
Sieh, wie im Garten Gedränge der Lenz läßt entstehn!
Mandelblüte ihr Silber im Lenz läßt verwehn –
Trinke, sei fröhlich! Vergehn wird der Lenz, nicht bestehn!

Schmückt sich mit Blüten, mit frischen, der Garten nun bunt,
Bauen die Blüten zum Feste rings Zelte im Rund,
Weiß man, wer tot ist im künftigen Lenz, wer gesund?
Trinke, sei fröhlich! Vergehn wird der Lenz, nicht bestehn!

Nächtlicher Tau damaszierte der Lilie Schwert,
Tau hat den Garten mit himmlischen Kugeln versehrt –
Hör auf mein Wort, wenn du lieblichen Anblick begehrt:
Trinke, sei fröhlich! Vergehn wird der Lenz, nicht bestehn!

Rosen und Tulpen, wie schön ihre Wangen sind! Schau!
Hängte ins Ohr ihnen reiche Juwelen der Tau:
Wähne nicht töricht, so bliebe nun alles genau!
Trinke, sei fröhlich! Vergehn wird der Lenz, nicht bestehn!

Sieh Anemonen und Rosen und Tulpen in Glut,
Blitz nahm im Hag mit des Regens Lanzette ihr Blut.
Freund sei bei Freunden du jetzt, das ist weise und gut.
Trinke, sei fröhlich! Vergehn wird der Lenz, nicht bestehn!

Früh auf die Gärten aus Wolken die Perlenlast rinnt,
Duft von tatarischem Moschus bringt morgens der Wind –
Du sei nicht lässig: der Welt Liebestage jetzt sind,
Trinke, sei fröhlich! Vergehn wird der Lenz, nicht bestehn!

Herbstwind nahm das, was der Garten besaß, einstmals mit:
Jetzt lenkt der Herr dieser Erde gerecht her den Schritt,
In seinem Reich trinkt man Wein, ist der Schenk Favorit –
Trinke, sei fröhlich! Vergehn wird der Lenz, nicht bestehn!

Fuzuli

Des Herzensvogels Nest ist
in deinem wirren Lockenhaar;
Wo ich auch immer sein mag,
mein Herz ist stets bei dir, fürwahr!
Der Liebesschmerz ist lieb mir:
Arzt, laß die Hand von Arzenein,
Denn Gift ist deine Heilung –
reich keine Mittel mir drum dar!
Zieh nicht kokett den Saum fort
von den Gestürzten! Denk, es hebt
Sich betend himmelswärts nicht
die Hand, die dir am Saume war!
Siehst meines Auges Träne,
so schilt du nicht voll Abscheu, denn
Sie stammt vom Salz, verborgen
in deiner Zuckerlippe klar!
Koketten Schlummers trunken
füg mein zerstücktes Herz in eins:
Denn jedes seiner Stücke
steckt dir auf einer Wimper gar!
Von dir getrennt sein, heißt fast
vom Leben schon getrennt zu sein –
Voll Staunen seh ich lebend
von dir getrennt doch eine Schar!

Ümmi Sinan

Rosen

In eine Stadt kam ich einmal;
Ich sah: ihr Schloß aus Rosen rot,
Und ihres Fürsten Krone, Thron,
Und Hag und Mauer Rosen rot.

Mit Rosen geht Kauf und Verkauf,
Aus Rosen stellt man Waagen auf,
Wiegt Rose dort mit Rose auf –
Der ganze Markt ist Rosen rot.

Ihr Staub ist Rose, Ros' ihr Stein,
Ihr Feuchtes, Trocknes Rosenschein,
Zypressen sind in ihrem Hain
Und Tannen auch aus Rosen rot.

Aus Rosen drehn sich Mühlen dort,
Sie mahlen Rosen fort und fort,
Ihr Rad, ihr Wasser und ihr Port,
Ihr Damm, ihr Quell sind Rosen rot.

Aus Rosen aufgebaut ein Zelt,
Drin alle Gnaden jener Welt.
Ilyas Hızir die Wache hält,
Sein Haus, sein Wein sind Rosen rot.

Ümmi Sinan, sag allerwärts
Des Sprossers und der Rose Schmerz –
Es sind ja für dein armes Herz
Auch Seufzer, Klagen Rosen rot.

Baki

Herbst

Kein Zeichen man vom Frühlingsglanz mehr fand;
Die Blätter fallen achtlos hin im Land.
Die Bäume zogen Klausner-Kutten an,
Der Herbstwind raubt Platanen ihre Hand.

Zum Strom hinunter fließt der Bäume Gold,
Denn Gunst von ihm erhoffen sie am Strand.
Bleib nicht im Garten! Wie im Wind er schwankt!
Leer jeder Ast von Blatt und Früchten stand.
Im Garten liegen Blätter wild verwirrt,
Als klagten sie um Schicksalssturmes Brand.

Haleti

Liebesschmerz ist Wahrheits-Morgenschein,
Liebesschmerz ist Spiegel echt und rein;
Nie gewinnst du ihn aus eigner Kraft;
Liebesschmerz – Geschenk von Gott allein.

Mondschöne sitzen am Strande der Koketterie,
Liebende sinken im Strudel des Flehens allhie –
Ohne Vergleich wär der Himmel der Schönheit, wenn nur
Einmal den Stäubchen auch Huld seine Sonne verlieh!

Mit dem Verstand führ Krieg ich immer weiter,
Auf Kummers Schlachtfeld bin ich tapfrer Streiter.
Der Liebe Favorit im Tal des Unglücks –
Ein Wirbelwind ward auf dem Weg mein Leiter!

Aschik Hasan

Ist sie vielleicht berauscht vom Schlaf erwacht,
Die Locken wirr im Nacken ohne Acht,
Die weißen Hände brennend rot gemacht?
Ich sprach: „Komm, einen Kuß!“ Sie sagte: „Nein, nein!“

Ich sprach: „Die Tanne ist?“ „Mein Wuchs so zart!“
Ich sprach: „Die Schönheit hier?“ „Ist meine Art!“
Ich sprach: „Die Anmut süß?“ „Mir stets gepaart!“
Ich sprach: „Komm an mein Herz!“ Sie sagte: „Nein, nein!“

Ich sprach: „Gibt es denn Tod?“ „In meinen Blicken!“
Ich sprach: „Ja, und die Schuld?“ „Auf meinem Rücken!“
„Orangen sind?“ „Von meiner Brust zu pflücken!“
„Dran riechen möchte ich!“ Sie sagte: „Nein, nein!“

Ich sprach: „Die Wangen dein?“ „Mir Rosen sind!“
Ich sprach: „Die Locken sind?“ „Mir Hyazinth!“
Ich sprach: „Und Hasan ist?“ „Mein Sklave blind!“
Ich sprach: „Umarme mich!“ Sie sagte: „Nein, nein!“

Nef'i

Aus der Frühlingskaside zu Ehren des Scheich ul-Islam Mehmed

Frühling erschien, daß im Park grüne Matten er breit,
Rose erwählte zum Thronsaal die Wiesen so weit.
Lenzwind erreichte, sich hebend und senkend, den Garten,
Weckt die Natur auf, gleich wie Jesu Atem geweiht.
Wird schon vom Widerschein Erde ein farbiger Teppich,
Ragt erst am Himmel des Wolkenzelts Perlengeschmeid!
Huldstrahl des Lenzes erreichte den Spiegel des Himmels,
Daß er vom Rost finstrer Wolken ihn endlich befreit.
Rose im Tulpenflor: Strudel im Meere von Herzblut;
Drin treibt das Schifflein der Ruhe des Sprossers voll Leid.
Kräuselt der Wind auf dem Wasser die Wellen so zierlich –
Nie hat ein Künstler in Silber solch Muster gereiht!
Sonne, sich spiegelnd im Wasser – wer das sieht, der meinet,
Goldener Stempel sei dies auf blauseidenem Kleid.
Laß den, der Schönheit der Kerze bei Tageslicht leugnet,
Schaun im Jasminhag Granatblütenkerzen zur Zeit!
Knospe trägt blutrot das Siegel des Kaisers der Liebe:
Rose dem Sprosser den Freibrief der Sehnsucht verleiht!

Niyazi Misri

Ich glaubte, in der Welt sei mir kein Freund geblieben –
Ich ließ mich selbst, und sieh: nun ist kein Feind geblieben.
Sah keinen Rosenhag, sah überall nur Dornen.
Ganz Rosen ward die Welt; nun ist kein Dorn geblieben.
Mein Herz schrie Tag und Nacht und wimmerte und seufzte –
Ich weiß nicht, was geschah – kein Ach ist mehr geblieben.
Die Vielheit ging, es kam die Einheit, und die Stille.
Die Welt ward ganz zu Gott, nicht Stadt, nicht Markt mehr blieben.
Der Glaube und der Ruf, sie sind verweht im Winde –
Der Name „gläubig" ist Niyazi nicht geblieben.

Ismail Hakki Bursali

Eh vergilbt dein Hag,
Eh vergeht dein Tag,
In dem Herde schlag
Hellen Feuerbrand.

Tu dein Aug auf, Herz!
Sieh Gott allerwärts.
Mehre deinen Schmerz
Voller Lieb entbrannt.

Herzensnachtigall,
Sieh das Rosental.
Im Land Nirgend-All
Sei dir Rast und Stand.

Kam das Gnadenlicht –
Siehe, Hakkı spricht:
Ist am Ende nicht
Gott dein Heimatland?

Nedim

Meine Brust durchbohrte heut ein Liebchen, spielend Kastagnetten,
Rosenwangig, rosablusig, und in Seiden, violetten.

Lichtgesichtig, silbernackig, mit zwei Schönheitsmalen, netten,
Rosenwangig, rosablusig, und in Seiden, violetten.
Einen reichgestickten Turban sie sich um ihr Köpfchen schlingt,
Ihre parfümierten Brauen hat mit Surma sie geschminkt,
Und ich glaub, daß ihre Jahre kaum auf fünfzehn sie erst bringt –
Rosenwangig, rosablusig, und in Seiden, violetten!

Als den Schmuck für alle Häuser, jeden Hochsitz man sie kennt,
Kaum ein Jahr, daß sich die Amme von dem Kinde hat getrennt!
Meine Freude, Herz geliebtes, meines Lebens Element –
Rosenwangig, rosablusig, und in Seiden, violetten!

Unvergleichlich ihre Anmut, ihre Art, ihr Laut, ihr Sinn,
Schön ihr Auge; auf den Nacken sprühen Schönheitsflecken hin,
Silberhals und goldne Locken, Taille wie ein Fädchen dünn –
Rosenwangig, rosablusig, und in Seiden, violetten!

Spreche von des Feengesichtes mordend Aug und Plag ich nicht,
Und von meinen Liebesschmerzen, meinen Seufzern klag ich nicht,
Und besing ich ihre Reize – ihren Namen sag ich nicht!
Rosenwangig, rosablusig, und in Seiden, violetten!

Auf einen schwarzlockigen Jüngling

Des Mohren Fez beschämt sein Hut und Haar,
Sein blaues Aug greift an Zirkassien gar.
Es sprosset Schwarz auf seiner Wange: seht,
Wie Zobel gut zu rosa Atlas steht!
Zerreißt die Ros nicht, die ihn sieht, ihr Kleid?
Sieh seinen Fez, den grünen Schal bereit!
Wie scheel zum Sänger der Flötist nun späht –
Woher entstand denn solch Rivalität?
Die Locken über Brauen hingezogen:
Chinesisch Bild auf Stalaktitenbogen!

Rose in einer Hand

Rose in einer Hand kommst du, Schenke, in einer das Glas.–
Welches davon soll ich nehmen – Rose, das Glas, oder dich?

Sami

Es sind Schmuck für der Lieblichkeit Mahl
jene Locke und Wange und Mal.
Und sind Weihrauch und Ambra im Saal
jene Locke und Wange und Mal.
Hyazinthen und Rosen so zart
am kristallenen Hals man gewahrt,
Wie in schimmernden Spiegels Strahl:
jene Locke und Wange und Mal.
Daß das Brandmal der Liebe, der Pein
meinem Herzen entweicht, kann nicht sein,
Denn mein Herz zeigt in Freude und Qual
jene Locke und Wange und Mal.
Wie das nächte-erhellende Licht,
wie der Falter mit Flügeln verbrannt,
So verbunden sind eng, ohne Wahl
jene Locke und Wange und Mal.
Einer Raute gleich brennet mein Herz
in den Gluten von Seufzern und Schmerz,
Wenn sich neu ins Gedächtnis mir stahl
jene Locke und Wange und Mal.
Der Verwirrungen Schlinge und Korn
legten fein für den Herzvogel mein
In der Lieblichkeit blühendem Tal
jene Locke und Wange und Mal.
Hat den Schlaf mir vom Auge verbannt
jener Sehnsucht verzehrender Brand,
Doch es zieren den Freund nun einmal
jene Locke und Wange und Mal.
Sami, sieh, wie die Schönheit des Freunds
gleich verdoppelt den Wert des Gedichts:
Wiederholt doch der Reim ohne Zahl
jene Locke und Wange und Mal!

Bayburtlu Zihni

Lied

Ich ging hinweg; ich muß die Heimat lassen;
Mein Kind zog fort, der Herd ist ausgebrannt,
Die Gläser brachen, und der Wein vergossen;
    Der Schenk hat von den Trunknen sich gewandt!

Die Rose dornig, bleich die Hyazinth,
Den Thron des Salomo ergriff der Wind,
Die Liebenden voll Seufzer, tränenblind,
    Die Freudenzeit ward ganz zum Kummerbrand.

Auf welchem Berge finde ich mein Lieb?
Wen frag ich, wo die Rehgeaugte blieb?
O Laila, deren Abbild Madschnun trieb
    Verlassen, heimatlos durch Berg und Sand!

So schlug das Schicksal mich, daß stets ich weine;
Der Hag weint mit dem Gärtner im Vereine,
Die Rosen weinen Blut, verwirrt im Haine –
    Sehnsüchtge Nachtigall, verlaß dies Land!

Scheich Ghalib

Die Amme singt an der Wiege des Kindes „Liebe"

Schlafe, schlafe, Holdes: heute nacht
Deinem Ruf „O Gott!" kein Echo wacht.
Ist das Ziel auch noch nicht kundgemacht,
Doch so weist sich deines Sternes Macht:
    Einst wirst du verbrannt am Spieß der Pein.

Schlaf, du Knospe, diese kurze Zeit,
Böses hält der Himmel dir bereit,
Unbarmherzig und voll Grausamkeit –
Wähne nicht, daß er dir Huld verleiht;
    Ganz zerstört seh ich das Leben dein.

Schlafe sanft in reiner Wiege Hut,
Wen'ge Nächte nur so still sichs ruht!
Was das Ende ist, bedenk es gut:
Einstmals gibt man statt der Milch dir Blut,
    Leerst den Kelch mit bittern Tadels Wein.

Schlaf, Jasminbrust, in der Wiege sacht,
Auf des Himmels andern Lauf gib acht,
Wechselkreis hat jeder Stern vollbracht –
Sieh, was gar so bald mit dir man macht:
    Wirst im Fluß des Grams der Mühlenstein!

Halt das Wachen fern vom Auge dein:
Gibt es Hilfe, dann im Schlaf allein.
Henker Schicksal flößet Gift dir ein –
Klagen, Weinen wird dein Werk dann sein,
    Wirst beim Mahl des Schmerzes Laute sein!

Bruchstück

Fiel mir der Nachen des Herzens wieder zerschellt an den Strand,
Fiel auf den Weg voller Steine – hält es, das gläserne, stand?
Als bei dem Mahle der Seele Stoffe des Wunschs man verteilt,
Fiel mir als Anteil der Lieb ein zerstückeltes Herz in die Hand.

Wasif Enderuni

Auf eine griechische Tänzerin

Ein Liebchen voller Glanz gar fein
Erwählt ich in der Welt allein;
Mit Neid sieht ihren Mund der Wein:
    Sie ist ein lichter Mondenschein.

Ihr Hals ist weiß, ihr Busen licht –
Willst du solch eine Brust voll Licht,
So gib dein Gold, und Worte nicht!
    Sie ist ein lichter Mondenschein.

Und ihrer Kastagnetten Schall
Verwundet rings die Herzen all –
Gibts Arzenei für solchen Fall?
    Sie ist ein lichter Mondenschein.

Wär nicht das hübsche Griechenkind,
Die Feste wären öd und blind;
So eilt das Volk zu ihr geschwind –
    Sie ist ein lichter Mondenschein!

Lied

O schlanke Zier du –
Wer gleichet dir, du?
Dich preis ich hier, du:
    Du bist so schön.

Die Wangen feine
Im Rosenscheine –
Dir ähnelt keine –
    Du bist so schön.

Komm, mein Entzücken,
Mich zu berücken,
Still zu beglücken –
    Du bist so schön.

In deinen Schlingen
Sich Herzen fingen.
Dich zu besingen –
    Du bist so schön.

Dein Wuchs, der schlanke,
Du Schöne, Ranke:
Ich schau mit Danke –
    Du bist so schön!

Akif Pascha

Elegie auf den Tod seiner Enkelin

Mein süßes Kindchen, nie vergeß ich dich,
Ob Tage, Monde, Jahre auch vergehn.
Wie bitter ist dein Fortgehn doch für mich!
Kann aus dem Sinn dein süßes Plaudern wehn?

Zu herzen wagt ich kaum den Leib, den zarten –
Wie mags ihm gehn in seinem Bett, dem harten?
Denk ich der Knospe deines Munds im Garten,
Verbrenn die Rose durch mein heißes Flehn!

Dein Silberleib verwandelt ganz und gar –
Ziert schwarz die Braue noch die Stirne klar?
Löst sich zu Erde nun dein goldnes Haar,
Verwirrt, die ich gekost, die Locken schön?

Fand nun des Himmels Zorn und Grimm ein Ende,
Daß welk die Rosenwange uns entschwände?
Ach, werden auch zu Staub die weichen Hände,
Mit denen küssend ich gespielt, vergehn?

Ahmed Haschim

Der Becher

Dies ist nicht Rose, nicht der Tulpe Strahl!
Mit Glut gefüllt – rühr ihn nicht an – du brennst! –
Den rosenfarben leuchtenden Pokal!

Fuzuli ward von dieser Flamme trunken,
Madschnun erlitt durch dieses Elixier
Die Schmerzen, die das Lied nennt, ohne Zahl ...

Es brennt, wer je von diesem Glas getrunken;
Die ganze Nacht der Liebe ist erfüllt
Von Weinen, Klagen über seine Qual ...

Mit Glut gefüllt –, rühr ihn nicht an – du brennst! –
Den rosenfarben leuchtenden Pokal!

Die Nelke

Ein Flammentropfen, der von der Geliebten
Lippe gebracht ward – das ist diese Nelke.
Ich merkte es aus ihrer Bitterkeit.

Da ringsumher, so wie erschlagen, fallen
Von ihrem wilden Duft die Schmetterlinge,
Ist auch mein Herz zum Falter ihr geworden.

Die Treppe

Langsam, ganz langsam wirst du die Treppe hinaufgehn,
An deinem Saume sonnenfarbige Blätter ...
Wirst eine Weile weinend zum Himmel hinaufsehn –
Gelblich die Wasser – bleicher wird dein Gesicht.
Abend ist, Abend – schau in das rötliche Licht!

Rosen, wie sie verblutend zur Erde sich neigen,
Blutige Nachtigallen wie Flammen auf Zweigen ...
Brennen die Wasser? Was ähnelt der Marmor der Bronze?
Eine verborgene Sprache im Herzen nun spricht –
Abend ist, Abend – schau in das rötliche Licht!

Riza Tevfik

An Fikrets Grab

Man sagt, daß an deinem verlassenen Grab
    Wildrosen erblühn – drauf zu blicken, kam ich,
Und in dieses Gartens gesegneten Staub
    Voll Sehnsucht mein Antlitz zu drücken, kam ich.

Sie sagen, wer innig vertraue auf dich
Und kniete dort nieder und weinte für sich,
Der finde Erhörung! ... Voll Hoffnung kam ich,
    Mit Tränen mich niederzubücken, kam ich.

Im Jahre der Trennung, am herbstlichen Tag,
Da zitternd der Tau auf den Wiesen noch lag:
Vor Tagesbeginn in der Gräber Hag
    Die Blumen der Trauer zu pflücken, kam ich.

Dein denk ich mit allen, die kummervoll sind,
Von brennender Liebe zu Gott tränenblind –
Gelb blühende Zweige zum Kranze ich wind' –
    Mit ihm deinen Grabstein zu schmücken, kam ich ..

Jahja Kemal

Der Tod der Berauschten

Im Hag, wo das Grab des Hafis liegt, dort erblühen
Noch jeden Tag Rosen mit blutroten Säumen,
Dort weint noch die Nachtigall süß in Morgenfrühen;
Die Weise läßt von dem alten Schiras uns träumen ...
Ein Land voll Frühling nur ist der Tod für den Trunknen,
Sein Herz gleich dem Rauchfaß, das jahrelang Düfte noch bringt.
Am Grab, dem unter frischen Zypressen versunknen,
Springt früh eine Rose auf, eine Nachtigall singt.

Mehlika Sultan

Sieben Knaben, die Mehlika liebten,
Zogen abends aus dem Stadttor fort,
Sieben Knaben, die Mehlika liebten –
Jeder liebte sie in Schwermut dort.
        Seit wie ein Phantom die Weltenschönheit
        Sie bis in die tiefsten Träume traf,
        Gingen sie, um diese Rätselschönheit,
        Zauberhaft, zu sehn, bis zum Berg Kaf.

Gingen sie, von Trennungsschmerz Erfüllte,
Auf dem Rücken tags des Mantels Tracht;
Wenn die Nacht des Tages Rand umhüllte,
Sprachen sie: „Vielleicht die letzte Nacht!“
Dieses Hoffnungsfremdland hat kein Ende,
Wege dehnen sich, das Herz wird matt.
Lebenslang geht jeder. Im Elende
Stirbt er, eh er noch erreicht die Statt.
Die Mehlika voller Schwermut liebten,
Trafen einen Brunnen ohne Rad.
Die Mehlika voller Schwermut liebten.
Scheuen Blickes sind sie ihm genaht.
Sahn im Spiegel eine Welt verloren,
Die umkränzt von Tod-Zypressen war.
Einen Hauch schien ihnen draus geboren
Jene Fee mit langem Aug und Haar.
Der betrübten Pilger Jüngster, Blasser
Blickte lang in den verlassnen Quell,
Streifte ab sodann und warf ins Wasser
Von der Hand den Ring aus Silber hell.
Als das Wasser wich, welch Traum erfüllt sich!
Endlich ihrer Fahrten letztes Ziel!
Eine Welt der Phantasie enthüllt sich,
Und dem Zauber jeder jetzt verfiel.
Sieben Knaben, die Mehlika liebten,
Kamen nicht, schon jahrelang ist's her.
Sieben Knaben, die Mehlika liebten,
Kommen, sagte man, wohl nimmermehr.

Orhan Veli

Getreide

Es streckt sich grenzenlos das Feld,
Die Glocke klingt an Tür und Turm.
Es streckt sich grenzenlos das Feld,
Die letzte Mahd begann im Sturm.

Der Pfeil von seinem Bogen schnellt,
Der Mund der Brunnen öffnet sich.
Der Pfeil von seinem Bogen schnellt,
O Angst, bis Kälte mich beschlich!

Das Korn steigt an das Himmelszelt,
Die Schatten wachsen erdenwärts,
Das Korn steigt an das Himmelszelt,
Mein Gott! Mein Gott! Heil' diesen Schmerz ...

Ein Lot für uns von Mehl, von Spelt.
Lauf rasch, weil Joseph Korn verschenkt –
Ein Lot für uns von Mehl, von Spelt,
Eh sich das Dunkel endlos senkt.

Das Zinn im Topf zerschmilzt, zerfällt,
Die Kinder solln am Berg nicht schrein.
Das Zinn im Topf zerschmilzt, zerfällt,
Kein Omar tritt zur Hilfe ein.

Gepäck und Sattel gleich gesellt,
Und jeder ruft, sucht fort und fort,
Gepäck und Sattel gleich gesellt,
Und jeder reist zum gleichen Ort.

Das Rasthaus ward nun aufgestellt,
Das Alter denkt an leere Zeit.
Das Rasthaus ward nun aufgestellt,
Von Stimmen voll ein Friedhof weit.

Galatabrücke

Aufgestellt auf der Brücke
Seh ich euch alle gelassen an:
Manch einer rudert mühsam voran,
Manch einer holt Muscheln von den Pontons,
Manch einer steuert in Leichtern,
Manch einer ist Schauermann, vorne am Tau,
Manch einer ein Vogel, fliegend, poetisch,

Manch einer ein glitzernder blitzender Fisch,
Manch einer ein Dampfer, und manch einer Boje,
Manch einer ist Wolke in den Lüften,
Manch einer ein Dampfboot, wie zerbrochen den Schornstein
Platscht es unter der Brücke hindurch.
Manch einer ist eine Pfeife und tönt,
Manch einer ein Rauch, und dampft.
Aber ihr alle, ihr alle,
Alle in Sorge ums tägliche Brot.
Ist einer, wie ich, unter euch, so gelassen?
Schaut nicht, eines Tags schreibe ich
Auch vielleicht über euch ein Gedicht;
Ein paar Pfennige kommen mir in die Hand,
Auch ich werde satt.

Ich hör Istanbul

Ich hör Istanbul, mit geschlossenen Augen;
Eben weht sachte der Wind;
Es rühren sich leise und lind
An den Bäumen die Blätter.
Fern, ganz in der Ferne
Die niemals ruhenden Glöckchen der Wasserträger;
Ich hör Istanbul, mit geschlossenen Augen.

Ich hör Istanbul, mit geschlossenen Augen;
Es fliegen wohl Vögel vorüber,
Hoch in der Luft in Scharen und schreiend und schreiend.
In den Reusen werden die Netze gezogen,
Frauenfüße, die leicht ins Wasser tauchen –
Ich hör Istanbul, mit geschlossenen Augen.

Ich hör Istanbul, mit geschlossenen Augen;
Der kühle kühle Bazar,
Mahmutpascha zwitschernd und zirpend,
Die Höfe, von Tauben erfüllt.
Und Hammerstimmen kommen von den Docks,
In dem geliebten Frühlingswind ist Schweißgeruch.
Ich hör Istanbul, mit geschlossenen Augen.

Ich hör Istanbul, mit geschlossenen Augen;
Den Rausch alter Welten noch in sich tragend
Mit dunklen Bootsschuppen ein Haus am Strand,
Im Rauschen mattgewordner Südwinde
Hör ich Istanbul, mit geschlossenen Augen.

Ich hör Istanbul, mit geschlossenen Augen;
Ein hübsches Mädchen geht über das Pflaster,
Und Flüche und Sänge und Lieder, Geschwätz,
Aus seiner Hand fällt etwas zu Boden –
Gewiß eine Rose.
Ich hör Istanbul, mit geschlossenen Augen.

Ich hör Istanbul, mit geschlossenen Augen,
Ein Vogel zappelt in seinem Saum;
Ob seine Stirn heiß oder nicht, ich weiß es;
Ob seine Lippen feucht oder nicht, ich weiß es.
Hinter den Pinien hebt sich ein weißer Vollmond,
Ich merke es aus dem Schlag seines Herzens –
Ich hör Istanbul.

Indien

Gebet an Varuna

Wenn, als dein Volk, wir, Varuna,
Uns gegen dein Gebot vergehn,
O Gott, gleich Tag um Tag,

So gib uns nicht dem Tode preis,
Der Waffe dein, von Wut entbrannt,
Dem Zorn, wenn zürnend du!

Mit Lobgesängen leiten wir,
Wie man am Zaume lenkt das Roß,
Vom Groll zur Huld dich nun.

Denn meine Worte wenden weg
Den Grimm und fliegen hin zum Glück
Wie Vögel froh zum Nest.

Wann werden gnädig stimmen wir
Den Helden, der die Herrschaft wahrt,
Des Blick gar weit gewandt?

Samt Mitra stets die Macht Er führt,
Wohl achten sie des Spenders hier,
Der ihr Gebot erfüllt.

In Lüften Er den Weg auch weiß
Des Vogels, wie des Kahnes Spur
In Meereswogen weit.

Er kennt, der ihr Gesetz vollzieht,
Genau der Monde zwölffach Maß
Und was am Jahr noch fehlt.

Er kennt des weithin schreitenden,
Des hocherhabenen Windes Bahn
Und was darüber thront.

Es ließ in Wassern Varuna
Sich nieder, des Gesetz fest steht,
Daß Herrschaft er behält.

Von dort Verborgnes er erblickt,
Was währenddes nun ward getan
Und was noch werden mag.

Gewähren mög uns guten Weg
Nun allezeit der Aditya
Und lange Lebensfrist!

Ein Mantel golden ihn umwallt,
Ein neu Gewand trägt Varuna,
Und Späher sind um ihn.

Die Schadenfrohen schäd'gen nicht,
Die Argen aus der Leute Schar,
Und keiner stellt ihm nach.

Er schuf sich unter Menschen Macht,
Die niemals wurde noch geteilt,
Er lenkt auch unsern Leib.

Es ziehn mir die Gedanken fort
Wie Kühe auf die Weide gehn,
Zu ihm, der weithin blickt.

Laß wieder reden uns zu zweit,
Da mir nun ward der Met gebracht,
Den priestergleich ich trank.

Den Allersehnten möcht ich sehn,
Gewahren auch den Wagen sein,
Mein Preis mög ihn erfreun!

O Varuna, hör meinen Wunsch!
Bei dir ich sehnend Gnade such,
Barmherzig sei mir heut.

Erhör uns doch auf deinem Weg,
Des Himmels und der Erde Herr,
Dem alles untertan.

Die erste Schlinge löse ab,
Die beiden andern binde auf,
Daß lange ich am Leben bleib!

Gunsser

Die Zeit

Es fährt die Zeit, ein Roß mit sieben Zügeln,
Mit tausend Augen, ewig, reich an Samen.
Dies Roß besteigen gottesvolle Sänger,
Die Räder, die es zieht, sind alle Welten.

Mit sieben Rädern, sieben Naben fährt sie,
Und die Unsterblichkeit ist ihre Achse.
Die Zeit führt herwärts diese Wesen alle
Und eilt dahin als allererste Gottheit.

Ein voller Krug wird von der Zeit getragen,
Wir sehen vielfach ihn und reich gestaltet.
Die Zeit, sie führt hinweg die Wesen alle;
Man nennt sie Schicksal in dem höchsten Himmel

Die Zeit, sie hat die Himmel dort erschaffen,
Die Zeit, sie hat die Erden hier geboren.
Alles was ist, und alles was da sein wird,
Entfaltet sich, von ihr nur angetrieben.

Den Erdgrund hat die Zeit aus sich entlassen,
In ihr, der Zeit, glüht dort das Sonnenfeuer.
In ihr, der Zeit, nur kann das Auge sehen,
Ja, alle Wesen sind der Zeit verhaftet.

Weller

Die Angst im Walde

O Waldfrau du, Waldeinsamkeit,
Was birgst du dich in Busch und Hang?
Ist dir der Weg zum Dorf zu weit,
Wird dir allein im Wald nicht bang?

Gezwitscher spinnt das Grün entlang
Und dumpfes Brüllen dröhnend hallt:
Waldeinsamkeit, mit Zimbelklang
Und Pauken fährst du durch den Wald.

Wie Kühe schimmerts auf der Halde,
Und wie ein Haus winkt es uns zu,
Wie Wagen knarrt es nachts im Walde,
Waldeinsamkeit, sag: das bist du?

Es klingt, als riefe wer sein Vieh
Oder als fällten sie einen Baum,
Als ob nachtschlafen einer schrie,
Waldeinsamkeit, bei dir im Traum.

Waldeinsamkeit hält wohlgeborgen,
Wer friedvoll weilt in ihrer Welt,
Sie beut ihm süße Frucht am Morgen,
Und Schlaf zur Nacht, wos ihm gefällt.

Die salbenduftend, duftumschwungen,
Frucht ohne Pflug spendet alle Zeit,
Dir habe ich mein Lied gesungen,
Waldeinsamkeit, Waldeinsamkeit.

Zimmer

Der Uranfang

Weder ein Etwas war damals, noch auch ein Nichts war das Weltall,
Nicht bestand der Luftraum, noch war der Himmel darüber.

Wo war der Hüter der Welt? Was war ihr Inhalt und welches
Ihre Umhüllung? Was war die Meerflut, die grundlose tiefe?

Nicht regierte der Tod, noch gab es Unsterblichkeit damals,
Und es fehlte das scheidende Zeichen von Tagen und Nächten.
Eins nur atmete ohne zu hauchen aus eigenem Antrieb,
Und kein anderes zweites war außer diesem vorhanden.

Dunkelheit war im Beginne in Dunkelheit gänzlich versunken.
Nebelhaft nur, ein Wassergewoge war damals das Ganze;
Als lebendiger Keim von dem toten Gewoge umfangen,
Ließ sich das Eine gebären von feurigem Drange getrieben.

Über das Eine ist anfangs ein liebendes Sehnen gekommen,
Aus dem bloßen Gedanken entsproß der früheste Same.
Also fanden das Band, das Sein mit Nichtsein verknüpfet,
In der Vergangenheit forschend die Weisen mit sinnendem Herzen.

Helle verbreitend drang mitten hindurch ihr geistiges Auge.
Gab es denn damals ein Unten, und gab es schon damals ein Oben?
Sämende Kräfte, sie wirkten, es wirkten die Triebe ins Weite;
Unten die wollende Kraft und oben das männliche Drängen.

Aber wer weiß es gewiß, und wer kann auf Erden erklären:
Woher ist sie entsprungen, von wannen kam sie, die Schöpfung?
Götter sind später entstanden im Laufe der Weltenerschaffung.
Wer weiß also, von wannen die erste Entwicklung gekommen?

Unsere Schöpfung, von wannen sie ihre Entwicklung genommen,
Sei es, daß *er* sie bereitet hat, sei es auch nicht so –
Der sie als schirmendes Auge vom obersten Himmel beschauet,
Der nur weiß es gewiß! Und wenn selbst *er* es nicht wüßte?

Geldner

Gebet eines Wassersüchtigen

O laß mich, König Varuna,
Noch nicht ins Haus von Erde gehn.
Erbarm dich, guter Herrscher, du!

Ich schwanke schütternd, Schleuderer,
Ein aufgeblasner Schlauch daher.
Erbarm dich, guter Herrscher, du!

Aus Schwachheit, ach, aus Unverstand
Hab ich gefehlt, du reines Licht.
Erbarm dich, guter Herrscher, du!

Dein Sänger steht im Wasser ganz,
Und doch befiel ihn arger Durst.
Erbarm dich, guter Herrscher, du!

Weller

Gebet an Agni

Du bist des Windes Leben,
Der Pflanzen Leib bist du;
Aus dir die Wasser streben,
Du suchst in ihnen Ruh.
Und deine Flammen gleiten
Nach allen Seiten hin,
So kühn sie sich verbreiten,
Wie Sonnenstrahlen ziehn.

Mit gnadenvollem Wesen
Und Waffen hilf uns du;
Von Not laß uns genesen,
Wend, Agni, dich uns zu!
In dir das All geborgen
Und diese Erde ruht;
Den Wesen gilt dein Sorgen,
Du füllst die Welt mit Glut.

Du nimmst die Opferspeisen,
Der du das Opfer bist;
Es kennen dich die Weisen,
Der Eins in allem ist.
Die Welten du einst schufest
Und wieder du verzehrst,
Ins Leben du sie rufest
Und ihnen Halt gewährst.

Zu Sonnenglut geworden,
Das Wasser du genießt.
Als Regen allerorten
Es wieder niederfließt.
Der du in heißem Glühen
Der Pflanzen Grün erschafft,
Der Lotosteiche Blühen,
Des Meeres stolze Kraft,

Wild deine Augen brennen
In kupferfarbnem Schein,
Den Nacken rot wir kennen,
Den schwarzen Weg, der dein!
O geh auf anderem Pfade,
So wie der Wogen Meer;
Hilf uns durch deine Gnade,
O Herrscher licht und hehr!

Gunsser

Der Himalaya

Den Himalaya dort schaut' er, der Gebirge gewaltigstes,
Mit metallreichen Felshörnern, mit vielgestaltigen, reich geziert,
Im Windgebraus hierher, dorther übergossen vom Wolkenflug,
Mit Flüssen, Grotten, Talwänden, mit Felspalästen schön geschmückt,
Wo in den Berghöhlen versteckt Löwen-Tigergetier sich regt,
Wo mannigfaches Lied zwitschert buntgefiederte Vögelschar,
Bienenvögel und auch Schwäne, der Datyuha, das Wasserhuhn,

Pfaun, Fasanen, dazu Spechte, Kuckucke heben ihren Ruf,
Wo der schwarzäug'ge Tschakora haust samt dem Vogel
Sohneslieb
An Gewässern gar anmutig, an Teichen voller Lotospracht –
Der Wasservögel Ruf lieblich ziert die Stätten mit süßem
Schall.
Dort spielen auf den Felsplatten Nymphen, pferdköpf'ge
Genien;
Die Elefanten-Welthüter reiben an Bäumen rings den Zahn.
Geister der Luft ziehn ihren Weg. Gar manches Kleinod findet
man.
Sich schlängelnd kriechen Giftschlangen umher, die feurig
züngelnden. –
Der hier in Goldesschein leuchtet, der dort im Silberlicht
erstrahlt,
Dort wiederum salbengleich glänzt: zum Himalaya kam er hin.

Oldenberg

Das Meer

Das gewaltige Meer sah ich, der Wasser Herrn, den ewigen.
Allwärtsergossne, schaumsprühnde, geballte, aufwärts steigende
Wogen zu schaun waren alldort, lustig tanzenden Bergen gleich.
Und zu Tausenden Seeschiffe, kleinodbeladne rings umher,
Riesenfische und Schildkröten, auch Fische überriesenhaft,
Delphine dort zu schaun waren, felsengleich in die Flut gestürzt.
Allüberall im Meer schwimmend der mächtgen Muscheln
Tausende
Sah man, gleichwie im Nachtdunkel Sterne von Wolken leis
umhüllt.
In den Fluten umher schwammen Kleinodienheere tausendfach,
Und gewaltig der Sturm raste. Ein Wunder war es anzuschaun.

Oldenberg

Valmiki

Ramas Klage

Sieh, mein Bruder, dort der Pampa spiegelklare Fläche glänzen.
Lilien blühen auf den Fluten, grüne Bäume sie umkränzen.
Sieh den Wald, den wundervollen, draus gewaltge Bäume ragen,
Felsengipfeln zu vergleichen, die belaubte Kronen tragen.
Schwere Sorgen, die mich quälen, mich in Schmerz und Gram versenken,
Der geraubten Gattin muß ich und des armen Bruders denken.
Und in meinem Grame leuchten mir der Pampa kühle Wogen,
Die bestreut mit bunten Blumen und von Wäldern sind umzogen.
Grün und goldig lacht der Boden moosbedeckt, auf dem wir schreiten,
Buntgeblümten Polstern gleichend, die sich um die Bäume breiten.
Unter schweren Blütenlasten mächtge Bäume sich erheben,
Und Lianen um die Wipfel Blütenspitzenschleier weben.
Frühlingstage wecken Liebe mit den weichen lauen Lüften,
Blumen treibt hervor und Früchte nun der Lenz so reich an Düften.
Sieh, mein Bruder, rings die Wälder mit dem bunten Blütensegen,
Von den Bäumen fallen Blüten, wie die Wolke spendet Regen.
Sieh, der Wind bewegt die Bäume, daß sich ihre Zweige biegen,
Und er scheuchte auf die Bienen, daß sie summend mit ihm fliegen,
Tanzen lehrt er so die Bäume zu des Kuckucksrufes Klängen,
Fernher blasend aus des Berges Tälern, Schluchten, Felsengängen.
Dieser Frühling, der die Vögel sich zu Sängern hat erkoren,
Weckt in mir den Gram um Sita, die ich Armer nun verloren.
Mich, den Liebesbande fesseln, drückt und quält des Schmerzes Schwere,
Und nun ruft mich froh der Kuckuck, als ob froh ich selber wäre.
Drüben an dem Wasserfalle ist des Waldhahns Ruf erklungen,

Doch mir bringt er bittre Schmerzen, den der Liebesgram bezwungen.
Ach, wie liebte meine Gattin diesen Ton in alten Zeiten,
Ach, sie rief mich zuzuhören, daß wir uns gemeinsam freuten.
Immer mehr und immer stärker wächst die Liebe mir im Herzen,
Daß ich Sita nicht mehr sehe, mehrt den Gram mir und die Schmerzen.
Sieh, hier folgt die Pfauenhenne ihrem Gatten auf den Wegen,
Und der Pfau eilt liebeglühend seiner Liebsten dort entgegen.
Seine bunten Flügel breitend singt er lächelnd auf der Wiese;
Ach, dem Pfau hat die Geliebte nicht geraubt ein wilder Riese.
Sita mit den schönen Augen würde liebend zu mir kommen,
Hätte sie der wilde Räuber mir nicht mit Gewalt genommen.
Immer denke ich der Freuden, die er mir mit Sita brachte,
Jetzt, wo ich von ihr getrennt bin, er den Gram in mir entfachte.
Da ich nicht ihr lotosäugig duftend reines Antlitz sehe,
Sinkt mein Geist in tiefe Trauer, wo ich gehe, wo ich stehe.

v. Glasenapp

Aus dem Ritusamhara

Der Sommer

Mit Sonnenglut und mildem Mondesschimmer,
Mit Strömen, aufgeregt vom kühlen Bad;
Am Abend schön und mit gedämpftem Sehnen
Ist, Freundin, nun die Sommerzeit genaht.

Ein wasserkühles, flimmerndes Gewölbe,
Die Nächte glänzend mit des Mondes Schein,
Juwelen sind bereit und feuchter Sandel,
Dem Menschen ihren Liebesdienst zu weihn.

In herrlichduftendem Gemach sich laben
Am Wein die Liebenden um Mitternacht,
Der leicht sich kräuselt von der Gattin Odem,
Wenn Sang und Spiel die Sehnsucht angefacht.

Der Pilger, den die Trennungsschmerzen brennen,
Hat kaum den Boden unter sich erkannt:
Denn ausgedörret von der Sonne Gluten
Umhüllen Staub und Wirbelwind das Land. –

Es hat verheerender Waldbrand das junge Gras verdorrt,
Und heftig treibt die Windsbraut die trocknen Blätter fort;
Ringsum sind die Gewässer versiegt in jedem Teich,
Entsetzen erwecken die Haine, noch jüngst so blütenreich.

Mit Windesschnelle getrieben umarmt die Feuerglut
Der Bäum und Sträuche Wipfel, verzehret mit rascher Wut,
Da springen die roten Funken, als würde von Ort zu Ort
Zinnober und Safranblüte gestreuet fort und fort.

Und aus der Berge Spalten braust Sturmgeheul hervor,
Es tönt ein helles Pfeifen im trocknen Bambusrohr;
Dann fließt im Nu die Flamme hernieder in die Schlucht
Und scheuchet die Schar des Wildes empor zu rascher Flucht.

Und wenn in Baumwollstauden das Feuer nun stärker loht,
So dringt aus Baumesritzen die Flamme wie goldnes Rot;
Sie springt mit Zweig und Blättern von Ästen hier und dort
Und rast, vom Winde getrieben, im Walde weiter fort.

Doch wer an Lotosschimmer und Pataladuft sich letzt,
Des Hauses hohen Söller mit frischer Kühlung netzt,
An Sang und Scherz sich labet mit der Geliebten vereint,
Dem schwinde des Sommers Hitze, wenn hell der Monderscheint.

v. Bohlen

Die Regenzeit

Auf des Gewölkes Elefant getragen
Kommt einem Fürsten gleich die Regenzeit,
Den Blitz als Fahne, und mit Donners Pauke
Verkündet sie die Freude weit und breit.

Gleich eines dunklen Lotos blauem Schimmer
Hat rings mit Wolken sich die Luft umhüllt,

Die bald wie Frauenzwillingsbrust erglänzen
Und bald wie eines Elefanten Bild.

Die Wolken ziehn mit ihrer Last hernieder,
Begleitet von der durstigen Vögelschar;
Mit ohrentzückendem Gedröhne spenden
Sie Schritt vor Schritt den reichen Segen dar.

Doch wenn des Indra Bogen blitzbesehnet
Wie Trommeln donnernd im Gewölke schwirrt,
Und scharfe Regentropfen niederfallen,
Wird schnell des müden Pilgers Herz verwirrt.

Mit Gräserkeimen, gleich Juwelenschimmer,
Und Pilzen hat die Erde sich bekränzt;
Hat sich geschmücket mit des Glühwurms Funken,
Wie an der Schönen Hals Geschmeide glänzt.

Die Biene läßt mit fröhlichem Gesumme
Der Lilie volle Freudenkelche stehn,
Um auf des Pfauen Räderschweif zu fallen,
Den sie betört für Lotos angesehn.

Und um des Elefanten Lotosstirne
Hat sich die muntre Bienenschar gehäuft;
Da wutentflammet von den Donnerwolken
Ein brünstig Naß ihm von der Wange träuft.

Der Zephyr nimmt gefangen des Wandernden Gemüt,
Wenn, von der Wolke gekühlet, er durch die Wälder zieht,
Er schaukelt wie ein Tänzer die Bäume von Blüten schwer
Und streut der Ketaki Düfte mit Blumenstaub einher.

Es spricht die müde Wolke: hier oben find ich Ruh!
Und träufelt in linden Schauern den Vindhyabergen zu;
Legt nieder die schwere Bürde, und wo sie ausgeruht,
Erquickt sich das Gebirge nach schwüler Sonnenglut.

v. Bohlen

Der Herbst

Erblühter Kasha kränzt ihr Lotosangesicht,
Die Ringe ihrer Knöchel klirren hell
Zu der Flamingo Liebeslied – im Arm
Hält sie ein Bündel halbgereiften Reis,
Der zartgefügten Glieder Schirm und Stab –
Die Herbstzeit kommt gleich einer holden Braut.

Die Matten lachen in des Kasha Glanz,
Die Nächte sind voll Tau, an Strömen gehn
Flamingos reizend, und auf jedem Teich
Sind Wasserrosen. Bäume neigen sich,
Von Saptatschada-Trauben übervoll,
Jasmin wie Schnee macht alle Gärten weiß.

Die Flüsse schmücken Fische wie Geschmeid
Mit Glanz, und weißer Ufervögel Reihn
Wie Perlenketten einen schönen Hals;
Sie ziehen Inselbänke hin, die weich
Wie Frauenglieder schwellen, langsam hin:
So wandeln Mädchen lächelnd und geschmückt.

Die Wolken, ohne Wasser jetzt und weiß
Wie Lotosfasern, ziehn in rascher Flucht
Zu hunderten vorbei; der Himmel rings
In ihre Falten eingehüllt, die rasch
Die Winde regen, ruhet wie ein Fürst
Am heißen Tag, von Wedeln überwallt.

Befreit von Wolken, die den Mond versteckt,
In einem reinen Kleid von sanftem Glanz,
Enthüllt die Nacht allmählich ihr Geschmeid:
Der Sterne strahlend ungezählte Zahl.
So zeigt ein junges Mädchen Tag um Tag
Erneute Reize, bis es ganz erblüht.

Die Taucherenten plätschern durch das Glas
Der klaren Flüsse, an den Ufern stelzt

Der Kranich langsam, und das Wasser strahlt
Des Lotos Farben reizender zurück;
Vom Wind getragen kommt der Sang des Schwans,
Und Lust und Liebe füllen jedes Herz.

Der Herbstwind trägt von Lotosbeeten Duft
Weit durch die Nacht, aus fliehenden Wolken tritt
Der Himmel voller Sterne rein und klar.
Geläutert fließen Ströme wie Kristall,
Und bunte Himmel zucken voller Glanz,
Und kühle Strahlen kündigen den Mond.

Rote Nymphäen tun im Morgengraun
Die Kelche auf – so lächeln Mädchen süß.
Doch wenn der Nacht Gestirn im Westen sinkt,
Verschließen weiße Blüten ihren Mund –
Das Lächeln stirbt auf Frauenlippen so,
Wenn der Geliebte frühe sie verließ. *Fischer*

Der Winter

Es ist die Winterzeit herangekommen,
Die Feige knospet, zeitig wird der Reis,
Am zarten Halme volle Ähren prangen,
Doch welkt der Lotos von des Reifes Eis.

Nun schmücken ferner sich die holden Frauen
Mit frischen Kränzen von Jasmin nicht mehr;
Sie winden keine duftende Girlande
Zur Kühlung um den hohen Busen her.

Sie legen jetzt um ihre schlanken Arme
Sich weder Spangenschmuck noch buntes Kleid;
Kein dünner Flor wird um die Brust geschlungen,
Nicht wallet um die Mitt ein zart Gewand.

Nicht mehr der goldene Gürtel mit Juwelen
Und Perlenglanz die runde Hüft verschönt;
Nicht mehr, wie des Flamingos helles Girren,
Der Knöchelring am Lotosfuße tönt. *v. Bohlen*

Die Taueszeit

Vernimm, o Schöne, welche Freudenwonne
Nunmehr die Zeit des kühlen Taues bringt,
Wenn noch das Feld mit reifem Reise woget
Und aus dem Schlaf erwacht der Kranich singt.

Es freuen nun die jugendlichen Gatten
Am Feuer sich mit mildem Sonnenschein;
Doch schließen sie des Schlafgemaches Fenster
Und hüllen sich in warme Kleider ein.

Kein Sandel, von der feuchten Nacht gekühlet,
Kein Söller mit des vollen Mondes Schein
Und keine Lüfte, die der Schnee gekältet,
Anjetzt der Liebenden Gemüt erfreun.

Es hat der kalte Reif die Nacht befallen,
Und darum locket sie die Menschen nicht;
Des Mondes Glanz ist selber kühl geworden,
Mit blassen Sternen strahlt sein Angesicht.

v. Bohlen

Der Frühling

Die Herzen froher Menschen zu verwunden
Geliebte, nahet sich der Frühlingsheld,
Der Bienen sich zur Bogensehne füget
Und Mangoblüten statt der Pfeile hält.
Es küsset nun, vom Mangosafte trunken,
Der Kokila der Auserwählten Mund,
Und auf dem Lotos macht die Biene summend
Dem Liebsten ihre Schmeicheleien kund.

Wo mit dem Dunkel der Korallenzweige
Des „Kummerlosen“ Blumenfülle nickt,
Da wird das jugendliche Herz der Schönen
Von Kummer voll, sobald sie ihn erblickt.

Es füllt mit Wonne sich des liebenden Jünglings Busen,
Wenn Atimukta seine duftigen Kelche öffnet;

Wenn trunkne Bienen ihre glänzenden Blüten küssen
Und zart die Ranken von des Zephyres Hauche schaukeln.

v. Bohlen

Die Balsamabende im vollen Mond,
Des Vogels Klage, die ein Wind herweht,
Der Bienen Schwärme und die Becher Wein
Sind das Gefolg dem Gott der Blütenwehr.

Erhebt der Kokila den süßen Sang,
Färbt rauher Männer Wort ein Liebeston,
Die Mädchenkinder in den Kammern selbst
Sie spüren jetzt: Und blühen nicht auch wir?

Fischer

Hala

Die Riegel

Die Sträucher, die den Hof umborden,
Zu Riegeln sind sie nun geworden,
Da sie mit ihrem Blühn und Sprießen
Der Armen Weg und Blick verschließen.

Ja, selbst der Trost hinauszuspähn,
Ob sie den Liebsten kommen sehn,
Wird so den armen Fraun entrissen,
Die ihren Gatten lange missen. *Weller*

Blind

Du mußt doch ein blinder Geselle sein!
Hat sie nicht deutlich genug gesprochen,
Des Schulzen liebliches Töchterlein?
Hat es dir nicht den Star gestochen,
Als sie – die Eltern waren mit ihr –
Wieder und wieder ihr Antlitz wandte
Und heimlich verstohlene Blicke sandte
Aus halbem Auge – nach dir, nach dir?

Weller

Lied am Morgen

O Freundin, heut am Morgen klang
Ein Lied, das sich ein Wandrer sang,
Der seiner Liebsten wohl gedachte.
Dies Lied riß mir zur selben Stunde,
Ach, wieder auf des Herzens Wunde,
Die einst des Gottes Pfeil mir brachte.

Meyer

Enttäuscht

Wie im Flug verging der Nacht
Erste Hälfte, da ich harrte;
Doch die zweite dehnte sich
Mir zum Jahr, da er mich narrte.

Weller

Trost

Den Wandrer, der um Mittag reist,
In heißen Sommertagen,
Den wird, wenn alles glüht und gleißt,
Die Hitze grausam plagen.

Doch sieh, in seinem Herzen wohnt
Sein liebes Weib und sendet
Die Lichtflut aus dem Antlitzmond,
Die sanfte Kühlung spendet. *Weller*

Die Stolze

Brennst du, mein Herz? So brenne doch!
Und kochst du? Ach, so koche doch!
Und brichst du gar? Nun gut, so brich!
Dem Treuebrecher habe ich
Trotz Schmerz und Leid
Valet gesagt für alle Zeit. *Weller*

Warnung

Mein Töchterlein, mein Töchterlein,
Laß in der Nacht das Schwärmen sein!
Man sieht dich: denn du selber bist
Ein Lichtstrahl, wo es finster ist.

Weller

Liebeszeichen

Das Kirschenpaar, von dir geschenkt,
Hat sie sich übers Ohr gehängt.
Dann ist sie, zwar etwas geniert,
Doch stolz durchs ganze Dorf marschiert,
Die Schöne, bis zu ihrem Haus,
Für alle Welt ein Augenschmaus.

Weller

Im spätern Jahr

Vorüber ist die Regenzeit,
Die Zeit der Wolkenherrlichkeit;
Wir sind im spätern Jahr.
Die ersten Silbergräserspitzen
Sieht man schon da und dorten blitzen,
Der Erde erstes weißes Haar. *Weller*

Die Eine

Der Dorfherr lag in Todesschatten.
Die Frauen, die er liebte, hatten
Sich alle festlich schon geschmückt,
Um ihn zum Feuer zu geleiten
Und ihm im Tode nachzuschreiten.
Doch in der schwersten aller Stunden,
Da hat sein Blick nur sie gefunden
Und sie, die Eine nur, beglückt. *Weller*

Frage

Liebe Freundin, im Vertrauen!
Weitet sich bei allen Frauen,
Deren Liebster fern von hier,
So das Armband wie bei mir?

Weller

Mittagsglut

Der Sommermittag brütet auf dem Land.
Im Walde klagen die gequälten Bäume;
Sie leiden schwer im glühenden Sonnenbrand
Und schreien ihre Klage in die Räume
Im lauten Schrillgetöne der Zikaden,
In unaufhörlich rasenden Tiraden.

Weller

Gefährlicher Dufthauch

Jetzt weht die betörende Malaya-Luft,
Da will mich die Schwieger zu Hause sehen:
Ach, kann man nicht schon von dem Rosenduft
Im Zimmer vor Sehnsucht vergehen?

Weller

Rache

Als der Kuhhirt mit der Magd
Ein Gespräch begann,
Hat die Frau gar nichts gesagt,
Nur, im Zorn auf ihren Mann,
Ließ sie alle Kälber frei –
Und die Zwiesprach ging entzwei.

Weller

Gefährliche Nacht

Mein Töchterlein, ich warne dich!
Schwarz ist die Neumondnacht;
Schlaf nicht im Hofe, hüte dich:
Der böse Rahu wacht!

Gewiß verschlänge dieser Wicht,
Der schlimmen Tat gewohnt,
Dein mildes, reines Angesicht
Im Wahn, es sei der Mond. *Weller*

Leid

Ich weiß, sein Wort ist eitel Trug,
Ich weiß, daß er mit Andern buhlt –
Und doch, wenn er Versöhnung sucht,
Ist mirs, als trüg ich selbst die Schuld.
Meyer

Sehnsucht

Schweift auch mein Blick in ungemessne Ferne,
Stehst du vor mir!
Sind doch der Himmel und die Pracht der Sterne
Ein Bild von dir! *Brunnhofer*

Glück

Wer treue Lieb sein eigen nennt,
Trägt ohne Murren auch die schlimmsten Tage;
Wer aber treue Lieb nicht kennt,
Ist elend, ob er eine Krone trage. *Meyer*

Bhasa

Nacht

Die Stadt liegt hinter mir. Wie mächtig ist
Doch diese Finsternis! Es ist, als ob
Das Dunkel alle Glieder schwarz bestriche,
Als ob vom Himmel her aus dem Gewölk
Im Regen schwarze Augensalbe tropfte.
Das Schauen nützt in diesem Dunkel hier
So wenig wie der Dienst bei schlechten Menschen.

Wie groß ist doch die Macht der Finsternis!
Der Horizont verschwunden, und die Bäume
Zu einer dunklen Masse dicht geballt. *Weller*

Der Sterbende an den Enkel

Du warst mein Mond und strahltest mir
Die Seligkeit ins Herz hinein,
Und wie der Mond, so mußtest du
Ein Fest für meine Augen sein.

Nun hat der Wille des Geschicks
Mir dieses stille Glück verwehrt
Und meinen süßen kleinen Mond
In glühend Feuer mir verkehrt. *Weller*

Kalidasa

Himalaya

Im Norden thront erhaben, groß und hehr
Der königlichen Berge hoher Kaiser,
Des ewgen Schnees erlauchter Herbergweiser,
Der göttliche Himalaya.
Tief in des Ostens und des Westens Meer
Taucht er die Riesenarme ein;
Sich weit und mächtig dehnend, liegt er da,
Als wollt er Maßstab dieser Erde sein.

An ihm wird alles Köstlichkeit und Adel:
Auch vor dem Schnee, der jeden Zugang wehrt,
Verstummt in Ehrfurcht aller Menschentadel:
Ein Makel wird vom Sieg der Tugenden verzehrt,
Wie auch der Schatten, der im Monde dunkelt,
Die Schönheit des Gestirnes nicht versehrt,
Wenn er im vollen Strahlenkranze funkelt.

Auf seinen Gipfeln birgt er Farbgestein,
Mit dessen Rot des Berges Feen sich schmücken,
Recht schön beim Tanz und Liebesspiel zu sein.
Auch mag des Rötels Glanz das Aug entzücken,
Wenn er am hellen Tage weckt ein Alpenglühen,
Von dessen zartem Rosenschein
Geküßt, der Wolken Wangen rot erblühen.

Tief unter seinem Haupt sieht er die Wolken ziehn;
Sie senden Kühlung auf die grünen Matten,
Und unter ihrem Schattenbaldachin
Lieben die Genien, die sonnensatten,
Vergnüglich sich zu lagern. Horch! Da dröhnt
Der Donner, und ein Regenguß stürzt nieder:
Und, mit den sonnenheißen Höhn versöhnt,
Suchen die Genien die Gipfel wieder.

Der wilde Jäger folgt dort perlbesäten Gleisen,
Die ihm die Spur zur Schlucht der Löwen weisen.
Denn diese haben eine Ilfenschar,
In deren Schläfen solcher Schatz verborgen war,
Zerfleischt: das Blut jedoch, das sonst das Finden lehrt,
Hat längst der frische Schnee zerwaschen und zerstört.
Dafür sind aus den Löwenkrallen
Die roten Perlen in den Schnee gefallen.

Der Eule gleich, der vor dem Tage graut,
Hat sich die Finsternis ins Höhlenreich geflüchtet;
Er aber schützt, die seiner Macht vertraut,
Vor dem Gestirne, das die Welt belichtet.
Wer so wie er sein Haupt erheben kann,
Wie einen eignen sieht er den Geringen an,
Der einen Hilferuf an seine Größe richtet.

Des Sternenwagens sieben Weise pflücken
Sich Wasserrosen seiner Gipfelseen.
Die Sonne muß die Strahlen aufwärts schicken,
Will sie den Rest der herrlichen Nymphäen
Zum Tage wecken, daß sie sich entfalten:
Denn sie muß ihre Feuerbahnen gehn
Tief unter jenen sieben Himmelsalten.

Die Büffelkühe werfen ihre mondscheinweißen
Wehenden Wedelschweife hin und her
Und lassen sie bald da bald dort ergleißen.
Und dieses Tschamar-Trägerinnen-Heer
Bezeugt, daß wir die Wahrheit nur bekennen,
Wenn wir Himalaya der Berge Fürsten nennen.

Auf Birkenrinden welch ein seltsam Bild!
Schriftzeichen schön mit Rötel hingesetzt.
Die Birken scheinen wie mit Blut benetzt,
Das aus der Haut der jungen Ilfen quillt.
Die Zauberelfen-Töchter können dir
Das Rätsel lösen: Elfenkinder lieben,
So haben sie auf weiße Stämme hier
Die zarten Briefchen sinnig hingeschrieben.

Tief aus dem Munde seiner Höhlentore
Strömt er die Luft hervor, sein Atem dringt
In alle Öffnungen der schwanken Rohre,
So daß ein Wunderton im Röhricht klingt.
Himalaya will für den Geistersang
Der Satyrn und der Pane Führer sein:
So gibt er wie mit tiefem Flötenklang
Den Grundton an für ihre Melodein.

Heilkräuter leuchten dort bei dunkler Nacht
In Grotten, wo das Wäldler-Völklein wohnt:
Das ist die heimlich-traute Lampenpracht,
Die über ihren Liebesfesten wacht
Und ohne Öl in stillem Glanze thront. *Weller*

Uma, die göttliche Tochter des Himalaya

Am Tage, der dies Kind zum Lichte rief,
Lachte das Himmelsblau auf allen Wegen;
Da klangen Muscheltöne sanft und tief,
Und aus der Höhe sank ein Blumenregen;
Freundliche Winde wehten Balsamduft,
Ganz ohne Staub zu heben, in die Luft:

Der ganzen Welt und allem Sein und Leben
War dieser Tag als Segenstag gegeben.

Nachdem ihr junges Licht so lieblich aufgegangen,
Wuchs sie von Tag zu Tage wonniglich,
Die Glieder füllend mit der Schönheit Prangen,
So daß sie ganz der Mondessichel glich,
Die an dem Himmel aufgeht zart und fein,
Dann täglich wachsend sich mit Schönheit füllt,
Bis schließlich aus erfülltem Silberschein
Die letzte strahlende Vollendung quillt.

In ihrer Jugend erster Morgensonne
Trank sie der Kinderspiele süße Wonne:
Terrassen, Hügel, Stufen baute sie
Mit Ufersand an der Mandakini,
Vergnügte sich an Bällen und an Puppen
Inmitten fröhlicher Gespielengruppen.

Als sie vom Kindheitsmorgen Abschied nahm
Und nun die magdlich-reife Jugend kam,
Ward diese für die schlanke, zarte Maid,
Ein Schmuck, der keiner Kunst entblühte,
Ein Urquell wonneselger Trunkenheit,
Die keinem Taumelwein entglühte,
Und für den Gott der Liebe ein Geschoß,
Das sieghaft war auch ohne Blumensproß.

Wie durch die Farbe Leben in die Zeichnung fließt,
Wie durch den Sonnenstrahl der Lotos sich erschließt,
So ward ihr Leib, den der Zusammenklang
Der Form gezeichnet hatte und gestaltet,
Durch ihrer Jugend süßen Werdedrang
Zur reifen Schönheit wonniglich entfaltet.

Sie ging in ihrer Jugendfülle zwar geneigt,
Doch stolz und leicht, mit spielend-zierem Tritt;
Das hatte der Flamingo ihr gezeigt,
Der oft und oft in ihre Nähe schritt,

Um eine Gegenlehre einzutauschen
Und eines Schmuckes Rätsel zu erlauschen:
Das tönende Geheimnis ihrer Spangen,
Die leis und lieblich ihren Fuß umklangen.

Ihr reizend-schlanker Hals, die Perlenkette,
Von lichten Kugeln ein beglückter Kranz,
Besonnten sich mit Schönheit um die Wette
Und beide schenkten Glorie sich und Glanz.
Hier war vereint, was selten glückt auf Erden:
Ein Schmuck zu sein und selbst geschmückt zu werden.

Wenn je an einem roten jungen Sprosse
Schon eine weiße Blüte könnte sein,
Und wenn dem glühenden Korallenschoße
Entwüchse einer Perle heller Schein,
So müßte man von ihrem Lächeln sagen:
Es war wie Perl und Blüte licht und klar
Und lag, wie weißer Glanz an heitren Tagen,
Auf ihrem roten Rosenlippenpaar.

Aus großen Mandelaugen blickte sie
So scheu umher; ihr sanftes Auge bebte
Wie eine blaue Lotosblüte, die
Kosend ein leiser Morgenwind umschwebte:
Hatte *sie* diesen Blick vom Reh bekommen?
Hatte vielleicht das Reh ihn *ihr* genommen?

So bildete der Schöpfer diese Maid
Und brachte seine Kunst dem Werke dar.
Er sammelte hier alle Herrlichkeit,
Die Bild und Gleichnis ihrer Schönheit war.
Das Wesen je in allen diesen Dingen,
Er stellte es an seinen rechten Platz:
Er wollte schaun der Schönheit ganzen Schatz
Und sie an *einem* Ort zusammenbringen.

Weller

Blumenrein

Sie ist wie eine frische Blüte,
Der niemand ihren Dufthauch nahm,
Ein Reis, das rein dem Zweig entsprühte
Und nie in Pflückers Hände kam.

Wie Honigseim voll süßer Stärke,
Der aber nie gekostet ward,
Wie eine Frucht nur guter Werke,
Unangebrochen, edler Art:

O welchem Glücklichen auf Erden
Wird dieses makellose Kind
Als Himmelslohn beschieden werden,
Als edler Taten Angebind? *Weller*

Mond und Sonne

Hier steigt der Mond, der Pflanzen Fürst, hinauf
Am Abendberge zu den höchsten Spitzen,
Und dort beginnt die Sonne ihren Lauf,
Verkündigt durch des Morgenrotes Blitzen.
So lenkt der Auf- und Niedergang der beiden
Die Welt im Wechsel stets von Lust und Leiden.

v. Glasenapp

Aus einer Blum ist eine zweite Blum
Entsprossen; wem ist kund, wie das geschieht?
Aus deines Antlitz' weißem Lotos, Schönste,
Der Augen dunkles Lotospaar erglüht. *Oldenberg*

Die Augen

Mit rotgestreiften Blumen gesetzt,
Die blühenden Äuglein mit Tau benetzt,
Jungfrisch eine Kandali –
Und ich sehe ein schmerzlich-liebliches Bild:
Zwei Augen, zornrot, tränenerfüllt!
Ich denke an sie, an sie. *Weller*

An den Kokila

Kokilaweibchen, wie süß und rein
Schallt dein Rufen im Götterhain,
Den in liebendem Schwirren
Du durchschwärmst! O verkünde mir,
Sahst du meine Geliebte hier
Durch den Zauberwald irren?

In der Liebe die Mittlerin,
Brichst süßflötend den harten Sinn
Du mit sichersten Pfeilen:
Bring die Liebliche her zu mir,
Oder führe mich schnell zu ihr,
Mag sie ferne auch weilen. *Weller*

An den Flamingo

Flamingo, Flamingo, ich kann dir nicht trauen:
Du tust, als habest du nie gesehn
Meine Liebste, die Frau mit den reizenden Brauen,
Am Ufer des Sees vorübergehn.

Wie bist du zur Anmut im Schreiten gekommen?
So geht, im Rhythmus der Liebe, mein Lieb!
Flamingo, du hast ihn ihr weggenommen,
Den tändelnden Gang, du verschmitzter Dieb.

Du hast von ihr einen Teil gestohlen!
Wird aber ein Teil in des Diebes Haus
Entdeckt, so darf man das Ganze holen:
Flamingo, gib mir die Geliebte heraus!

Weller

An die Biene

Honigspender, gib Kunde mir
Von der Schönen, von ihr, von ihr,
Deren Augen berücken.

Doch du hast sie ja nie gesehn!
Kenntest du ihres Duftmunds Wehn,
Wie vermöchten die Tagnymphän
Hier, dich noch zu beglücken? *Weller*

An den Elefanten

Hoher Führer der Ilfenzunft,
Selig schwelgend im Rausch der Brunft,
Du wohl durftest sie schauen,
Die in ewiger Jugend blüht,
Von Jasminen das Haar durchsprüht,
Die als Mondsichel überglüht
All die Sterne, die Frauen. *Weller*

An die Wolke als Boten

Dort, nördlich von Kuberas Schloß, kommst du zu unsrem Haus gezogen,
Von ferne schon erschaust du dort an seiner Tür den Regenbogen.
Der Baum, der einst mein Pflegekind, wird jetzt bei meiner Gattin Pflege
Mit seiner vollen Blütenpracht sich beugen auf des Gartens Wege.

Den Teich in meinem Garten dort umschließen rings smaragdne Stiegen
Und goldne Lotos siehst du sich auf dunklen Lazurstengeln wiegen;
Die Schwäne, die bei deinem Nahn beglückt die stille Flut durchschneiden,
Sie möchten nie zum Manasa von ihrer alten Wohnung scheiden.

Ein Hügel steht am Ufersrand, von dunklem Saphir glänzt die Spitze,
Ein goldener Platanenzaun umstrahlt ihn wie mit goldnem Blitze,

Es war der Gattin Lieblingsplatz; drum, wenn
dein dunkles Blau ich sehe,
Das goldne Blitze rings umsprühn, so denk ich
sein in bittrem Wehe.

An der Samantilaube dort, die Tausendschönchen
rings umblühen,
Sieh bei dem lieben Kesara den schwankenden
Ashoka glühen;
Der eine wendet still sich hin zu deiner Freundin
schönen Füßen,
Der andre möcht ihr, so wie ich, als einzger Trost
die Lippen küssen.

In Mitten siehst du auf Kristall die Säule, die von
Gold gegossen,
Es gleichet ihr smaragdner Fuß des grünen
Schilfes frischen Sprossen:
Dort sitzt – noch spät – eur Freund, der Pfau;
die Gattin läßt die Spangen klingen,
Wenn mit der Hand den Takt sie schlägt, und
läßt ihn auf und nieder springen.

O merke diese Zeichen, Freund, dann wirst du
bald die Wohnung sehen,
An deren Pforten, schön gemalt, der Lotos und die
Muschel stehen.
Jetzt wird das Haus, da ich so fern, nicht mehr in
hellem Glanze strahlen,
Die Lotosblume welkt ja auch des Nachts bei ihrer
Trennung Qualen.

Die Augen der Geliebten sind vom vielen Weinen
wohl geschwollen,
Erbleichet ist der rote Mund, dem heiße Seufzer
oft entquollen;
Ihr Haupt, das auf die Hand gestützt, bedeckt fast
ganz der Locken Fülle,
Das ist, als ob der bleiche Mond in Wolkenschleier
sich verhülle.

Vielleicht hat sie, im dunklen Kleid, die Leier auf
den Schoß genommen,
Ein Lied, das meinen Namen trägt, ist auf die
Lippen ihr gekommen;
Doch bald, nachdem sie bei dem Spiel die Saiten
naß von Tränen machte,
Vergißt sie mehr und immer mehr die Töne,
die sie selbst erdachte.

Am Tag, wo sie beschäftigt ist, erträgt sie ehr der
Trennung Schmerzen,
Doch in der Nacht, wo sie allein, fühlt härtren
Kummer sie im Herzen.
Drum mußt du dann vom Fenster dich zu ihrer
Lagerstätte schwingen,
Du kannst mit meiner Botschaft ja in dunkler
Nacht ihr Tröstung bringen.

Erwecke sie, wenn sie der Wind, gleich des
Jasmines welken Sprossen,
Mit seinem frischen Wehn erquickt, das deine
Tropfen kühl durchflossen:
Und wenn sie starr zum Fenster schaut, wo deine
goldnen Blitze zücken,
Dann mögest du die edle Frau mit ernstem
Donnerwort beglücken:

„Dein Gatte lebt! als treuer Freund bin ich von
ihm zu dir gekommen
Und bringe seine Botschaft dir, die in mein Herz
ich aufgenommen.
Du kennst mich ja, mein Donnern läßt nicht Rast
den müden Wanderscharen,
Die gern die Flechte schon gelöst aus der
verlassnen Gattin Haaren.

„Dein Freund, der oft ins Ohr dir sprach, was
Keinem heimlich bleiben sollte,
Nur weil er unbemerkt dein Haupt mit seinen
Lippen küssen wollte,

Schickt jetzt, da du ihn nicht mehr siehst, noch
seine Worte zu dir schweben,
Durch meinen Mund die Grüße dir, die ihm die
Sehnsucht eingegeben.

„Ich sehe zwar in krauser Flut das muntre Spielen
deiner Brauen,
Im Aug des Rehes deinen Blick, dein Haar im
vollen Schweif der Pfauen;
Ich seh im Monde dein Gesicht und im Priyangu
deine Glieder,
Doch ach! an einem Ort vereint find ich dein
Bildnis nirgends wieder.

„Als Zürnende mal ich dich oft mit roter Farb auf
platten Steinen!
Und möchte dann mein eignes Bild zu deinen
Füßen dir vereinen,
Doch langsam steigt die Trän empor und hüllt in
Dunkel meine Blicke.
Ach, hier auch werden wir getrennt von unsrem
feindlichen Geschicke.

„Wenn mich des Waldes Götter sehn, wie ich nach
dir die Arme breite,
Um dicht an meine Brust zu ziehn, sah ich im Traum
dich mir zur Seite,
Dann, glaub ich, werden oftmals auch aus ihren
Augen Tränen sinken,
Die, groß wie Perlen, in dem Wald rings an den
frischen Knospen blinken.

„Die Winde vom Himalaya, die manchen
Blütenkelch zerteilen
Und süß vom Blumennektarsaft hin nach dem
Süden weiter eilen,
Ich drücke sie an meine Brust und fühle Wonne im
Gedanken,
Daß sie vielleicht in früher Zeit auf deine
Glieder niedersanken.

„O möchte doch die lange Nacht mir, wie ein
Augenblick, verschwinden,
O möchte doch des Tages Licht am frühen Morgen
schon erblinden!
So seufz ich oft, Holdblickende, bei unsrer
Trennung bittern Schmerzen,
Doch keine Macht auf dieser Welt gibt Trost dem
hoffnungslosen Herzen.

„Oft denk ich unsrem Schicksal nach und kann
mit eigner Kraft mich heben,
Drum, Herrliche, darfst du auch nicht dich der
Verzweiflung ganz ergeben:
Wer kennt ein ungestörtes Glück? Wer seufzte nie
in ewgem Drange?
Das Glück steigt auf und sinkt herab, gleich wie
ein Rad in schnellem Gange."

Müller

Ein Gebet an Brahman

Wir bringen dir Verehrung, dem Dreigestaltgen dar,
Der vor der Weltenschöpfung die reine Einheit war,
Der dann beschloß, zum Werke sein Wesen zu zerspalten,
Um sich, in die drei Farben zerfließend, zu entfalten.

Nicht war ins Unfruchtbare der Samenkeim versprengt,
Den du, der Ungeborne, einst in die Flut gesenkt:
Das Starre, das Bewegte, das ganze Weltensein
Preist man als dieses Samens urherrliches Gedeihn.

In drei Gottwesensarten hast du dich aufgespalten,
Um deine Macht und Größe sichtbarlich zu entfalten.
Du bist der *eine* Urgrund, wenn eine Welt entsteht,
Wenn ihr Bestehen dauert, und wenn sie untergeht.

Du teiltest, um zu zeugen, erst deinen Schöpferleib;
Als Teile deines Wesens entstanden Mann und Weib:
Das sind der Schöpfung Eltern nach heilgem Seherwort:
Erzeugend und gebärend sproßt nun die Schöpfung fort.

Zwei gleiche Maße hast du aus deiner Zeit gemacht
Du schufest einen Welttag und eine Weltennacht.
Wenn du zum Schlaf dich wendest, löst eine Welt sich auf;
Wenn du erwachst zum Tage, so steigt sie neu herauf.

Mit dir, mit deinem Wesen, erkennst du, Herr, dein Ich,
Und du erschaffst dein Wesen, dein Ich, allein durch dich;
Und mit demselben Wesen, mit deinem Ich allein,
Gehst du am Feierabend des Weltwerks in dich ein.

Sie nennen dich die Urkraft, der die Natur entquillt
Und die das Ziel des Geistes verwirklicht und erfüllt;
Der Geist auch, der da zuschaut in tatenloser Ruh
Dem Spiel der ewgen Urkraft, – der, sagen sie, bist du.

Du bist der Opfergießer, du bist der Opferguß,
Der stete Fruchtgenießer, der stete Fruchtgenuß;
Du bist das große Rätsel, bist, der die Lösung hat,
Der Sucher, das Gesuchte, die namenlose Statt. *Weller*

Amaru

Ruhestörung

In der stillen Mitternacht
Floß der Regen nieder,
Und die Wetterwolke sang
Grollend dumpfe Lieder.

Und es dacht ein Wandersmann
Seufzend unter Tränen
An die Liebste, die wohl fern
Fast verging vor Sehnen.

Brav! Doch heult er durch die Nacht
Solche Klagenoten,
Daß die Bauern ihm die Rast
In dem Dorf verboten. *Weller*

Letzte Scheu

Hell klingt das Halsband auf der Brust, die Hüft umhüpft der Gürtel
Mit Glockenspiel, der Knöchel tönt von Edelsteingespange.
Wenn du zum Liebsten gehend schlägst das Tamburin, o Mädchen,
Warum doch blickst du her um dich so bebend scheu und bange?

Rückert

Der bestrafte Plauderer

Da, was das liebende Paar in der Nacht sprach, immer am Morgen
Plaudert der Hauspapagei, wirft die Braut voller Scham
Einen Rubin, als sei es ein rötlicher Kern der Limone,
Ihm in den Schnabel und stopft also dem Schwätzer den Mund.

Rückert

Doppelliebschaft

Scheuer Begier, da er sah zwei Schätzchen zusammen auf einem
Sitze, von hinten herbei schlich er, verhält wie zum Scherz
Einer die Augen, und leise, der Schelm, mit gebogenem Halse
Auf die errötende Wang hat er die andre geküßt. *Rückert*

Versöhnung

Mit abgewandtem Antlitz ruhn die beiden
Ganz stumm und regungslos und totenstill,
Zum ersten Wort will keines sich entscheiden,
Obwohl das Herz nur Lieb und Frieden will.

Allmählich wenden sich die Augen sachte,
Zusammentrifft ihr Blick mit seinem Blick:
Da brach der Groll, sie lachten, froh erwachte
Jetzt der Umarmung süß erneutes Glück.

Weller

Überlistet

„Was tust du so, als wolltest du
Zu meinem Fuß dich neigen?
Wohl nur, um die Verräterin,
Die Brust, mir nicht zu zeigen.

Sie trägt des Sandelstaubes Spur,
Der ihren Busen schmückte
Und den sie als ihr Siegel wohl
Auf deine Brust dir drückte?"

Ich sprach: „Wo soll das sein, mein Kind?"
Und ohne lang zu rechten,
Begann ich, daß die Spur verblich,
Den Arm um sie zu flechten

Und sie gar fest und inniglich
An meine Brust zu pressen:
Sie hatte bald im Wonnerausch,
Was sie gesehn, vergessen. *Weller*

Erster Schmerz

Wenn sie bei seiner ersten Missetat
Entbehren muß der schlauen Freundin Rat,
Vermag die junge Frau des Herzens Regung
Nicht durch der Glieder sprechende Bewegung,
Nicht durch der Worte, durch der Mienen Spiel
Zu offenbaren. Ohne Ziel
Schweift ihrer Augen blaues Lotospaar
Umher. Sie kann nur weinen
Und auf die reinen
Und zarten Wangen stürzen hell und klar
Und zitternd ihre Tränenperlen nieder.

Weller

Willkommen

Girlanden grüßen zum Willkomm
Mit Blüten sonst am Tor:
Sie bot ihr blaues Augenpaar,
Nicht Wasserlilienflor.

Statt Blumen, festlich hingestreut,
Ihr Lächeln freundlich blüht;
Nicht duftet zum Willkomm Jasmin,
Und keine Rose glüht.

Schweißtröpfchen, die wie Perlenzier
Der weiße Busen trug,
Bot sie als Ehrengabe dar,
Nicht Wasser aus dem Krug.

Nur ihrer Schönheit Gaben hat
Die Schlanke ihm beschert
Und so den Liebsten, als er kam,
Mit Festempfang geehrt. *Weller*

Ein Streich

Ich hatte heftig ihn geschmäht,
Weil er die Treue brach,
Da kommt der Schelm im Mädchenkleid
Zurück in mein Gemach.

Ich schloß ihn freudig in den Arm
Im Wahn, die Freundin seis,
Und meinen Wunsch, bei ihm zu sein,
Gab ahnungslos ich preis.

Er spricht: „Mein Kind, das ist gar schwer!"
Und lacht, und herzt mich lang.
Das tat mir gestern dieser Schelm
Nach Sonnenuntergang. *Weller*

Junge Liebe

Die Worte, die von der Verschlagenheit
Der Freundin sie gelernt, sagt' sie gewandt
Mit wunderbarer Zungenfertigkeit
Herunter, als er schuldig vor ihr stand.

Doch gleich darauf begann sie sich zu zeigen
Ganz so, wie es der Liebesgott verlangt:
Seht! solche reizend süße Art ist eigen
Der Liebe, die im ersten Schmucke prangt.

Weller

Selbstverrat

Als ich mit meiner Liebsten sprach,
Nannt ich verliebter Narr
Den Namen einer anderen:
Ich war vor Schrecken starr.

Ich nahm in der Verlegenheit
Kleinlaut den Stift zur Hand
Und kritzelte die Striche hin,
Gleichgültig, was entstand.

Doch seht! ich weiß nicht, wie es kam:
Die Striche wurden klar,
Man sah an jedem Zug und Glied,
Daß es die andre war.

Da flammt das Rot der Eifersucht;
Die Gute weint und lacht
Und stammelt unter Tränen her:
„Das hast du gut gemacht!"

Dann fuhr mir, wie ein Gottesblitz
Aus heiterm Himmel fällt,
Ein derber Schlag aufs Sünderhaupt,
Von zorniger Hand geschnellt. *Weller*

Zwiegespräch

Mein Kind!
„Gemahl?“
Du schmollst: sei wieder gut mit mir!
„Hab ich ein Leid getan im Zorne dir?“
Dein Groll hat meine Seele schwer betrübt.
„Du hast ja mir zu leide nichts verübt;
Ich nehme alle Schuld auf mich.“
Was weinst du schluchzend und was härmst du dich?
„Wer ist es denn, vor dem ich weine?“
Du weinst doch wohl vor mir?
„Was bin ich dir?“
Mein liebes Weib, mein Licht ...
„Das bin ich eben nicht,
Und darum fließen meine Tränen.“

Weller

Der Morgen

Feucht von schöner schweißbeperlter Antlitzmonde Tropfen-
raub,
Schwanke Lockenfülle schüttelnd, rüttelnd Lendenhülle lind,
Früh im Frühling mit erblühter Wasserlilien Düftestaub
Fächelnd, nächtger Lust Erschöpfung nehmend, weht der
Morgenwind.

Rückert

Sprich leise!

„Gedenkst du, Törin, stets verliebt
In Einfalt hinzuleben?
Umgürte dich mit Eifersucht,
Sei nicht so ganz ergeben!“

Die Kleine läßt sich durch den Rat
Der Freundin nicht betören
Und sagt: „Er wohnt im Herzen mir,
Sprich leis, er könnt es hören!“ *Weller*

Ernst und Spiel

Weil er fremde Lippen biß, traf ihn der Liebsten Lotosfächer,
Schnell, als sei ihm Blütenstaub im Auge, blinzelnd stand er da.
Sie, gespitzten Knospenmundes, haucht in Unschuld; und ihr frecher
Freund in der Verwirrung küßt sie, die nicht weiß, wie ihr geschah.

Rückert

Bleib!

Er hatte mit beklommnem, bangem Herzen
Zu ihren Füßen wortlos sich gekniet.
Sie wies ihn ab; er wandte sich zu gehn.
Da hielt sie ihn im letzten Augenblick
Zurück: sein Scheiden hätt ihr Tod bedeutet.
Sie sah ihn lang mit ihren Augen an,
Mit den verschämten, traurig-müden Augen,
Aus denen unablässig Tränen rollten;
Und heißes Seufzen hob die wehe Brust. *Weller*

Verwandlung

Mit Worten kann ich nicht die Wonne malen,
Die ich vom Munde meiner Schlanken sog:
Ein welkes Blümchen, bleich von Trennungsqualen,
War ihr Gesicht, das wirres Haar umzog.

Müd blickten ihre Augen in die Ferne.
Da kam ich plötzlich, ungeahnt zurück,
Und neu erblühten ihre Augensterne,
Auf ihrem Antlitz sproßte Glanz und Glück.

Ihr Mund so süß beim frohen Liebestreiben,
War wie zum stillen Vorwurf leicht gebogen:
Ich kann die Innigkeit euch nicht beschreiben,
Mit der ich diesen Himmelskuß gesogen. *Weller*

Heimweh

Manches Gebirg und Wälder mit erdebewässernden Strömen
Wehrt zu des Wanderers Blick dem, was er liebet, den Weg.
Ob er es weiß, doch reckt er den Hals und tritt auf die Zehen;
Heimwärts blickend im Geist, schwindet in Tränen er hin.

Rückert

Herz und Perle

Um rehgeaugter Schönen Busen dehnen
Sich des Geschmeids geschmeidige Geflechte.
Fühllose Perlen selber fühlen Sehnen;
Was wir denn, Kamas willenlose Knechte!

Rückert

Bhartrihari

Allberückend

Jeglichen Schauens Höchstes, was ists?
Rehäugiger Maid liebreizend Gesicht.
Jeglichen Hörens Höchstes? Ihr Wort.
Aller Düfte? Der Odem ihres Munds.
Des Schmeckens? Der Lippenknospe Kuß.
Aller Berührung? Ihr holder Leib.
Alles Denkens Ziel? Ihrer Jugend Pracht.
Jeden Sinn berückt ihrer Anmut Spiel.

Oldenberg

Sehnsucht

Wo du nicht bist und deiner Augen Schimmer,
Ists dunkel mir;
Auch bei der Kerzen strahlendem Geflimmer
Ists dunkel mir;

Selbst bei des Herdes treulich stillen Flammen
Ists dunkel mir;
Wo Mond und Sterne leuchten hell zusammen,
Ists dunkel mir;

Der Sonne Licht vermag mich nur zu quälen –
's ist dunkel mir;
Wo du, mein Reh, und deine Augen fehlen,
Ists dunkel mir. *v. Schroeder*

Steigerung

Sehn wir sie nicht, verlangen wir
Den Anblick zu genießen,
Und sehn wir sie, so wünschen wir
Sie in den Arm zu schließen;

Und haben wir das holde Glück,
Die Schöne zu umwinden,
So wünschen wir, der Augenblick
Soll nie ein Ende finden. *Weller*

Sommerglück

Die Mädchen mit den Augen der Gazellen,
Die Hände feucht vom kühlen, silberhellen
Duftsandelwasser; Badehäuserreihn,
Glutblumenbeete, milder Mondenschein,
Ein sanfter Wind, Flachdächer der Paläste
Im Marmorglanz: all diese Dinge mehren
Zur Sommerzeit den Wonnerausch der Feste
Und, ach, der Liebe schmachtendes Begehren.
Weller

Tage der Trennung

Hier zucken die Ranken der Blitze so schön,
Dort schweben Ketaki-Düfte,
Dort schallt der spielenden Pfauen Getön
Verworren und grell durch die Lüfte;
Und hier zieht dunkel ein Wolkenflor
Mit lieblichem Donner am Himmel empor:

Wie werden die Tage der Trennung jetzt,
Wo all dies köstliche Grüßen
Die Wimpern der Schönen mit Tränen benetzt,
Den sehnenden Frauen verfließen? *Weller*

Rätselhafte Macht

Wir geben es zu: die Sinnen-Welt,
Der wir rastlos, erfolglos frohnen,
Ist eitel und ein gar mageres Feld,
In dem alle Übel wohnen.

Gewiß, man möchte aus Herzensgrund
Sie nur mit Abscheu betrachten.
Und dennoch macht sie die Seele wund
Selbst derer, die sie verachten,

Der Wahrheitssucher. Da keimt sie empor
Mit tief unheimlichem Drange
Und bricht dann groß aus dem Herzenstor
Mit rätselhaft siegendem Zwange. *Weller*

Die Schlange

O fliehe schon von ferne, Freund,
Die Schlange, die heißt Weib!
Sie trägt, gefährlich von Natur,
Giftfeuer in dem Leib.

Die Seitenblicke, die sie schießt,
Sind Glut und bringen Leid,
Ihr aufgeblasner Haubenwulst
Heißt Ausgelassenheit.

Wen eine echte Schlange beißt,
Den heilt vielleicht Arznei,
Doch wen die Schlange „Weib“ gepackt,
Dem steht kein Zauber bei. *Weller*

Das Licht

Die Lampe strahlt mit stillem Schein:
Da weht eines rauschenden Kleides Saum
Mit Macht in das schimmernde Licht hinein –
Und aus ist der leuchtende Traum!

Hell strahlt eines Mannes Verstandeslicht.
Da blitzt ihm das Augengefunkel
Einer siegenden Schönen mit Macht ins Gesicht
Im Verstande des Mannes wirds dunkel! *Weller*

Im Kreise

Einen andern liebt die Eine, die beständig ich ersehne,
Aber der hat einer andern seine Neigung zugewandt,
Während wieder eine andre an mir selbst Gefallen fand.
Pfui denn über sie und ihn, mich, den Liebesgott und jene!
v. Glasenapp

Selbsterniedrigung

Was haben wir Toren nicht alles getan
Dem Leben, dem Leben zu liebe,
Das so kurz nur ist wie die flüchtige Bahn
Des Tropfens am Lotostriebe!

Wir haben vor Leuten, die Geld und Kram
Besessen gemacht und betrunken,
Die Sünde begangen, ohne Scham
Mit eigenem Lobe zu prunken. *Weller*

Vorsorge

Weil noch unerkrankt der Leib ist und das Alter ferne,
Weil noch ungeschwächt die Sinne, kein Verfall des Lebens,
Mühe für des Geistes Bestes eifrig sich der Weise!
Spät ist es den Brunnen graben, wann das Haus in Brand steht.
Rückert

Vergänglichkeit

Reizend sind des Mondes Strahlen, reizend grüner Platz im Wald,
Reizend freundliche Gesellschaft, Dichtersagen reizend auch,
Reizend Liebeszornes Tränen zitternd in des Liebchens Blick,
Reizend alles – denkst du der Vergänglichkeit, bleibt reizend nichts.

Rückert

Durchschaut

Ists schön nicht, wohnen im Palast und Saitenspiel zu hören –
Die Herzgeliebte zu umfahn, ists süßer nicht als alles?
Doch, wie, von irren Vogels Flug gestreift, die Lampe flattert,
So flatterhaft scheint Weisen das, die zum Einsiedlerwald gehn.

Rückert

Freiwilliges Entsagen

Wenn sie auch lange bei uns weilen,
Die Dinge, die wir mit den Sinnen
Voll Lust genießen – ach, sie eilen
Notwendig doch einmal von hinnen.

Herb ist die Trennung, die wir hassen:
Wir wollen nicht von ihnen gehn,
Und wenn sie selber uns verlassen,
So werden wir im Leide stehn.

Doch winken wir frei im Verzichte
Den Dingen selbst den Abschied zu,
Gewähren sie das innig-lichte,
Das tiefe Glück der innern Ruh. *Weller*

Verblendet

Die Motte fliegt ins Lampenlicht;
Sie kennt die Macht des Feuers nicht.
Der Fisch, unkundig der Gefahr,
Verschlingt den Köder ganz und gar:

Wir aber jagen nach Genüssen,
Obschon wir alle recht gut wissen,
Daß sie ein Unheilnetz umspannt:
O tiefer, tiefster Unverstand!

Weller

Die Verderber

Auf der Geburt liegt schwer die Sterblichkeit,
Die schöne Jugend weicht den Altersfristen,
Der Habsucht Beute wird Zufriedenheit,
Die Seelenruhe stirbt an Weiberlisten.

Die Tugend wird benagt vom Neidgelichter,
Der Wald verliert durch Raubwild seinen Wert,
Die Fürsten dulden schwer durch Bösewichter,
Wie auch am Reichtum die Vergängnis zehrt:

Gibt es noch Dinge irgendwo auf Erden,
Die nicht verderben, nicht verdorben werden?

Weller

Unbelehrbar

Gleich einem Tiger, grausam, mörderisch,
Das Alter droht!
Gleich einer Feindesschar stürmt auf uns ein
Der Krankheit Not!

Wie Wasser aus zerbrochnem Kruge rinnt
Das Leben hin!
Und doch, o Wunder, bessert nicht die Welt
Den argen Sinn!

v. Schroeder

Alles ist eitel

Hast alles Wünschens Überschwang du erreicht – und dann?
Hast auf der Feinde Haupt du den Fuß gesetzt – und dann?
Gabst deinen Freunden Reichtum und Macht zum Lohn – und dann?
Währt Leib und Leben tausend Äonen lang – und dann?

Oldenberg

Kurze Blüte

Sollen wir in frommer Schau
An der Ganga uns kasteien
Oder einer edlen Frau
Ehrbar unser Leben weihen?

Sollen wir der Wissenschaft
Ernsten Wundertönen lauschen
Oder an dem Nektarsaft
Bunter Dichtung uns berauschen?

Sagt, wo finden wir das Glück
Und die Krone unsres Strebens? –
Ach, nur einen Augenblick
Währt die Blüte unsres Lebens! *Weller*

Wann?

Wann, o Shiva, werd ich einsam leben,
Still und ruhig, ohne alles Streben,
Mit nur *einem* Trinkgefäß, der Hand,
Mit der Luft als einzigem Gewand?
Wann, o Shiva, werd ich fähig sein,
Mich von allem Handeln zu befrein?

Weller

Bekehrt

Verklungen ist die Wonneserenade,
Die uns der Frauen süße Schönheit sang,
Nach langem Irren auf dem Lebenspfade
Verliert sich in der Stille unser Gang.

Nur noch am Uferhang des Götterflusses
Geschiehts, daß uns im Sinnen unterbricht
Ein lauter Ruf inbrünstigen Ergusses:
„O Shiva, Shiva, Shiva, höchstes Licht!" *Weller*

Das Scheiden

Erde, du meine Mutter, Wind, mein Vater,
Licht, trauter Freund, Wasser, mir nahverbundnes,
Äther, du lieber Bruder: zu euch heb ich
Zum letztenmal anbetend jetzt die Hände.
Als Bürger eures Reichs hab ich durch guter
Werke Verdienst erlangt, daß fleckenlose
Erkenntnis mich umstrahlt. Des wirren Irrtums
Herrschaft ist abgetan. In Gott versink ich.

Oldenberg

Radschashekara

Der Lenz ist da

„Seid wieder gut, ihr stolzen Schönen,
Strahlt mit dem wärmsten Sonnenblick
Den Liebsten an, laßt euch versöhnen!
Kurz ist der ersten Jugend Glück;
Der Tage fünf, der Tage zehn –
Dann ists um euren Lenz geschehn."

Der Gott mit den fünf Blumenpfeilen
Wirft diese Botschaft streng ins All,
Das Lenzfest rauscht, sie mitzuteilen,
Sie klingt im Schlag der Nachtigall
So süß und schwer, und wer sie hört,
Ist tief von Lenzeslust betört.

Weller

Mondaufgang

Die Erde ist gehüllt in schwarzes Dunkel,
Als läge sie in einem finstern Schacht.
Doch sieh, ein gelblichweißes Lichtgefunkel
Entringt sich morgenwärts der tiefen Nacht!
Schon färben sich, licht wie die junge Birke,
Mit Mondenschein die östlichen Bezirke.

Nun sprühn des Mondes Strahlenmyriaden
Gleichwie aus einem Schimmerkelch hervor,
Staubfädenbüschel blond und glanzbeladen,
Und leuchtend steigt er Grad um Grad empor,
Bis er, in runder Fülle aufgegangen,
Die Welt verklärt mit seines Lichtes Prangen.

Weller

Bilhana

Auch heut noch träumt ihr Bild mir im Gemüte:
Ihr sanftgelocktes, weiches braunes Haar,
Ihr Auge groß wie eine Lotosblüte,
Die morgenschön erwacht zum Tage war!
Des Busens Wonnehügel! – Ach, die Hehre,
Sie lebt in mir, wie meines Meisters Lehre.

Auch heut noch strahlt das Angesicht der Süßen
So wonnig und so klar wie je vor mir.
Ich sehe flinke Blicke heimlich grüßen
Und weißer Zähne frische Blütenzier.
Wer dankbar ist, vergißt nie mehr im Leben
Das Gute, das ein andrer ihm gegeben.

Noch heute denk ich an ihr herbes Schweigen.
Ich hatte gegen sie mich arg verfehlt
Und suchte mich ihr liebend zuzuneigen,
Sie zu versöhnen, die ich so gequält.
Sie zwang den Groll und ließ die Tränen stocken,
Nur seufzend hauchte sie die Lippen trocken.

Noch heute sehe ich, wie meine Traute
Ganz heimlich, in kokett verliebtem Spiel,
Mein Nahn nicht ahnend, in den Spiegel schaute,
In den mein Ebenbild dann plötzlich fiel.

Wie sie erschrak! Die liebliche Bewegung
Zerfloß in Scham und zitternde Erregung.

Noch heute seh ich sie mit Rosen wehren
Von ihrem Antlitz einen Honigdieb –
Die Biene, die ein lockendes Begehren
Zum Duft der Lippen und der Wangen trieb.
Das ängstlich-zarte Spiel in ihren Zügen
Mit anzusehn, welch himmlisches Vergnügen!

Noch heute muß ich innig an sie denken:
Ihr Haupt lag sinnend auf der schönen Hand;
Sie schien den Blick auf meinen Pfad zu lenken,
Indes ich schon vor ihrer Türe stand.
Sie wollte jene zarte Strophe singen,
In der die Laute meines Namens klingen.

Noch heute seh ich sie: sie warf als Schlingen
Mir um den Hals ihr Armlianenpaar,
Um meine Brust an ihre Brust zu zwingen,
Wobei ihr Auge halb geschlossen war
Wie in kokettem Spiel. O selge Stunde!
Ihr Mund sog Liebe heiß an meinem Munde.

Noch heute, ja, wenn ich sie wieder sähe
In ihrem vollen Blütenjugendglück,
Mit ihren Augen, schön wie die Nymphäe,
Das wär der Himmelslust ein Augenblick!
Mir wärs, als trüg ich die Dreiweltenkrone
Und säße göttlich groß auf Indras Throne.

Noch heute schleicht mein Geist – was kann ich machen? –
Mit ihren Freundinnen ins Kämmerlein
Seiner Geliebten. Ach, ich hör ihn lachen!
Ich seh ihn plötzlich nun mit ihr allein,
Sein Spott gilt mir und meinem Liebesbunde,
Er scherzt mit ihr – in meiner Todesstunde!

Weller

Dschayadeva

Schuldgefühl

O sie ging, wie sie hier umrungen mich sah von Frauengestalten,
Im Gefühl der Schuld auch ward sie von mir zurück nicht
gehalten;
Harihari! die Gekränkte, gegangen ist sie im Zorne!

Was beginnt sie? was wohl sinnt sie, die Verlassne voll Beben?
Was kann Gold nun und Gut mir gelten, was gelten Welt mir
und Leben?

Ihres Antlitzes denk ich unter den Braun, vom Zorne verzogen,
Gleich der roten Nymphäe, dunkel vom Bienenschwarm über-
flogen.
Herzlich hab ich sie hier umhegt, in des Herzens Räumen
getragen,
Warum soll ich im Wald sie suchen, warum vergebens hier
klagen?

Schmächtge, deines vom Gram zerbrochenen Herzens muß ich
gedenken,
Kann – ich weiß nicht, wohin du gingest – nach dir die
Schritte nicht lenken.

Du erscheinest mir! Ja, ich sehe vor meinen Augen dich
schweben;
Warum willst du mit froher Hast mir sonst Umarmung nicht
geben?

Rückert

Radhas Weh

Ach! Der Freund läßt zur Frist mich im Hain unbesucht!
Welken muß meines Leibs Jugendblüt ohne Frucht.
Ach, an wen wend ich mich? auch der Herzensfreundin Wort
ist Betrug.
Dem ich nachgehe nachts tief in Waldwüstenein,
Madanas Pfeile bohrt er ins Herz mir, o Pein!

Sterben! was bleibt mir sonst? Soll ich mit krankem Leib,
Sinnberauscht, diese Glut tragen, glückloses Weib?

Ach, wie bringt Kummer mir diese lenzlaue Nacht!
Welche Glückselge hat sie in Lust dort durchwacht?

Meines Leibs Edelsteinspangenschmuck, keine Lust,
Keinen Trost bringt er mir unterm Brand meiner Brust.

Selbst der Strauß, den ich drück an dies Herz blumenweich,
Tötet mich, denn er sieht jenes Gotts Pfeilen gleich.

Hier am Fluß seh ich Schilfrohre stehn ohne Zahl,
Doch es denkt Madhava mein nicht ein einzig Mal.

Rückert

Langen und Bangen

Es zählet aller Zierden Zahl und stößt sich nicht an die
Verstoßung,
Es sehnet nach Versöhnung sich und weiset ferne die Verschuldung.
Nach Krishna, der mit andern zwar sich letzt und ohne mich
ergetzet,
Macht liebend wieder doch sich auf dies leide Herz! was soll
ich machen?

Mir, der Verborgnen im laubigen Dach, ihn, den Schlummernden in nächtlicher Hülle,
Mir, der allspähenden, furchtsamen Blicks, ihn, den lachenden,
wonniger Fülle,
Freundin! den Keshi-Besieger, den klaren,
Bring ihn zum Spiele mir, liebesbewegt sich der Wunschesgewährten zu paaren.
Mir, der bei seinem Erscheinen errötenden, ihn, den beredsamen
Koser,
Mir, der mit lieblichem Lächeln begrüßten, ihn, der dies
Gewand machet loser,

Freundin! den Keshi-Besieger, den klaren,
Bring ihn zum Spiele mir, liebesbewegt sich der Wunsches-
gewährten zu paaren.
Mir, der aufs grünende Bette gesunkenen, ihn, der mir liege
zur Seiten,
Mir, der bereiten zu Kuß und Umfang, ihn, die Lippen zu
saugen bereiten,
Freundin! den Keshi-Besieger, den klaren,
Bring ihn zum Spiele mir, liebesbewegt sich der Wunsches-
gewährten zu paaren.

Rückert

SPRÜCHE

Der Herbst

Die schöne Welt nimmt unsre Herzen ein,
Mit ihren seligweißen Schwänescharen,
Die trunken schwelgen ohne Taumelwein,
Mit ihrem Himmelskleid, dem wunderbaren,
Das, ungewaschen, ist von Flecken rein,
Mit ihren, ohne Klärung, spiegelklaren
Gewässern, die da sprühn im Sonnenschein.

Weller

Geheime Wundermächte

Die Sonne, mag sie noch so fern
Weit hinter Wolken stehen,
So weckt sie doch den Blumenstern
Der zarten Tagnymphäen.

Und jene Wolke, die dort ruht
In fernsten Himmelsbreiten,
Muß schließlich in die Sonnenglut
Ein wenig Kühlung leiten.

Es ist der Großen Majestät
Ein tief geheimes Walten,
Das in die fernsten Fernen geht,
Daß sich dort Dinge, wie ihr seht,
Von selbst und leicht entfalten. *Weller*

Der Rubin

Betrübe dich nicht, du stolzer Rubin,
Daß ein Affe dich gierig berochen,
Ringsum beleckt und mit Geifer bespien
Und gern dich hätte zerbrochen:
Er packte und drückte und quetschte dich

Mit seinen schrecklichen Krallen
Und kaute an dir und ärgerte sich:
Sein äffischer Zorn kam ins Wallen.
Weil kein Saft aus dir zu erpressen war,
So warf er dich nieder zur Erde gar.
Es mußte dein Glück, du Edler, sein,
Daß der Narr es hat unterlassen,
Dich zu zermalmen mit einem Stein,
Dein inneres Wesen zu fassen. *Weller*

Das steinerne Herz

Aus der blauen Wasserrose
Schuf er deine Augen licht,
Und aus reinen Tagnymphäen,
Liebes Mädchen, dein Gesicht,

Deine Zähne aus Jasminweiß,
Weil sie gar so schimmernd blühn,
Und aus Knospen deine Lippen,
Weil sie gar so rosig glühn.

Aus Girlanden deine Glieder,
Denn sie sind so zart und fein:
Ach, warum doch hat der Schöpfer
Nur dein Herz gemacht aus Stein?

Weller

Verkennung

„Er gibt keine Wolle und eignet sich nicht
Zum Melken noch auch zum Fahren,
Und einen Bauch hat der massige Wicht:
Man dürfte das Futter nicht sparen,

Doch würde er selbst von Laub nicht satt.
Und, ach, wie kommt man auf seinen Rücken
– Den hohen, den mächtigen, den er hat –,
Um einen Zwerchsack darauf zu drücken?

Wir geben kein rostiges Hellerchen her,
Um den riesigen Lümmel zu kaufen.
Nein, reden wir weiter von ihm nicht mehr:
Fort, Schluß! Wir lassen ihn laufen.“

So reden in spöttischen Varianten
Die Bauern vom fürstlichen Elefanten.

Weller

Drei Herzen

Ein Herz nahm mir die Sehnsucht weg,
Ein zweites die Geliebte keck,
Mein Denken schließt ein drittes ein:
Wie viele Herzen sind denn mein? *Weller*

Liebe?

Mit dem einen plaudern sie gar viel,
Lassen lächelnd Rosenlippen sehen,
Einem andern gilt das Strahlenspiel
Ihrer Augen, groß wie Tagnymphäen.

Bei dem dritten, der die Form nicht kennt
Und des ritterlichen Anstands Schranken,
Aber Geld und Gut sein eigen nennt,
Weilen ihre rechnenden Gedanken.

Kann da wirklich noch die Rede sein
Von der wahren Liebe, wenn die Frauen
Ihre Schönheit solchem Treiben weihn?
Ja, die Frauen mit den schönen Brauen!

Weller

Allmählich

Langsam sinken Tropfen nieder,
Langsam füllt sich so der Krug.
Dies Gesetz gilt immer wieder,
Ob man nun zusammentrug
Wissen oder gute Werke
Oder Gold- und Silberberge. *Weller*

Grammatik

Ein Neutrum ist das Herz, so hat
Grammatik mich belehrt,
Drum, als es hin zur Liebsten zog,
Hab ichs ihm nicht verwehrt;
Was mag für Unglück denn geschehn,
Wenn Neutra zur Geliebten gehn? –
Doch nun bleibts dort und kost mit ihr
Und will nicht mehr zurück zu mir!
Was tu ich da? wie schaff ichs fort?
Wie bring ich es zur Ruh?
O Panini, o Panini,
Mein Unglück wurdest du! *v. Schroeder*

An den Ashokabaum

Ich frage dich, roter Ashoka,
Wohin meine Schlanke denn ging,
Nachdem sie mich grausam verlassen,
Den Treusten, der an ihr hing.

Du schüttelst im kosenden Winde
Dein glührot blühendes Haupt,
Als hättest du nie sie gesehen:
Wer ists, der solches dir glaubt?

Denn hätte der Fuß meiner Liebsten,
Ashoka, dich nicht berührt,
Wer hätte die schlummernden Knospen
Zum Entfalten der Blüten geführt?

Schon längst sind die Bienen geflogen
In den üppigen Blütenkranz,
Und die Blätter, sie tragen die Spuren
Von dem emsig sich mühenden Tanz.

Weller

Die Nacht wird schwinden, die Sonne aufgehn,
Der Lotos lachen: so denkt das Bienlein
Im Blütenkelche. Da ach! zermalmt wird
Vom Elefanten die Lotosblume. *Oldenberg*

Dhammapada

Sein und Schein

Wer das Wesen als Erscheinung
und Erscheinung sieht als Wesen,
Dringt nie bis zum Kern der Wahrheit,
hat die falsche Bahn erlesen.

Wer Erscheinung als Erscheinung
und das Wesen sieht als Wesen,
Der dringt bis zum Kern der Wahrheit,
hat die rechte Bahn erlesen. *Much*

Der Vollendete

Stille ist sein Denken,
Stille ist sein Wort,
Stille ist sein Wirken,
Stille immerfort.

Denn er sah die Wahrheit,
Ist nicht mehr gebunden,
Hat des letzten Friedens
Gleichgewicht gefunden. *Weller*

Die Zahl ist nichts!

Besser als in tausend Reden
Worte ohne Sinn verschwendet,
Ist *ein* Wort voll tiefen Sinnes,
das dem Hörer Frieden spendet.

Besser als in tausend Liedern
   Worte ohne Sinn verschwendet,
Ist *ein* Wort voll tiefen Sinnes,
   das dem Hörer Frieden spendet.

Ob ein Sänger hundert Lieder
   sinnlos in die Lüfte sendet,
Besser ist *ein* Wort der Wahrheit,
   das dem Hörer Frieden spendet.

Magst du in der Schlacht besiegen
   tausendmal zehntausend Krieger –
Wer das eigne Ich bezwungen,
   Ist der größte Held und Sieger.

Much

Das Ewige

Hemme des Werdestromes Fluß,
Reiß aus dem Herzen Lust und Leid.
Wer weiß, wie Werden enden muß,
Schaut ungewordne Ewigkeit. *Weller*

THERAGATHA

Ewige Wiederkehr

Und immer wieder sät man aus den Samen,
Und immer wieder gießt des Regens Gottheit,
Und immer wieder ackert man den Acker,
Und immer wieder häuft sich Korn im Speicher.

Und immer wieder werden Bettler bitten,
Und immer wieder werden Geber geben,
Und immer wieder neue Gabe geben,
Und immer wieder neue Himmel finden.

Neumann

Schweig stille, Herz!

Hast lange Jahre mich gedrängt ohn Unterlaß:
Das Treiben dieser Welt, was mag es frommen dir?
Nun zog ich weltentsagend in die Einsamkeit,
Und jetzt, was ist's? Läßt du im Ringen nach, mein Herz?

Im Haus die Meinen und der Freunde liebe Schar,
Der Erde Lust und Liebesglück und Spiel und Scherz,
Das ließ ich alles, legte an das Mönchsgewand.
Und doch, mein Herz, bist du mit mir zufrieden nicht?

Wer ist, der Frucht begehrend einen Baum gepflanzt
Und an der Wurzel ihn zu fällen hebt die Axt?
Dem Treiben solches Toren gleicht, mein Herz, dein Tun.
Willst du mich fesseln an den Unbestand der Welt?

Unsichtbar Ding, du einsam Herz, fernwanderndes,
Was jetzt du noch von mir begehrst, ich tu es nicht.
Die Lust bringt Leiden, Bitternis bringt sie und Angst.
Verwehn, Erlöschen: dem nur will ich trachten nach.

Frei wie das Reh schweift durch den schönen, bunten Wald,
Komm zu dem Berge, den der Wolken Krone kränzt.
Dort in Gebirgesfrieden sollst du weilen still.
Wahrlich, dort werd ich dich bezwingen, du mein Herz.

Oldenberg

DIVYAVADANA

Eher stürzt mit Mond und Sternen
Niederwärts das Himmelszelt,
Eher wächst mit Wald und Felsen
Himmelwärts die Erdenwelt,
Eher trockneten der Meere
Fluten aus bis auf den Grund,
Als ein Wort, das unwahr wäre,
Käme aus der Heilgen Mund.

Zimmer

Nicht in alle Ewigkeit
Geht, was wir getan, zugrunde.
Alles reift zu seiner Zeit
Und wird Frucht zu seiner Stunde.

Zimmer

Sollst dein Leid nicht einem klagen,
Der dich nicht befreit vom Leid,
Sollst dein Leid nur einem sagen,
Der dich auch vom Leid befreit.

Zimmer

TIRUVALLUVAR

Lob Gottes

A steht an der Spitze aller Laute;
Da steht an der Dinge Anhub Gott!

Lern! Doch leer ist alles Wissen, wenn du
Gern nicht anhängst Dem, der fehllos weiß.

Halt den fest, der in des Herzens Blume
Wallt und webt! so lebst du lang und leicht.

Neigt sich nicht dein Haupt dem Namen Gottes,
Gleicht es dem Gefäße, das nichts faßt.

Tugend

Fleckenreines Sinnes sein ist Tugend,
Geckenhaft ist jeder andere Ruhm.

Vier zu meiden hat der Tugendsame:
Gier, Zorn, Neid und bittres Wort dazu.

Schieb auf morgen nicht der Tugend Übung!
Üb sie heut! sie folgt dem Scheidenden.

Sieh den Sänfteträger und Getragenen!
Wie liegt da der Tugend Weg so klar!

Wahrheitsliebe

Was ist Wahrheit? fragst du. – So zu reden,
Daß es bar von allem Bösen ist.

Wann es Gutes ohne Flecken fruchtet,
Kann, was unwahr, Wahrheit werden auch.

Sprich, o Mensch, nicht wider deinen Busen!
Dich versengen wird dein Busen sonst.

Rückwirkung

Schickt man vormittags dem Nächsten Leid zu,
Rückt es nachmittags vors eigne Haus.

Unbestand

Froh entfliegt vom Ei hinweg das Junge.
So der Seele Freundschaft mit dem Leib.

Will man wissen, was Tod und Geburt ist?
Still einschlummern – und erwachen dann.

Wissen

Wie du gräbst, so quillt im Sand das Wasser;
Wie du strebst, so schwillt das Wissen an.

Freundschaft

Wie der Neumond wächst der Edlen Freundschaft;
Die der Toren hat des Vollmonds Art!

Braucht es langer, inniger Bekanntschaft?
Taucht nicht Freundschaft auf aus gleichem Sinn?

Verlangen

Hier ist hohe See der Liebe; hab ich
Für die Fahrt denn auch ein sichres Schiff?

In der Liebe Stromflut ohne Ufer
Hin so treib ich noch um Mitternacht.

Fliegen gern zu ihm hin will mein Auge,
Liegen, ach! bleibts an der Tränen Strom.

Erinnerung

Will ich leben, muß ich verlebendgen
Still die Stunden einstgen Umgangs mir.

Die Erinnrung schon versengt mein Innres;
Wie wenn ich – was ich nicht kann – vergäß?

Schwind, o Mond, nicht, daß des Fernen Blick sich
Find in dir mit meinem ... Nein doch, fort!

Trauriger Abend

Labend? Nein, das bist du nicht! du bist ja,
Abend, mir ein lebenfressend Schwert.

Weilt Er fern von mir, dann wie ein Kriegsmann
Eilt der Abend auf mich Ärmste los.

Was doch tat dem Morgen ich zuliebe?
Was doch tat dem Abend ich zuleid?

Früh ersprießt es, tags aufschießt es, abends,
Sieh, in voller Blüte stehts – mein Leid. *Graul*

Manikkavashagar

Mich, der ich mich fürchten muß,
Wenn von dir ich getrennt bin,
Gleichwie ein Fischlein zappelt
Im ausgetrockneten Fluß –
Mich wolle doch nicht verlassen!
O Edelstein, der du glänzest
So hell wohl wie die Sonne,
O Herr, von deinem Haupte
Wallet als Zopf herab
In blendendweißem Glanze
Des Mondes schmale Sichel,
Einem kleinen Boote gleich
Im Strudel hoch rollender Wogen,
Der Wogen vom Gangafluß! *Schomerus*

Aiyanar Idanar

Selbst der Tod ist beschämt,
Denn hier ist eine Kühnheit,

Größer als seine eigne!
Die Gattin nimmt das Schwert
Aus der Hand ihres toten Kriegers,
Und aufmerksam betrachtend
Die erhabene Ruhe
Und den stillen Triumph
Auf seinem geliebten Antlitz,
Ist sie froh und zufrieden,
Da sie seine Heldenbrust
Mit ihren Tränen netzt!

Schnell von den Knien
Erheben sich ihre Frauen
Und stürzen sich in die Flammen!
Seht, selbst der grimme Tod
Zeigt sich endlich zufrieden. *Schomerus*

Nari Veru Talaiyar

O großer, mächtger König,
O Herr des weiten Waldlandes,
Wo – wie weidende Herden –
Elefanten sich tummeln
Auf den endlosen Flächen,
Wo dunkle Felsen ragen
Ganz als wären es Büffel!
Da du die höchste Gewalt hast,
Möcht eins ans Herz ich dir legen:
O sei du keiner von denen,
Die bar aller Huld und Liebe
Eine Beute nie endender Qual
In der grausamen Hölle werden!
Milde sei deine Herrschaft,
Wie die Sorge um zarte Kinder!
Nur das ist wahre Liebe,
Die man so selten findet
In dieser kalten Welt!

O Pari, reich an Gaben,
O Herr der Berge, wo Früchte,
Daran von Antilopen
Die Herden sich gütlich tun,
An den Bäumen hängen,
Und Jäger, mit Bogen bewaffnet
Die köstliche Mahlzeit teilen,
Du hast nicht treu dich erwiesen
In der Freundschaft, die uns verband;
Es scheint, als hättest du gar
Zu allerletzt mich gehaßt!
Obgleich du mir all diese Jahre
Ein treuer Helfer gewesen,
Hast du, als es zum Sterben ging,
Mich dennoch nicht mit dir genommen,
Du ließest allein mich zurück!
Unvollkommen erscheint mir
Die Freundschaft durch deine Flucht!
Hier in dieser Geburt
Werden wir nie uns mehr sehn,
Nie miteinander mehr schlendern,
Wie zu tun wir doch pflegten;
In einer andern Geburt,
So hoff ich und glaub ich fest,
Wird das hohe Geschick
Uns noch einmal vereinen.
Ich werd dich noch wiedersehn
Und niemals dich wieder verlieren!

Schomerus

NALLANDUVANAR

Den Tag im Wasser bergend
Verschwand hinter Hügeln die Sonne,
Die mit ihren tausend Strahlen
Die ganze Welt sollt erleuchten.
Und die Dunkelheit kam,
Schwarz wie die Farbe Vishnus.
Und grad als Verwirrung drohte,

Kam mit seinem Lichte
Der schöne glänzende Mond!
Die Lotosblume schloß
Ihre feuchten Blätter
Wie müde Mädchen die Augen.
Es neigten im Schlaf sich die Bäume.
Als ob sie lachten, so zeigten
Ihre hellen Knospen die Büsche. –
Melodien summen die Bienen,
Als hätten sie Bambusflöten.
An die Jungen denken die Vögel
Und fliegen heim zum Neste.
Die Kühe, die sich sehnen
Nach den Kälbern
Kommen zum Dorf,
Und zum Stelldichein eilen
Die wilden Tiere in Hast.
Brahmanen schicken sich an,
Zu erfüllen die Pflichten des Abends.
Und die Mädchen entzünden die Lampen.
So kommt der Abend heran.

Hört, die Toren nennen
Diesen Abend so schön!
Wissen sie nicht, daß am Abend
Oft schöne Frauen
Von sich werfen ihr Leben?
Hinter den westlichen Hügeln
Verschwindet die feurige Sonne,
Und Dunkelheit schleicht leise
Allmählich sich heran –
Wie das tiefe Dunkel im Herzen
Des haßerfüllten Mannes,
Der arm an Liebe und Tugend
Und guten Werken ist!
Und die Bäume schließen die Blätter,
Wie der Geizhals sein Herz verschließt
Beim Anblick des armen Mannes
Und sich dann selber versteckt!

O Abend, kamst du zu mir,
Wähltest du die Zeit,
Da mein treuloser Liebster
Mich verließ, noch zu steigern
Meinen unerträglichen Schmerz?
Kamst du wie zu einem Manne,
Der in der Schlacht gefallen
Und über die noch lacht,
Die Niederlagen erlitten?
O Abend, kamst du zu mir,
Da mein Liebster, der sollte
Mein Beistand sein, nicht kam,
Um meinen Kummer zu lindern,
Da er mein armes Herz,
Krank schon vor Kummer,
Noch tiefer kränkte?
Kamst du wie zu einem Manne,
Der mit dem Speer verletzt
Die noch rauchende Wunde?

Schomerus

Tayumanavar

Lieder sang ich, die noch niemand kannte,
Daß sich viele Menschen scharten, rufend:
„Seht, wie süß und weich er singt!" Ich dachte,
Das sei groß, und tanzte Niegetanztes,
Und mein Herz schmolz. „Einzger, Makelloser,
Schöpfer, König, Licht, erfüllend alles!"
Rief ich dich, und war unsagbar traurig.
Aber du sahst nicht mein leidend Antlitz,
Und gewährtest nicht mir deine Gnade,
Riefst nicht: „Komm!" So ist es nun dein Wille -
Wer gab diese Härte dir, o Einklang,
Unerreichbar allen, die dich suchen?
Sein du, unzugänglich, innres Wissen,
Gottheit du, o Gottesglanzes Wonne!

Du nahmst mich, sogst mich in dich ein und trankest,
Was in der Welt zu sehen ist, voll Wonne.
Und sinn ich nach, ists gleich dem Traum des Stummen,
Der keinen Mund hat, was er sah, zu künden.

Wenn ich die Glaubenslehren tiefer sehe:
Du Himmelsgut! nichts anderes sind sie alle
Als nur dein Spiel, zuinnerst nicht verschieden.
Am Ende gleichen sie den vielen Flüssen,
Wenn sie einmünden in das Meer des Schweigens.

Schimmel

Arunmolidevar Shekkilar

Die Herrlichkeit des heiligen Landes

Ich will beschreiben das Land
Des Tigerkönigs von Tschola,
Des Königs, der gekrönt ward
Auf dem Gipfel des Gebirges,
Des hohen, schneebedeckten.
Ja, wie beschaffen dieses Land,
Das von der Kaveri bespült wird,
Das will ich jetzt beschreiben,
Soweit dort gesprochen wird
Das schöne Tamil, die Sprache,
Die kaum wie eine andre
Für Poesie gemacht ist.

Es ist der verborgene Gipfel
Des Saiya-Berges gar herrlich,
So ausgezeichnet ist er!
Er gleicht der Pflegemutter
Einer blumenschönen Tochter,
Er ist ein Fluß, der hervorbringt
Die Lebewesen auf Erden,
Und der sie hegt und pflegt,
Damit überall im Lande
Sie wachsen und gedeihen.

Der große goldhaltige Fluß
Gleicht wohl an Blumenfülle,
An Würde und Güte ihm,
Der aus Vishnus Nabel entsprungen,
Brahman, dem vierköpfigen,
Der allem Leben verleiht,
Der da trägt den schöngeformten,
Den herrlichen Wasserkrug.

Weil nun der weißköpfige Nebel,
Der schäumende, auf der Spitze
Des vom Mond gekrönten Gipfels
Zusammen sich zieht und zerstreut,
Gleicht wohl der goldhaltige Fluß,
Der ewig jungfräuliche, schöne,
Der Ganga, auf dem Haupte
Des allgegenwärtigen Gottes,
Die von dort fließet herab.

Wenn unter lautem Getöse
Brausend er fließt dahin,
Verteilen sich in die Kanäle
Seine rauschenden Wasser,
So daß ein erfrischender Nektar
Schäumend steigt empor
Und, aus seinen Ufern tretend,
Über das Land sich ergießt,
Fruchtbarkeit also verleihend
Dem Land, an Seen reich.

Über das ganze makellose,
Das schöne Kaveriland,
Mit seinen fetten Äckern
Mit wohldurchtränkt glänzenden
Furchen,
Sieht man weithin zerstreut
Große Mengen von Bauern,
Die, den Gott Indra verehrend,
Fleißig Reispflanzen setzen.

Viel tausend arbeitende Frauen
Hört auf den Feldern man singen:
„Reis ist nicht am Zuckerrohr,
Nein, o nein!
Zuckerrohr nicht Arekanuß,
Wie könnts auch also sein?
Die Lilien, die weißen Lilien
Und die Mimosablüten,
Die haben nicht jeden Tag,
O nein, nicht jeden Tag,
Blauschimmernden Blütenstaub
Für die kleinen summenden Bienen,
Nein, nein, nicht jeden Tag,
Und Worte sind nicht Nektar,
Nicht Nektar, klar und rein!"

Auf allen Wegen und Stegen
Sieht man die kleinen Mädchen
Der Feldarbeiterinnen
Fröhlich sich tummeln und spielen.
Ein Karpfenkorb ist ihr Topf,
In den sie als Fleisch hineintun
Große, weiche Schnecken,
Die aus dem Gehäuse gekrochen.
Ihre Perlen sind weiße Muscheln.
Mit frischen, duftenden Blumen
Schmücken sie ihren Kochtopf.
Sie errichten aus bunten Steinen
Einen kleinen Feuerplatz,
Und rote Wasserlilien
Müssen als Feuer dienen.

Wie weit auch immer das Ohr reicht,
Hört man der Arbeiter Lärm,
Die an der Zuckerpresse
Lachend die Arbeit tun.
Auf den Wegen zu den Hainen
Hört man der rollenden Wagen
Weithin schallend Getöse

Wie auch das Murmeln der Veden,
Die überall werden gelesen.
Man hört der Arbeit Getön.

Zu den heimatlichen Teichen
Kehren von den Flüssen
Die weißen Schwäne zurück.
In Scharen stehn die Büffel
Und wälzen sich im Schlamm.
Wie der Regenbogen am Himmel,
Im kühnen Schwung – so springen
Über Arekabäume
Die jungen behenden Affen.

Daß eine Herde großer
Und schwarzer Elefanten,
Um duftendes Reisstroh zu fressen,
Niederreißt bis zum Boden
Das leichte, schützende Dach
Und Kühe und Bullen verjagt,
Daß die Wolken zusammen sich ballen
Und mit Gewalt ergreifen,
Im Wirbelwind mit sich reißen
Alle, die sich ihnen nahn,
Das alles sieht man nicht oft!

Treu übt man die Herrenpflichten,
Und alle Tugenden pflegt man
Mit Eifer in diesem Lande.
Die Paria selbst verehren
Shiva, den höchsten der Götter.
Es erheben sich schöne Häuser,
Darinnen Priester wohnen,
Gäste und Verwandte
In Gesinnung alle einander
Von Herzen zugetan.
Überall blühn die Städte.
Es breiten in langen Reihen
Hütten und Häuser sich aus.

Wir haben das heilige Land
Im edlen Tamil besungen
Und sind nun zum Schluß gekommen.
Jetzt soll besungen werden
Von uns das Lob des Königs,
Der mit seinen breiten, starken,
Gewaltigen goldnen Schultern
Die Erde straft und schützt,
Der sich erquickt auf dem Lager
Im Schatten des goldenen Schirms.

Schomerus

Tschandidas

O welcher Schmerz hat Radha überkommen!
Sie sucht die Einsamkeit. Sie sitzt allein
Und hört auf keinen. Blickt gedankenvoll
Zum Himmel auf und schaut die Wolken an
Mit starrem Blick, verweigert jede Nahrung.
Sie trägt der Nonne gelb Gewand und sieht
Auch solcher gleich, nimmt sich den Kranz vom Haar
Und staunt die Schönheit ihrer eigenen
Gelösten Locken an. Mit Sehnsuchtsaugen
Grüßt sie die Wolken und hebt beide Hände
Zu ihnen auf – was mag sie ihnen sagen?
Liebe für Krischna hat, sagt Tschandidas,
Wie Morgenlicht ihr junges Herz ergriffen. *Goetz-Munk*

Vidyapati Thakur

Spät ist die Nacht – und die Holde voll Bangen:
Wann kommt sie, die mein Sehnen erharrt?
Schwer ist der Pfad und voll giftiger Schlangen,
Wieviel Gefahr, und ihr Fuß ist so zart!

Götter, euch will ich mein Liebstes vertrauen,
Schützt mir die Schöne, führt sicher sie her!
Schwarz ist der Himmel, durchweicht ist der Boden,
Angstvoll mein Herz, ihr Weg ist so schwer!

Dicht ist das Dunkel, wohin man auch blicke –
Wahrt ihre Füße vor Steinen und Spalt:
Himmlisch ihr Blick, jedes Wesen betörend, –
Lakschmi kommt zu mir in Menschengestalt!
Ja, spricht der Dichter, ein liebendes Mädchen
Kennt keine Macht als der Liebe Gewalt.

Schön-Radhas Liebe ist jung,
Kein Hindernis könnte sie hemmen:
Sie ging mutterseelenallein
Und fragt nicht nach Weg und Beschwerde.

Fort wirft sie die kostbare Last
Der Ketten, zu schwer ihren Brüsten:
Streift Ringe und Armband sich ab
Und läßt sie dort liegen im Staube.

Juwelen umklirren den Fuß,
Sie schleudert sie fort und eilt weiter:
Die Nacht ist so schwarz und so schwer,
Doch Liebe erleuchtet das Dunkel.

Der Weg ist so reich an Gefahr,
Doch Liebe hat siegende Waffen:
Vidyapati ruft: Das ist wahr –
Wie du ward noch keine geschaffen.

Nun aber höre, herzlos böser Hari,
Pfui über deine Liebe, muß ich sagen!
Was sprachest du, du wolltest Treue halten,
Und hast die Nacht verbracht mit einer andern?

Du stellst dich klug, als liebtest du nur Rai,
Und tändelst hold mit einem andern Mädchen:
Wer mir gesagt, daß Krischna groß im Lieben,
Der ist ein Tor, wie in der Welt kein zweiter.

Du wirfst Rubinen hin, um Glas zu suchen,
Läßt einen Nektarsee um salzig Wasser,
Ein Meer von Rahm – im Brunnen froh zu plätschern –
Pfui über dein verliebtes falsches Schmeicheln!
Vidyapati bekennt, der Fürst der Dichter:
Radha wird nie mehr dir ins Antlitz schauen.

Heut war die bange Scham mir ganz entschwunden,
Er durfte seines Herzens Sehnsucht stillen:
Was soll ich sagen, Liebe? (Ich muß lächeln)
So wunderbar war heut sein Liebesscherzen.

Die Wolken stürzten nieder auf die Erde,
Die Bergeskönige stiegen auf zum Himmel:
Ich selbst, in den smaragdnen Spiegel schauend,
Fiel dorthin, wo nicht auf noch nieder gelten.

So neuen Wissens war Krischna, mein Liebster,
Und überwältigend klang mir seine Rede:
Er gab der Heimatlosen eine Zuflucht –
Doch schamhaft barg ich meines Herzens Glühen.

Der Fürst des Übermuts nahm auf den Schoß mich,
Mit meinem Schleier leicht mein Antlitz kühlend
Und fächelte mich leise, bis ich einschlief.
Vidyapati ruft: Wonne ohne gleichen.

Jedermann preiset die Gaben der Liebe, der nämlichen Liebe,
Die aus der keuschesten Frau oft die Verlorene macht!
Konnt ich nur ahnen, daß Liebe so grausam, wie hätt ich wohl jemals
Über die Grenzen der Schuld gesetzt meinen zitternden Fuß?

Nun bin ich Arme vergeben, mit tödlichem Gifte vergeben:
Niemand setze fortan sein Lieben auf Hari, auf Hari!
Hör, holde Jungfrau, den Dichter: Wie wolltest erst Wasser du trinken,
Dann, nach dem Trunke, zu spät denken des Gebers Geburt?

Spiegel in Händen, Blüte im Haar,
Schmelz meiner Augen, Rot meiner Lippen,
Salböl der Brust, Goldkette des Halses,
Hülle des Körpers und Seele des Hauses,

Flügel des Vogels und Wasser des Fisches,
Leben des Lebens – das bist du mir alles –,
Madhav, doch sag mir, was bist du in Wahrheit?
So sagt Vidyapati: Jeder ist beide. *Goetz-Munk*

Kabir

Einst schuf ich viele Formen, nun schaff nur eine ich:
Zerrissen Bogen und Saite, Ram's Name genügt für mich.
Mein Tanzen, wie schwand es dahin!
Der Trommel Schlag vergißt mein Sinn.
Der Leib der Lust verbrannt, es brach des Durstes Joch,
Begehrens Kleid zerschliß – kann ich denn irren noch?
Als Eines sah ich alles, Streit schweigt nun und Disput –
Er schenkt mir Huld, ich fand Ihn, das allerfüllend Gut!

Schimmel

Die Gärtnerin bricht Blätter ab – in Blättern wohnt doch Leben!
Der Stein, damit geschmückt, das Steinbild kann nicht leben!
Die Gärtnerin, sie irrt hier unbedacht:
Der wahre Guru ist ein Gott, der wacht.
Brahman das Blatt, Vishnu der Zweig und Shankara die Blüte –
Bräch wahrhaft sie die Götter ab, für wen sie sich wohl mühte?
Man hämmert Stein, formt Brust und Fuß, ihn in Gestalt zu bringen:
Das Bildnis, wenn es lebte, würd den Bildner gleich verschlingen.
Reis, der gekocht, gemahlen Korn und Süßes in der Runde –
Das nährt den Priester, Asche nur liegt vor des Bildes Munde.
Die Gärtnerin, die Welt, geht irr. *Wir* sind davon befreit!
Ram schützt uns, sagt Kabir, der Fürst, der Gnade uns verleiht.

Schimmel

Nanak

Der singt von Gottes Macht, er selber mächtig,
Der von der Großmut, sieht er sie bei Gott –
Der singt: „Er schuf den Leib und macht zu Staub ihn!"
Der singt: „Das Leben nehmend gibt ers neu!"
Der singt: „Er ist von fern ganz klar zu schauen!"
Der singt: „Er ist ganz gegenwärtig nah!"

Kein Ende ist der Worte und der Sprüche,
Und Scharen, Scharen singen, sagen so.
Doch Er schenkt ewig – nur wer nimmt, wird müde,
Jahrhundert um Jahrhundert speist Er sie.
Der Herr wird weiter sein Gesetz vollziehen,
Spricht Nanak, immerfort strömt Er sich aus!

Schimmel

Tukaram

Das Rechte – ach, ich Armer weiß es nicht,
Da du verhüllst, o Höchster, dein Gesicht.
Ich ruf und ruf an deiner hohen Pforte –
Das Haus ist leer, und niemand hört die Worte.
Doch kommt ein Gast, an deinem Tor zu fragen,
Wirst du ihm freundlich holde Worte sagen.
Solch Huld und Güte steht, o Herr, dir gut –
Doch tragen wir nicht aller Leiden Glut?

Halt mich von Stolz zurück, von Eitelkeiten,
Verderb ich doch, weich ich von deiner Seiten!
Die Welt verführt – wie schwer ists, sie zu fliehen –;
Du mögest, Himmelsherr, zu dir mich ziehen!
Denn seh ich einmal nur dein Angesicht,
Der Welt Verlockung wird sogleich zunicht!

Wie die Braut blickt hin zu der Mutter Haus
Und fortzieht mit schleppendem Fuß,
So blickt mein Herz nach dir und ersehnt
Nur deinen Anblick und Gruß.
Wie ein Kindchen verzweifelt weint,
Ist seine Mutter nicht hier –
Wie einem Fisch, der dem Wasser fern –
So geht, sagt Tuka, es mir!

Tulsidas

Schau auf mich, Herr, hinab, denn nichts vermag ich selber!
Wohin kann ich denn gehn? Wem meine Sorgen sagen?
Wie oft dir abgewandt, griff ich nach Erdendingen!
Dein Weg erquickt mein Herz. Tulsi ist ganz der deine.
Als ich zur Welt gewandt, fehlt' mir des Glaubens Auge,
Um deinen Ort zu sehn, du, der du alles schaust!
Ein Opfer bin ich nur, vor deinen Fuß geworfen –
Wie kann das Spiegelbild den, der sich spiegelt, bitten?
Schau auf dich selbst und denk an deine Macht und Gnade;
Dann blick auf mich; befiehl mir, der dein Sklav ist.
Des Herren Name ist die sichre Zuflucht nur:
Wer immer ihn ergreift, der wird gerettet sein.
Wend nicht, Erbarmens Quell, dein Antlitz ab von mir!
Erbarmender, tu ihm, wie es dir gut erscheine!

Schimmel

Der Himmel donnert, regenwolkenschwer;
Mein Herz ist trüb, da mir mein Lieb geraubt.
In dunklen Wolken flackert rasch der Blitz –
So launisch wie der Bösen kurze Liebe.
Die Nebel regnen, sich zur Erde beugend,
Wie weise Männer in der Last der Weisheit.
Die Berge sind dem Prall der Regentropfen
Stets ausgesetzt – und bleiben unbewegt:
So rührt den Weisen nicht das Wort der Toren.
Geschwollen eilt jetzt jedes flache Bächlein:
Ein eitler Fant, der protzt mit wenig Geld.
Das klare Wasser ward zu Schlamm auf Erden:
So hüllt die Erdenlust die Seele ein.
Ein Rinnsal hier, ein Tropfen dort füllt Teiche,
Der Tugend gleich in eines Guten Herz,
Und Ströme rauschen in das Meer, zu ruhen,
So wie das Herz im Gottesglauben ruht.

Schimmel

Amanat

Ich sterbe an der Trennung Schmerz,
Und du hast nicht nach mir gefragt,
Die Sehnsucht bricht dies kranke Herz,
Und du hast nicht nach mir gefragt!

Vom Frührot, bis die Sonne sinkt;
Und wieder, bis der Morgen tagt,
Hab ich dein Bild vor Augen nur –
Und du hast nicht nach mir gefragt!

Mein Auge haftet an der Tür,
Bis ich, vor Ungeduld verzagt,
Die Stirne an die Wände schlug,
Und du hast nicht nach mir gefragt.

Ich habe durch die ganze Stadt
Nach dir gesucht, nach dir gefragt.
Doch in Basar und Gassen hat
Mir keiner, wo du weilst, gesagt.

Und auf dem Sklavenmarkte bot
Um dich mein treues Herz ich feil,
Hätt gern wie Joseph dich gekauft,
Doch du hast nicht nach mir gefragt!

Hieltst du dich nicht so ganz mir fern,
Ich hätte ja noch nicht geklagt,
Hättst du mich hundertmal verschmäht
Und einmal nur nach mir gefragt!

Rosen

Bankimtschand Tschattopadhyaya

Hymne

Ich grüße die Mutter,
  Die wasserdurchfunkelte,
Reich mit köstlichen Früchten begabte
Und von Malayawinden gelabte,
  Lieblich vom Grase umdunkelte.

Dich, deren Nächte im Mondenschein glänzen,
Dich, die der Bäume Blätter bekränzen,
Dich, deren Sprache so süß erklingt,
Lächelnde, die uns den Segen bringt,
Freundlich erhörende,
Wünsche gewährende,
  Mutter, ich grüße dich!

Du bist das Wissen, das Recht und die Pflicht,
Du bist das Herz und der Kern und das Licht,
Du bist der Atem, der Körper belebt,
Du bist die Kraft, die die Arme hebt,
Von dir wird der Glaube im Herzen getragen,
Dein Bild soll von Tempel zu Tempel ragen.
Die dunkle, die ragende,
Lächelnde, tragende,
Alles erhaltende,
  Mutter, die waltende! *v. Glasenapp*

Rabindranath Tagore

Pause

Erlaube mir, nur eine kurze Zeit
Ganz dir mich zuzuwenden:
Das Werk, der schwebenden Stunde geweiht,
Ich will es später vollenden.

Bin ich ferne von deinem Angesicht,
Dann find ich nicht Ruhe noch Rast,
Mein Werk, es sichtet das Ufer nicht
Im Meere der Mühe und Last.

Sein Summen und Seufzen trägt heute zu mir
Der Sommer zum Fenster herein;
Die Bienen murmeln ihr Minnebrevier
Im Tempel, dem blühenden Hain.

Oh, jetzt ist es Zeit, sich der Muße zu weihn:
Ich schmiege mich ganz dir zu
Und singe dir dar mein Leben und Sein
In der schweigenden, schwelgenden Ruh. *Weller*

Warten

Wenn du nicht sprichst, will ich mit deinem
Schweigen
Das Herz mir füllen, harren deiner Huld,
So warten, wie die Nacht im Sternenreigen
Vigilie hält in Demut und Geduld.

Denn einmal wird des Morgens Blüte sprießen,
Das Dunkel schwinden; deiner Stimme Schall
Wird mächtig brechen durch das Weltenall
Und sanft in goldnen Strömen niederfließen.

Dann wird dein Wort aus meinen Vogelnestern
Sich schwingen als ein festlicher Gesang,
In meines Parkes blühenden Orchestern
Wird brausen deiner Melodien Klang. *Weller*

Er ist es

Er ist es, er, der Innerste,
Der mein ureignes Wesen führt
Und es erweckt, indem er mich
Verborgen und geheim berührt.

Er ists, der seinen Zauberbann
Auf diese offnen Augen legt
Und dann in göttlich hoher Lust
Zum Wechselspiel die Saiten regt.

Denn seine Wunderleier ist,
Das in mir pocht, das kleine Herz,

Dort spielt er seine Melodien
Von Lust und Glück und Leid und Schmerz.

Ob Tage kommen, Zeiten gehen,
Er ist es, der mein Herz bewegt,
In manchem Namen, manchem Kleide,
In mancher Freude, manchem Leide,
Und mich in die Verzückung trägt.

Weller

Hoher Gruß

Ich weiß, Geliebter meines Herzens du,
Nur deine Liebe ist in dieser Ruh:
Das goldne Licht, das auf den Blättern flirrt,
Die trägen Wolken, die im Blauen schweben,
Der Lufthauch, der da leis vorüberirrt,
Um sanfte Kühlung meiner Stirn zu geben.

In meine Augen quoll das Morgenlicht:
Die Botschaft, die mein Herz empfing von dir!
Du beugst herab zu mir dein Angesicht,
Dein Auge senkt sich tief ins Auge mir:
Mein Herz hat deinen hohen Gruß gespürt
Und deine Füße demutvoll berührt.

Weller

Geheimes Wachsen

An manchem Tag ohne Tätigkeit
Grämt ich mich über verlorene Zeit.
Sie war nicht verloren: o Herr, in dir
Ruht jede Sekunde des Lebens hier.

Tief in dem Herzen der Dinge verborgen,
Liebst du, für Werden und Wachsen zu sorgen:
Der Same wird Sproß, die Knospe zur Blüte,
Die reifende Blume zur fruchtenden Güte.

Müde schlief ich auf müßigem Bette
Im Wahn, daß die Arbeit ein Ende hätte.
Am Morgen, da wachte ich auf und fand,
Daß mein Garten voll Blumenwundern stand.

Weller

Wanderer!

Wanderer, wohin geht dein Weg?
  „Baden geh ich im Meer beim Morgenrot,
  Entlang den baumbesäumten Weg."
Wanderer, wo ist das Meer?
  „Wo der Lauf des Flusses endet,
  Dämmerung sich in Morgen wendet,
  Wo der Tag ins Dunkel rollt."
Wanderer, ziehen viele mit dir?
  „Weiß nicht, wie ich sie zählen sollt.
  Sie wandern alle Nächte,
  Mit Lampen in der Hand,
  Sie singen alle Tage
  Auf den Wassern und über Land."

Zimmer

Ferner Osten

CHINA

Aus dem Schu-djing (Schu-king)

Der Musikmeister Kue und die Macht der Musik

Kue sprach:
Ich schlage den Klingstein leicht und stark.
Ich rühre die Harfe und Zither zart
Zum Gesang.
Da kommen die Väter und Ahnen herbei,
Sie sitzen als Gäste beim Königsmahl,
Und die Fürsten voll höfischer Tugend all.
Vor dem Saal im Hof die Flöte ertönt,
Mit der Trommel zusammen im Takt.
Sie fallen ein, sie hören auf,
Wenn die Klapper, die Rassel schnarrt.
Pansflöten und Glocken mit ihrem Schall,
Sie wechseln mit dem Gesang.
Da drängen sich Vögel und Tiere herbei,
Und zum Klang der heiligen Musik
Schwebt feierlich das Phönixpaar umher.

Wilhelm

Yü der Große und sein Königtum

In Frieden liegen die neun Lande.
Die vier Gestade sind bewohnt.
In neun Gebirge hieb ich Pfade.
Neun Strömen bahnte ich das Bett
Und dämmte die neun Moorgelände:
Die vier Meere wurden eins.

Das Land hat der sechs Güter Fülle.
Der Boden ist gerecht verteilt.
Ich ordnete gestrenge Steuer,
Nach dreierlei Ertrag gestuft:
So trägt das Reich der Mitte seinen Zins.

Ich teile Länder aus und Namen.
Ich geh dem Volk voran, auf Heil bedacht.
Und also weicht es nicht von meinen Tritten.

Gundert

Des Königs Tai-kang jüngster Bruder beklagt die Schande seines Hauses

Wehe, wohin werd ich gehen?
Traurig denke ich daran.
Alle sind uns gram geworden.
Wem vertraue ich mich an?

O der Trübsal, die das Herz mir zuschnürt!
Trage hoch die Stirn und leide innen Scham.
Sind verscherzt die heilen Kräfte,
Holt sie wieder keiner Reue Gram.

Gundert

Lied der Alten beim Schlagholzspiel

Die Sonne geht auf,
  da arbeiten wir.
Die Sonne sinkt,
  da rasten wir.
Wir graben Brunnen
  und trinken dann.
Wir pflügen Felder
  und essen dann.
Des Kaisers Macht,
  was geht sie uns an?

Olbricht

Aus dem Schi-djing (Schi-King)

Zur Vermählung des Königs Wën

Ein Entenpaar ruft Wechsellaut,
Auf Stromes Insel hats gebaut.
Still, sittsam ist die reine Maid,
Des hohen Fürsten würdge Braut.

Seerosen schwimmen mannigfalt,
Und links und rechts durchfährt man sie.
Still, züchtig ist die reine Maid;
Wach und im Schlaf begehrt er sie.
Und fand er nicht, die sein Begehr,
Wach und im Schlaf gedacht er der,
Ach wie so sehr, ach wie so sehr!
Und wälzt' und wand sich hin und her.

Seerosen schwimmen mannigfalt,
Und links und rechts wir langen sie.
Still, sittsam ist die reine Maid,
Und Laut und Harf empfangen sie.
Seerosen schwimmen mannigfalt,
Und links und rechts wir pflücken sie.
Still, sittsam ist die reine Maid,
Und Glock und Pauk entzücken sie.

v. Strauß

Wie die Fürstin das Frühopfer des Fürsten sorgsam vorbereitet und ihm würdiglich beiwohnt

Wermut abzupflücken geht sie
An die Inseln, an die Weiher;
Gehet um ihn zu verwenden
Bei des Fürsten Opferfeier.

Wermut abzupflücken geht sie
An den Bächen in dem Tale;
Gehet um ihn zu verwenden
In des Fürsten Ahnensaale.

Hebt ihr Haupt im Schmuckgefunkel
Bei dem Fürsten früh im Dunkel,
Senkts im Schmuckgefunkel nieder,
Und gelassen geht sie wieder.

v. Strauß

Liebevolles Andenken des Volks an einen guten Fürsten

Den schattenreichen Sorbenbaum, –
Nicht hauet ihn, nicht ihn zerkeilt!
Schau's Vater hat an ihm geweilt.

Den schattenreichen Sorbenbaum, –
Nicht hauet ihn, kein Leid ihm tut!
Schau's Vater hat an ihm geruht.

Den schattenreichen Sorbenbaum, –
Nicht hauet ihn, beugt keinen Ast!
Schau's Vater war bei ihm zu Rast. *v. Strauß*

Zufriedenheit dienender Palastfrauen

Verbleichen dort die kleinen Sterne,
Sind drei, sind fünf noch östlich wach,
Gehn eifrig wir schon nachts hinein,
Bei Dämmrung in des Herrn Gemach.
Das Los der Pflicht ist mannigfach.

Verbleichen dort die kleinen Sterne,
Orions, der Plejaden Licht,
Gehn eifrig wir schon nachts hinein,
Und Deck und Pfühl wird hergericht.
Verschieden ist das Los der Pflicht. *v. Strauß*

Die Krieger beim Feldzug gegen die Hsiän-yün

Pflückt Farrenkeim! pflückt Farrenkeim!
Die Gabelfarne sind im Sprossen.
O ging es heim! o ging es heim!
Doch wohl ein Jahr ist dann verflossen.
Uns blieb nicht Haus, nicht Hausgenossen,
Dieweil die Hsiän-yün sich ergossen.
Und Ruh und Rast sind ausgeschlossen,
Dieweil die Hsiän-yün sich ergossen.

Pflückt Farrenkeim! pflückt Farrenkeim!
Nun sind die Gabelfarne zart.
O ging es heim! o ging es heim!
Den Herzen bringt nur Leid die Fahrt.
Leidvolle Herzen brennen hier,
Bald hungern wir, bald dürsten wir,
Und eh nicht unsre Grenzdienst' enden,
Ist nicht um Nachricht heimzusenden.

Pflückt Farrenkeim! pflückt Farrenkeim!
Nun sind die Gabelfarne hart.
O ging es heim! o ging es heim!
Der zehnte Jahrsmond steht in Wart.
Doch Königsdienst will keine Trägen;
Wir dürfen nicht der Ruhe pflegen.
Die Herzen sind voll Leid und Schmerz:
Denn weiter gehts, nicht heimatwärts.

Was aber prangt so herrlich da?
Waldkirschen, welche Blüte tragen?
Was fähret auf der Straße da?
Das ist des Heeresfürsten Wagen!
Sein Kriegeswagen ist bespannt,
Vor dem vier Hengste stolz sich wiegen.
Wer wagt zu rasten und zu ruhn?
Ein Monat läßt uns dreimal siegen!

Vier Hengste sind davorgespannt,
Vier Hengste, kühn und kampferhitzt,
Auf die der Heeresfürst sich stützt,
Die der gemeine Mann beschützt, –
Vier Hengste, Flügeln gleichgebracht, –
Fischköcher, elfne Bogenpracht, –
Wie hielten wir nicht täglich Wacht?
Gar heftig drängt der Hsiän-yün Macht.

Vordem, da wir hinausmarschiert,
Da neigten sich die schwanken Weiden;
Nun, wenn wir wieder heimwärts ziehn,

Wird Schneefall stöbern auf den Heiden.
Der Marsch ist weit und nicht zu neiden,
Nicht Durst, nicht Hunger sind zu meiden;
Uns wird die Qual das Herz zerschneiden,
Und keiner weiß von unsern Leiden.

v. Strauß

Lied der Gäste beim reichlichen Mahle

Fische gehn in Reusen ein,
Salm und Schlei.
Unser hoher Herr hat Wein,
Gut und überlei.

Fische gehn in Reusen ein,
Barsch und Butt.
Unser hoher Herr hat Wein,
Überlei und gut.

Fische gehn in Reusen ein,
Karpf und Brasse.
Unser hoher Herr hat Wein,
Guten und in Masse.

Wie die Dinge reichlich sind,
Wie sie unvergleichlich sind!

Wie die Ding erquicklich sind,
Zu einander schicklich sind!

Wie die Ding in Masse sind,
Und der Zeit zu passe sind!

v. Strauß

Das Wunderschloß des Königs Wën

Begonnen ward das Wunderschloß,
Begonnen und geplant,
Das Volk macht eifrig sich daran,
Im Nu es fertig stand.
Der König sprach: „Laßt euch hübsch Zeit!"
Dem Vater stand sein Volk bereit.

Der König steht im Wunderpark,
Dort ruht manch schmuckes Reh,
So zahme Rehe, schön und glatt,
Und weißer Vögel Schnee.
Der König steht am Wundersee,
Die Fische wimmeln in die Höh.

Am bunt bemalten Glockenspiel
Die Glocken hängen schon.
Und Glock und Trommeln klingen all
Beim Inselpavillon.
Dumpf dröhnt die große Pauke dazu.
Die Spielleute gönnen sich keine Ruh.

Wilhelm

Das Opferlied des jungen Königs

Ehrt ihn, ehrt ihn,
Den offenbaren Gott!
Sein Will ist schwer!
Sagt nicht: er ist so hoch und fern.
Er steigt empor und schwebt herab
Und täglich schaut er unser Tun.

Ich bin noch jung,
Ein unerfahrner Tor.
Doch Tag für Tag
Streb ich empor nach weisheitsvollem Licht.
Helft tragen mit die Last!
Zeigt mir des Lebens Offenbarung! *Wilhelm*

Dank für reiche Ernte

Reich ist das Jahr an vieler Hirse, vielem Reis,
So daß wir in den hohen Speichern
Zehn, hundert, tausend Tausend schauen.
Nun laßt uns Wein und Süßwein brauen,
Zu opfern Ahnherrn und Ahnfrauen
Mit all den Bräuchen, drauf wir trauen.
Des Segens viel ward unsern Auen. *v. Strauß*

Der Landbau

Mit blanken Pflugscharn, schneidig wackern,
Beginnt das Werk auf Mittagsackern.

All ihr Getreide sä'n sie drein,
Und jedes Korn schließt Leben ein.

Dann kommen zu euch andre mehr
Mit Kobern und mit Körben her,
Die sind von Hirsespeisen schwer.

Und die im leichten Bambushut,
Die schärften ihre Karste gut,
Zu reuten Lolch und Nesselbrut.

Vermodern Lolch und Nesseln dann,
So wächst die Hirse reich heran.

Wie rauscht der Schnitter Schneiden drauf,
Wie legen sie es dicht zuhauf!
Es ragt empor wie eine Mauer,
Und wie ein Kamm steht Schauf an Schauf,
Und alle Häuser tun sich auf.
Gefüllt sind alle Häuser nun,
Und Weib und Kinder dürfen ruhn.

Nun schlachten wir den gelben Stier,
Der sein gekrümmtes Horn gewann,
Um gleicherweis zu tun fortan,
Wies auch die Alten fortgetan. *v. Strauß*

Der Hahn hat gekräht

„Schon hat der Hahn gekräht.
Der Morgen in Fülle steht."

„Das war noch nicht des Hahnes Krähn:
Die Fliegen sind es mit ihrem Getön!"

„Schon ist's im Osten licht.
Mit Glanz der Tag anbricht."

„Das kann im Osten der Tag nicht sein:
Der Mond kam auf mit hellem Schein!"

„Die Mücken summen durch den Raum.
Süß ist an deiner Seite der Traum."

„Rasch auf, mußt heim nun gehn!
Sonst werden die Menschen uns beide schmähn."

Debon

Lied beim festlichen Begehen des Beschlusses der Jahresarbeiten

Die Heimchen zirpen durch das Haus,
Nun ist des Jahres letzte Zeit,
Und wären wir nicht heut vergnügt,
Uns ließen Tag und Mond beiseit.
Doch sei die Lust nicht Saus und Braus;
Zuerst bedenkt, wobei ihr seid.
Der Lust zuliebe schweift nicht aus;
Ein wackrer Mann hält Sittigkeit.

Die Heimchen zirpen durch das Haus,
Nun ist des Jahres letzte Schicht,
Und wären wir nicht heut vergnügt,
Uns blieben Tag und Monde nicht.
Doch sei die Lust nicht Saus und Braus;
Zuerst bedenkt, was noch in Sicht.
Der Lust zuliebe schweift nicht aus;
Ein wackrer Mann hält auf die Pflicht.

Die Heimchen zirpen durch das Haus,
Ein jeder Arbeitskarren ruht;
Und wären wir nicht heut vergnügt,
Wär Tag und Mond verlornes Gut.
Doch sei die Lust nicht Saus und Braus;
Zuerst bedenkt, was wehe tut.
Der Lust zuliebe schweift nicht aus;
Ein wackrer Mann hält sich in Hut.

v. Strauß

Große königliche Jagd zu Ehren der Lehnsfürsten

Mit unsern Wagen, wohlverwahrt,
Mit unsern Rossen, gleich gepaart,
Mit je vier Hengsten edler Art
Hinaus gen Osten ging die Fahrt.

Jagdwagen warens, trefflich schier,
Und groß die Hengste je zu vier;
Im Osten ist weit Grasrevier,
Dorthin zum Jagen fuhren wir.

Die edlen Jägermeister drauf,
Laut zählten sie der Männer Hauf,
Und steckten Fahn und Jakschweif auf;
Dann gings gen Ngao nach Wild im Lauf.

Die Hengstgespanne trafen ein,
Und Hengstgespann in langen Reihn,
Und Scharlachschürz und Goldschuh fein,
Als sollte Hofversammlung sein.

Armschien und Schießring stimmten schön,
Und Pfeil und Bogen paßten fein;
Und alle Schützen halfen ein,
Den Jagdertrag uns zu erhöhn.

Manch Falbenspann der Zügel trieb,
Kein Seitenroß zurückeblieb,
Und keins den falschen Lauf beschrieb.
Geschossner Pfeil war wie ein Hieb.

Und fröhlich wieherten die Ross,
Als Fahn und Fähnlein niederfloß.
Still wurde Fuß- und Pferdetroß,
Und voll nicht bloß die Küch im Schloß.

Des Zuges Führer bei der Schar
Vernahm man, doch kein Lärmen war. –
O wahrlich ja, das ist ein Fürst!
Der führet Großes aus, fürwahr! *v. Strauß*

Abschied aus fremdem Lande

Gelbe Vögel, gelbe Vögel,
Sitzt nicht auf Papierbaums Rand,
Pickt nicht meinen Reisbestand!
Dieses Landes Leute haben
Nie sich hold mir zugewandt;
Darum scheid ich, darum kehr ich
Heim zu meinem Stamm und Land.

Gelbe Vögel, gelbe Vögel,
Sitzt nicht auf dem Maulbeerreis,
Picket nicht von meinem Mais!
Dieses Landes Leute taugen
Zum Verständnis keinerweis;
Darum scheid ich, darum kehr ich
Heim in meiner Brüder Kreis.

Gelbe Vögel, gelbe Vögel,
Sitzt nicht auf dem Eichenhain,
Picket nicht die Hirse mein!
Dieses Landes Leute taugen
Nicht, ihr Wohngenoß zu sein.
Darum scheid ich, darum kehr ich
Heim zu meinem Fleisch und Bein. *v. Strauß*

Klage der Garden über ihre ungehörige Verwendung

Reichsfeldmarschall!
Wir sind des Königs Gebiß und Krallen.
Was hast du in das Elend uns gestürzt,
Wo kein Verweilen bleibt uns allen?

Reichsfeldmarschall!
Wir sind des Königs Krallen und Soldaten.
Was hast du in das Elend uns gestürzt,
Wo wir ans Ende nie geraten?

Reichsfeldmarschall!
Fürwahr du tatst nicht weise.
Was hast du in das Elend uns gestürzt,
Daß Mütter mühn sich müssen um die Speise?

v. Strauß

Getäuschte Erwartung

Am östlichen Tor bei den Weiden,
Deren Blätter so dicht,
Wolltest du sein, wenn der Tag am Verscheiden.
Und jetzt ist der Morgenstern licht.

Am östlichen Tor bei den Weiden,
Deren Blätter so reich,
Wolltest du sein, wenn der Tag am Verscheiden.
Und jetzt ist der Morgenstern bleich.

Waley-Meister

Wandlung der Freundschaft

Lieblich kam der Wind von Osten; –
Regen ließ er hinter sich,
Einst bei Sorgen, einst bei Ängsten,
War ich ganz allein für dich!
Nun in Ruhe, nun im Glücke
Kehrst du um, verlässest mich.

Lieblich kam der Wind von Osten; –
Stürme folgten ihm sogleich.
Einst bei Sorgen, einst bei Ängsten,
War dein Busen mein Bereich;
Nun in Ruhe, nun im Glücke,
Läßt du mich, Vergessnem gleich.

Lieblich kam der Wind von Osten; –
Nun auf stein'gem Bergeshaupt
Ist kein Halm, der nicht erstorben,
Ist kein Baum, der nicht entlaubt.
All mein Gutes ist vergessen,
Jeder Fehl hervorgeklaubt.

v. Strauß

Die gute Hausfrau

Die Frau die sagt: „Da kräht der Hahn!"
Der Mann der sagt: „Kaum Dämmrung wacht!" –
„Steh auf, mein Herr, beschau die Nacht!
Der Morgenstern erglänzt in Pracht.
Drum rege dich, drum rühre dich,
Und geh zur Gäns- und Entenjagd.

„Und schossest du und trafest du,
So richt ich dirs geziemend zu,
Geziemend trinken wir den Wein,
Ich geh mit dir ins Alter ein,
Es klingen Laut und Harfe drein,
Und nicht fehlt Eintracht und Gedeihn.

„Und weiß ich, wen du möchtest bei dir haben,
Mit Gurtgehängen will ich sie begaben;
Und weiß ich, daß sie williglich erschienen,
Von meinen Gurtgehängen schenk ich ihnen;
Und weiß ich, daß sie sich dir lieb gesellten,
Mit Gurtgehängen will ich es vergelten."

v. Strauß

Überdruß am Staatsdienste

Schiebe nicht den großen Wagen;
Wirst dir selbst nur Staub erregen.
Denke nicht der hundert Plagen;
Wirst dir selbst nur Leid auflegen.

Schiebe nicht den großen Wagen;
Wirst vom Staub nur übernommen.
Denke nicht der hundert Plagen;
Wirst dem Trübsinn nicht entkommen.

Schiebe nicht den großen Wagen;
Wirst vom Staub verhüllt nur werden.
Denke nicht der hundert Plagen;
Machst dir selber nur Beschwerden. *v. Strauß*

Hochzeitslied

Mein Gebieter glüht vor Freude;
In der linken Hand hält er die Weidenflöte,
Mit der rechten lädt er zum Spiele mich ein.
Oh, welches Glück!

Mein Gebieter ist frei von Sorgen;
In der linken Hand hält er den Federfächer,
Mit der rechten lädt er zum Tanze mich ein.
Oh, welches Glück! *Waley-Meister*

Bitte

Bitte, Dschung-dsï, steig mir nicht
In unser Dorfgeheg herüber!
Brich nicht unsre Weiden ab!
Meinst du, es wäre um die mir schade?
Aber ich fürchte Vater und Mutter. –
Siehst du, Dschung, dich muß ich lieben,
Und was Vater und Mutter sagen,
Davor muß ich mich fürchten.

Bitte, Dschung-dsï, steig mir nicht
Über die Hecke unseres Hofwalls!
Brich die Maulbeerbäumchen nicht ab!
Meinst du, es wäre um die mir schade?
Aber ich fürchte die älteren Brüder. –
Siehst du, Dschung, dich muß ich lieben,
Und was die älteren Brüder sagen,
Davor muß ich mich fürchten.

Bitte, Dschung-dsï, steig mir nicht
Über die Mauer unseres Gartens!
Brich die Spindelbuschzweige nicht ab!
Meinst du, es wäre um die mir schade?
Aber ich fürchte das viele Gerede. –
Siehst du, Dschung, dich muß ich lieben,
Und was alles die Leute sagen,
Davor muß ich mich fürchten.

Gundert

Aufforderung zu heiterem Genuß der Lebensgüter

Dornrüstern auf Bergen ragen
Und Ulmen auf niedrigen Lagen.
Du hast Gewand und Kleider genug,
Und magst sie nicht anziehn, magst sie nicht tragen.
Du hast auch Wagen und Rosse dazu,
Und magst nicht fahren, mit ihnen nicht jagen.
Und sitzest du so, bis der Tod dich entrafft,
So läßt sie ein Andrer sich trefflich behagen.

Dornrüstern auf Bergen sich pflegen,
Und Eschen auf niederen Schlägen.
Du hast Palast und Gemächer darin,
Und magst sie nicht scheuern, magst sie nicht fegen.
Du hast auch Pauken und Glockenspiel,
Und magst sie nicht schlagen, magst sie nicht regen.
Und sitzest du so, bis der Tod dich entrafft,
So wird sie ein Anderer haben und hegen.

Lackbäume auf Bergen sich breiten,
Kastanien auf niederen Weiten.
Du hast des Weins und der Speisen genug;
Was schlägst du nicht täglich der Laute Saiten,
Um dabei heiter und fröhlich zu sein
Und längere Tage dir zu bereiten?
Und sitzest du so, bis der Tod dich entrafft,
So wird in dein Haus ein Anderer schreiten.

v. Strauß

Abschiedslied der Auswanderer an ihren Oberbeamten

Große Maus! große Maus!
Unsre Hirse nicht verschmaus!
Drei Jahr hielten wir dich aus,
Kümmerten dich keinen Daus;
Wandern nun von dir hinaus,
Freun uns jenes schönen Gaus,
Schönen Gaus, schönen Gaus,
Wo wir finden Hof und Haus.

Große Maus! große Maus!
Friß nicht unsern Weizenstand!
Drei Jahr hielten wir dich aus,
Nie hast Guts uns zugewandt;
Wandern nun von dir hinaus,
Ziehn in jenes schöne Land,
Schöne Land, schöne Land,
Wo uns Recht wird zuerkannt.

Große Maus! große Maus!
Friß nicht unsern jungen Reis!
Drei Jahr hielten wir dich aus,
Fragtest nichts nach unserm Schweiß;
Wandern nun von dir hinaus,
Ziehn in jenen schönen Kreis,
Schönen Kreis, schönen Kreis.

v. Strauß

Dienstpflicht und Kindespflicht

Wildgänse laut die Flügel regen
Und setzen sich in Eichgehegen.
Im Königsdienste gilts, sich regen.
Nicht anbaun konnten wir den Hirsensegen;
Wer wird denn unsrer Eltern pflegen?
Endloser blauer Himmel du!
Wann sind wir wieder dort zugegen?

Der wilden Gänse Flügel schallt,
Sie setzen sich im Dornenwald.
Im Königsdienste gilts, sich regen.
Fern sind wir, da es Hirse säen galt;
Wie wird den Eltern Unterhalt?
Endloser blauer Himmel du!
Kommt denn noch nicht das Ende bald?

Der wilden Gänse lärmgen Heeren
Muß Rast der Maulbeerhain gewähren.
Im Königsdienste gilts, sich regen.
Der Bau von Reis und Mais mußt uns entbehren,
Wie werden sich die Eltern nähren?
Endloser blauer Himmel du!
Wann wird die Ordnung wiederkehren? *v. Strauß*

Vielerlei Liebschaften

Wenn ich geh und pflücke Tang
An der Flur von Me entlang,
Wen ich da im Sinne habe?
Ei, die schöne größte Djiang,
Welche meiner harrt in Sang-dschung,
Mir entgegenkommt bis nach Schang-gung,
Mich begleitet bis nach Tji-dschï-schang.

Wenn ich Weizen pflücke hie,
Wo ich Me gen Nord umzieh,
Wen ich da im Sinne habe?

Ei, die schöne größte I,
Welche meiner harrt in Sang-dschung,
Mir entgegenkommt bis nach Schang-gung,
Mich begleitet bis nach Tji-dschï-schang.

Wenn ich geh und pflücke Fung,
Das im Ort von Me entsprung,
Wen ich dann im Sinne habe?
Ei, die schöne größte Yung,
Welche meiner harrt in Sang-dschung,
Mir entgegenkommt bis nach Schang-gung,
Mich begleitet bis nach Tji-dschï-schang. *v. Strauß*

Witwentrauer und Witwentreue

Gerank wächst übern Strauch herein,
Die Winde schlingt sich fort im Frei'n.
Der mir der Liebste war, ist weg;
Wer ist noch mein? Ich bin allein.

Gerank am Dorn wächst kräftiglich,
Die Winde schlingt um Gräber sich.
Der mir der Liebste war, ist weg;
Wer ist noch mein? Allein steh ich.

Der Pfühl fürs Haupt, so schön und fein!
So reich der Decke Stickerein!
Der mir der Liebste war, ist weg;
Wer ist noch mein? Mir tagts allein.

Nach manchem Sommertag,
Nach mancher Winternacht,
Wohl hundert Jahre hinterdrein,
Geh ich, wo er nun Wohnung macht.

Nach mancher Winternacht,
Nach manchem Sommertag,
Wohl hundert Jahre hinterdrein,
Geh ich zu ihm in sein Gemach. *v. Strauß*

Der Nordwind

Der Nordwind ist kalt;
Wolken von Schnee verwehn.
Sei gut zu mir, liebe mich,
Faß meine Hand, laß uns gemeinsam gehn.
Ach, diese Scheu, diese Säumigkeit!
Komm, es ist keine Zeit.

Der Nordwind pfeift;
Wirbelnder Schnee fällt zuhauf.
Sei gut zu mir, liebe mich,
Faß meine Hand, nimm bei dir mich auf.
Ach, diese Scheu, diese Säumigkeit!
Komm, es ist keine Zeit.

Nichts ist rot als der Fuchs;
Nichts ist schwarz als die Raben.
Sei gut zu mir, liebe mich,
Faß meine Hand, nimm mich in deinen Wagen.
Ach, diese Scheu, diese Säumigkeit!
Komm, es ist keine Zeit. *Debon*

Kung Fu-dsi (Konfuzius)

Preis geistiger Gemeinschaft

Das Leben führt den ernsten Mann auf bunt verschlungnem Pfade,
Oft wird gehemmt des Laufes Kraft, dann wieder gehts gerade.
Hier mag sich ein beredter Sinn in Worten frei ergießen,
Dort muß des Wissens schwere Last in Schweigen sich erschließen.
Doch wo zwei Menschen einig sind in ihrem innern Herzen,
Da brechen sie die Stärke selbst von Eisen oder Erzen.
Und wo zwei Menschen sich im innern Herzen ganz verstehen,
Sind ihre Worte süß und stark wie Duft von Orchideen.

Wilhelm

Lied des Narren von Tschu

Als Kung Fu-dsï auf seinen Wanderungen von Fürstenhof zu Fürstenhof in das Land Tschu kam, lief ein Narr an seinem Wagen vorbei und verspottete den Weisen ob seines vergeblichen Bemühens, die verderbte Welt zu bessern:

Phönix, Phönix!
Täglich wird es trüber,
Zukunft will nicht kommen.

Altes ist vorüber.
Hat die Welt Sinn,
Der Heilige wirkt.
Fehlt der Welt Sinn,
Der Heilige sich birgt.
Heutigen Tags
Ist alles verwirkt.

Glück ist so federleicht,
Nie wirds gefangen.
Unglück so erdenschwer,
Nie wirds umgangen.

Niemals, niemals
Teile dich mit!
Fährlich, fährlich
Ist jeder Schritt!
Dornen! Dornen!
Hemmt nicht den Lauf!
Irren! Wirren!
Haltet nicht auf!

Wilhelm

Lau-dsi (Lao-tse)

Aus dem Dau-dö-djing (Tao-te-king)

DAU, der WEG

Ein Ding ist, ein Gemenge,
Eh Himmel und Erde ward,
So stille, oh, und nicht zu greifen.

Allein stehts da und ewig ohne Wandel,
Geht um im Kreis und ist von nichts bedroht.
Du magst es nehmen als der Welten Mutter.
Mir ist sein Wesensname nicht bewußt.
Mit Rufnam nenn ichs DAU, den WEG.
Solls doch ein Name sein, er heiße: Groß.

Groß: das heißt Lauf.
Lauf: das heißt Ferne.
Ferne: das heißt Wiederkehr.

Also:
Das DAU ist groß,
Der Himmel groß,
Die Erde groß,
Und auch der König groß.
Im Weltkreis sinds der Großen vier,
Und ihrer einer ist der König.

Des Menschen Richtschnur ist die Erde.
Der Erde Richtschnur ist der Himmel.
Des Himmels Richtschnur ist der WEG.
Des Weges Richtschnur: seine eigne Art. ***Gundert***

Ohne Tun

Wer im Forschen wandelt, nimmt täglich zu.
Wer im SINNE wandelt, nimmt täglich ab.
Es verringert sein Tun und verringert es immer mehr,

Bis er anlangt beim Nicht-Tun.
Beim Nicht-Tun bleibt nichts ungetan.
Das Reich erlangen kann man nur,
Wenn man immer frei bleibt von Geschäftigkeit.
Die Vielbeschäftigten sind nicht geschickt, das
Reich zu erlangen.

Wilhelm

Der Nutzen des Nichts

Dreißig Speichen treffen sich in der Nabe.
Da, wo sie nicht sind, ist der Nutzen der Nabe.

Knete Ton und bilde daraus Gefäße.
Da, wo er nicht ist, liegt der Gefäße Gebrauch.

Brich in die Wände Fenster und Tür dem Hause.
Durch das Nichts darin wird es ein brauchbares Haus.

Also: daß etwas da ist, bedeutet Gewinn.
Aber das Nichts daran macht ihn nutzbar.

Gundert

Beweglichkeit

Höchste Güte ist wie das Wasser.
Des Wassers Güte ist, allen Wesen zu nützen ohne Streit.
Es weilt an Orten, die alle Menschen verachten.
Drum steht es nahe dem SINN.
Beim Wohnen zeigt sich die Güte an dem Platze.
Beim Denken zeigt sich die Güte in der Tiefe.
Beim Schenken zeigt sich die Güte in der Liebe.
Beim Reden zeigt sich die Güte in der Wahrheit.
Beim Walten zeigt sich die Güte in der Ordnung.
Beim Wirken zeigt sich die Güte im Können.
Beim Bewegen zeigt sich die Güte in der rechten Zeit.
Wer sich nicht selbst behauptet,
Bleibt eben dadurch frei von Tadel.

Wilhelm

Bittere Herrlichkeit

Wer auf den Zehen steht,
Steht nicht fest.
Wer mit gespreizten Beinen geht,
Kommt nicht voran.
Wer selber scheinen will,
Wird nicht erleuchtet.
Wer selber etwas sein will,
Wird nicht herrlich.
Wer selber sich rühmt,
Vollbringt nicht Werke.
Wer selber sich hervortut,
Wird nicht erhoben.
Er ist für den SINN wie Küchenabfall und Eiterbeule.
Und auch die Geschöpfe alle hassen ihn.
Darum: wer den SINN hat,
Weilt nicht dabei. *Wilhelm*

Innerlichkeit

Die fünf Farben machen des Menschen Augen blind.
Die fünf Töne machen des Menschen Ohren taub.
Die fünf Würzen machen des Menschen Gaumen schal.
Rennen und Jagd im Feld bringt den Menschen zum Wahnsinn.
Schwer zu erlangendes Gut schadet dem menschlichen Tun.
Darum pflegt der Reine sein Eingeweide, nicht seine Augen,
Bleibt ihnen fern und hält sein Inneres fest. *Gundert*

Die Wissenskrankheit

Wissen, nichts zu wissen, ist das Höchste.
Ohne Wissen wissen, Leiden ists.
Nur wenn du am Leiden leidest,
Wirst du von dem Leiden frei.
Wenn der Reine frei von Leiden,
Ists, weil er am Leiden leidet:
So wird er vom Leiden frei. *Gundert*

Entfaltung des Wesentlichen

Wahre Worte sind nicht schön,
Schöne Worte sind nicht wahr.
Tüchtigkeit überredet nicht,
Überredung ist nicht tüchtig.
Der Weise ist nicht gelehrt,
Der Gelehrte ist nicht weise.
Der Berufene häuft keinen Besitz auf.
Je mehr er für andere tut,
Desto mehr besitzt er.
Je mehr er anderen gibt,
Desto mehr hat er.
Des Himmels SINN ist segnen ohne zu schaden.
Des Berufenen SINN ist wirken ohne zu streiten.

Wilhelm

Leicht und doch unendlich schwer

Meine Worte sind ganz leicht zu verstehen
und ganz leicht auszuführen,
Und doch ist niemand auf Erden imstand,
sie zu verstehen und auszuführen.
Diese Worte haben einen Vater.
Diese Taten haben einen Herrn.
Weil die nicht verstanden werden,
Darum werde ich nicht verstanden.
Daß ich von wenigen nur verstanden werde,
Ist ein Zeichen meines Werts.
Also auch der Berufene:
Er trägt sein Juwel in härenem Gewand.

Wilhelm

Abseits von der Menge

Tut ab das Tugendlernen,
Dann seid ihr sorgenfrei.
Ein frohes und ein laues Ja,
Wie weit sind sie denn auseinander?
Wie weit ist von dem Guten denn
Die Strecke hin zum Schlechten?
Vor dem, wovor der Mensch sich scheut,
Kann er nicht anders als sich scheuen.
O Wüstenweite, drang ich denn noch nicht
In deine letzte Mitte vor?

Die Vielen strahlen vor Behagen,
Als säßen sie beim Opferschmaus,
Stiegen im Frühling auf die Aussichtskanzel.

Ich allein liege vor Anker,
Ohne Zeichen zum Aufbruch,
Dem Kindchen ähnlich, dem sich das Kinn
Noch nicht zum Lächeln verzieht,
Dem Schaukelnden, der keine Bleibe hat.

Die Vielen alle haben die Fülle.
Mir allein ists wie entfallen.
Wehe, ich habe den Sinn eines Toren!
Ach, ich bin durcheinander!

Die gewöhnlichen Leute sind hell, so hell,
Ich allein wie Dämmerung.
Die gewöhnlichen Leute sind klar, so klar.
Ich allein treibe im Trüben.
O stilles Wogen, du gleichst dem Meer.
O Wind der Höhe, wie ohne Zuflucht.

Die Vielen alle gebrauchen Mittel.
Ich bin allein halsstarrig, ein Stock.
Ich allein bin anders als die andern.

Denn mir ist teuer,
Die Speise zu suchen der MUTTER.

Gundert

Altes Lied aus Tschu

Heimliche Liebe

O dieser Abend, welch ein Abend!
Es fließt der Strom so sanft und rein.
O diese Stunden, was für Stunden!
Ich darf mit ihm im selben Boote sein.

Oh, ich verberge mein Erröten,
Nicht soll man schelten mich gemein.
O töricht Herz, warum willst du nicht brechen?
Ich weiß, ich fand den Liebsten mein.

Oh, auf dem Berge stehen Bäume,
Mit vielen Zweigen grün und dicht!
O, wie ich liebe meinen Liebsten!
Und doch, der Liebste weiß es nicht.

Wilhelm

Tjü Yüan und die Tschu-Gesänge

Aus der Elegie „Ins Elend verschlagen"

Der Lenker seufzt, die Rosse sind ermattet,
Sie bleiben müßig stehn, unfähig weitern Laufs.
Da sprach ich: Laß es sein!
Im Reich ist niemand, der mich kennt.
Was soll die alte Heimat mir!
Ich finde keine Hilfe, diese Welt zu bessern.
Des Stromes Wellen winken Ruhe mir . . .

Wilhelm

Das Orakel

Tjü Yüan war in Verbannung seit drei Jahren
Und durfte nicht mehr seinen Herrscher sehn.
Er hatte seine Weisheit, seine Treue angeboten.
Doch der Verleumder hatte ihn besiegt.

Betrübt im Herzen, unruhig im Sinne,
Nicht wußte er, wohin sich wenden noch.
So ging er zu dem großen Zukunftskünder
Und sprach: „Ich bin in Zweifeln
Und bitte Euch, für mich sie zu entscheiden."
Der Magier ordnete die Stäbe
Und nahm hervor des Schildpatts heiliges Gerät
Und sprach: „Sagt an, o Herr, was Euch beschwert!"
Tjü Yüan sprach:
„Soll ich lieber fest entschlossen, wahr und treu sein?
Oder unaufhörlich mich anpassen?
Soll ich lieber mit der Hacke Unkraut jäten?
Oder soll ich mit den Großen selbst berühmt sein?
Soll ich lieber durch die Wahrheit in Gefahr sein?
Oder soll ich Reichen schmeichelnd mich ernähren?
Soll ich lieber hocherhobnen Hauptes für die Wahrheit streiten?
Oder soll ich schwatzend, plappernd, schmeichelnd, lächelnd Weibern dienen?
Soll ich lieber unbestechlich und gerade meine Reinheit wahren?
Oder glatt, geschmeidig, weich und schwächlich Speichel lecken?
Soll ich lieber stolz und mutig wie ein edles Roß mich zeigen?
Oder wie die Ente auf den Wellen schaukelnd mich erhalten?
Soll ich lieber wie ein Rennpferd mutig allen vor mich wagen?
Oder soll ich trägen Karrengäulen folgen?
Soll ich lieber wie der Schwan die Höhe suchen?
Oder soll ich mit dem Hühnervolke mich ums Fressen streiten?
Was ist vom Heil? Was ist vom Unheil?
Was soll ich lassen, was soll ich tun?
Die Welt ist schmutzig und nicht rein.
Ein Mückenflügel wiegt gar schwer
Und tausend Zentner wiegen leicht.
Die große Glocke ist verworfen,
Und tausend Schellen tönen klirrend.
Schmeichler sind gar hoch erhoben.
Tüchtige Männer sind verachtet.
Ach, ich will schweigen!
Wer kennt meine Reinheit!"
Da ließ der Magier seine Stäbe ruhen und verkündete:

„Oft ist ein Fuß zu klein, oft ist ein Zoll zu groß.
Die Dinge haben alle Unvollkommenheiten,
Und jede Weisheit kommt an letzte Schranken.
Das Schicksal selbst hat seine Rätsel,
Und auch ein Gott ist nicht allwissend.
Tut, was Ihr müßt! Folgt Eurem Stern!
Denn kein Orakel kann Euch weisen.“

Wilhelm

Hymne auf die Gefallenen

„Wir halten die flachen Schilde und tragen das lederne Wams.
Knirschend berühren sich Wagenachsen, klingend kreuzen sich kurze Schwerter.
Standarten verdunkeln die Sonne, Feinde wogen wie Wolken.
Dicht fallen Pfeile, die Kämpfenden drängen voran.
Überrannt sind unsere Reihen, überlaufen die Linien,
Das Leitpferd zur Linken ist tot, das zur Rechten verwundet.
Die gefallenen Rosse hemmen die Räder, unser Wagen sitzt fest.
Wir ergreifen die Schlegel aus Jade und schlagen die dröhnenden Trommeln.“

Der Himmel hat ihren Fall verhängt, die erhabenen Mächte sind zornig.
Tot sind alle die Streiter, sie liegen auf offenem Feld.
Sie zogen aus und kehren nicht heim, sie gingen und kommen nicht wieder.
Flach und öde dehnt sich das Tiefland, weit ist der Weg bis nach Haus.
Die langen Schwerter liegen den Toten zur Seite, unter dem Arme die Bogen.
Obwohl man das Haupt ihnen abschlug, blieb doch ihr Geist ungebeugt.
Die so tapfer gefochten, sind auch im Tode noch Krieger.
Standhaft und fest bis zum Ende, erlitten sie keine Entehrung.

Im Kampf erlagen die Leiber, doch die Kraft ihrer Seelen
wirkt fort –
Anführer unter den Geistern, Helden unter den Toten!

Waley-Meister

Kaiser Gau-dsu von Han

nach siegreicher Heimkehr beim Trunk mit seiner
bäuerlichen Verwandtschaft

Ein Sturmwind brach los.
Die Wolken zerstoben.

Ehrfurcht legte sich über das Reich.
Ich kehrte zurück in mein Dorf.

Wo aber find ich die tapferen Krieger,
An den vier Grenzen zu wachen?

Olbricht

Kaiser Wu-di von Han

Auf einer Flußfahrt geschrieben

Herbstwind erhebt sich und die weißen Wolken fliehen.
Verwelkt sind Gras und Baum. Wildgänse südwärts ziehen.
Im edlen Hauch der Orchidee, im Chrysanthemenprangen
Gedenke ich der Liebsten, ach, mit innigem Verlangen.
Wo auf dem Fën-Fluß meine hohen Schiffe gleiten,
Seh ich im Strom den Schaum der Wellen sich verbreiten.
Von Flöt und Trommel tönt das Ruderlied.
Doch mitten in der Lustbarkeit hat Schwermut mich umfangen.
Dem Alter, ach, entrinn ich nicht, die Jugend flieht.

Eich

„Es fallen die Blätter, klagt die Zikade"

Ein Lied auf Li Fu-jën, seine tote Gemahlin,
auf dem Teich seines Schloßparks gesungen

Von seidenen Ärmeln
  nicht ein Laut.
Auf jadene Fliesen
  legte sich Staub.
Leer das Gemach,
  kühl, einsam und still.
Vor verriegelter Tür
  verwehtes Laub.

Ferne, ach, schwebst du,
  Schöne, Geliebte!
Nimmer, ach, spürst du
  mein Herz ohne Ruh!

Olbricht

Die Erscheinung

Als ihm der Magier auf einem Vorhang den Schatten
der geliebten Toten erscheinen ließ:

Ist sie es? ist sie es nicht?
Ich stehe, seh sie von ferne:
Die schwebenden Schritte so schwank!
Ihr Nahn so langsam!

Olbricht

Hsi-djün, Königin der Wu-sun

Klage

Dorthin, wo der Himmel endet,
Haben mich meine Leute geschickt,
Gaben mich in die Fremde, dem König
Der Wu-sun zum Weibe.

Ein Zeltdach ist meine Wohnung,
Aus Filz sind die Wände.
Rohes Fleisch muß ich essen,
Stutenmilch ist mein Getränk.

Nie verläßt mich der Gedanke an die Heimat,
Das Herz blutet mir.
Ein gelber Kranich wünschte ich zu werden
Und nach Hause zu fliegen.

Eich

General Su Wu

An die Gemahlin

Seit wir das Haar uns knoten, sind wir Mann und Frau;
Doch unser Lieben blieb von Zweifeln rein.
So laß uns feiern denn, so lang es geht,
Laß uns noch diesen Abend glücklich sein!

Ach, im geheimen schon zähl ich des Marsches Meilen;
Es treibt mich auf, die Stunde zu erspähn:
Der Morgenstern ist schon am Untergehn.
Der Weg ist weit. Ich darf nicht länger weilen.

Es geht ins Feld hinaus, in Kampf und Krieg.
Ob wir uns wiedersehn, wer kann das wissen?
Ich drücke deine Hand und seufze tief
Und weine, daß wir lebend scheiden müssen.

Du sollst die Liebe ganz den Frühlingsblüten schenken!
Aber vergiß nicht unser altes Glück!
Bleib ich am Leben, kehr ich einst zurück;
Sterb ich, so wollen wir ewig einander denken.

Debon

Ban Djiä-yü

Als sie aus der Gunst des Kaisers Tschëng-di durch die Tänzerin Dschau Fe-yän verdrängt worden war:

Der Fächer im Herbst

Neu und zart aus weißer Seide,
Rein wie Schnee und frisches Eis
Ist des Fächers heitre Scheibe,
Wie des Vollmonds klarer Kreis.
Weilet stets dem Herrn zur Seite,
Kühlen Wind ihm fächelnd zu.
Doch es kommt des Herbstes Kühle,
Sommers Hitze geht zur Ruh —
Und der Fächer entgleitet der Hand,
Treue Liebe ihr Ende fand.

Wilhelm

Ungenannte

Lied der Sargträger

Tau auf der Blüte des Knoblauchs,
 wie leicht schwindet er hin!
Schwindet er auch, der Tau,
 fällt er doch morgen erneut.
Schwindet dahin der Mensch,
 ist es für immer und ohne Zurück.

Olbricht

Soldatenlied

Wir kämpften südlich der Stadt,
Wir fielen nördlich der Wälle.
Wir fielen im Moor, ohne Grab
Und den Krähen zum Fraße.

Saget den Krähen von uns:
„Hier liegen tapfre Vasallen,
Auf dem Schlachtfeld gefallen und ohne ein Grab –
Wie können euch Krähn sie entkommen?“

Die Wasser gurgeln und gurgeln,
Und Dunkel zieht über das Schilf.
Kühn ritten die Reiter – sie kämpften und fielen.
Müde die Rosse nun irren und wiehern.

Ihr, Stützen des Hauses!
Ihr, Pfeiler des Staates!
Wozu im Süden,
Wozu im Norden
Hieß man euch kämpfen,
Ließ man euch fallen?
Wer jetzt soll ernten?
Wer hilft nun dem Kaiser?

Die treu ihm waren,
Sie alle – sie fielen.

Wir denken an euch, Getreue!
Es sei eurer Treue gedacht!

Der Tag brach an, da zogt ihr zum Kampfe,
Der Abend kam und nicht kehrtet ihr heim zur Nacht.

Olbricht

Gräberstätte

Wer haust an der Stätte der Gräber?
Es drängen sich Scharen der Geister.

Die Weisen, die Toren –
Der Fürst der Toten,
Er fordert sie alle!

Auch nicht ein wenig
Ist es den Menschen
Zu zögern gegönnt! *Olbricht*

Heimweh

Wieder richt ich meine Schritte
Durch das Osttor, und mein Auge
Folgt dem Weg nach Süden in die Ferne.
Gestern noch im Schneegestöber
Nahm ich hier von meinem Landsmann Abschied.

In Gedanken folg ich wieder
Über Stromestiefen ohne Brücke,
Wie ein großer gelber Kranich
Durch die Lüfte, schwingenschlagend
Wieder in die alte Heimat!

Olbricht

Die Verlassene

Grün, so grün,
am Flußrand das Gras.
Dicht, so dicht
im Garten die Weiden.
Schlank, so schlank
auf dem Turme die Frau.
Weiß, so weiß
am Gitter des Fensters gelehnt,
Zart, so zart
mit rotem Puder geschminkt,
Schmal, so schmal
hängt sie die blasse Hand.
Vordem sang sie
im Hause der Freuden.
Heute gehört sie
dem Lümmel zur Frau.
Der Lümmel ist weg
und kehrt nicht wieder.
Auf verlassenem Lager
schwer liegt sichs allein.

Olbricht

Im Gram

Ein Menschenleben füllt nicht hundert Jahre,
Doch immer ist es voll von tausend Jahren Sorge.
Der Mittag kurz, und bitter lang die Nächte!

Warum nicht greifst du nach der Lampe, gehst,
Die kurzen Freuden dir zu suchen, wenn nicht heute?
Was willst du warten, Jahr um Jahr?

Ein Narr, der lieber spart als zu verschwenden!
Die nach ihm kommen, werden sein nur lachen.
Nicht jeder steigt wie jener Heilige der Berge
Auf weißem Kranich auf in die Unsterblichkeit!

Olbricht

Trennungschmerz

Im Bache waten, Lotosblüten pflücken,
Auf feuchtem Grunde duftend Orchideen,
Sie pflücken möcht ich — doch für wen?
An den ich denke, der ging weiten Weg.

Er wendet sich und blickt zurück, fern her zur Heimat,
Und geht den langen Weg in ungewisse Weiten.
Vereint die Herzen, und die Orte auseinander,
Werd ich in Gram und Schmerzen altern, enden.

Olbricht

Gräber

Lenke den Wagen zum Oberen Osttor hinaus!
Weithin gleite der Blick am Nordwall über die Gräber!

Die Silberpappeln rauschen – ach, sie rauschen!
Und Kiefern, Zypressen begleiten den breiten Weg.

Darunter liegen seit langen Zeiten die Toten,
Tief dunkel in ihrer ewigen Nacht.

Versunken ruhen sie unter den gelben Quellen,
Jahrtausende lang ohne Erwachen.

Unaufhörlich im Wechsel: Schatten und Licht.
Schicksale von Jahren: flüchtig wie morgens der Tau.

Ein Menschenleben: nicht länger als kurze Rast.
Ein langes Leben: längst nicht so hart wie Stein und Metall.

Hundert Jahrhunderte: einander zu Grabe geleitet.
Heilige, Weise: nicht einem gelang der Sprung aus dem Kreise.

Und wer der Unsterblichen Nahrung zu essen vermeinte,
Ist doch nur der giftigen Droge erlegen.

So laßt uns denn trinken den süßen Wein!
Laßt uns denn kleiden in Seide und Samt! *Olbricht*

Wandern

(Me Schëng zugeschrieben)

Wandern, wandern immerfort,
Abschied fürs Leben nahmst du von mir.
Tausend Meilen bin ich von dir
Durch des Himmels Weite getrennt!
Weg und Steg so steil und lang!
Wiedersehen? Wer weiß, wer weiß!
Doch der Vogel aus fernem Süd
Friert nach Sonne in Schnee und Eis.
Daß wir schieden, der Tag ist fern –
Loser wird täglich Gürtel und Kleid.
Ziehende Wolke die Sonne verhüllt.
Wandrer denkt nicht der Heimkehrzeit.
Sehnsucht nach dir macht müd und alt.
Jahre und Monde fliegen vorbei. –
Laß! Gibs auf! Sprich nicht mehr davon!
Iß und trink und mach dich frei!

Dort droben steht ein hohes Haus,
Das ragt zu den schwebenden Wolken auf.
Die Fenstergitter glänzen bunt,
Drei Marmortreppen führen hinauf.
Oben zur Laute ein Lied ertönt,
Das klingt so traurig und sehnsuchtsschwer.
Das Mädchen singt eine Melodie,
Als gäbe es keine Hoffnung mehr.
Der Wind trägt die reinen Töne fort,
Doch mitten im Lied, da zögert sie jäh
Und rührt die Saiten immer aufs neu
Im überströmenden Herzensweh.
Ach, nicht ihr Leid mir wehe tut,
Mich kümmert, daß niemand sie will verstehn.
Ich wollt, wir wären zwei Vögel
Und flögen hinauf zu den ewigen Höhn.

Wilhelm

Tsau Tsau, der Kaiser Wu-di von We

Feldzug ohne Rückkehr

Wildgänse ziehen über die Grenze nach Norden,
Dorthin wo leer ist von Menschen das Land.
Sie schlagen die Schwingen zehntausend Meilen und mehr,
Und immer geordnet in fliegender Kette.

Zum Winter fraßen im Süden sie Korn,
In des Frühlings Sonne fliegen sie wieder nach Norden.
Mitten im Felde schwanken die Kolben vom Rohr,
Bis vom Winde der Samen stiebt wirbelnd davon.

Getrennt von der heimischen Wurzel für lange –
Für ewige Zeiten davon und nie wieder zusammen.
Weh euch! auf dem Marsche – Soldaten!
Wozu euer Marsch an das Ende der Welt?

Nie wird vom Pferde der Sattel gehoben,
Nie der Panzer gelockert, die Helme gelöst.
Um Schritt und Schritt kommt näher das Alter, –
Wann je zur alten Heimat die Heimkehr?

Feucht sind die Schluchten – der Drachen Versteck;
Steil sind die Höhen – der Bestien Pfad.
Der Fuchs dreht im Sterben den Kopf hin zum Bau,
Die alte Heimat: wer kann sie vergessen? *Olbricht*

Das Lied von der bitteren Kälte

Im Norden erklimm ich das Taihang-Gebirge.
Mühselig! und wie steil, wie steil!
Der Schafdarmbuckel gewunden und krumm,
Und die Wagenräder zersprungen!

In den Bäumen, wie pfeift es und schwirrt?
Der Nordwind stöhnt und ächzt.
Graubären hocken mir im Weg.
Tiger und Leoparden brüllen neben der Straße.

In den Tälern und Schluchten kaum je ein Mensch.
Und der Schnee fällt, Flocke um Flocke.
Ich strecke den Hals und seufze lang.
Immer weiter der Weg, und dichter der Schwarm der Gedanken.

Mein Herz, – wie schwer und ruhelos!
Mein Sehnen – einmal ostwärts heimzukehren!
Das Wasser tief, die Brückenbalken gebrochen:
Auf halbem Wege eil ich hin und her.

Verwirrt und im Zweifel verlier ich den Weg,
Die Nacht fällt herab, und kein Dach um zu ruhn.
Marschieren, marschieren – wer weiß noch, seit wann?
Roß und Reiter hungern zusammen.

Den Sack auf der Schulter geh ich, um Reisig zu holen,
Mit der Axt hau ich Eis, um Essen zu kochen.
Gram im Herzen sing ich das Lied, das alte, vom Ostberg,
Und Jammers Fülle überfällt mich. *Olbricht*

Lied von der Gräberstätte

Östlich vom Passe standen die Streiter fürs Recht,
Mit Waffen zu strafen die Horde der Schufte.
Sie trafen sich alle bei Mëng an der Furt,
Und waren im Herzen bereits in Hsiän-yang.

Das Heer war beisammen, doch ungleich an Stärke,
Zaudernden Trittes und ohne entschlossenen Führer.
Um Vorteil und Vorrecht nur ging es im Streite,
Bis schließlich der eine den andern erschlagen!

Südlich vom Huai nahm sich der Bruder den Titel,
Und das Siegel des Kaisers schnitt man im Norden.
In rostigen Panzern nisten die Läuse:
Dafür sind zehntausend Geschlechter verreckt!

Gerippe gebleicht auf den Fluren,
Auf tausend Meilen kräht nicht ein Hahn.
Von hundert, die lebten, kaum einer verschont:
Nur es zu denken, zerschneidet das Herz! *Olbricht*

Grabgesang für das Haus Han

nach der Melodie „Tau auf der Blüte des Knoblauchs"

Zwanzig Herrscher nun haben vom Hause der Han regiert,
Und niemals noch warn seine Vertrauten so schlecht!
Geleckte Affen in Kappe und Gürtel,
Klein ihr Gehirn, gigantisch ihr Prahlen!

Zauderer sie, ohne Mut zu entscheidender Tat,
Bis wie ein Wild auf der Jagd ward gefangen ihr Kaiser.
Ein weißer Regenbogen hatte die Sonne durchbohrt,
Auch schon vorher empfingen sie warnende Zeichen.

Ein Räuber griff nach den Zügeln des Reiches,
Erschlug seinen Fürsten, zerstörte die Hauptstadt.
Frevelnd stürzt er den Thronsitz des Kaisers,
Und der Tempel der Ahnen ging in Flammen zugrund.

Verbannt und vertrieben, – aus der Hauptstadt nach Westen,
Weinen und Schreie, – so zog die Kolonne dahin.
In Ehrfurcht schau ich die Wälle der toten Stadt,
Aus wehem Herzen erheb ich die Klage! *Olbricht*

Tsau Pi, der Kaiser Wen-di von We

Witwenklage

gedichtet für die Frau seines
verstorbenen Freundes

Rauhreif legt sich
dicht hernieder,
Blätter fallen
kälteschauernd.
Gänse rufen
in den Wolken.
Schwalben kehren
flügelschlagend.

Mein Herze leidet
unendliches Weh.
Strahlende Sonne
plötzlich versunken.
Durchwachte Nächte
in Sehnsucht nach ihm.
Neunmal des Abends
schwindet mein Geist.

Trostlos verharrend
schau ich nach oben.
Der Mond und die Sterne
kreisen am Himmel.
Vergebliche Suche!
leer ist die Kammer.
Oh, Weh über mich,
einsam zu liegen!

Könnt ich doch folgen,
ach, sterben wie er!
Schwermut und Kummer
hätten ein Ende! *Olbricht*

Dso Yän-niän

Kriegsdienst

Hart ist der Dienst an der Grenze!
Dreimal zu Feld in einem einzigen Jahr!

Drei Söhne stehen in Dun-huang,
Zwei Söhne marschieren nach Lung-hsi.

Fünf Söhne sinds, die in der Ferne kämpfen,
Fünf Frauen, die alle schwanger gehen. *Olbricht*

Juan Dji

Lieder von der Sorge im Herzen

1

Ringsum die Nacht, und es kommt mir kein Schlaf.
Setze mich auf, greife die klingenden Saiten.

Seidener Vorhang leuchtet im Monde.
Kühlender Wind umweht mir den Hals.

Einsame Wildgans schreit draußen im Felde.
Flatternder Vogel ruft nördlich im Wald.

Auf treibt mich die Unrast, – doch nichts findet der Blick.
Allein mit der Sorge, – sie zerreißt mir das Herz!

2

Des ersten Herbstes Kühle ist zu spüren,
Und Grillen zirpen schrill an meinem Lager.

Der Dinge Schwermut füllt die Brust mit Trauer,
Und tiefe Trübsal läßt das Herz verzagen.

Wem soll ich nur der Worte Überfülle sagen?
Den Drang der Sorgen soll ich klagen wo?

Ein leichter Wind haucht über meines Ärmels Seide,
Des hellen Mondlichts Schimmer übergießt die Welt.

Der erste Hahnenschrei ertönet hoch vom Baume.
Ich lasse anschirrn, breche auf und wende heimwärts.

3

Einmal nur erglänzt am Tage der Morgen,
Und schon ist die strahlende Sonne im Westen erloschen.

Also eilt sie dahin, kaum faßt sie der Blick:
Was sind da die neunzig Tage des Herbstes?

Des Menschen Leben: wie der Staub und der Tau –
Des Himmels Wege: unendliche Weite!

Als Herzog Ging von Tsi des Berges Gipfel bestieg,
Schossen ihm Tränen in Strömen herab.

Als der Heilige Kung am Ufer des Stromes stand,
Ergriff ihn das Fluten, als schwebe er hin.

Was flüchtet, ich kanns nicht erreichen;
Was da naht, ich kann es nicht halten.

Des mächtigen Hua-schan Gipfel möcht ich ersteigen,
Mit Sung-dsï dort oben zu schweben hoch durch die Lüfte.

Ein Fischer wars, der erkannte das Leiden der Welt,
Und mit der Strömung leicht trieb er im Nachen dahin.

4

Lang ist es her, ich war wohl vier- oder fünfzehn,
Schwärmte noch für das Heilige Buch und die Lieder.

Trug unter grobem Gewand ein Herz aus lauterer Jade,
Yän und Min, das waren die Weisen, die ich verehrte.

Öffne ich heute das Tor und blicke ringsum in die Welt,
Erklimme die Hügel und schaue aus nach jenen Gedanken:

Gräber an Gräber bedecken die Berge, die Höhen,
Zehnmal tausend Geschlechter gingen dahin wie ein Nu!

Tausend Herbste, zehntausend Jahre – vorüber.
Von ihrem Glanz, ihrem Ruhm, was ist da geblieben?

Nun verstehe ich Hsiän-mën, den einsamen Meister,
Ich erwache erleuchtet, und es kommt mir das Lachen!

Olbricht

Fu Hsüan

Im Gewitter

Der Donner rollte
Und es erbebte ihr Herz.
Sie neigte ihr Ohr
Und lauschte hinaus –
Doch es war nicht
Das Rollen des Wagens. *Olbricht*

Der Wagen rollt

Der Wagen rollt in die Ferne – Ach!
Der Pferde Getrappel verhallt.

Ich folge dir in Gedanken – Oh!
Nicht vergeß ich dich.

Wohin deine Reise? – Ach!
Westwärts gen Tjin.

Wär ich dein Schatten – Oh!
Folgt ich dir dicht!

Wärst du im Dunkel – Ach!
Kein Schatten zu sehen.

Wärst du im Lichte – Oh!
Wärst du es stets! *Olbricht*

Lu Dji

Der Herrscher

Meine Stille gleicht dem Spiegel,
Der Menge Unrast gleicht dem Rauch.

Was geschieht – leibhaft kündet sichs an;
Was es ist – bildhaft zeigt es im Spiegel sein Wesen.

Sage niemand, es sei kein Begabter zu sehen:
Selten nur erkennt den Weisen die Welt. *Olbricht*

Ungenannte

Frühlingslied

Im Frühlingswalde – Blüten voll Anmut!
Frühlingsvögel – Herzen voll Sehnsucht!
Und Frühlingslüfte – lind voll Zärtlichkeit,
Wehen uns an, daß die Seide sich öffnet. *Olbricht*

In den Drei Klüften

Im Osten von Ba in den Drei Klüften
Der Affen klagender Schrei.

Dreimal in der Nacht ertönte der Schrei:
Von Tränen naß ihr Gewand. *Olbricht*

Tau-yä, Frau „Pfirsichblatt“, Gemahlin des Wang Hsiän-dschi

Auf einen Pfirsichzweig

Pfirsichlaub im Schimmer rosiger Blüte!
Ohne Hauch ein Zweig in sich entzückt!

Frühlingsblüte flimmert rings ohn Ende:
Liebster, du allein hast *mich* dir gepflückt!
Olbricht-Gundert

Dsi-yä

Die Weberin

Kaum daß sie ihn kennen lernte,
Schlugen beider Herzen wie ein Schlag.

Als die Fäden sie entwirrte
An dem Webstuhl, der zerbrach –
Sah sie da noch immer nicht,
Daß das Gewebe ihr mißlang?

Olbricht

Junger Tag

Sie griff den Rock, vom Bande nicht gehalten,
  mit ihrer Hand,
Wie sie, die schöne Stirn in Falten,
  am Fenster stand.

Ihr seidenleichtes Kleid umfliegt sie,
  umwogt sie lind
Und öffnet sich ein wenig; darum rügt sie
  den Frühlingswind.

Debon

Untreu

Die Leute sagen, mein Liebster sei untreu.
Ich selbst hab es niemals geglaubt.
Um Mitternacht tat er das Tor auf und ging,
Und ich wußte: ein anderer bist du geworden zur Nacht.

Olbricht

Tau Tjiän (Yüan-ming)

Grabgesang

1

Die Träger:

Wo immer Leben,
 da ist auch der Tod.
Wo früh das Ende,
 da ist es bestimmt.

Gestern am Abend
 ein Mensch unter uns,
Heut in der Frühe
 Geist unter Geistern.

Der Hauch der Seele
 entflogen wohin?
Erstarrt der Körper
 im hohlen Holze.

Stimme des Toten:

‚Mein kleiner Sohn
 ruft den Vater und schreit.
Mein guter Freund
 streicht die Hand mir und weint.

Gewinn und Schaden –
 ich weiß es nicht mehr.
Recht oder Unrecht –
 was kümmert es mich?

Tausend Herbste,
 zehntausend Jahre hernach,
Wer weiß da noch
 um Ruhm und um Schande?

Was mich gereut
 aus meinem Leben,
Ist, daß vom Wein
 ich nicht trank genug!‘

2

Früher gebrach mirs zum Trinken an Wein,
Nun füllt er zum Opfer die Schale.

Des Frühlingsmostes perlenden Schaum,
Wann werde ich wieder ihn kosten?

Tische voll Speisen stehen vor mir,
Kinder und Freunde weinen bei mir.

Ich möchte sprechen – Mund ohne Ton.
Ich möchte sehen – Blick ohne Licht!

Gestern im hohen Saale gebahrt,
Heute in wuchernder Wildnis zur Nacht.

Wuchernde Wildnis – einsamer Schlaf.
Weithin der Blick – öd ohne Ende!

Einmal des Morgens verlassen das Tor,
Heim kehr ich zur Nacht, die nicht endet.

3

Wuchernde Wildnis,
öd ohne Ende.
Silberner Pappeln
rauschendes Rauschen.

Schimmernder Reif fiel
mitten im Herbste,
Da sie mich trugen
weit vor die Stadt.

Nirgends ringsum
ein menschliches Haus,
Hohe Gräber nur
ragen wie Berge.

Ein Pferd reckt
den Hals gen Himmel und wiehert.
Der Wind fegt
über die Heide und heult.

In dunkler Kammer,
einmal geschlossen,
Für tausend Jahre,
und nie wieder Morgen!

Tausende Jahre
und niemals ein Morgen,
Auch für den Weisen
unabwendbares Los.

Die mich bis hierher
geleitet zur Stätte,
Sie kehren nun wieder
heim in ihr Haus.

Während die Nächsten
noch weinen und klagen,
Ziehn schon die Andern
singend davon.

Tot und hinüber –
wozu noch der Worte?
Lasset ihn ruhn –
ein Hügel an Hügeln!

Olbricht

Heimkehr zum Leben in Garten und Feld

Ungleich war ich als Jüngling der Menge;
In meinem Herzen liebt ich die Berge.

Irrend fiel ich in Schmutz und Verstrickung,
Band mich für dreißig Jahre die Welt.

Der wandernde Vogel sehnt heim sich zum Walde.
Dem Fisch im Teich bleibt unvergeßlich sein See.

Urbar so macht ich im Süden die Wildnis,
Kehrte in Einfalt zurück zu Garten und Feld.

Gut anderthalb Morgen sind mein Besitztum,
Und unter dem Strohdach reicht mir der Raum.

Ulmen und Weiden beschatten hinten den Umgang.
Pfirsiche, Pflaumen wachsen im Hof.

Verschwommen und ferne wohnen die Menschen.
Dunstig und still steht der Rauch überm Dorf.

Hunde bellen tief in langen Gassen.
Hähne krähen hoch auf Maulbeerbäumen.

Schwelle und Hof liegen in reinlicher Ordnung.
Im leeren Hause herrscht Stille und Frieden.

Lang war die Zeit in Käfig und Zwinger:
Nun fand ich wieder zurück zu mir selbst. *Olbricht*

Im Wechsel der Zeiten

1

Wie unaufhaltsam im Wandel die Zeiten!
Wie heiter und friedlich der schöne Morgen!

Ich lege meine Frühjahrskleider an,
Ein wenig zu wandern in lenzlicher Luft.

Den Berg bespülen die letzten Nebel,
Die Weite beschattet ein zarter Schleier.

Ein frischer Wind weht her von Süden,
Und fächelnd biegt er die jungen Halme.

2

O dieser Morgen!
  dieser Abend!
In meiner Hütte
  ruhe ich aus.

Päonienbeete,
  schattiger Bambus,
Helle Gitarre
  quer auf dem Gestell.
Dunkelen Weines
  ein halber Krug.

Aber die Tage
  des Gelben Kaisers –
Unerreichbar vorbei!
Schwermutversunken
  bin ich allein.

Olbricht

Beim Lesen des Buchs von den Bergen und Meeren

Frühsommer ists. Es wachsen Gras und Bäume,
Rings hängen um das Haus die Zweige nieder,
Die Vöglein singen fröhlich ihre Lieder.
Auch mir sind traut der stillen Hütte Räume.
Des Pflügens und des Säens Arbeit ist getan.
Zu meinen Büchern kehr ich nun beglückt,
Fern bin ich allem Lärm der Welt entrückt.
Nur Freunde halten oft den Wagen bei mir an.
Erfreut bewirt ich sie mit selbstgebrautem Wein,
Und meines Gartens Früchte setz ich ihnen vor.
Ein leichter Regenschauer steigt im Ost empor,
Und kühlen Windhauch führt er mit, erfrischend rein.
Wenn ich so lese von des alten Königs Reisen,
Wenn ich durchblättre dann das Buch von Berg und Meer,
Da breitet Erd und Himmel sich vor meinen Blicken:
Und was bedarfs zu wahrer Freude mehr? *Wilhelm*

Die Chrysanthemen

In später Pracht erblühn die Chrysanthemen.
Ich pflücke sie vom Perlentau benetzt.
Um ihre Reinheit in mich aufzunehmen,
Hab einsam ich zum Wein mich hergesetzt.
Die Sonne sinkt, die Tiere gehn zum Schlummer.
Die Vögel sammeln sich im stillen Wald. –
Fern liegt die Welt mit ihrer Unrast Kummer.
Das Leben fand ich, wo der Wahn verhallt.

Wilhelm

DSCHANG JUNG

Trennung

Weißes Gewölk steigt über den Bergen gelöst,
Scharfer Wind kommt unter den Kiefern zur Ruh.

Lockt dich, zu wissen um der Verlassenen Weh:
Schau von leerer Terrasse den blinkenden Mond!

Olbricht

KAISER WU-DI VON LIANG

Der Abseitige

Wie auf Bergen die wachsenden Bäume:
Jeglicher Baum hat ein anderes Herz.

Wie im Wald die singenden Vögel:
Jeder Vogel sein eigenes Lied.

Wie im Strom die schwimmenden Fische:
Jeder für sich taucht unter und auf.

Hoch wie die steilauf ragenden Berge,
Tief wie die grundwärts sinkenden Fluten:

Mühelos sichtbar die Spur seines Tuns.
Schwer zu erforschen die innre Gestalt.

Olbricht-Gundert

Fan Yün

Abschied

Draußen vor den Mauern von Lo-yang
Kommen und gehen die Zeiten in dauerndem
Abschied.

Als ich ging, tanzten die Flocken wie Blüten,
Nun ich komm, wirbeln Blüten wie Schnee.

Olbricht

Wu Djün

Frühling ists auf einmal wieder!
Übers Wasser fegt er und erschreckt die Pflaumenblüten.
Wolken sperren des Portales blau verzierte Flügel,
Und der Wind umweht des Turmes Schale mit dem Lebenstau.

Von der Liebsten trennen tausend Meilen,
Ihres Fensters Seidenvorhang bleibt geschlossen.
Nicht kann ich mit ihr zusammen scherzen.
Sinnlos starr ich in Gedanken vor dem Becher.

Olbricht

Kaiser Djiän-wen-di von Liang

Nacht für Nacht

Wenn ich schweren Herzens
Nachts allein mit meinem Kummer
Liege und die Lampe lösche
In dem dufterfüllten Zimmer:
Bangt mir immerzu, es möchten
Noch des Mondes sehnsuchtsvolle
Strahlen wieder niederfallen
Auf die Stille meines Lagers.

Olbricht

Ungenannte

Wächterlied

Im Osten wird es heller und die Sterne flackern.
Die Hahnenwache zieht auf Posten und ihr Ruf ertönt.
Das Lied verhallt, die Wasseruhr lief ab, der Thronsaal liegt
bereit.
Der Mond versinkt, die Stern erlöschen und im Reich ist
Morgen.
An tausend Toren, abertausend Türen lockert man die fisch-
gestaltgen Bolzen,
Und über dem Palaste, um die Mauern schwirrts von Krähn
und Elstern.

Olbricht

Rückkehr vom Schlachtfeld

Sie hört am Weg den Schritt des Kriegers nahn
Und schmückt sich wieder vor des Spiegels Stand:
Der Träne Spur bleibt vor den Blicken stehn,
Wo lächelnd Wangen wie von selbst erblühn.

Ulenbrook

Kaiser Yang-di von Sui

Frühlingsnacht über dem Strom

Der Abendstrom liegt still und unbewegt,
Die Frühlingsblüten stehen weit geöffnet.

Nun wallt die Strömung, trägt den Mond dahin,
Und flutende Wasser bringen die Sterne herzu.

Olbricht

Tschen Dsi-ang

Kaufleute

Kaufleute rühmen sich gern ihrer Künste und Kniffe,
Doch in der Philosophie sind sie wie kleine Kinder.
Prahlend gestehn sie einander erfolgreichen Fang,
Doch bedenken sie nicht ihres Leibes letztes Geschick.

Was wüßten sie auch vom Herrn der verborgenen Wahrheit,
Der die Weiten der Welt erschaute im Becher aus Jade?
Der in Erleuchtung sich löste von Erde und Himmel
Und auf dem Wagen der Wandlung erreicht das Tor des
Unwandelbaren?

Waley-Meister

Über Nacht in Lo-hsiang

Heimathaus: in Fernen ohne Ende.
Sonne sinkt: und einsam ist die Fahrt.

Flusses Sandbett: irr im alten Lande.
Wegspur führte mich zum Grenzort her.

Posten öde: keine Feuer rauchen.
Tief im Bergland: alten Waldes Wand.

Wie verwind ich dieser Zeit Verbittrung?
Kjak kjak hallt der Affen Nachtgebell.

Gundert

Ho Dschi-dschang

Heimkehr

In jungen Jahren zog ich fort;
nun kehr ich heim, ein Greis.
Der Heimat Sprache klingt wie einst, –
mein Haar, das wurde weiß.

Die Kinder sehn mich fragend an,
sie kennen mich nicht mehr.
Sie lächeln höflich: Fremder Mann,
Sagt uns, wo kommt Ihr her?

Debon

Dschang Yüä

Abschied vom Einsiedler

Vom Ufer über weitem See des Herbstes heller Schein,
Und auf dem Wasser schwebt der Berg im Sonnenlicht allein.

Dem Heiligen der Höhe dort, so hör ich, naht man schwer.
Doch meine Seele mit dem See wird bei ihm drüben sein.

Gundert

Wang Han

Eine Weise aus Liang-dschou

Ein süßer Wein aus Traubensaft,
ein Becher aus leuchtendem Stein;
Und in den Schlag der Hufe fällt
betörend die Laute ein.

Laßt nur das Lachen, wenn berauscht
ich auf dem Schlachtfeld liege:
Wieviele Männer zogen hinaus, –
wieviel entrinnen dem Kriege?

Debon

Guo Dschen

Die junge Frau im Frühling

An der Straße, wo die Weiden stehen,
Wehn die Zweige schon im Frühlingswind.

Und mir Armen will das Herz zergehen –
Weiß ja nicht, wohin das deine sinnt.

Gundert

Dschang Djiu-ling

Vor dem Spiegel

Einst ein Streben hoch zu blauen Wolken.
Fehlgetreten in ergrautem Haar.

Wer kennt hellen Spiegels Hintergründe,
Wenn Gesicht und Bild sich Mitleid winkt?

Gundert

Pflanzenleben

Orchis neigt im Lenz die schlanken Blätter.
Kassia blüht im Herbste weiß und rein.
Werden, wachsen, ihnen ist es Wonne,
Wenn sie so sich ihres Lebens freun.

Wer denn weiß, wie diese Waldbewohner
Winden lauschen, still im Grund, vergnügt?
Gras und Bäumen ist ein Eigenwesen,
Warten nicht, daß sie die Schöne pflückt.

Gundert

Seitdem du von mir gingst

Seitdem du von mir gingst, o Freund und Herr,
Tat ich nichts mehr am schwanken Webestuhl:
Bloß denk ich deiner wie der volle Mond,
Der Nacht für Nacht vom lautern Glanz verliert.

Ulenbrook

KAI-YÜAN GUNG-JEN

In die Tasche eines Waffenrocks gesteckt,
den sie für die Truppen an der Nordgrenze genäht hatte:

Aufruhr an der Grenze zu bestrafen
Fochtest wacker, aber nachts zu schlafen
Hindert dich die strenge Kälte beißig.
Dieses Kriegerkleid ich näht es fleißig,
Wenn ich schon nicht weiß wers tragen sollte;
Doppelt hab ich es wattiert und sorglich wollte
Meine Nadel auch die Stiche mehren,
Zu Erhaltung eines Manns der Ehren.
Werden hier uns nicht zusammenfinden,
Mög ein Zustand droben uns verbinden.

Goethe

Me Fe,
verstoßene Gemahlin des Kaisers Hsüan-dsung

Verschmähte Perlen

Du sendest Schätze mich zu schmücken!
Den Spiegel hab ich längst nicht angeblickt.
Seit ich entfernt von deinen Blicken,
Weiß ich nicht mehr was ziert und schmückt.

Goethe

Kaiser Hsüan-dsung

Auf der Fahrt durch Schu am Schwertertore angelangt

Steil stoßen Felsenschwerter in die Wolken.
Von langem Jagen kehrt mein Wagen heim.

Es schließen sich die kühnen grünen Wände.
Fünf Recken bahnten einst den Weg durch roten Fels.

Gebüsch umkreist die Wendung der Standarte,
Und Geisterwolken streifen übers Pferd.

Da lese ich: „Des Reiches Schirm ist Zucht und Sitte."
Ja, diese Inschrift meißelte ein Mann von Geist.

Gundert

Meng Hau-jan

Frühlingsschlaf

Kaum war erblüht des Morgens Farbenpracht,
Schon sangen Vögel, froh und frisch erwacht;
Doch Sturm und Regen peitschen durch die Blumen -
Ich weiß, so manche fielen in der Nacht.

v. Franyó

Sommerabend

Im Westen war das Gold
der Berge rasch verglommen,
Des Mondes Strahl im Teich
langsam heraufgekommen.

Da lag, das Haar gelöst,
ich in der späten Kühle
Am offenen Altan,
entbunden die Gefühle,

Und trug ein leiser Hauch
den Duft von Lotus wieder.
O horch: da tönt der Tau
vom feuchten Bambus nieder.

Debon

Am Dung-ting-See

Der Sommer geht. Des Sees gehobne Fläche
Wässert die Lüfte, trübt den reinen Raum.
Schon steigen Dünste über Yün-mëngs Marschen,
Und Wellen wiegen Yo-yangs Burg in Traum.

Zur Fahrt hinüber fehlt mir Boot und Ruder.
Es blüht das Reich. *Ich* gehe leer, beschämt.
Ich sitze, seh den Mann die Angel senken,
Von kindischem Neid um seinen Fisch vergrämt.

Gundert

Nacht am Strand auf langer Bootfahrt

Im Nebel lenke ich mein Boot zum Strande.
Die Sonne sinkt. Die Not ist wieder da.
Das Feld so weit: der Himmel drückt die Bäume.
Die Flut so rein: der Mond dem Menschen nah.

Gundert

Nächtliche Heimkehr zum Hirschtorberg

Die Klosterglocke tönt. Der Abend dämmert.
Heimwärts zur Fähre drängt das Volk heran,
Und Pfad um Pfad verliert sichs in die Dörfer.
Auch mich führt heim zum Berg der letzte Kahn.

Der Mond durchhellt die nebeldichten Zweige.
Schon steig zur alten Klause ich hinan.
Das Felsentor, der Kiefernweg so einsam:
Im Dunkeln wandelt hier der stille Mann.

Wilhelm

Der Freund verzieht

Abendsonne kreuzt den Kamm der Berge.
Alle Schluchten deckte Dunkel schon.
Mondlicht hinter Föhren fröstelt nächtlich.
Wind und Quelle rauschen tief und voll.

Reisigsammler kommt, hat sein Genüge.
Vogel fand im Nest die erste Ruh.
Nur dem Freund, dem späten, schlägt am Wege
Unter Ranken harrend meine Zither zu.

Gundert

Dschu Da, dem Tapferen, zum Abschied auf die Fahrt nach Tjin

Ritter du, ziehst hin zum Ort der Recken.
Hier dies Schwert, mir tausend Goldes wert,
Gürt ich ab, dein Scheiden zu geleiten,
Stück des Herzens, das dir stets gehört.

Gundert

Wang We

Ein Dorf am Flusse We

Schräg auf den Dorfplatz scheint
Die letzte Sonnenhelle,
Durch enge Gassen kehren
Die Herden in die Ställe.

Ein alter Bauer wartet
Vorm Tor aus Dorngeflecht,
Schaut, auf den Stock gestützt,
Aus nach dem jungen Knecht.

Schrei der Fasane schallt
Aus hohem Weizen her.
Die Seidenraupen schlafen,
Der Maulbeerbaum ist leer.

Wo Bauern sich begegnen,
Plaudern sie eine Weile,
Die Hacke auf der Schulter,
Und haben keine Eile.

Neid fühl ich vor der Muße
Althergebrachter Welt,
Und was ich singe, klagt,
Daß Einfachheit verfällt. *Eich*

Herbstabend im Gebirge

Im stillen Bergtal hat es frisch geregnet.
Die Abendluft ist herbstlich kühl und rein.
Der lichte Mond scheint durch die Kiefernzweige.
Der klare Quell fließt über das Gestein.

Der Bambus raschelt unter Mädchentritten.
Der Lotos schwankt von einem Fischerkahn.
Im Augenblick ist Frühlingsduft zu Ende.
Nun fängt für dich die lange Ruhe an. *Wilhelm*

Buddhistisches Kloster

Zur Hsiang-dji-Klause kannt ich nicht den Weg,
Weit führt durch Wolkengipfel hin der Steg.
Kein Mensch betritt ihn. Bäume stehn uralt,
Tief im Gebirg. Doch eine Glocke schallt.
Der Quellenmund schluchzt unter wildem Stein,
Bunt um die Kiefernwipfel spielt der Sonne Schein.
Tief unten Dämmern, wo die Schlucht sich windet,
Und der Versunkene Erlösung vom Begehren findet.

Eich

Am Feiertag im neunten Mond der Brüder daheim gedenkend

Allein an fremdem Orte
Bin ich ein Fremdling geblieben.
Ach, an festlichen Tagen
Denke der Lieben ich doppelt.

Heute steigen die Brüder
Daheim die Höhe hinauf,
Kornelkirschen im Haar.
Einer ist nicht dabei.

Eich

Dem Gouverneur Yüan Örl zur Fahrt nach Ostturkestan

In Tschang-an netzt der morgendliche
Regen zart den Staub.
Vorm Wirtshaus färbt der Weidenbaum
Sich grün mit neuem Laub.

Ich mahne dich: Noch einmal trink
Mit mir den Becher leer!
Wo du im fernen Westen bist,
Gibts keine Freunde mehr.

Eich

Frage

Aus meinem Heimatdorf kamst du gegangen,
Mußt wissen, was daheim im Dorf geschieht:
War an dem Tage, da du gingst, vor meinem Fenster
Der alte Pflaumenbaum schon aufgeblüht?

Debon

Für Tschau, als er nach Japan zurückkehrte

Nicht zu ermessen sind
Die Wasser bis an ihr Ende.
Wer weiß, was in des blauen
Meeres Osten ich fände?

Was ist das Fernste der Welt,
Welcher von ihren neun Teilen?
Wie durch den leeren Raum
Fährst du unzählige Meilen,

Kannst, deine Richtung zu wissen,
Nur nach der Sonne schaun,
Und die Segel der Heimfahrt
Allein dem Wind anvertraun.

Schwarz widerspiegelt den Himmel
Des Meertiers Schildkrötenrücken.
Röte schießt über die Wellen
Aus der Wale sprühenden Blicken.

Weit liegt das Land deiner Heimat
Über Fusang hinaus,
Mitten auf einsamer Insel
Hast du dein Haus.

Bist du in dieser fremden
Welt erst und von hier fort,
Wie fände den Weg hierher
Noch einmal von dir ein Wort?

Eich

Abschiedswort

Ich stieg vom Pferd und reichte dir den Wein
Und fragte dich, warum du gingest.
Du sagst: Ich hatte in der Welt kein Glück,
Will in des Nan-schan fernen Klüften ruhn. –
So geh, mein Freund, ich frage dich nicht mehr:
Dort wandern Wolken weiß und haben kein Ende.

Debon

Aus dem Zyklus „Das Wang-Tal"

Das neue Heim

Beim Paß der Großen Mauer liegt mein Haus,
In einem Tal, wo morsche Weiden trauern.
Wer wird es sein, der einmal nach mir kommt?
Getrost, er wird mich ohne Grund bedauern.

Der Tempelsteig

Ein schräger Pfad im Schatten der Sophore;
Von grünem Moos umsäumt die Sakristei.
Ich fegte noch vergebens vor dem Tore –
Vielleicht kommt einst ein alter Mönch vorbei.

Im Lackbaumgarten

Vor alters war der Mann kein Mandarin.
Mir blieb erspart, mich in der Welt zu quälen;
Ich hatte nur ein bescheidenes Amt
Und kann in Muße meine Bäume zählen.

Auf dem Schönen See

Mit Flötenklang sind wir zum Strand gefahren.
Die Sonne sank. Ich brachte heim den Freund.
Noch einmal wandten wir den Blick: da waren
Die Berge schon von weißem Dunst umzäunt.

Der Goldstaubquell

Tränk aus dem Goldstaubquell ich Tag um Tag:
Ich würde mehr denn tausend Jahre leben
Und auf dem Drachen, federschirmbegabt,
Dann einst hinauf zum Herrn des Himmels schweben.

Magnolienhag

Ein letztes Licht flammt auf entlaubten Hügeln.
Ein Strich von Vögeln zieht zum Süden fort.
Zuweilen blitzt ein Blau von fernen Flügeln.
Die Abendnebel haben keinen Ort. *Debon*

Aus demselben Zyklus

Im Hirschpark

Die waldigen Berge liegen
verlassen, menschenleer.
Nur Stimmen höre ich schallen
von irgendwoher.

Licht von der Abendseite
zwischen die Stämme dringt.
Über dem grünen Moose
feurig es blinkt.

Im Bambuswald

Wo das Bambusdickicht mich beschattet,
sitze wohlig ich allein,
Zupf die Saiten, hauche wie zum Liede
Atem durch die Lippen aus und ein.

Keines Menschen Auge kann erspähen
mich Verborgenen im tiefen Hain.
Nur der volle Mond kommt, mich zu sehen,
zu verstehn mit seinem reinen Schein. *Eich*

Dem Hofintendanten Dschang als Gegengabe

O Lebens Neige, nur noch lichte Stille;
Der tausend Dinge ledig ward das Herz.
Nun ließ von allem was ich sann der Wille;
Gelassen geh den Weg ich wälderwärts.

Ein Wind aus Arven bläst des Gürtels Band,
Und auf dem Saitenspiele glüht der Mond.
Du fragst, ob sich das Leben lohnt –
O horch: das Lied des Fischers überm Sand –

Debon

Li Tji

An Freund Lu Wu's einstigem Wohnsitz

Dinge rings. Der Mensch dahin, nie mehr zu ersehn.
Lass im öden Hof mein Pferd, lasse mich dem Weh.
Vor dem Fenster Bambus grün, wuchert in die Rund.
Vor dem Tor die Berge nur blauen wie vordem.

Traurig schau ich in den Herbst. Raschelnd fällt das Laub.
Hoch in kahler Weide hockt eine Eule, friert.
Um den Freund die Träne rinnt. Strom verrann im Meer.
Jahr für Jahr wirds blühen hier. Weiß es nicht, für wen.

Gundert

Eine Nacht im Zenkloster

Andachthalle, Mönchechor;
  ferne tönt es, leis.
Mond sank hinter Mauerwand,
  Glocke seltner klang.
Nächtlich bebts durch eisgen Wald,
  schreckt wie fallend Laub.
In der Früh wie Sphärenton,
  weckt es reinsten Trieb.

Hohler hallt es aus, erstirbt
still im kalten Raum.
Brausend schwillt es an und schwebt
auf im Regenherbst.
Mir wird Licht: Gebornes hat
Bleibens keine Statt.
Plötzlich ziehts im Herzen mich
hin zu Buddhas Heil.

Gundert

Li Bo (Li Tai-pe)

Nachtgedanken

Vor meinem Bett das Mondlicht ist so weiß,
Daß ich vermeinte, es sei Reif gefallen.
Das Haupt erhoben schau ich auf zum Monde,
Das Haupt geneigt denk ich des Heimatdorfs.

Eich

Allein auf dem Djing-ting-Berg

Ein Schwarm von Vögeln, hohen Flugs entschwunden.
Verwaiste Wolke, die gemach entwich.
Wir beide haben keinen Überdruß empfunden,
Einander anzusehn, der Berg und ich.

Eich

Sommertag

Zu träge, selbst den Fächer zu bewegen,
der ganz aus weißen Federn war,
So bin ich halbentblößt im Wald gelegen.

Und auch den Turban hängte ich
an einen Fels: da fächelte mein Haar
Ein Hauch, der durch die Kiefern strich.

Debon

Grüne Wasser

Herbstlich helles Leuchten überm See.
Einer treibt dahin, sich Schwanenlaub zu brechen.
Lotos lächeln, möchten mit ihm sprechen –
Dem im Boote bricht das Herz vor Weh. *Debon*

Leuchtkäfer

Schlägt Regen auf dein Licht, er kanns nicht löschen,
Bläst Wind auf deinen Glanz, wird er nur reiner,
Und flögest du empor in Himmelsferne,
Dem Monde nah wärst du der Sterne einer. *Eich*

Nachts ankere ich am Büffelsand und denke an die Männer der Vorzeit

Nachtblauer Himmel überm Yang-tse-kiang.
Am Büffelsand tauch ich die Ruder ein.
Den Mond, den herbstlichen, betrachtend lang
Mein ich, Kumpan des Herzogs Hsiä zu sein.
Wohl hohe Lieder wüßte ich wie einst Yüan-hung,
Doch nicht wie ihn hört Hsiä noch meinen Sang.
Am Morgen fahr ich unterm Segel fort
Und Ahornblätter wirbeln mir an Bord. *Eich*

Bootfahrt auf dem Dung-ting-See

Nach Westen weite Sicht, der Dung-ting-See:
ein Strom, der ihm entfließt.
Blick südwärts, ob du, wo das Wasser endet,
am Himmel eine Wolke siehst!

Die Sonne sinkt. Herbstliche Farben fern
und Tschang-scha's Mauern.
O edle Hsiang, wüßt ich die Stelle doch,
dich zu betrauern! *Eich*

Nanking

1

Seitdem sich übern Strom die Djin gewandt nach Süden,
Ward dieser Ort, was einst Tschang-an gewesen.
Die Berge: Lagerstatt von Drache und von Tiger,
Ein Platz deshalb, für Kaiser und für Könige erlesen.

Die stolze Residenz erblickt man nimmer.
Der Strom, der schützende, fließt rein dahin.
Die Ruder rührend zechen wir und singen
Die Weisen jener Zeit mit frohem Sinn.

2

Geborgen von des Berges Wall,
Umschlossen von des Stromes Lauf,
Einst ragten bunte Türme auf,
Und Straßen, Häuser ohne Zahl.

Das Reich verging, der Frühling sprießt,
Paläste wurden Trümmerhügel.
Es bleibt der Mond im Wasserspiegel,
Die Geisterinsel, die uns grüßt.

Eich

Blick von der Terrasse

Hier auf der Fëng-Terrasse
Hat einst der Vogel Fëng genistet.
Der Vogel Fëng ist fort, leer die Terrasse.
Der Yang-tse strömt.

Blumen und Gräser am Schloß der Wu
Haben die Wege überwachsen.
Von den stolzen Höflingen der Djin
Blieb nichts als ihre Gräber.

Drei Gipfel, halb verdeckt,
Wie aus blauem Himmel gefallen.
Zwei Wasserläufe, sie umschließen
Die Insel der weißen Reiher.

Tschang-an bleibt unsichtbar,
Weil von schwebenden Wolken
Die Sonne verdunkelt ward.
Das ist mein Kummer. *Eich*

Abschied in der Weinschenke

Die Schenke ist voll Duft vom Blütenstaub der Weiden.
Zum Weine muntert uns die Schöne auf aus Wu.
Kommt, Jugend von Djin-ling, nun heißt es scheiden,
Schenkt ein, die bleiben und die gehen, trinkt euch zu!
Den Fluß, der ostwärts fließt, o Freund, befrage du,
Wer lieber scheiden möchte von uns beiden. *Eich*

In der Verbannung

Arom des Weines von Lan-ling, Gewürz und Gold,
In dem kristallnen Glas glänzt er wie Bernsteinlicht.
Gönn deinem Gast, o Wirt, die Trunkenheit,
Was Fremde ist — ach endlich wüßt ers nicht! *Eich*

Einem Freund zum Geleit auf die Fahrt nach Schu

Die Straße nach Schu: Ein Felspfad soll es sein,
Nicht leicht zu gehen, wie dir die Leute sagen,
Gebirge vor dem Antlitz des Wanderers ragen,
Wolken hüllen den Kopf des Pferdes ein.

Duftend aber wölben sich Bäume über den Stegen,
Von Frühlingsgewässern ist die Stadt umflossen.
Auf und nieder: im Plan des Himmels ist es beschlossen,
Keinen Wahrsager mußt du befragen deswegen. *Eich*

Abschied für Mëng Hau-jan im Haus „Zum Gelben Kranich“

Vom Haus „Zum Gelben Kranich“ hat der Freund
Abschied genommen.
In Dunst und Blüte des Aprils ist seine Barke
flußab geschwommen.
Einsames Segel, ferner Schatten, der im blauen
Horizont entschwindet –
Ich sehe nur den weiten Strom noch, der zuletzt
im Himmel mündet.

Eich

Ich suchte den Einsiedel und fand ihn nicht

Durch Felsenwände stieg der Pfad empor
zum Roten Tal. Von Moos bewachsen,
Verschlossen war das Fichtentor.

Und auf den Stufen vor der frommen Stätte
war keine Spur als die der Vögel;
Und niemand war, der mir geöffnet hätte.

Allein ein Blick durchs Fenster war erlaubt:
da hing sein weißer Fliegenwedel
An einer Wand und war verstaubt.

Ich seufzte tief und wußte nicht warum.
Ich wollte mich zum Abstieg wenden,
Doch blieb ich zögernd stehn und sah mich um:

Da stiegen rings aus allen Schlüften
die Wolken duftend auf, es fiel
Ein Blütenregen aus den klaren Lüften.

Wie die Natur geheimnisvoll erklingt!
Ich liebte ihren Laut von je und lausche,
Da schrill der Affen Klage zu mir dringt.

Nun weiß ich, was das heißen will:
„Der Welt entflohn“ – hier ist die Erde
Unsagbar schön, schweigt unser Leben still.

Debon

Ein Gleiches

Ein Hundekläffen mischt sich dem Ton des Bachs,
Und Pfirsichblüten prangen, verschönt von Tau.
Tief in den Bäumen sieht man Hirsche.
Doch in der Schlucht bleibt stumm die Glocke.

Steil ragt der Bambus auf, zerschneidend das Blau,
Und stürzt von grünen Felsen hinab der Fall.
Niemand, der sagt, wo er geblieben.
Freudelos lehn ich im Schutz der Kiefern. **Debon**

Eine Nacht mit dem Einsiedel

Selbander sitzen wir im Blütenhain.
Wir schenken ein – und ein – und wieder ein.
Ich bin berauscht; ich möchte schlafen gehn;
geh nun auch du, ich bitt!
Komm in der Frühe, wenn du Lust hast, wieder,
und bring die Laute mit! **Debon**

Ein Lebewohl

Wo nördlich man das blaue Bergland liegen sieht,
Ein Bach ums Mauerwerk der Oststadt zieht,
Dort ist die Stelle, wo wir Abschied nahmen.
Wie weit, ach, treibt der Wind den Beifußsamen!

Du scheidest wie die Wolke, heiter wehend.
Ich bleibe wie die Sonne, untergehend.
Noch winkst du, doch ich weiß, es zieht dich weiter.
Es wiehert laut mein Roß, vereinsamt wie der Reiter. **Eich**

Antwort

Fragt mich einer, warum in den bläulichen Bergen ich hause,
Nun, so lächle ich froh, aber ich sage kein Wort.
Blüten treiben das Wasser hinab in dämmernde Fernen;
Anders ist hier die Welt, ist nicht der menschliche Raum.
Debon

Vorm Wein

Von Osten streift ein Frühlingswind
 uns wie im Vorübergehen,
Daß im Pokal, auf dem grünen Wein,
 winzige Wellen entstehen.

Da sind die Blüten, von Wirbelgewalt
 entführt, zu Boden gegangen.
Mein schönes Mädchen ist trunken bald
 mit ihren geröteten Wangen.

Am blauen Gaden der Pfirsichbaum, –
 weißt du, wie lange der blüht?
Ein zitterndes Leuchten ist es, ein Traum:
 er täuscht uns nur und entflieht.

Komm, auf zum Tanz!
Die Sonne verglüht!

Wer nie voll drängenden Lebens war
 und toll war in jungen Tagen,
Der wird vergebens, wenn erst das Haar
 weiß ist, seufzen und klagen.

Debon

An einem Frühlingstag betrunken erwachen

Das Leben geht so wie ein großer Traum dahin,
Und sich darin zu mühn, weiß wer den Sinn?
Von morgens bis zur Nacht hab ich getrunken.
Faul bin ich an der Schwelle hingesunken.
Da blinzelnd ich erwach, dringt aus dem Garten vor
Ein Vogelruf vernehmlich an mein Ohr.
Ich frag verschlafen, welche Zeit es sei,
Und flatternd ruft die Amsel mir zur Antwort: Mai!
O wie mich das bewegt und mir die Brust beengt!
Den Reiswein habe ich mir wieder eingeschenkt,
Den hellen Mond erwartend laut gesungen,
Den Seufzer schon vergessen, als das Lied verklungen.

Eich

Einsamer Trunk unter dem Mond

Unter Blüten meine Kanne Wein —
Allein schenk ich mir ein, kein Freund hält mit.
Das Glas erhoben, lad den Mond ich ein,
Mein Schatten auch ist da, — wir sind zu dritt.
Gewiß versteht der Mond nicht viel von Wein,
Und was ich tue, tut der Schatten blind,
Doch sollen sie mir heut Kumpane sein
Und ausgelassen unterm Frühlingswind.
Ich singe und der Mond schwankt hin und her,
Ich tanze und mein Schatten hüpft noch mehr.
Wir sind uns Freunde, da wir nüchtern sind,
Ein jeder geht für sich, wenn erst der Rausch beginnt.
Nichts bleibt dem Herzen ewiglich verbunden,
Als was im hohen Sternenlicht gefunden.

Eich

Die Frauen von Tschang-an im Kriegsherbst

Des Mondes Sichel über Tschang-an stieg.
Aus allen Häusern schallts: man klopft die Kleider aus.
Der Herbstwind bläst mit unerschöpften Lungen.
Und all das meint: Wie lange währt der Krieg!
Wann, ach, ist die Barbarenbrut bezwungen,
Wann kehren unsre Männer aus Yü-guan nach Haus?

Eich

Die Hunnen und der Reiter auf dem Tatarenpferd

Auf tatarischem Pferde reitet der Krieger von Yu-dschou,
Grüne Augen hat er und trägt eine Tigerfellmütze.
Lachend schießt er zwei Pfeile ab als wären es einer,
Und gegen zehntausend Mann nähme den Kampf er noch auf.
Wenn er den Bogen spannet, ist es als rollte den Mond er,
Und aus den Wolken fällt die weiße Wildgans hernieder.
Knallend schwingt er nach allen Seiten die Peitsche beim Reiten
Und im Vergnügen der Jagd schweift er bis nach Lou-lan.
Hat er das Tor verlassen, nimmer wendet den Blick er.
Sterben fürs Vaterland, das bekümmert ihn nicht.

Wilder als je sind die Hunnen unter den fünf Diadochen,
Gierig wie Wölfe lieben sie Grausamkeit und Gewalttat.
Bis an den Baikal zerstreuen sich die Rinder und Pferde.
Fleisch zerreißen sie roh, als hielten Tiger die Mahlzeit.
Wohnen sie gleich am Fuß des eisigen Yän-dschï-Gebirges,
Meinen sie dennoch nie, daß der Schnee des Nordlandes kalt wär.
Ja, sogar ihre Frauen sitzen zu Pferd und sind fröhlich,
Mit Gesichtern so glänzend wie rote Schalen von Jade.
Reitend schnellen sie hoch und erlegen Wild und Geflügel,
Schwanken zur Blütezeit sommers im Sattel berauscht.

Wenn nun das Siebengestirn in hellerem Lichte erstrahlet
Und wie Wespenschwärme die Horden wimmeln im Kampfe
Und vom tropfenden Blute die weißen Klingen sich röten,
Wasserläufe und Sand davon sich purpurn verfärben,
Wo ist der große Feldherr dann wie in früheren Zeiten?
Aufgerieben würde das Heer, es ist traurig zu sagen.
Wann wird kommen die Zeit, daß die drohenden Sterne verlöschen,
Daß sich Vater und Sohn endlich des Friedens erfreun?

Eich

Lied vom Zug zu Feld im Norden

Feldzug gen Norden voller Müh und Plagen!
Die Tai-hang-Berge lagern schroff davor.
Im Zickzack führen Stufen steil empor.
Felszacken höher als der Himmel ragen.

Des Pferdes Huf stößt seitlich ans Gestein,
In Loch und Buckeln brechen Rad und Achsen.
Die Wolken Staubes über Yu-dschou wachsen,
Weit nordwärts sich die Lagerfeuer reihn.

Mord wird wie Gift sich an die Waffen hängen,
Ein böser Sturm zerfetzen die Gewänder.
Schnell wie der Wal verschlingt der Feind die Länder
Am Gelben Strom und hält Lo-yang in Fängen.

Wer hierher kam, weiß nicht für welche Dauer,
Zurück zu schauen tut ihm bitter weh,
Der Heimat eingedenk in Eis und Schnee,
Fährt schneidend ihm durchs Herz der Hauch der Trauer.

Zu kurz, den Körper ganz zu schützen, sind die Sachen,
Wie Maulbeerborke springt die Haut an bloßen Stellen.
Zum Wasserschöpfen gibt es keine Quellen,
Kein Holz, ein wärmend Feuer anzufachen.

Der Tiger furchtbar seine Zähne bleckt
Weiß wie der Reif, schlägt seinen Schweif zum Kreise.
Gesträuch und Bäume schenken keine Speise,
Dem Hungernden der Tau wie Suppe schmeckt.

O Klage über dieses Feldzugs Qualen!
Ich zügele das Pferd. Mir schlägt das Herz in Pein.
Wann wird des Kaisers Weg geebnet sein,
Uns unbeschwert der Himmel wieder strahlen? *Eich*

Nach der Schlacht

Der Braune wird neu gesattelt,
Am Leder blitzt Edelstein.
Vorbei die Schlacht. Den Sand bewacht
Des Mondes kalter Schein.

Vom Mauerwall den Trommelschall,
Noch hörst du ihn gut.
Die Schwerter sind
Noch feucht von Blut.

Eich

Herbstliches Gedenken

Nicht lang, dann wird das gelbe Laub gefallen sein.
Von der Terrasse nieder blickt die junge Frau.
Meerwärts und fern ist noch der Himmel wolkenrein,
Aus Steppenländern westlich weht es grau und grau.

Tataren schlossen auf dem Drachenfort die Unsern ein.
Ein Unterhändler ward vergebens ausgesandt.
Der in den Krieg ging, nimmer kehrt er heim.
Ach, Blüten fielen welkend in den Sand.

Eich

Eine Geliebte des Kaisers

O junge Anmut, wohnend unterm Dach von Gold!
Des Gartens Purpur rahmt sie zierlich ein.
Bergblumen ihr im Haar, das kostbar aufgerollt,
Das seidene Gewand mit Nelkenstickerein.
Verläßt sie einmal das Palastgelände,
Begleitet sie die kaiserliche Sänfte stets.
Doch einmal, ach, ist Lied und Tanz zu Ende,
Und in der bunten Wolken Glanz verwehts. *Eich*

Die Eifersüchtige

Der Perlenvorhang rollte auf, die Schöne
Erhob die Brauen, weich wie Falterhaar.
Wohl konnte ich die Spur von Tränen schauen,
Doch nicht erraten, wem sie böse war. *Eich*

Enttäuschung

Hell auf den Jadestufen wuchs der Tau;
So lang die Nacht – drang in das Kleid ihr kühl.
Da löste sie den Vorhang aus Kristallen,
Sah fern den Mond im dunklen Perlenspiel. *Debon*

Dem Mädchen Duan

Auf deinen Seidenstrümpfen schreitest du
wie über Wogen, die zu Feim zerstieben.
Wo kann ich finden dich, wo bist geblieben,
Elfmädchen du?

Aus tausend Bechern Weines, Zug um Zug,
lösch ich im vagen Rausche mein Verlangen,
Da mich dein Putz, purpurn wie deine Wangen,
zu Tode schlug.

Debon

Aus dem „Gesang auf dem Strom"

Wenn ich den Pinsel in Verzückung fälle,
erzittern die fünf heiligen Berge rings im Reich.
Ein Schrei, ein Lachen, wenn das Lied vollendet:
es dringt in Paradiese, göttergleich.
Denn sieh, die Strophen Tjü Pings leuchten
gleich Mond und Sonne noch in Herrlichkeit;
Die Schlösser seines Königs aber sanken
als dunkle Hügel in Vergessenheit. *Debon*

Spiegelbild

Mir wuchs es überlang,
Des Grames graues Haar.
Weiß nicht, wie Herbstreif kam
In meinen Spiegel klar.

Eich

Gefragt, wer er sei

Ich nenne mich Blauer Lotus. Ich bin
ein freier Gelehrter, ein Engel, vom Himmel verbannt.
Ich habe dreißig Jahre schon
meinen Ruhm in den Schenken des Landes vergraben.
Was soll das Fragen, Herr Kommandant?
Ihr steht vor Buddhas Wiederkunft,
Vor einem Gott, der auferstand!

Debon

Tsui Hau

Der Turm zum Gelben Kranich

Auf seinem gelben Kranich flog der Weise
vorzeiten fort.
Der Turm zum Gelben Kranich blieb allein
am leeren Ort.

Und ist der Kranich einmal fortgeflogen,
bleibt er uns weit.
Die Wolken aber fluten still dahin
in Ewigkeit.

Dort überm Strom, ganz klar, sieht man die Bäume
von Han-yang blühn;
Und auf dem Papageiensand der Gräser
duftendes Grün.

Die Sonne sinkt hinab. Sag mir, wo liegt
der Heimat Erde?
Das Nebelwogen auf dem Strome macht,
daß ich beklommen werde.

Debon

Dsu Yung

Auf dem Landgut meines Freundes Su

Das Landhaus liegt im Schatten tief verborgen.
Du fühlst das Glück der Abgeschiedenheit.
Des Nan-schan Formen füllen Tür und Fenster.
Im Fëng-Fluß spiegelt sich der hohe Hain.

Das Bambuswäldchen barg noch Schnee vom Winter.
Die Bäume dunkelten dem Abend vor.
O Stille, Stille, fern dem Weltgetriebe.
Ich saß und lauschte Frühlings Vogelchor.

Gundert

Letzter Winterschnee auf dem Nan-schan

Examensthema des Jahres 725

Der Mittagsberge nördlich Haupt erhebt sich
Im Schnee bis über leichter Wolken Rand.
Des Waldes Wand steht klar in Äthers Reine,
Und kälter fällt die Nacht auf Stadt und Land.

Gundert

Wang Tschang-ling

Das Boot der Lotussammlerinnen

Die Blätter des Lotus, die losen Kleider
sind von einem Grün;
Wasserrosen und Mädchengesichter
neigen sich, blühn,

Bleiben verborgen
auf dem bunt-verworrenen Teich.
Erst als ihr Lied erklingt,
siehst du sie treiben.

Debon

Abschied im Malventurm

Durch Nacht und Regen den Strom entlang –
so fuhren in Wu wir ein.
Dann kam der Tag: Du kehrst zurück;
die Felsen ragen allein.

Und wenn in Lo-yang die Eltern dich,
die Freunde nach mir fragen,
Sage: „Ein Herz von Eiskristall
in einem Krug aus Jade!“

Debon

Wang Dschi-huan

Jenseits der Grenze

Eine Weise aus Liang-dschou

Der Gelbe Strom steigt auf – er stößt
in leuchtende Wolken vor.
Ein Wachtturm, einsam, ragt auf dem Berg
zehntausend Klafter empor.
Tangutenflöte, was klagt dein Lied
vom grünen Weidenzweige?
Des Frühlings milder Glanz durchbricht
doch nimmer das Jadetor.

Debon

Tsui Guo-fu

Das Gras im Tschang-sin-Schloß

Am Schloß der Langen Treue wächst das Gras
Jahr über Jahr um Leid und Einsamkeiten;
Begrub, was einst ein Perlenschuh durchmaß,
Verwehrt, auf jadenem Altan zu schreiten.

Debon

Tschang Djiän

Des Po-schan-Klosters hintere Andachtshalle

Reine Frühe: ein zum alten Kloster.
Erste Sonne: hellt den hohen Wald.
Pfades Windung: durch geheimes Düster.
Andachthalle: tief im Blütenhain.

Berges Leuchten: Lust dem Vogelwesen.
Weihers Spiegel: läutert Menschenherz.
Weltgeflöte, tausendfach, schweigt stille.
Glocke nur verhallt und Klingsteins Klang.

Gundert

Du Fu

Auf dem Yo-yang-Turm

Ich hörte früher oft
  vom großen Dung-ting-See.
Nun ist es, daß ich selbst
  vor seinen Wassern steh.

Ich sehe das Land Wu
  sich fern im Osten breiten.
Ich spür das ganze All
  schwebend im Gang der Zeiten.

Debon

Bei sinkender Sonne

Die Sonn verweilt. Am Fensterhaken oben blieb sie hängen,
Indes sich bis zum Rand die Schluchten schon gefüllt mit Nacht,
Und würziger die Kräuterdüfte aus dem Garten drängen,
Der Flößer Kessel dampft, die vor der Sandbank haltgemacht.

Ums Futter zanken sich die Sperlinge. Es brechen Zweige.
Ziellosen Fluges die Insekten durch das Zimmer schwirrn.
Wer hat den Reis vergoren? Ach im Glas die trübe Neige —
Ein Schluck, und die Gedanken sind dahin, die mich verwirrn.

Eich

Am reinen Strom

Der Strom umarmt das Dorf. Im engen Bogen,
Wie in Verwunschenheit verfließt das Jahr.
Wie kam die Schwalbe ins Gebälk geflogen?
Und flußwärts sammelt sich die Möwenschar.

Großmutter malt ein Schachbrett auf Papier,
Ein Kind klopft eine Nadel sich zur Angel.
Für Krankheit gibts Tinktur und Elixier.
Woran ist für den armen Leib noch Mangel?

Eich

Landschaft

Ein Paar von Goldpirolen, die im Grün der Weiden singen.
Ein Zug von weißen Reihern regt zum Himmel auf die Schwingen.
Vom Fenster eingerahmt hebt sich das Schneegebirg empor.
Ein Schiff von weither ankert dicht vorm Tor. *Eich*

Die müde Nacht

Des Bambushaines Kühle dringt herein.
Der Mond ergießt sein Licht in alle Ritzen.
Schwer hängt der Tau und glitzert hell im Gras,
Und in dem Glast verschwimmt der Sterne Blitzen.

Der Feuerwurm fliegt glimmend hin und her,
Der Wasservögel Rufen tönt im Rohr.
Ach, nirgends Frieden in der Welt!
Die Stunden rücken müd und traurig vor. *Wilhelm*

Herbstklarheit

Am Himmel ziehn im Herbste hoch
die zarten Wolken fort.
Von Westen fegt der kühle Wind,
er kommt vom fernen Ort.
Der Morgen ist so frisch und kühl,
das Wetter ist so klar.
Kein langer Regen trübt den Herbst,
es gibt ein gutes Jahr.

Die Weiden auf den Gräbern dort,
sie lichten schon ihr Laub.
Im Walde rote Beeren glühn,
des späten Vogels Raub.
Vom Turme klingt weit übers Land
einsamer Flötenton,
Und eine Wildgans fliegt allein
in blauer Höh davon. *Wilhelm*

Mahlzeit im Freien

Schön ists, die Boote gegen Abend loszubinden,
Wenn schwacher Wind das Wasser sacht erregt,
Im Bambusdickicht einen Platz zu finden,
Wo Kühle ist und Lotos unbewegt.
Die Freunde mischen Eis und Wein zum Trunke,
Die Mädchen säubern Wurzeln, Schaft und Keim.
Doch schaut empor: Zerrissne Wolken dunkeln
Und bald beginnt der Regen seinen Reim. *Eich*

Wein trinkend am Mäander-See

1

Das Flöckchen, das der Blüte entfliegt, es mindert den Frühling.
Doch der Wind wirbelt tausend Teilchen auf, – wie soll man nicht trauern!
Komm, wir wollen bis zu Ende sehen, wie das Blühen am Auge vorbeitreibt,
Nicht verabscheun der Vergängnis Vielfalt. Doch netze uns Wein die Lippen!
An der Uferwand drüben haben die Eisvögel winzige Schlößchen. Am Ende des Wildparks
Blieb ein Grabhügel und ein steinern ruhendes Einhorn darauf.
Zu tun, was dir Freude bringt, ist, wohl bedacht, aller Geschehnisse Sinn.
Die Fessel des Leibes, der große Name, treibt wie auf dem Wasser dahin.

2

Zum Pfandhaus hin, das ist mein Morgengang,
Aus Schifferkneipen kehr ich abends heim.
Was ich besitze, leg ich an in Wein.
Was ist der Mensch? Sein Leben währt nicht lang.

In Blüten tief der Falter sich versenkt,
Ganz leicht berührt Libellenflug den Teich
In Wind und Licht. Was ihnen ward geschenkt,
Sie nehmens gern. Oh tu es ihnen gleich! *Eich*

Das Pferd des Prokonsuls

Das Pferd des Prokonsuls Gau
Kam von An-hsi nach Osten her,
Ein blaugescheckter mongolischer Renner,
Sein Ruhm flog noch schneller als er.

Diesem Roß ist kein andres gewachsen,
Sprengt es dahin in die Schlacht,
Eines Herzens mit seinem Reiter
Hat es hohe Taten vollbracht.

Man pflegt es nach seinem Gefallen,
Ist das Gefecht vorbei.
Wie schwebend kam es von fern her
Aus dem Flugsand der Mongolei.

Doch an der Krippe zu bleiben,
Ist zu wenig dem feurigen Sinn.
Sein Mut begehret von neuem
Der Walstatt kühnen Gewinn.

Gewaltig, als trät es auf Eisen,
Rührt es Fessel und Huf beim Gang.
Oft ist es über den Djiau-Fluß gestampft,
Daß die mächtige Eisdecke sprang.

Sein Fell ist wie Blumenmuster
Und wie von Wolken gefleckt.
Die zehntausend Meilen sieht man ihm an:
Blutroter Schweiß es bedeckt.

Von der Jugend der Hauptstadt hat niemand
Es zu reiten gewagt.
In Tschang-an kennt es ein jeder,
Das dem Blitz gleich vorüberjagt.

Alternd für seinen Herren
Steht es seiden gezäumt im Haus.
Kehrt es noch einmal im Leben
Den Weg zum Westtor hinaus?

Eich

Nacht im Dorf

Abend ward es. Das Wetter ist fahl und frostig geworden.
An den Ufern des Stroms gehen die Menschen nicht mehr.
Nur die Mörser lärmen im Dorf, durchstampfen den Regen,
Und die Feuer im Kreis leuchten tief in der Nacht.

Welch ein Leid erstand durch die grimmen Barbaren des Nordens!
Hier nun leb ich dahin, Köhlern und Fischern gesellt.
Ferne aber, im Mittleren Reich noch wohnen die Brüder.
Zehntausend Meilen weit geht meine Sehnsucht dorthin.

Debon

Die Wäscheklopferin

Ich weiß: Noch kehrt ihr heim nicht aus dem Felde.
Es kam der Herbst. Ich wisch den Wäschestein.
Schon nahe ist die Zeit der bittern Kälte,
Ach, schwerer fühlt mein Herz: Ich bin allein.

Nicht länger kann ich mich im Haus versäumen.
Die Wäsche schick ich an die Grenze dir.
Müd macht das Klopfen. Ach, du in der Ferne,
Dringt dieser Schall nicht manchmal bis zu dir? *Eich*

In einer Mondnacht an die Brüder denkend

Die Trommel schlägt und macht die Straßen leer.
Herbst an der Grenze. Eine Wildgans schreit.
Tau näßt den Fluß. Die Nächte sind so weiß,
Mondhell, als wenn es wieder Kindheit wär.

O junge Brüder, wo ihr jetzt wohl seid!
Kein Heimathaus, das euer Schicksal kennt.
Schrieb ich die Briefe, ach, an euch umsonst?
Und ringsumher der Krieg noch immer brennt. *Eich*

Freunde in der Not

Gewölk zieht auf, so schnell wie man öffnet die Hände.
Wie man sie dreht, so schnell beginnt es zu regnen.
Wie oft geriet ich in solche Wetterwende:
Der Schwarm der Freunde vermied es, mir zu begegnen.

Wie aber hielten Guan und Bau, – denkt ihr daran, ihr Herrn? –
Fest zueinander doch in Armut und Leid!
Heute hört man von solchem Vorbild nicht gern
Und schüttelt es wie lästigen Staub sich vom Kleid. *Eich*

Fremde

Nie war der Fluß so grün, das Weiß der Vögel weißer,
So blau der Berg, das Rot der Blüten heißer.
Und doch vergehts, das Jahr, gleich allen, wies auch brennt,
Und niemand ist, der mir den Tag der Heimkehr nennt. *Eich*

Leuchtkäfer

Am Hexenberg in der herbstlichen Nacht
Leuchtkäfer schwirren.
Durch des Fensters Vorhang sie kommen herein,
durchs Zimmer sie irren!
Die Zither gibt einen heimlichen Klang,
und sie erschrecken.
Wie Sterne schwärmen sie wieder hinaus
um Dächer und Ecken.

Sie fliegen am Brunnengeländer umher,
einzeln, am feuchten.
In Blütenkelche verirren sie sich
und machen sie leuchten.
Weißhaariger Alter aus fernem Land
schaut von einem zum andern:
Wird er zu Hause sein heut übers Jahr
oder immer noch wandern? *Wilhelm*

Reisenacht

Ein zartes Gras im leichten Wind am Strand
Und steiler Mast und nichts als Nacht und Boot.
Die Sterne hängen still im weiten Raum
Und Mond quirlt in des Großen Stromes Flut.

Hat Ruhm mir, was ich dichtete, gebracht?
Vom Amte mußt ich scheiden alt und krank –
Vom Wirbelwind verweht – wem gleich ich schon?
Der letzten Möwe in der Luft am Sand –

Ulenbrook

Der Turm am Dung-ting-See

Was man mir früher vom Dung-ting erzählte,
Staunend vernahm es mein Ohr.
Heut endlich steige ich selber die Stufen
Zum Yo-yang-Turme empor.

Sehe, wie Wu und Tschu hier sich scheiden,
Östliches, südliches Land,
Wie Tag und Nacht ineinander verfließen,
Der Himmels- und Erdenrand.

Nun bin ich da, doch als Alter und Kranker.
Im Schiffe fuhr niemand als ich.
Kein Brief von denen, welche auf Erden
Mir teuer, erreichte mich.

Das Grenzgebirge erfüllt im Norden
Von Kriegern und ihren Rossen –
Ach, ans Geländer des Turmes gelehnt,
Sind mir die Tränen geflossen.

Eich

Tsen Schen

Frühlingshaftes von der Klosterzelle

Der alte Liang-Park dämmert schon
beim wirren Flug der Krähen:
Am Himmelssaume ragen noch
vereinzelt zwei, drei Hütten.

Vorm Haus die Bäume wissen nichts
von menschlichem Vergehen:
Der Frühling kam, und wieder rinnt
die alte Zeit der Blüten.

Ulenbrook

Am Oberlauf des We

Ihr We-Gewässer, ihr fließt hin gen Osten
Und einmal findet ihr mein Heimatland.
Euch übergeb ich hier zwei Tränenflüsse:
Tragt hin sie zu des alten Gartens Strand!

Gundert

Vor der Buddhahalle des Klosters „Halte fest"

Hoch ragt die Halle bis zu Himmelsgöttern.
Ich stieg empor, der Sonne näher zu.
Frei breitet sich das Grün der tausend Gärten,
Und Nebel trauern über alter Herrscher Ruh.

Wie niedrig ist der Nan-schan von der Zinne,
Und von der Scharte aus der We wie klein!
Schon lange ahnte ich das ewig Reine
Und huldigte dem Heiligen im goldnen Schein.

Gundert

Gau Schi

Heimatklänge in der Steppe

Es schneit so rein vom Steppenhimmel,
Weidpferde traben herbei.
Hell scheint der Mond. Vom Lagerturm klagt
das Lied aus einer Schalmei:
„Es fallen die Pflaumenblüten" – doch ich
frage: wo fallen denn die?
Ein Windeswehen zur Nacht erfüllt
Lager und Bergwüstenei.

Gundert

Neujahrsnacht in der Fremde

Herbergskammer, kaltes Licht –
ohne Schlaf allein.
Wie den Gast es übermannt,
dies Verlassensein.
In der Heimat heute nacht
wissen sie mich weit.
Greis, und morgen wiederum
in ein Jahr hinein.

Gundert

Dschang We

Einem Freund zum Trost

Vor Jahresfrist zum Dienst geprüft,
blieb dir das Glück versagt.
Noch jetzt vergeht bei fremder Kost
die Zeit dir in der Stadt.

Doch neid ich dich, wie du beim Wein
so fröhlich zechen magst,
Und neide dich, wie ohne Geld
du nimmermehr verzagst.

Den fünf Geadelten von heut
ist jeder Gast gering:
Ich neide dich, daß nie dein Weg
zum Haus der Fünfe ging.

Den sieben Hohen dieser Zeit
ist alle Macht im Staat:
Ich neide dich, daß nie dein Fuß
der Sieben Tor betrat.

Der rechte Mann trifft sicher noch
den Freund, der sein begehrt.
Das Leben nimmt sich Zeit. Ein Jahr
ist nicht der Rede wert.

Gundert

Dschang Tschau

In Gedanken an den Gatten

Die Pfeilkrautblätter hingen braun;
da haben Abschied wir am Fluß genommen.
Nun öffnen Lotoskelche sich:
noch ist mein Herr nicht heimgekommen.

Vom Wasser dort am Ufer aber kann
mein Traum nicht weichen.
Du, sagt man, weilst auf jenem Berg,
um den die Phönixpaare streichen.

Debon

Djia Dschi

Am Dung-ting-See

Die Ahorn am Ufer stehn stumm und verwirrt:
es fielen der Blätter so viele.
Des Dung-ting-Sees herbstlich sich färbende Flut
erfährt erst am Abend die Woge.

Dann steigen beherzt wir ins flugleichte Boot,
zu suchen nicht Nähe noch Ferne:
Nur schneeweiße Wolken im hellichten Mond,
sie trauern um Hsiang, die Getreue.

Ulenbrook

Liu Fang-ping

Herbstnacht im Boot

Ein Teich im Wald. Ich treibe des Nachts im Boot.
Insekten summen. Lispelnder Wind im Rohr.
Die Schatten folgen sacht dem Monde.
Alles was Stimme hat, spricht vom Herbste.

Das Jahr ward leer; nun sinkt es dem Abend zu.
Heimwärts im Traum: beklommen das Herz vor Weh.
Im Westen fern, jenseits der Wolken, –
Wo mag sich dort der I-Fluß winden?

Debon

Frühlingsempfindlichkeit

Durch seidne Fenster sinkt der Tag,
das sachte Zwielicht kommt:
Im Goldgemach ist niemand mehr,
zu sehn der Tränen Lauf.

Verschwiegen liegt der leere Hof,
der Frühling will vergehn:
Die Birnenblüte füllt den Grund,
nicht öffnet sich das Tor.

Ulenbrook

Liu Tschang-tjing

Lautenspiel

Im sanften Rauschen deiner sieben Saiten
Hör ich den Wind im Frost durch Föhren gehn.
Ich hab es gern, dies Lied aus fernen Zeiten,
Das Menschen unsrer Tage kaum verstehn. *Debon*

Nochmals Abschied

Die Gäste gingen fort. Die Affen schrein.
Über dem Strom fällt nun das Dunkel ein.

Dem Menschen ist bestimmt ein Herz das blutet.
Dem Wasser ist bestimmt, daß stumm es flutet.

Wir beide sind verbannt. Das Glück verblich.
Du aber mußt noch weiter fort als ich.

Vor grünen Bergen, tausend Meilen weit,
Versinkt ein kleines Boot in Einsamkeit. *Debon*

Friede

Im weiten Rund ein einziger Rauch von hoher Wacht.
Das grenzenlose Grenzland nur noch dürre Steppe.
Am Berge Lung das Wachtor, was bedarfs der Riegel?
Es ruht in alle Fernen hin die Hunnenjagd. *Gundert*

Tjiän Tji

Die Umkehr der Wildgänse

Was wendet ihr am Siang die Flügel
 empfindungslos?
Der Strom ist hier so grün, der Sand so rein,
 und an den Ufern wuchert Moos.

Ich weiß: das macht,
ihr könnt den Kummer nicht ertragen,
Den zwanzig Saiten, Nacht um Nacht,
zum Monde schlagen. *Debon*

Vor den Toren des Kaisers

Im zweiten Mond. Da fliegt der Goldpirol
im kaiserlichen Garten.
O Frühlingsschlösser, Purpurstadt,
die, noch im Dunst, des jungen Tages warten!

O Hall der Glocken vom Palast,
der über Blüten fern verklingt,
Dort wo zum Teich der Weide Grün,
vom Regen dunkel, niedersinkt!

Nur mich kann dieser lichte Friede kaum
aus Not und Bitternis befrein.
Mir stand im Sinn, dem Himmelssohn
des Lebens langen Tag zu weihn.

Ihm schrieb ich Lieder Jahr um Jahr
und konnte niemals Gunst empfangen.
Ich schäme mich in meinem weißen Haar
vor seines Hofstaats bunten Spangen.

Debon

Im Spätfrühling zum Berggarten heimkehren

Im Talgrund schon der Frühling starb,
die Amsel seltner singt:
Dem Tulpenbaum der Flor erlosch,
die Mandelblüte fliegt.

Da rührt der dunkle Bambus mich,
der dort am Berghang sinnt:
Ein unverändert klares Bild,
das meiner Heimkehr harrt.

Ulenbrook

Han Hung

Dem Freund zur Abfahrt nach Wu-dschou

An Stromes Rande der Häuser wohl tausend,
die Wolken von Tschu im Kranz,
Auf Stromes Lauf die flatternden Blüten,
Schneeflocken in wirbelndem Tanz:

Im lenzlichen Wind, wenn die Sonne dann sinkt,
wer wird sich mit dir dran freun
Im Boot mit dem bläulichen Reiher am Bug?
Ein Sohn und Genießer des Lands.

Gundert

Dschang Dji, der Ältere

Ankern zur Nacht

Der Mond versank. Feldraben schrein
im frosterfüllten Raum.
Ahorn am Strom. Feuer der Fischer
dringen in Gram und Traum.

Von Gu-su, fern, im Kloster am
Einsamen Berg erwacht
Ein Glockenton, – sinkt auf den Fremden
im Boot die Mitternacht.

Debon

We Ying-wu

Einem Freunde

Ich denke dein, des Herbstes Nacht durchwandelnd.
Mich friert. Ich sage flüsternd ein Gedicht.
Tief in den Bergen fallen Tannenzapfen.
Ob du nun schläfst? Ich weiß, auch du schläfst nicht.

Debon

Wohnen in der Stille

Ist auch den Menschen verschieden der Rang: Geehrte, Geringe, –
  Treten sie nur aus dem Tor, suchen sie alle Gewinn.
Ich allein war nie von den äußeren Dingen gezogen;
  Habe das eine Gefühl: stille zu wohnen, begehrt.

Leise ging in der Nacht ein rauschender Regen vorüber.
  Kamen die Gräser hervor? Ahnend erwäg ichs im Schlaf.
Siehe, schon liegt auf dem grünen Gebirg ein leuchtender Morgen!
  Und um das niedere Dach zwitschern die Spatzen im Kreis.

Manchmal auch ists, daß den Bruder im Geist, Einsiedel ich finde;
  Oder ich folge dem Freund Reisigsammler den Pfad.
Ihnen beiden auch ward es zuteil, sich froh zu bescheiden.
  Sag nicht, wir achteten drum ehrbare Bürger gering! *Debon*

Lu Lun

An der Grenze

Der Mond war schwarz. Wildgänse flogen hoch.
Der Hunnenhäuptling aber entwichen, entflohn!
Wir haben sie weit auf leichten Rossen gejagt.
Der Schnee lag dicht auf Schwertern und Bogen. *Debon*

Si-kung Schu

Zum Geleit für die Heimkehrer nach Befriedung des Aufstandes

In unruhiger Welt zogen sie vereint nach Süden.
Nun die Zeiten klarer sind, wandern sie nach Norden, einzeln.
Die Haare bleichten in fremden Bezirken.
Nun sehen sie des Landes blaue Berge.

Bei hellem Mondlicht kamen sie vorbei an Mauertrümmern
Unter der Fülle der Sterne,
Wo frierende Vögel zu Scharen im gelben Grase hocken.
Überall begegnen dem Wanderer ernste Gesichter. *Franke*

Li I

Feldzug im Norden

Seit Schnee die Himmelsberge deckt,
  wehts kalt vom Kuku-nor.
Aus einer Flöte tönt das Lied
  von bösen Weges Not.
Im Wüstensand die Kriegerschar,
  dreihunderttausend Mann,
Wie einer wenden sie den Hals
  und schaun sich an im Mond.

Gundert

Li Duan

Mondverehrung

Als den Vorhang sie gehoben,
Sah den neuen Mond sie droben,
Neigte sich ihm zugewandt
Demutsvoll. Ihr leises Flehen
Konnten Menschen nicht verstehen!
Nordwind blies durch ihr Gewand.

Forke

Meng Djiau

Das Lied vom fahrenden Sohn

Der Faden in Mutters emsiger Hand
Wird zu des Sohnes Reisegewand.

Es ist für die Reise so fest genäht;
Sie fürchtet, er komme zurück so spät.

Ob je das grüne Hälmchen am Rain
Kann vergelten des Frühlings Sonnenschein?

Debon

Tjüan Dö-yü

Erwartung

Er kam! Kam von des Reichs entlegenstem Ende!
Sie schlief nicht ein, saß nachts in ihrem Gemach;
Zog unter der Ampel die seidenen Brauen nach –:
Sie konnte nicht warten, bis morgen am Spiegel sie stände.

Debon

Dschang Dji, der Jüngere

Aus der fremden Stadt

In Lo-yang sah ich den Herbstwind gehn; –
ich habe voller Verlangen
Einen Brief an die Meinen daheim verfaßt,
von tausend Gedanken befangen.

Nun aber kommt mir die Angst, ich schrieb
in der Eile nicht alles nieder.
Und als der Bote sich wendet zum Gehn,
erbreche das Siegel ich wieder.

Debon

Han Yü

Der Verstoßene

Vater, ach, dein Sohn muß frieren,
Mutter, ach, dein Sohn muß hungern.
Hat er gefehlt, verdient er Schläge.
Doch warum triebt ihr ihn fort?

Nächtigen muß er auf öden Feldern,
Findet nicht Herberg und nicht Lager,
Nirgendwo eines Menschen Stimme,
Niemand, der sich ihm zugesellt.

Nun ihn friert, wie soll er sich wärmen?
Nun ihn hungert, wie findet er Speise?
Geht er suchen über das Heideland,
Streift der Reif ihm den nackten Fuß.

Einer Mutter wachsen Kinder,
Und man weiß, sie erbarmt sich ihrer.
Ach, es hat sich keine Mutter
Meiner Traurigkeit erbarmt.

von der Vring

Bergfelsen

Durch steiles Felsgeklüft führt mich der schmale Pfad
Im Dämmerlicht zum fledermausumschwirrten Kloster.
Ich ruhe auf des Tempels Stufen, wo vom Regen
Die Blätter der Bananen frisch, die Jasminblüten duften.
Der Mönch erzählt von all den vielen Buddhabildern,
Die in die Wand gehaun, sie seien Meisterwerke,
Und eine Fackel holt er, sie ins Licht zu setzen,
Doch sieht man wenig in dem ungewissen Flackern.
Ein Bett bereitet er sodann und kehrt die Matten
Und stellt vor mich die Abendsuppe hin,
Einfach Gemüse, schlichten Reis, doch für den Hunger gut. –
Tief ruht und still die Nacht, die hundert Stimmen
Der Zirpen, die den Tag durchlärmten, schweigen.
Dort hinter Felsenzacken kommt der Mond hervor
Und füllt mit seinem Schein des Fensters Gitterwerk.

Der Tag erwacht. Ich wandre einsam ohne Pfade
Talein, talaus, bergauf, bergab im Nebelrieseln.
Rot strahlt der Berg, das Tal mischt grüne Lichter
Und bunte Farben schimmernd in das Leuchten.
Oft treff auf Stämme ich von Kiefern oder Zedern
Uralt und stark, die wohl zehn Männer kaum umspannten.
Dem Bache folgend schreite ich mit nackten Füßen
Auf wohlgewählten Steinen klüglich durch die Flut.
Des Wassers Rauschen klingt mir in den Ohren,
Indes der Wind mit meinen Kleidern spielt. –

So macht Natur das Leben frei und fröhlich.
Wozu doch treten wir in das Getrieb des Alltags ein,
Wo wir gespannt in harte Sklavenketten?
Ach, könnten wir, die wir die Freiheit kennen,
Doch bis zum Alter solch ein Leben führen
Und nie zurück mehr müssen in der Menschen Schwarm!

Wilhelm

Nachtlied

Es schweigt die Nacht in reinen Lichtes Schimmer.
In stiller Zelle atme ich gemach.
Mein Leben, denk ichs, gibt mir nicht zu klagen.
Mein Streben hat dem Ziel mich nah gebracht.
Gut hab ichs, oh, was sollte mich noch grämen?
Denn was mich grämt, steht nicht in meiner Macht.

Gundert

Elegie

Morgens trat ich bei Hof entgegen den falschen Gesellen,
Ehe der Abend sich naht, war ich zur Wildnis verbannt.
Pflicht ist männlicher Kampf mit allem Gemeinen und Schlechten,
Mag der gebrechliche Leib fallen, was liegt mir daran!
Wolken decken die Gipfel, wie ferne die Heimat im Dunkel!
Schnee versperret den Pfad, scheuend versagt mir das Pferd.
Fernher kommst du, mein Freund, ich weiß, warum du gekommen:
Bricht mir müde das Herz, sammle am Fluß mein Gebein.

Wilhelm

Bo Djü-i (Bo Lo-tiän)

Gräser

Lieblich leuchten und weit über ebenen Flächen die Gräser;
Welken in einem Jahr und erstehen aufs neu.
Sengende Feuer im Herbst vermögen sie nicht zu zerstören:
Kommt erst der Frühlingswind, bläst er zum Leben sie an.

Fernhin dringet ihr Duft zu den alten Wegen, und an die
Trümmer der alten Bastei rührt ihr heiteres Grün.
Aber dem Fürstensohn sagen ade sie, wenn er hinauszieht:
Über der prangenden Flur fühlt er den Abschiedsschmerz.

Debon

Bessere Herren

Die mit den Pferden fast die Straße sperren,
Ihr Reitgeschirr seh ich im Staube blitzen.
Wer sind sie, die so stolz im Sattel sitzen?
Vom Hofe, sagt man, hochgestellte Herren.

Die im Zinnoberrock sind aus der Staatskanzlei,
Die mit den Purpurschnüren Generale,
In das Kasino reiten sie zum Mahle,
Die Kavalkade zieht wie ein Gewölk vorbei.

Aus Krug und Bütten schenkt man die Getränke,
Das Wasser wie das Land reicht Leckerbissen dar,
Vom Dung-ting-See Orangen wunderbar,
Geschnittnes Fleisch, Pasteten, Hecht und Renke.

Es ist gemütlich, wenn man satt gegessen,
Der Wein belebt die Stimmung ungemein.
Im Süden trockneten die Felder ein,
In Tjü-dschou hat man Menschenfleisch gegessen.

Eich

Herbsttag

Der Teich liegt wüst, nur öde Tümpel blieben.
Ins Fenster scheint die Sonne ernst und rein.
Viel Wind ward sanft vom Herbst herzugetrieben.
Sophora blüht, die Schote reift daneben.
Ein Mann weilt unter dem Gezweig allein,
Der Jahre einundvierzig zählt sein Leben.

Eich

Das kleine Haus

Das kleine Haus dem Dorftor angeschmiegt,
Wo schüttre Hecke Huhn und Hund durchsteigt:
Ein Graben teilt dem Südspalier das Naß,
Das Fenster leiht am Nordeck sich dem Blick.

Der Schober, frei im Garten, meist sehr klein,
Die Darre, die das Zimmer birgt, nie voll:
Was quält die Frage dich, ob weit, ob eng –
Sind Weit und Eng doch nur im Herzen drin.

Ulenbrook

Herbstmücken

Es schwirrt und schwirrt so dumpf am Fenster drunten,
Es summt und summt so tief im Bambus drinnen:
Herbst der Natur Sehnsucht dem Weibe ins Herz,
Regen der Nacht Wehmut dem Manne ans Ohr.

Ulenbrook

Verdorrter Maulbeer

Am Wegesrand ein alter dürrer Stamm –
Die Dürre kam ihm nicht an diesem Tag:
Die Rinde gelb, von außen wähnt man Saft,
Das Mark geschwärzt, von innen her verdorrt,
Gehts ihm wie vielen, die gebeugt der Schmerz
Und nicht die äußren Feuer ausgebrannt.

Ulenbrook

Ein Narr singt in den Bergen

Ein jeder hat seine Schwäche –
Die meine besteht im Verseschreiben.
Von tausend Verstrickungen bin ich schon frei,
Doch diese Schwäche ist mir geblieben.
Betrachte ich eine liebliche Landschaft,
Begegne ich einem treuen Freund,
Gleich muß ich die Stimme erheben und mich in Versen ergehen
Und in Entzückung geraten, als sei mir ein Gott erschienen!
Seit dem Tage, der mich nach Hsün-yang verbannte,
Hab ich die Hälfte der Zeit hier in den Bergen verbracht,
Und oft, wenn ich neue Verse vollendet,
Steig ich einsam empor zum Felsen im Osten.
Den Leib an den Abhang von weißen Steinen gelehnt,
Ziehe ich mit der Hand einen Zweig grüner Kassia herab.
Mein närrisches Singen macht Berge und Täler lebendig,
Die Vögel und Affen kommen zu lugen herbei.
Aus Angst, von der Welt verspottet zu werden,
Wählte ich fern von den Menschen diesen einsamen Ort.

Waley-Meister

Mein Leben

Mein Leben, wem gleicht es?
Dem einsam wachsenden Beifuß gleicht es.
Vom Herbstreif zerschnitten, von den Wurzeln gelöst
Treibt er weit im langen Winde dahin.
Einst schweifte ich umher zwischen Tjin und Yung,
Unter die Barbaren von Ba hat es mich jetzt verschlagen.
Vor langer Zeit war ich voll Feuer und ein Jüngling,
Jetzt bin ich alt geworden und still,
– nach außen hin freilich nur einsam und still, denn im innern Herzen blieb alles sprudelnd in Fluß.
Dürftig begegnete mir bisweilen mein Schicksal, bisweilen in Üppigkeit.
Gleichermaßen gelassen nahm ich Wohlergehen und Not hin.
Im Wohlergehen war ich ein riesiger Greif,
Der die Schwingen erhebt und bis an das blaue Gewölbe streift.

In der Not war ich ein Zaunkönig,
Dem ein Zweig genügte – er läßt sichs gefallen.
Wer sich auf diesen Weg versteht, er mag
Am Leibe Not leiden, sein Herz hat keine Not.

Eich

Das Amtshaus

Der hohe Baum, von neuem Laub erfüllt,
Mein Erdenwinkel, schatten-eingehüllt!
Was spricht man groß von eines Amtmanns Hause!
Es ähnelt einer Eremitenklause.
Dem Würdigen, der schlummert unter diesem Dach,
Fehlts nicht an Schlendrian und Muße mannigfach.
Nach dem Erwachen eine Schale Tee genießt er
Und im Umhergehn ein Kapitel liest er.
Die frühen Pflaumen sieht er schon ergrünen,
Die letzten Kirschen, rote Kugeln, fallen neben ihnen,
Und mit Orangen spielend seine kleinen Mädchen tollen,
Die ihn, am Ärmel zupfend, mit sich ziehen wollen.
Der Abend dieses Tages ist voll tiefer Ruh;
Die Vögel in den Nestern rufen nicht einander zu.
„Tjing-tjing", — die Elster nur lockt ihre Jungen,
Das „Ra" der Krähenmutter ist erklungen.
Meinst du, daß es bei Kräh und Elster nur so wär?
Auch ich zieh hinter mir die Küchlein her.

Eich

Trennung

Zum Walde kehren bei Sonnenuntergang die müden Vögel zurück.
Die schwebenden Wolken geben den Himmel frei und kehren zurück zu den Bergen.
Doch es gibt Wanderer auf dem Wege,
Fern, fern, die nichts wissen von Heimkehr.

Des Menschen Leben: bittere Hast und Jagd,
Eingeschlossen den langen Tag im Gewühl der Menge.
Was sie auch treiben: ist es das Gleiche auch nicht,
Ist es doch gleich darin, daß nimmer Muße sie finden.
In flachem Kahn kam ich in die Ämter von Tschu,
Ritt zu Pferde nach der Grenze von Tjin.
Der Schmerz der Trennung geht allen Windungen meines
Herzens nach,
Willig sich krümmend, als drehte er sich im Kreise.

Zum Wein will ich greifen und einen Becher voll trinken,
aufhellen das trübe Gesicht.

Eich

Vom herbstlichen Yangtse scheidender Schiffer

Wenn im Herbste die Schwäne
geordneten Zuges vorbeiziehn
Und die Klage der Affen
von morgens bis abends gehört wird,
Naht der Tag, wo verloren
sich fühlt auf den Booten der Schiffer
Und bald diese Stätte
verlassen noch andere Scharen.

Wenn dann sprühend und rieselnd
durchfeuchtet die Kleider der Regen
Und geruhsam und friedvoll,
doch hastig hinsegeln die Wolken,
Ach, so wird er nicht trunken
vom leuchtenden Weine aus I-tschang,
Weil im Nebel der Wogen
die Wehmut erschlägt fast den Mann.

Ulenbrook

Nachts vor Anker

Das Dunkel kam. Ich stieg den Deich hinan;
auf einer Düne blieb ich einsam stehen,
Spürte den Reif der Nacht,
vom Strom die Brise wehen.

Ich sah mich um: dort lag die Bucht,
lag nun der Ankerplatz versenkt und ferne.
Inmitten Schilf und Ried
ein leuchtender Punkt: die Laterne. **Debon**

Rückkehr zum alten Hause am We

Einstmals hab ich gewohnt, wo der We-Strom, der klare, sich windet.
Gleich zur Schildkrötenfurt kam man zum Tore hinaus.
Zehn der Jahre verflossen. Nun, da wieder ich kehre,
Beinah wärs mir geschehn, daß ich im Weg mich geirrt.
Während ich mich besann, wie in früherer Zeit ich gegangen,
Tief ergriff mich der Platz, wo ich umher-geschweift.
Weiden, damals gepflanzt, sie bilden ein hohes Gehölze,
Pfirsiche, damals gesteckt, wurden zu altem Bestand.
Weil mit Verwundern in den Erwachsnen von heute
Ich die Kinder von einst, alle die kleinen erkannt,
Fragte ich nach, wo von ehmals die alten Leute geblieben,
Und es hieß, daß sie halb füllten den Friedhof vom Dorf.
In dieses Leben treten wir ein als flüchtige Gäste,
Wo auch her und wohin, immer ist Kommen und Gehn.
Wie eine gläserne Murmel die glänzende Sonne am Himmel
Steigt sie herauf und versinkt, unbeständiges Licht.
Menschen und Dinge verändern und wandeln sich mit den Tagen.
Heb ich die Augen auf, traure ich über mein Los.
Kehr ich zurück die Gedanken, so sinne ich über mein Dasein,
Daß ich entkäm dem Verfall, daß es nicht Abend würd!
Unaufhaltsam zerschmolz im Gesicht die zinnoberne Röte
Unter dem weißen Haar, das auf dem Haupte sich mehrt.
Nur die drei Hügel jenseits des Tempelhoftores,
Ihre Farbe noch ist, wie sie in alter Zeit war. **Eich**

An den Mönch im abgelegenen Kloster

Ein halb Jahrhundert fast ging mir ins Land.
Die Schwelle werd ich fegen einst vor einer Felsenklause.
Wer wollte den mit weißem Haar in seinem Hause?
Der Jugend grüne Wildnis mir entschwand.
Heimsuchung ist unzählig mir geschehen,
Unrecht seit neunundvierzig Jahren ich erleide.
Zieh ich die Summe: Mach dich frei und scheide
Und schüttele bei gutem Wind den Staub der Welt vom Kleide!

Eich

Vorfrühling am Mäander-See

1

Vom Amt beurlaubt bin ich ungebunden,
Mein dürrer Klepper braucht mich nicht zu tragen.
Ich geh durchs Tor, wenn es beginnt zu tagen,
Am See hab ich den Frühling schon gefunden.

2

Der Wind hebt an, von Osten weich zu wehen.
Die Wolken öffnen sich. Die Berge hellen auf.
Das Eis zerschmilzt. Es brechen Quellen auf.
Der Schnee zerrinnt, läßt erste Gräser sehen.

3

Betaute Aprikosenknospe will sich röten.
Aus Nebel taucht der Weide unvollendet Grün.
Wildgänse: träge Schatten die vorüberziehn.
Verhalten fängt die Amsel an zu flöten.

4

Voll Frieden sind das Herz und das Gelände
Und wie das schöne Licht die Augen rein.
Im Rausch fühl ich der Welt mich nahe sein.
Mir half der Wein: die Krankheit ist zu Ende.

5

Zu bummeln ist der Taugenichtse Sache.
Das Einfache begehrt, wer in der Stille lebt.
Denk ich der Säle voller Bücher, lache
Ich, denen ungleich, die nach Ruhm gestrebt. *Eich*

Kiefernbäume im Hof

Was erblickt mein Auge unter der Halle?
Zehn Kiefern, die dicht ihre Stufen umstehen.
Unregelmäßig verstreut, nicht in der Reihe geordnet
Und auch in der Höhe seltsam verschieden.
Die größte Kiefer mißt dreißig Fuß,
Die kleinste nicht einmal zehn.
Sie tragen das Merkmal von wildem Wuchs,
Und niemand weiß, wer sie einst pflanzte.
Sie neigen sich über mein Haus mit dem Dach aus
  blauen Ziegeln,
Sie greifen mit ihren Wurzeln unter den weißen Sand
  der Terrasse.
Am Morgen und Abend besucht sie der Wind und der Mond,
Ob Sonnenschein oder Regen, frei sind sie von Staub und
  von Schmutz.
In den Herbststürmen raunen sie dunkle Gesänge,
Vor der Sommerglut bieten sie kühlenden Schutz.
Auf der Höhe des Lenzes hängt abends der sanfte Regen
An ihren Nadeln wie schimmernder Perlenschmuck.
Am Ende des Jahres, zur Zeit des Schnees,
Überziehen sich die Zweige mit Mustern von glitzerndem Jade.
Mit jeder Jahreszeit wechselt ihr Ausdruck
Und eifert darin jedem Laubbaume nach.
Letztes Jahr, als ich dies Anwesen kaufte,
Spotteten meiner die Nachbarn und nannten mich einen
  Narren,
Weil doch ein Hausstand von zwei mal zehn Seelen
Umziehen sollte, nur ein paar Kiefern zuliebe.
Was taten sie mir nun Gutes, seit ich ihr Leben teile?
Sie lockerten nur ein wenig die Fesseln meines Herzens.
Dennoch sind sie mir „nützliche Freunde“
Und erfüllen den Wunsch nach „Gesprächen mit Weisen“.
Bedenk ich jedoch, daß ich in Gürtel und Kappe noch immer
Als Mann von Welt den irdischen Staub durchwandre,
So zieht sich vor Scham mein Herz oft zusammen,
Weil ich nicht würdig bin, Herr meiner Kiefern zu sein!

Waley-Meister

Um Mitternacht

Die Wasseruhr im Schlosse gibt drei Schläge
zur halben Nacht.
Der kühle Mond füllt Pinien und Bambus,
der Wind geht sacht.

Zwei Menschen sitzen still und ohne Worte
um Mitternacht.
Sie haben sie im Schatten heilger Bäume
herangewacht.

Wilhelm

Freude am Regen

Wessen Garten zu trocken, der sorgt sich um Malve und Veilchen,
Wessen Acker zu trocken, der sorgt sich um Bohn und Getreide.
Jedem sind eigene Sorgen bereitet in Zeiten der Dürre.
Ich, wenn es trocken ist, bange um Kiefer und Bambus.

Ob die Kiefer verdorrt, der Bambus dürr wird und abstirbt,
Ach, mir sind Auge und Herz gleichermaßen in Unruh.
Denn zu besprengen sind Blätter, und dürstende Wurzeln zu gießen.
Mühsal den Knechten ists, soviel Wasser zu schöpfen.

Aber ein fettes Gewölk plötzlich von Osten her aufsteigt.
Kühlender Regen erfrischt, da Schauer um Schauer sich folgen.
Ähnlich wie das Gesicht sich reinwäscht vom Schmutz und vom Staube,
Und wie das Haupt empfängt köstlichen Öles Bad.

Mählich gewöhnt, die tausend Stengel sich feuchten,
Fröhlichen Mutes ergrünen wieder die zehntausend Blätter.
Tausend Tage begießen und sprengen bringt nicht soviel Nutzen,
Wie es der einzige Guß feinen Regens vermag.

Und ich begreife: lebende Seelen zu leiten
Unterscheidet sich nicht von der Gräser und Bäume Belebung.
Drum, ihr Vollkommnen und Weisen, denen zu herrschen gegeben,
Tuts, wie die Harmonie waltet im Ablauf des Jahrs.

Eich

Als ich auf dem Pferde einschlief

Weit war unser Weg an diesem Tage
Und immer noch fern das Ziel.
Mühsam hielt ich die Augen offen,
Bis ich ermattet in Schlummer verfiel.
Am rechten Ärmel hing noch die Peitsche,
Der Linken waren die Zügel eben entglitten.
Plötzlich erwachte ich. Es sagte der Knecht mir:
„Wir sind kaum hundert Schritt inzwischen geritten."

So weilen Leib und Seele nicht an dem gleichen Orte.
Langsam und schnell — wer könnte vereinen die beiden Worte!
Der Schlaf auf dem Pferd, einen Augenblick währte er bloß,
Im Traume aber erschien er mir grenzenlos.
Es sagen die Weisen, und was sie sagen ist wahr:
Gleich einem kurzen Schlafe sind hundert Jahr.

Eich

Frühling am See

Wie ein Gemälde ist es am See, seit der Frühling gekommen.
Wirr durcheinander die Gipfel umkränzen die Fläche des Wassers.
Immer mit anderem Grün vor die Berge die Kiefern sich drängen
Und in die Wellen der Mond zeichnet den Perlenball.
Fäden aus blaugrünem Teppich, so zieht es den Reis aus dem Boden.
Neues Schilf sich entrollt als seidene Schürzenbänder.
Ach, noch immer vermag ich es nicht, mich vom Hang-dschou zu trennen.
Was zur Hälfte mich hält, ist es doch dieser See.

Eich

Herbstabend

Schon dampft das Land in frischem Nebelsprühn,
Am Teichesrande geht ein leiser Wind:
Da schreckt der Frost die Grille nah der Wand,
Ich hör im Schlaf des Kranichs Käfiggang.

Das alte Antlitz folgt des Herbstes Lauf,
Gedämpfte Neigung wird den Dingen gleich:
Der Nacht, die kommt als Reif für grob und zart,
Dem Birnenblatt, das halb sich neigt dem Rot. ***Ulenbrook***

Ich habe meinen Kranich verloren

Er ging verloren, weil
Der Schnee vorm Hause stob,
Er ist verschwunden, weil
Sich meerwärts Wind erhob.

Gefunden hat sich wohl
Hoch oben ein Gefährte,
Da seit drei Nächten er
Nicht heim zum Käfig kehrte.

Sein Ruf, unhörbar hier,
In blauen Wolken hallt,
Und in den hellen Mond
Eintauchte die Gestalt.

In meinem Haus und Zimmer
Wer aber wird fortan
Noch als Gefährte bleiben
Bei einem alten Mann?

Eich

Ein Sommertag

Im Fenster östlich
Die frische Helle,

Der Wind weht nördlich
Kühl vor der Schwelle.

Ob sitzend, ob liegend
Tagsüber – immer
Bleibe ich drinnen
Im gleichen Zimmer.

Drinnen im Herzen
Nichts hält mich fest,
Gleich dem, der hinausgeht
Und alles verläßt.

Eich

Wie mir zumute ist

Die Blüte fällt wie Schnee. Mein Scheitel ist bereift von weißem
Schimmer.
Verwirrt starr ich die Blüte an. Die Schwermut mehrt sich
immer.
In meiner Jugend habe ich von Ruhm geträumt,
Der Jugend Übermut darob versäumt.

Die Jahre drehn sich wie ein Rad. Der Frühling bleibt nur
kurze Weile.
Die Stunde teilt sich und die Qual der Nacht ist ohne Eile.
Im gleichen Jahr geboren wohl wie Tsui und Liu
Bin ich doch älter als die Freunde. Sagt, wie ging das zu?

Eich

Mit sechsundsechzig Jahren

An siebzig Jahren fehlen mir noch vier.
Lohnt sichs, von diesem Leben noch zu sprechen?
Die Trauer sucht mich heim bei fremdem Tod,
Und wiederum frohlocke ich: Noch atm ich hier.

Wie kann man schwarz das Haupthaar sich bewahren?
Was ist zu tun, daß nicht das Aug sich trübt?
Von den Gefährten blieben Seelentafeln,
Indessen Knecht und Magd Urenkel wachsen sehn.

Im magern Kreuz drückt wie Metall die Schwere,
An den verfallnen Schläfen häuft sich Schnee.
Was tu ich, wenn sich die Gebrechen mehren?
Zeit ists, daß ich mich anvertrau dem Tor der Leere.

Eich

Aufenthalt im abgelegenen Kloster

Von Namen, aber alt und nicht bemüht mehr um Karriere,
Sucht ich die Ödnis statt des Amtes Last.
Krank und voll Trägheit, ließ ich Haus und Garten
Und wählt ein abgelegnes Kloster mir zur Rast.

Ein Bastkleid tausch ich ein für Spang und Ohrgehänge,
Ein Knotenstock ersetzt mir Pferd und Wagen.
Ich geh und bleib, und keiner, der mich zwänge.
So reinigt sich der Leib, ich fühl es mit Behagen.

Am Morgen wandl' ich südlich auf die Höhen,
Nachts ruh ich bei der Klause unterwärts.
Die tausend Dinge, die die Menschenwelt bewegen,
Berühren nicht mein Herz.

Eich

Liu Yü-hsi

Päonien

Vor einer Blütenwand saß ich beim Zechen.
Der Becher schlug mein Herz in süßen Bann.
Da ward mir angst, die Blumen könnten sprechen:
Wir blühen nicht für einen alten Mann!

Debon

Die Weise vom Herbstwind

Der Herbstwind weht. Woher ist er gekommen?
Sein Sausen treibt die Gänse durch den Raum.
Von Morgen schon fuhr er durch Strauch und Baum:
Der bange Gast hat ihn zuerst vernommen.

Debon

Dem Hofkapellmeister Ho Kan gewidmet

Das waren mehr als zwanzig Jahre,
  die von der Kaiserstadt ich war verbannt.
Nun hör ich neu der Musikanten Klänge
  und bin von Schmerz und Wehmut übermannt.

Du bist der einzige von allen Freunden,
  den ich im alten Amte wiederseh;
Hast angestimmt mit Fleiß und mir zu Ehren
  die Weise von der Stadt am We.

Debon

Liu Dsung-yüan

Heimweh

Wenn du nach Norden ziehst,
Frühling, wann kommst du nach Tsin?
Nimm meinen Traum dorthin.
Trag in den alten Garten
Den Traum, daß ich zu Hause bin.

Debon

Fluß im Schnee

Nun ist erstarrt der Vögel scheuer Flug
  auf allen Fluren.
Verweht von Schnee auf allen Wegen sind
  der Menschen Spuren.

Ein alter Mann allein, in seinem Kahn,
  mit dichtem Schilfbehang und weitem Hut,
Sitzt einsam noch und angelt
  in der verschneiten Flut.

Debon

Als ich hörte, daß Bo Lo-tiän zum Konnetabel degradiert sei

Der Lampe Licht verglomm; die Schatten
verschwammen an der Wand.
An diesem Abend sagte man,
du seist versetzt, – verbannt.

Ich lag dem Tode nah: nun fuhr
bebend ich auf vom Pfühl.
Der Wind drang ins Gemach eiskalt;
durchs Fenster Regen fiel.

Debon

Wang Djiän

Die junge Frau

Zur Küche steigt hinunter sie am dritten Tag.
Sie wäscht die Hände sich, um eine Suppe anzurühren;
Weiß nicht, ob sie der Schwiegermutter schmecken mag,
Und läßt zunächst die kleine Schwägerin probieren.

Debon

Dschang Hu

Kaiser Hsüan-Dsungs Melodie vom Glöckchen in der Regennacht

Es klang ihm ein Glöckchen im Regen der Nacht,
und als er dann wieder in Tjin,
Hat Dschang Hui dazu die Musik gemacht –
es ergreift immer neu ihr Sinn.

Noch redet man lange vom alten Herrn,
wie er weinend den Meister belehrt.
Hell schimmert im Mond die Stätte des Glücks:
wohnt keine Seele mehr drin.

Gundert

Du Mu

Frühling stromsüd

Pirole flöten rings. – Ein Rot im Grün.
Ein Fluß. Ein Dorf am Hang. Des Beisels Fahne.
Vierhundertachtzig Tempel, ruhmgekrönt;
Und hoch im feuchten Dunst wieviel Altane.

Debon

Lebewohl

1

Schmiegsam und süß mit ihren dreizehn Jahren,
Ein Zweig am Strauch Muskat im zweiten Mond –
Wo sich in Yang-dschou Perlenfenster öffnen,
Ists auch auf Meilen nicht, daß ihresgleichen wohnt.

2

Sie schien empfindungslos bei unserm letzten Mahle
und war doch im geheimen bang.
Sie saß vor ihrer kleinen Schale
mit einem Lächeln, das ihr nicht gelang.

Die Kerze selbst hat mitempfunden,
als fühle sie des Scheidens Gram:
Hat für uns beide noch die langen Stunden
geweint, bis hell der Morgen kam.

Debon

Zum Fest im Neunten Mond droben auf dem Tsi-schan

Der Strom benetzt am herbstlichen Gebirg
den Schattenhang. Die wilden Gänse fliegen.
Da bin mit Freunden ich, den Krug zur Hand,
hoch auf den Luginsland gestiegen.

Wir treffen doch so Wenig in der Welt,
was uns den Mund zu lautem Lachen weitet.

Steckt Chrysanthemen euch ins Haar! Ihr müßt
voll Blüten sein, wenn ihr mich heimbegleitet!

Ein Riesenrausch soll notabene
der Stunde danken, die uns freundlich glüht!
Was nützt das ganze Hoch-am-Berge-Lehnen,
dies Zierlich-Gramsein einem Tag der flieht?

Es war doch stets das alte Lied
und bleibt es ferner, will mir scheinen:
Du brauchst nicht unbedingt der Herzog Ging zu sein,
um dir das Kleid mit Tränen naß zu weinen.

Debon

Herbst

Weit in des Berglands schroffen Einsamkeiten
schlang sich ein Pfad durch Felsen hoch hinaus.
Und wo die Wolken weiß sich niederneigten,
da stand ein Haus.

Ich hielt den Wagen an und sah mit Staunen
den Ahornwald im späten Abendlicht.
Das Laub im Frost: so rot sind selbst die Blüten
im zweiten Monde nicht.

Debon

Nach dem Rausch das Kloster

Auf einen Hub – die blanke Nashornschale
der Länge nach geleert:
So hielt ich zehn der frühlingsgrünen Jahre
die Pflichten hoch und Amtes Würde wert.

Nun hängt in Fäden dünn das Haar;
da sitz ich still, wo Mönche meditieren.
Der Teedampf kräuselt sich; steigt in den Wind,
in dem sich Blüten leicht verlieren.

Debon

DSCHU TJING-YÜ

Palastliedchen

Leise schloß zur Blütenzeit
sich der Höfe Tor.
Und die Schönen sammeln sich
auf dem Prunkbalkon,
Voll das Herz, zu reden frei,
was im Schloß geschah.
Papagei ist da: es wagt
keine einen Ton.

Gundert

LI SCHANG-YIN

Die Mondfee

Auf den perlmuttenen Blenden
dunkeln die Schatten flackernden Lichts.
Sterne des Morgens enden,
langsam versinkend im Nichts.

Reuen mag des Mondes Fee,
daß sie raubte den göttlichen Trank:
Schwarz-blauer Himmel, smaragdene See,
einsam, schweigend, die Nächte lang.

Debon

TSAU SUNG

Das Jahr 879

Nun stampft an Berg und Brink der Krieg vorbei.
Das Volk freut sich umsonst auf Holz und Heu.
Schweig mir von Ehren, Adel, Fürstentum!
Zehntausend Knochen gehn auf eines Feldherrn Ruhm!

Debon

Tsui Tu

Nachtgedanken

Durch wilde Felsgebirge führt der Pfad,
 Gefahr und Unrast treiben mich bergan.
Rings starren Felsen, Schnee und dunkle Nacht,
 einsame Lampe scheint dem fremden Mann.

Was ich geliebt, rückt immer weiter fort.
 Nur fremde Knechte folgen meiner Bahn –
Oh, wie ertrag ich diese Wanderschaft!
 Und morgen kommt ein neues Jahr heran.

Wilhelm

Li Pin

Heimweg

Über die Berge verschlagen,
 haben Briefe mich nimmer erreicht.
Winter und Frühling
 hab ich ertragen.

Nun da die Heimat in Sicht,
 wird es mir bang;
Ich wage nicht,
 die mir begegnen, zu fragen. *Debon*

Tsui Hu

An die Pforte geschrieben

Vor einem Jahr am gleichen Tag,
 da standest du am Tor,
Und deine Wangen spiegelten
 den roten Pfirsichflor.

Die roten Wangen, ich weiß nicht wo
 die nun geblieben sind;
Da noch die Pfirsichblüten, wie einst,
 lächeln dem Frühlingswind. *Debon*

Hsü Hsüan

Weidenzweige

Am kleinen Seehaus kam der Frühling gerade,
die letzte fahle Winterkälte schwand.
Kaum daß ihr Morgenstaat beendet, stand
die Schöne lehnend an der Balustrade.

Die Weidenzweige schwankten tief und machten
im Wasser eine wirre Wellenspur;
Sie wollten wohl das Mädchen hindern nur,
ihr helles Konterfei dort zu betrachten.

Debon

Li Yü

Unerfüllte Begegnung

Noch dringt ein junger Klang der Spielerin ins Ohr,
Den sie mit zarten Jade-Fingern meistert.
Noch sprüht aus ihrem Blick der Glanz hervor,
Worin das Licht der Herbstgewässer geistert.

In ihre Kammer hat sie sich gekehrt.
Die Regung unserer Herzen liegt in Stücken.
Vorbei das Spiel. Von Wirklichkeit entleert,
Kann nur im Traum das Herz sich zu ihr bücken.

Kasack

Nach der Melodie „Der Fischer"

Ein Ruder Frühlingswind,
ein Weidenblatt von Boot.
Ein Faden Angelschnur,
ein Haken leicht.
Das Ufer voll von Blüten,
Voll des Weins der Krug.
Zehntausend Morgen Meer –
da bin ich frei!

Hoffmann-Debon

Eine Hofdame

Wie hat sich die Schöne zum Abend geschminkt und geschmückt!
Nach Sandelholz duftet der Raum im Vorgenuß.
Sie trällert ein Lied. Der Freund atmet entzückt.
Das Spiel ihrer süßen Zunge weckt Wort und Kuß.
Überreif wie eine Kirsche ist ihr roter Mund.

Tupfen von Schminke röten das seidene Gewand.
Sie achtet der Flecken nicht, noch des verschütteten Weins.
Lässig streckt sie sich hin und spuckt galant
Einen Faden, den sie im Munde gekaut, mit eins
Ihrem Liebsten übermütig in das Gesicht. *Kasack*

Herbsteinsamkeit

Bergzüge mit fernhin getürmten Felsenlettern!
So weit der Himmel, so dunstig die Wasserflächen!
Blutrot färbt sich das Laub den Ahornblättern,
Wenn aus dem Herzen die Tränen der Sehnsucht brechen.

Astern erblühen. Dann schwindet der Blütenschimmer.
Zu hoch fliegen die Wildgänse, Botschaft zu bringen.
Solange der liebste Mensch nicht heimkehrt, dringen
Selige Winde und Mondlicht vergeblich ins Zimmer.

Kasack

Nach der Melodie „Nächtliche Raben"

(Aus dem Exil)

Vom Walde wich des Frühlings Rot
O viel zu schnell.
Wir ändern nicht, daß früh der Regen geht
  und abends Winde wehn.

Tränen auf dem geschminkten Gesicht
Machten mich trunken.
Wird das noch einmal sein?
So wie die Ströme stetig sich gen Osten senken:
  Leben senkt sich in Leid. *Hoffmann-Debon*

Wang Yü-dscheng

Ich treibe auf dem Wu-sung-Fluß

Schräg fällt die Sonne durch den dünnen Binsenschleier.
Mit meinem Lied allein bin ich den halben Tag.
Noch setzte ich nicht über. Nur ein Reiher
Ist da, der wohl, was mich bewegt, verstehen mag.
Dem Boote gegenüber kann ich ihn durchs Fenster sehen,
Wie er von Zeit zu Zeit sich reckt auf seinen Zehen. ***Eich***

Dieser Winter

Daß ich mit meinem Amt mich nicht beschwere,
Fahr hin, o blauer Dunst der Karriere!

Denn einmal will ich endlich überlegen,
Im Winter meinen kranken Leib zu pflegen.
Am Fenster, weiß und mit Papier verklebt,
Hör ich den Ton, wie Schnee herniederschwebt.
Das Feuer, sieh, im roten Ofen brennts,
Als wär mir eigens aufbewahrt der Lenz.
Ich rühre das Gebräu, das in der Kufe gärt,
Ameisengleich in Bläschen aufwärts fährt.
Der Bach im Tal beliefert meinen Tisch,
Die weißen Schuppen schab ich ab dem Fisch.
Und obendrein: es war ein gutes Jahr,
Da wird die Arbeit in den Ämtern rar,
Und Landrat, Kreisbeamter, Sekretär,
Die ähneln Tagedieben alle sehr. ***Eich***

Lin Bu

An die Mandelblüte

Alle duftgen Blumen sind zerflattert,
du allein bist frisch und hold.
Und ich hab dich liebevollen Sinnes
in mein Gärtchen hergeholt.

Feiner Schatten Kreuzgewirre zeichnet
  sich auf Wassers seichtem Grund,
Leise Düfte, Mondes Spiegelschwanken,
  heimlich lebt die Dämmerung.

Schneeig weiße Reiher nahen spähend
  mit gesenkter Schwinge sich.
Wüßten es die zarten Schmetterlinge,
  grämten sie zu Tode sich.

Glücklich bin ich, daß dir zu gefallen
  ich dies Liedchen ausgedacht.
Nicht begehr ich Goldpokal und Zimbel
  in der selig stillen Nacht. *Wilhelm*

Ou-yang Hsiu

Das Lied von der Prinzessin Ming

Im Hanschloß war ein schönes Mädchen,
  das nie des Herrschers Aug erschaut.
Man sandte sie in weite Ferne,
  in wilder Hunnen Reich als Braut.
Nun war die höchste Schönheit uns genommen,
  einmal verloren, kehrt sie nicht zurück.
Und ob man auch den Maler töten wollte,
  unwiederbringlich floh von uns das Glück.
Ach, wenn im eignen Schlosse solche Dinge möglich waren,
Wie will man herrschen unter fremder Stämme Scharen?

Mißlungen ist der kluge Herrscherplan,
  und um der Schönheit Ruhm ist es getan.
Im Scheiden fielen der Prinzessin Tränen
  wohl auf die Blumen an des Weges Rand.
Ein Wind erhebt sich um die Abendkühle,
  wo weht er wohl die Tränenperlen hin?
Die Schönheit muß auf Erden vieles leiden.
Schilt nicht den Wind und lerne dich bescheiden. *Wilhelm*

Sandsturm

Der Nordwind treibt den Sand,
Weithin liegt gelb das Land.
Auf steinigem Grunde trabt mein Pferd.
Von Trauer wird mein Herz verzehrt.

Im Winter jedem Ding
Ansehn und Farb verging.
Bei strahlender Sonne wachsen weiß
Kristallne Nadeln aus Schnee und Eis.

An hundert Tagen jährlich sind
Verstaubt die Wege unterm Wind.
Wie hielte sich da das Rot der Wangen,
Wie sollten Gesichter in Schönheit prangen?

Ich faß den Sattelknauf,
Peitsch an mein Pferd zum Lauf.
Im zweiten Monat erst macht das Jahr
Die Blumen blühen, den Reiswein gar. *Eich*

An einen Gesandten, der nach Norden ging

Von Han gesandt bist du nach Yu und Yän gegangen,
Die Länder windverweht und dunstverhangen.
Durch die Gebirge, über Flüsse trugest du
Das Zeichen deines Auftrags fernen Zielen zu,
Im Grenzzelt müßig weilend vor dem Übertritt,
Schalmeienklang beschleunigte den Ritt.
Zum Monde zielen die geschnitzten Bogen,
Im Frostwind wird der Fächer vors Gesicht gezogen.
Der Gastfreund löst, wo du geweilt zur Rast,
Das Schwert vom Ring und schenkt es seinem Gast.
Du hörst der Trommeln und der Hörner Schall
Den Wolken nahe auf dem Festungswall.
Dicht unterm ewigen Schnee grast Schaf und Rind,
Um hohe Zelte pfeift des Nordens Wind.
Im Becher ist der Reiswein kalt wie Eis,
Doch macht er deine Wangen rot und heiß.

Erst wenn im Felsgeröll sprießt dünnes Gras,
Das Frühlingsgrün der Ulmen füllt den Paß,
Erst wenn die Wildgans sich nach Norden wandte,
Kehrt endlich heim nach Süden der Gesandte! *Eich*

Das japanische Schwert

Weit ist der Weg zu den Kun-i-Barbaren und schwierig die Rückkehr.
Edelsteine zu schneiden verstünden sie, wie man berichtet.
Kürzlich ein kostbares Schwert zu uns gelangte von Nippon,
Aus dem Osten des Meers von einem Händler erworben.
Duftendes Holz ist die Scheide, von Fischhaut zum Schmuck überzogen,
Bronze und Argentan verzieren es golden und silbern.
Hundert Unzen zahlte ein Liebhaber, der es nun anlegt,
Weils ihm geeignet scheint, Spuk und Unheil zu wehren.

Große Inseln bewohnt jenes Volk, so wird uns berichtet,
Fruchtbar trage der Boden, es herrsche Zucht und Gesittung.
Einst mit der Kunde vom Elixier des Lebens betörte
Hsü Fu das Volk von Tjin und führte Kinder nach Japan,
Aber so lang, daß zu Greisen sie wurden, ist er geblieben.
Handwerker aller Art und Bauern sind mit ihm gefahren,
Schön und kunstvoll stellt man noch heute Geräte und Schmuck her.
Häufig kamen früher Gesandte, Tribut zu erstatten,
Und in gewähltem Stil sprachen und schrieben Gelehrte.
Hsü Fus Reise war vor der großen Bücherverbrennung.
Hundert Bände sind dort von verlorenen Schriften erhalten,
Strenge Erlasse verbieten jedoch, sie nach China zu schicken.
Niemanden gibts im Land, der die alte Sprache verstünde.

Früherer Herrscher Gesetz wird aufbewahrt von Barbaren,
Und die Weite des Meeres hindert den Zugang zu ihnen.
Dieser Gedanke rührt manchen zu Tränen. Indessen das Kurzschwert,
Rauh geworden vom Rost, verdient kaum, daß mans erwähne.
Eich

Wang An-schi

Frühlingsnacht

Das Räucherwerk verglimmt in goldener Schale.
Ein letzter Tropfen fällt – die Uhr verrann;
Und aus dem Park weht uns mit einemmale
Ein kühler Hauch des neuen Morgens an.

Wir waren wie betäubt. Vergebens hatten
Wir Schlaf gesucht: uns schlug die Pracht in Bann.
An der Verande ranken sich die Schatten
Der Blütenzweige mondverfolgt hinan. *Debon*

Schweigen

Das Bergbachwasser ohne Laut
den Bambus rings umströmt,
Am Rohre westlich blüht das Gras
vom Frühling weich umkost.

Der Schilfdachtraufe zugewandt
saß ich den ganzen Tag:
Ein Vogel nur zog ohne Ruf,
die Berge wachten still. *Ulenbrook*

Dank an Mëng-dsï

Zerfallner Leib, entschwebter Geist –
Kein Ruf kann ihn erreichen.
Liest du das Buch, das er uns ließ,
Siehst du sein wehend Zeichen!

Mag ihn bekritteln auch die Welt,
Umständlich schreibe er und breit –
Daß es ihn gegeben hat,
Tröstet meine Einsamkeit. *Eich*

Wang Ling

Sonne und Tränen

Wenn aus dem Auge auch die Tränen rinnen:
Sie kommen aus des Herzens Quelle drinnen.
Und scheint die Sonne hell in mein Gesicht,
Mit ihrer Glut zu trocknen mir die Wangen, –
Sie kann doch niemals in mein Herz gelangen;
Was Wunder, daß die Tränen trocknen nicht!
Und will sie hinter Wolkendunst verschwinden,
Wie soll ich Trost, wie meinen Frieden finden?

Debon

Su Schi (Su Dung-po)

Frühlingsnacht

Eine Viertelstunde
Der Frühlingsnacht –
Gold, was wäre es mir wert
In dieser Nacht!

Die dunklere Welt
Webt im Monde.
Reiner der Blumen Hauch
Unter dem Monde.

Vom Balkone hernieder
Ein Flötenlied.
O zarter Klang
Im nächtlichen Lied!

Und immer schwingt
Die Schaukel im Hofe.
Tief, tief die Nacht
Im dunklen Hofe.

Eich

Ich sehe auf nächtlicher Fahrt die Sterne

Der Himmel hoch, der Nachthauch feierlich.
Sternbilder, dicht wie Wald, gereiht auf hohen Rängen.
Die großen Lichter eins zum andern strahlen,
Die kleinen wirbelnd durcheinander drängen.

Die Welt, in der wir sind, beherbergt nichts,
Worin man sie dem Himmel kann vergleichen.
Nach Brauch der Menschen mag man ihn benennen,
Wie jedem Ding man Namen gab und Zeichen:

Das Sieb im Süden und im Nord den Scheffel.
Wer wird am Himmel Sieb und Scheffel kennen?
Wer braucht dort oben unser Hausgerät?
Und doch fällt es uns ein, die Sterne so zu nennen.

Wer ihnen näher wäre, wüßt ihr Was und Wie.
Die Ferne läßt sie unsern Dingen gleichen.
Das Unbegreifliche, es klärt sich nie
Und macht, daß bange Seufzer meiner Brust entweichen.

Eich

Wasserrosen

(Nach einem Bild)

Den Herbstwald fegt ein frischer Wind.
Das Wasser aus den Tümpeln verrinnt.
Flußuferwärts die Wasserrosen,
Von Wellen gewiegt, die Wellen liebkosen.
Halt Rast und sieh, wie der Herbst sie greift,
Daneben die dorrenden Astern bereift.
Die zarten Gesichter anmutig sich neigen,
Als mühten sie sich, ein Lächeln zu zeigen.
Doch ungerührt von der lieblichen Trauer
Naht ihnen die Kühle mit fröstelndem Schauer.
Wie den Mädchen, die warteten lange Zeit,
Daß einer in ihrer Armut sie freit:

Wie sind die spät Vermählten erschreckt,
Wie bald sie die ersten Falten entdeckt!

Wer malte dies Bild der Vergänglichkeit?
Den „Holzfäller“ hat er sich selber genannt,
Als der „Alte von Djiän-nan“ ist er bekannt. *Eich*

Fröhliche Gesellschaft im Garten des Einsiedlers

Da goldgelb sich die Aprikosen färben,
Der Weizen reift,
Und um die jungen Bambussprossen
Der flüggen Elster Kralle greift,

So wollen wir, der heitren Welt Genossen,
Dem frommen Mann zur Qual,
Mit unsern Schönen auf geschmückten Rossen
Durchstreifen Berg und Tal.

„Die Kanne her“! so meint der Tihuvogel.
Wie oft hat ers geschrien!
Doch endlich ist der Ruf des Kuckucks lauter,
Der mahnt, nach Haus zu ziehn.

Ist erst der Wein getrunken, und die Gäste
Zerstreuen sich durchs Tor,
Wie wird es still! Das letzte Licht der Sonne
Bricht durch die schüttern Bäume schräg hervor. *Eich*

Trunkenheit

Es gibt Wege, schwer zu gehen.
Nur der Trunkne erkennt sie.
Es gibt Worte, schwer zu sprechen.
Nur der Schlafende nennt sie.

Zwischen diesen Steinen
Ruht trunken der Meister im Sand.
In grauer Vorzeit gab es keinen,
Der dies als Weisheit erkannt. *Eich*

Meinem Neugeborenen zur feierlichen Waschung am dritten Tage

Die Menschen alle ziehn sich Kinder
und wünschen, daß sie klug und fein;
So galt auch ich für klug und weise,
und doch mißriet mein ganzes Sein.

Da wünscht ich schon, das Söhnlein wäre
einfältig, ja gar eselsdumm,
Und brächt es ohne Not und Fährnis
bis hoch ins Ministerium. *Ulenbrook*

Unser kleiner Sohn

Mein kleiner Sohn, er weiß noch nichts von Kummer.
Wo ich auch geh und steh, streicht er um mich herum.
Doch möchte ich den Kleinen schelten drum,
Mahnt meine Frau: „Er ist halt noch so dumm.
Doch ist er dumm, so ists bei dir noch schlimmer:
Was brummst du und bläst Trübsal immer?"
Ich setze mich, beschämt durch dieses Wort.
Sie fährt gelassen mit dem Abwasch fort.
Wie anders ist sie doch als Liu-lings Weib, das flennte
Und dem Poeten geizig seinen Wein mißgönnte! *Eich*

Mein Freund Ma

Freund Ma, von jeher so gelehrt wie arm,
Hat sich an mich gehängt seit zwanzig Jahren
Und wartet Tag und Nacht auf meinen Ruhm,
Damit er, um sich einen Berg zu kaufen,
Das Geld von mir entleihen kann. Ich selber,
Ich wünschte dieses Brachfeld mir zu pachten.
Wenn man vom Schildpatt Haare scheren will,
Wann hätte man genug für einen Teppich?
Ach, armer Ma, wie groß ist deine Einfalt!
Stets preist er mich als tugendhaft und weise,
Und ob auch alles lacht, er bleibt dabei,
Daß eins geschenkt bringt tausendfach Gewinn. *Eich*

Das Kuangtung-Mädchen

Keinen festen Platz auf dem Markt hat das Mädchen aus Kuangtung,
Wo es ihr grade gefällt, stellt ihre Körbe sie auf.
Drei oder viermal am Tage verändert sie manchmal den Standort.
Überall bietet zum Kauf Krabben sie an und Fisch.
Indigoblau ist ihr Rock, sie trägt keinen Strumpf an den Füßen.
Ach, wie übel sie riecht! Wie Affen riechen und Meerkatz!
Wer aber ist so vermessen, die Art ihres Landes zu schelten?
Wuchs doch in Bo-dschou einst Lü-dschu, die schöne, auf!

Eich

Resignation

Des Vogels Lust vergißt des Netzes Falle,
Des Fisches Lust vergißt des Köders Haken:
Was soll die Suche eines Ruheplatzes,
Wo doch nur Jagd und Hatz der Welt gewiß?

Ulenbrook

Mein Sophorabaum

O als ich kam zum ersten Mal,
War Gras und Baum verdorrt und fahl.
Die Sophora dem Herbst zum Trotz hob ihr Geäst
Und späte Grillen klammerten an ihrem Blatt sich fest.
Wieviel sind tot, wieviele noch am Leben?
Ich sehe da und dort die schlaffen Hülsen schweben.
Die Krähe friert, die auf dem Zweige lungert,
Krächzt ihre Klage, pickt im Schnee und hungert.
Zerbrochen hängt ein Nest am leeren Ast.
Der Mond, abnehmend, schwebt, ein trüber Gast.
Hat nicht ihr Schwingenpaar zum Flug die Krähe?
In Gram und Ende harrt sie aus in meiner Nähe.

Eich

Verwehendes Nichts

Verwehendes Nichts:
Die Spinne, die am bemalten Vordach ihr Netz webt,
Die Brücke über die Milchstraße, von Elstern gebaut,
Die staubbefleckten Blätter des Ölbaums im Regen,
Die reifbeflogenen Zweige der Weiden im Wind,
Der Rest von gefrorenen Tautropfen zur Morgenröte,
Verbleichendes Sternenlicht am blauen Gewölbe des Himmels,
Verwehendes Nichts
Und fester doch als der flüchtige Ruhm.

Verwehendes Nichts:
Die Blüte, die davonfliegt und den Boden nicht mehr berührt,
Der Regenbogen, der wie eine Brücke sich wölbt,
Im Traum geschaute Wolken übereinander geschichtet,
Im leeren Raume tausendfädig Altweibersommer,
Fata morgana hoch über dem grünen Meer,
Schriftzeichen, von Wildgänsen in den karmesinroten Himmel geschrieben,
Verwehendes Nichts
Und fester doch als das Leben des Menschen.

Verwehendes Nichts:
Der Sturm, der kalt über den Schaum der Wogen dahinfährt,
Ein Frühjahrsgewässer, das die Eisbrücke taut,
Die zögernd wie in Fäden herabfallenden Tropfen,
Der raschelnde Ton des Laubes, das niedersinkt,
Die Spur der Regentropfen auf dem Wasser des Flusses,
Die bunten Wolken, vom Wind getrieben am blauen Gewölbe des Himmels –
Verwehendes Nichts
Und fester doch als Reichtum und Ehre. *Eich*

Der Wassermann

Versäumt hat er die Jahre
Im Brunnen und ist ergraut
Im Haus aus weißem Sande
Und grünem Stein gebaut.

Der Alte läßt keine Fährte,
Taucht er hinab und hervor,
Nur zum Wasserspiegel
Steigen Blasen empor.

Was sollte noch er und die Welt
Miteinander zu schaffen haben?
Doch manchmal und ohne Grund
Erschreckt er die Hirtenknaben.

Kleidete er sich wie alle
Und machte ein andres Gesicht,
Die Welt und er hätten Ruhe,
Und man kennte den Alten nicht.

Eich

DSCHANG LE

Improvisation an einem Wintertag

Selig vertieft in sein Buch hat mein Kleinster die Blätter
Vollgeschrieben, als hätte genistet darauf eine Krähe.
Fröstelnd stellte mein Ehegespons ihr Spinnrad beiseite,
Setzt sich nah an die Tür und spielt ein Lied auf der Laute.
In meiner Kanne hab ich zur Herberg ein geisterhaft Wesen,
Heiter malts in die Luft etwas wie rosa Gewölk,
(– unternimms, nach drei Bechern noch grade zu stehen! –)
In das erstarrte Gesicht zaubert es Frühlingsglanz. *Eich*

TJIN GUAN

Frühling

Bei den Weiden draußen an den sandigen Gestaden
Und auch aus der Städte Mauern
Ist des Winters Kälte sacht gewichen.
Blumenschatten überall,
Oriolen flöten ihre kurzen Strophen.

Ich allein bin einsam-unstet,
Ohne einen Becher Weins.
Vom Schmerz der Trennung
Ist der Gürtel des Gewandes weit geworden,
Die Liebste ist nicht mehr zu sehen,
Und sinnlos sitze ich
Vor jadeblauen, hochgetürmten Abendwolken.

Ich denke an die Zeit, da ich die Feengleiche traf.
Wir flogen und verweilten beieinander
Wie ein Liebesentenpaar.
Wo ich einst Hand in Hand
Gemeinsam mit ihr wandelte,
Wer mag dort heute sein?
Wie ein am hellen Tage plötzlich
Abgerissener Traum deucht mich nun alles.
Verändert schau im Spiegel ich
Mein rotes Antlitz,
Dahin ist aller Frühling, ach!
Vom Wind verwehten Rots zehntausend Blütenblätter –
Gleich einem Meere meine Traurigkeit ...

Hoffmann

Hung Djüä-fan

Die Schaukel

An bemalten Pfosten hängen
Schräg die blauen Seile,
Frühlingsspiel dem jungen Mädchen
Vor dem kleinen Haus.

Flatternd hebt der rote Rock sich,
Übern Boden fegt er,
Dann fliegt auf das zarte Wesen,
Fährt ein Mensch zum Himmel.

Auf die bunte Schaukelleiste
Regnen rote Blüten,

Und die seidnen Seile wehen
In der Weiden grünem Schleier.

Hat die Schaukel ausgeschwungen,
Bleibt gelassen stehn die Schöne,
Und sie scheint mir überirdisch,
Eine Fee, vom Mond vertrieben. *Eich*

Dai Schi-ping

Dorf nach dem Krieg

Zwerg-Pfirsichbäume blühn verwaist
 und Blumen herrenlos;
Von Raben dicht umlagert dampft
 das feuchte, weite Moos.
Um alte Brunnen da und dort
 nur Mauerreste stehn ...
Hier ragten früher weit und breit
 Gehöfte, reich und groß. *v. Franyó*

Yang Wan-li

Ich sehe meinen kleinen Sohn im Spiel den Frühlingsochsen schlagen

Wie er den Frühling zu schlagen gelernt vom würdigen Alten,
Peitscht mein Söhnchen zuerst den Kopf des tönernen Ochsen.
Gelb sind die Hufe des gelben Ochsen und weiß seine Hörner,
Grün der Grashut des Hirtenknaben im schilfenen Mantel.
Heuer regte das Erdreich dank dem Regen sich fruchtbar,
Anders als das vergangene Jahr ist uns dieses voll Frohsinn.
Über die Ernte freut sich mein Sohn: er braucht nicht zu hungern.
Über die Ernte grämt sich der Ochs: sie macht ihn nicht fetter.
Sieh, wie die Weizenähren sich ballen, so kräftig wie Ruten,
Vollends der Reis: wie Perlen füllen die Körner den Scheffel.
Und nach dem großen Feld bestellt man sogar noch das Bergland.
Fügen muß sich der gelbe Ochs: wann hätte er Ruhe? *Eich*

Lu Yu

Mücken, Wasserjungfer, Spinne

Die Mücken, zarteste Wesen,
Kennen die Zeit,
Weissagen den Frühlingswind,
Der den Regen zerreißt.

Libellen, die Luft erfüllend,
Wissen es nicht,
Einmal ausgeflogen
Haben sie keine Stunde der Rückkehr

Fröhliche Wasserjungfer,
Auf und nieder schwebend,
Noch sind Mücken genug dir zur Beute,
Der Hunger kümmert dich nicht.

Die Spinne am Dachrand vorn,
Sie wartet deiner.
Fäden speiend webt sie ihr Netz,
Ihr Bauch gleicht der Pauke.

Eich

Vogelruf

Es braucht der Landmann den Kalender nicht,
Im Vogelruf kennt er die Jahreszeiten.
Im zweiten Mond hört er den Ziegenmelker:
Daß er sich mit dem Pflügen nicht verspäte.
Im dritten Mond hört er den Goldpirol:
Erbarm dich, Frau, die Seidenraupen hungern.
Im vierten Mond hört er den Kuckuck rufen:
Die Raupen kriechen auf das Spinngestell.
Im fünften Mond hört er die Stare schwatzen:
Die Saat ist zart. Daß nicht das Unkraut wuchre!
Man sagt, der Landmann habe es beschwerlich.
Bald möcht er Sonnenschein, bald möcht er Regen.

Was ihm Vergnügen macht, wer kann es wissen?
Er plagt sich um Beamtenwürde nicht.
Hat er ein hanfnes Hemd und Reis und Weizen, reicht es ihm.
Und auf dem kleinen Markte geht der Wein so weich wie Öl ein.
Gar manche Nacht muß man dem schwer Bezechten heimwärts helfen.
Er fürchtet nicht, dem Offizier der Wache zu begegnen.

Eich

Ein Mädchen vom Lande

Das Mädchen mit den zwei Zöpfen, das am Flußufer wohnt,
Immer hängt sie an der Mutter, holt Maulbeerblätter und Hanf herbei,
Vor der Tür hört man nachts das Klappern ihres Webstuhls,
Über Bohnenstroh kocht sie auf irdenem Herde den ländlichen Tee.

Wenn sie groß ist, wird sie einem Nachbarn zur Frau gegeben,
Keinen Wagen braucht man zum hölzernen Tor gegenüber.
Ihr blauer Rock und ihr Bambuskorb ist ihr kein Grund zum Seufzen,
Prächtig schmückt sie mit Windenblüten die Zöpfe.

Ihr, schöne Mädchen der Stadt, deren Gesicht ist wie Morgenrot,
Sehnt euch nach Glanz und Ehre und lauft um die Wette nach einem Beamten als Mann.
Auf blaugeschmücktem Rappen reitet ihr ans Ende der Welt.
Jahr um Jahr im Frühling ergreift euch die Wehmut, und ihr nehmt die Laute zur Hand.

Eich

Herbstwind

Heulend beugt der Sturm die Bäume,
Fegt durch Hof und Tor.
Solche Stimmen, wo vernahm sie
Je ein Menschenohr?

Morgens, wenn das Wehr sich öffnet
Der gestauten Flut,
Nachts, wenn Krieger heim ins Lager
Reiten rot von Blut.

Müßig lehnend am geschweiften
Tische lausch ich lang.
Nicht gelingt mir, auf den Saiten
Nachzuahmen diesen Klang.

Daß die Hitze wich der Kühle,
Soll dich, Freund, nicht freuen!
In dem Wechselspiel des Jahres
Wird sich Eis und Glut erneuen.

Eich

Fan Tscheng-da

Sommerliche Freuden auf dem Lande

An den Webstuhl Nacht für Nacht
Muß die junge Frau.
Der Schultheiß treibt die Steuern ein
Eilig und genau.

Daß es am Maulbeerbaum genug
Hat heuer Laub gegeben,
Welch Glück! Es reicht die Seide noch,
Ein Sommerkleid zu weben.

Eich

Dschu Hsi

Gedanken beim Betrachten eines Buchs

Gestiegen ist der Strom vor Tag,
Von der Frühlingsflut erreicht.
Ein schweres Schiff, das aufgeworfen lag,
Es gleitet wie ein Haar so leicht.

Umsonst war alles Mühn bisher, die Last
Fortzubewegen.
Heut schwimmt es, von der Strömung neu erfaßt,
Leicht seinem Ziel entgegen. *Eich*

Dai Fu-gu

Kurze Rast am Ufer

Ich lege den Nachen
An unter Weidengezweig.
Heiter wird mir empor
Zum Teehaus der Steig.

Einen mongolischen Mönch –
Sonst fand ich niemanden dort.
Ich suchte kein Mädchen
An jenem Ort.

Der Berg ruht in sich selber,
Die Wolke eilt:
Sand, der sich sammelt,
Wasser, das sich teilt.

Ich trinke allein,
Den Blick uferwärts.
Die weißen Möwen
Kennen mein Herz.

Eich

Wang Schi-fu

Aus dem lyrischen Singspiel „Das Westzimmer"

1

Ich wanderte lernend umher im Land;
Da war keine Fessel, die haltend mich band!
Wie Sommerfäden im Windeshauch,
So schwebte, ein fahrender Schüler, ich auch.

2

Heute tröstet meinen Kummer
Kein verliebtes Lied,
Und mein Auge flieht der Schlummer,
Weil es *ihn* nicht sieht.

Möcht hinausziehn zu den Bergen:
Doch zu krank und matt;
Möcht im Zimmer mich verbergen:
Doch des Zimmers satt.

Kann nicht schlafen, kann nicht wachen,
Bleiben nicht, nicht fliehn,
Kann nicht weinen, kann nicht lachen,
Denke nur an ihn. *Hundhausen*

Tang Yin

Tal mit Gießbach

Schnelle Strudel scheuern die grünen Klippen,
In den leeren Bergen schallt ihr Echo weit.
Nur ein Wanderer reinen Herzens
Geht dahin und fürchtet nicht die Nacht. *Speiser*

Regensturm

Tobender Wind und prasselnder Regen verdunkeln das Ufer des Stroms,
Tausend Stimmen erklingen im Berge, selbst der Sommer wird kühl.
Nur der Hirtenknabe trabt gemächlich auf seinem Rinde daher,
Er kehrt heim, mit dem gleichen Hut bei Kälte und Hitze.

Speiser

Tang Hsiän-dsu

Aus dem romantischen Drama „Die Rückkehr der Seele"

1

Du Li Niang singt:

Sein Herz an meiner Schulter sang,
Ich zögerte verschämt und scheu ...
Sein Herz an meiner Schulter sang; ...
Und eine kleine Weile lang
Ein frommes Warten still und bang,
Ein frommes Warten still und bang. ...
Dann sahen wir uns frühlingsneu
Wie unsre Spiegelbilder an:
Das hatte unser Glück getan!

Und plötzlich fielen rot wie Blut,
Rot von der Abendsonne Glut,
Viel Blütenblättlein um uns her:
Ein halber Tag, was war uns der?
Die Herzen wurden trennungsschwer,
Die Blüten fielen um uns her:
Das wurde unserm Glück getan!

2

Liu singt:

Im leichten Abendwinde weht
Ein Pfirsichblütenhain:
Ein klarer Bach, ein Blumenbeet,
Ein Streifen Purpurschein.
Und alles hüllt die Schöne ein.
Das herrlichste Gedicht,
Ganz ohne Makel strahlt sie rein
Im reinen Abendlicht.
Du buntes Bild, wie bist du mir
Verlangen, Trost und Not!
Mein Herz fliegt aus der Brust zu dir
Und hängt im Abendrot.

3

Das Schiff fährt ab

Du Bau singt:

Der Herbst beginnt! Der Herbst beginnt!
Wir spüren seinen goldnen Hauch
Und sehen, wie sein Nebelrauch
Sich vor der Stadt um Baum und Strauch
Und buntbemalte Brücken spinnt.

Wo blieb die schwere Schwüle nur?
Der Herbst hat uns von ihr befreit.
Ein feiner Regen näßt das Kleid.
In dämmrige Unendlichkeit
Taucht unsres Schiffes schmale Spur.

Der stete Wind verkündet Flut,
Zu Blumen kräuselt sich der Schaum.
Der Möwen weicher Silberflaum
Entgleitet, wie ein rascher Traum,
Am Ufer, wo die Fähre ruht.

Die Sonne sinkt im Westen bald,
Und Wind und Welle werden müd.
Das Spiegelbild des Segels zieht
Wie trunken durch das grüne Ried
Und sucht vergebens einen Halt.

Aus blassen Wolkenfernen flieht
Ein Trommelton und sehnsuchtsvoll
Ein Flötenlied zu uns ... Was soll
In dieser Zeiten Haß und Groll
Der kleinen Flöte Friedenslied?

Hundhausen

Japan

Soweit kein Übersetzer angegeben ist, stammen die Übertragungen aus dem Japanischen von Wilhelm Gundert

Yûryaku Tennô

Ei, ein Körbchen!
Du mit deinem Körbchen!
Ei, ein Stichel!
Du mit deinem Stichel
auf dem Hügel hier,
Kräutersammlerin!
Dein Haus will ich wissen.
Nenne mir deinen Namen!

Im himmelragenden
Bergesland Yamato
hin in die Weite
bin ichs, der da waltet,
hin in die Breite
bin ichs, der gebeut.
Ich, du siehst es, nenne dir mich:
Nun dein Haus, deinen Namen!

Mythologie und Sage

Yachihoko no Kami, der Gott der achttausend Speere, auf der Werbung um die Jungfrau Nunakawa Hime

Hier der erlauchte
Gott der achttausend Speere,
alle acht Inseln
nach einer Gattin suchend,
vernahm: in ferner,
ferner Gegend, in Koshi,
sei eine Jungfrau,
klug, von hohem Verstande,
sei eine Jungfrau,
fein, von lieblicher Bildung.
Ihr mich zu vermählen,
ging ich auf Suche,
Vermählung begehrend
kam ich wieder und wieder.

Noch band ich nicht auf
am Schwertgehänge den Knoten,
noch blieb ungelöst
vor dem Gesicht die Hülle.
Wo die Jungfrau
ruht, am Bretterverschlage
muß ich stehen, ich,
stoßen, schieben und drücken,
muß ich stehen, ich,
ziehen und zerren, derweil
im grünen Bergwald
die Eulen heulen,
der Feldvogel schon,
der Fasan, sein Gekreische,
des Hofes Vogel,
der Hahn sein Krähen anhebt.
Mir zum Ärger schreit
das verwünschte Geflügel.
Diese Vögel, die,
martern könnt ich sie alle.

Antwort der Nunakawa Hime aus dem Innern der Hütte

Erlauchtester Gott
der achttausend Speere!
Bin ich doch ein Weib,
bin zartes Blumengewächs,
mein Herz im Busen
ein Vogel am Wellenstrand,
jetzt zur Stunde
scheu noch, ein Regenpfeifer.
Später, wer weiß,
was für ein Vogel daraus wird.
Schont Euer Leben!
Sollt nicht sterben des Todes.

Birgt die Sonne sich
hinter grünenden Bergen,

in beerenschwarzer
Nacht, dann bin ich bereit.
Der Morgensonne
Lächeln im Antlitz kommt Ihr,
mit Armen so weiß
wie der Bast des Papierbaums,
den flockigen Schnee
jung erschwellenden Busens
mir zu umschlingen.
Innig umschlungen legen
edlen Arm und Arm
wir zum Kissen uns unter,
strecken die Schenkel,
und wir tun einen Schlaf.

Treibet es denn
nicht mit der Liebe zu toll,
Herr der achttausend
Speere, erlauchtester Gott!

Als der göttliche Held Hohodemi von der Tochter des Meergotts, Toyotama Hime, wieder verlassen wurde:

Wo Hochseevögel,
Möwen, das Eiland streifen,
schlief ich, neben mir
die Liebste – sie vergeß ich
nie, wie lang ich auch lebe.

Vier Lieder der Sehnsucht

Iwa no Hime, der Gemahlin des Kaisers
Nintoku zugeschrieben

Seit du gegangen,
wurden es lange Tage.
Fliederblatt sind wir:
Darf ich Begegnung suchen?
Muß ich noch warten, warten?

Statt mich immer so
in Sehnsucht zu verzehren,
läg ich doch lieber
irgendwo im Gebirge
tot auf die Felsen gestreckt!

*

Solange ich bin,
werde ich deiner harren,
und sei es, bis sich
auf mein schmiegsam schwarzes Haar
der Jahre weißer Reif legt.

*

Herbstliche Felder.
Die Ähren des Reises hüllt
Morgennebeldunst.
Irgendwohin vergeht er –
wohin meine Sehnsucht?

Jomei Tennô

Yamato rühmt sich
wohl der Menge der Berge.
Mir bietet alles
hier der Himmlische Hirschberg.
Hinaufgestiegen
steh ich und halte Landschau.
Überm Landgefild
steigt und steigt der Herdrauch auf.
Überm Seegefild
steigen, steigen die Möwen.
Köstliches Land, fürwahr,
Ernteherbsteiland,
Yamato, du unser Land!

*

Die zur Abendzeit
im Wald am Oguraberge
röhren, die Hirsche:
heute Nacht röhren sie nicht.
Haben Ruhe zu schlafen.

Prinz Arima

auf der Reise zum Hochgericht, wo er wegen einer Verschwörung zur Verantwortung gezogen werden sollte:

Daheim, da häufe
ich den Reis in die Schale.
Wo Gras mein Kissen,
auf der Reise, da häuf ich
Reis mir aufs Blatt der Eiche.

*

Hier auf diesem Strand
will ich der Dünenföhre
Zweige verflechten.
Bleiben sie, endet es gut,
und ich sehe sie wieder.

Prinzessin Nukada

Als ihr Geliebter, Prinz Ooama, im Gefolge seines kaiserlichen Bruders Tenchi Tennô, der sie ihm abgenötigt hatte, an einer Hofjagd teilnehmen mußte:

Auf der Streife du
durch leuchtende Lilaflur,
fürstliche Jagdflur,
Flurhüter sehen es ja,
wie du mir winkst mit dem Ärmel.

Antwort des Prinzen Ooama:

Hold wie duftende
Lilablüte, Geliebte,
wäre ich dir gram,
meinst du, es zöge mich noch
zu eines andern Gemahl?

Erwartung

Deiner zu harren,
saß ich sehnenden Herzens,
und meiner Hütte
bergenden Vorhang bewegte,
ach, nur der herbstliche Wind.

Abschiedsweh unterwegs

als ihr Gemahl Tenchi Tennô 665 mit dem ganzen Hofstaat von Yamato nach Ootsu am Biwasee umzog:

Den Miwaberg,
wo Reiswein mundet –
bis er verschwände,
hinter den grünenden
Bergen von Nara
versteckt im Gebirge,
bis es der Wenden
Weges viele geworden,
wollte ich deutlich
rückwärts ihn suchen, den Berg.
Hat sie kein Gefühl,
die Wolke,
daß sie den Berg mir verhüllt?

Kaiserin Yamato Hime

als ihr toter Gemahl, Tenchi Tennô, 671 in der fahnengeschmückten Sterbehalle aufgebahrt lag:

Dort um die blauen,
um die flatternden Fähnchen
schwebt seine Seele:
Ach, ich seh es mit Augen,
und *ich* kann nicht zu ihm hin!

Temmu Tennô

als Prinz Ooama genannt, von seinem Bruder Tenchi Tennô angefeindet, auf dem Weg in das Bergland von Yoshino, um sich von Hofe zurückzuziehen:

Auf Bergeshöhen
im schönen Yoshinoland
achtet der Stunden
nicht der ständige Schneefall,
achtet der Fristen
nicht der fallende Regen.
So wie dieser Schnee
ohne Stunde daherweht,
wie dieser Regen
fristlos die Erde bestürmt:
so mich die Gedanken,
da ich Wende um Wende
steige auf steilem Bergpfad.

Neckerei

Kaiser Temmu an seine Gemahlin Hikami no Iratsume, als sie sich einen Winter über in ihrem Elternhause zu Oohara (Großenheide) aufhielt:

Hiesigen Ortes ist
mächtiger Schnee gefallen.
Für Großenheide,
altes verkommenes Nest,
verfügen Wir: Schneefall später.

Die Kaiserin Hikami no Iratsume, zur Antwort:

Den Schnee bestellte
Ich selber beim Wettergotte
hiesigen Hügels:
Davon dürfte ein Wölkchen
dort hinüber geweht sein.

Abe Hironiwa

Zu der Liebsten Haus
zieht sich der Weg in die Länge.
Werd ich im Wettlauf
durch die beerenschwarze Nacht
noch mit dem Monde dort sein?

Aus dem kaiserlichen Gefolge

Beim Besuch des Lustschlosses im Bergland von Yoshino:

Im Sturz, im Rückschlag
stößt das strömende Wasser
gegen die Felsen,
steht still im bergenden Grund,
siehe, ein Spiegel dem Monde.

Eine Frau, als ihr Mann die Kaiserin Jitô auf der Fahrt nach Kii begleitete:

Vom Morgennebel
ganz das Gewand durchfeuchtet,
ohne zu trocknen,
steigt er den einsamen Pfad
nun wohl über die Berge.

Ungenannte

Liebeslieder

Seit der sorgenden
Mutter Hand ich entwachsen,
bin ich bis heute
nie doch so ganz ohne Rat,
ohne Hilfe gewesen.

Kann der sorgenden
Mutter es nicht mehr sagen.
Mein Herz, das volle,
komme, was mag, es gehört
dir zu eigen in allem.

*

In der Finsternis
wirst du den Weg nicht finden.
Warte auf den Mond,
ehe du weggehst, Liebster.
Kann dich solange noch sehn.

*

Den du nun gehn willst,
den Weg, die ganze Länge
zusammengerollt,
verbrenne, verzehre mir,
o, ein Feuer vom Himmel!

*

Mein Morgenschlafhaar –
hüte mich, es zu kämmen.
Hat es doch bei Nacht
meines Geliebten süße
Arme zum Kissen gehabt.

*

Nicht da, nicht dorthin
schweift meine Liebe umher.
Wie die geschwärzte
Schnur des Zimmermanns zielt sie
klar in gerader Richtung.

*

Übers Strandriff weg
abseits gleitender Wellen
abseitge Neigung:
mir ist sie wider den Sinn,
liebe auf Leben und Tod.

Meine Koto-Zither

Koto, kaum berührt,
klingt in Tönen der Klage.
Könnte es sein, daß
unter dem Kotoholze
verborgen die Liebste wohnt?

Buddhistisch

Aufschrift auf einer Koto-Zither in der Buddhahalle des „Klosters am Flußbett", Kawara-dera:

Im Meer des Lebens,
Meer des Sterbens, in beiden
müde geworden,
sucht meine Seele den Berg,
an dem alle Flut verebbt.

Zu Pferd? Zu Fuße?

Die Frau eines Mannes in Yamato, der in Handelsgeschäften nach der benachbarten Provinz Yamashiro zu reisen pflegte:

Wo auf der rauhen
Reise nach Yamashiro
andere Männer
alle zu Pferde reiten,
geht der eigene
Mann mir immer zu Fuße.
So oft ichs sehe,
kommt mir die laute Klage.
Denk ich nur daran,
tut es im Herzen mir weh.
Von der besorgten
Mutter zum Angedenken
habe ich doch noch
blank geschliffen den Spiegel.

Das zarte Halstuch
schlage darauf! Nimms mit und
kaufe ein Pferd, mein Bester!

Izumi-Flußfurt –
dort hat die Strömung Tiefen.
Gib acht, mein Liebster,
dein schöner Rock zur Reise
streift mit dem Rand ins Nasse!

Entschluß des Mannes:

Kauf ich das Pferdchen,
Frauchen, mußt *du* zu Fuß gehn.
Laß sein, laß gut sein!
Geht es auch über Steine,
ich gehe lieber zu zwein.

*

Kehrverse – Im Volkston

Im schönsten Frühling
müht er sich ab im Reisfeld.
Wie tut mir der Mann so leid!
Muß jungen Grases
Wonne, das Weib, entbehren,
müht sich nur ab im Reisfeld.

*

Durch perlbesetzten
Vorhangs offene Spalte
komme zu mir auf Besuch!
Wird mich die Mutter,
die Behüterin, fragen,
werde ich sagen: der Wind.

Wer hat im Schilfe
bei der Mündung des Flusses
die Halme denn umgeknickt?
Ich, meines Liebsten
winkenden Ärmel zu sehen,
ich habe sie umgeknickt.

*

Für dich, Geliebter,
bis die Hände erlahmten,
wob ich an diesem Gewand.
Nun der Frühling kommt,
mit welcher von seinen vielen
Farben soll ich es färben?

Kakinomoto Hitomaro

Nach dem Abschied von seiner Frau in der Provinz Iwami:

1

Am Meer von Iwami
längs der Küste bei Hornbucht
sei gar keine Bucht,
wird es andre bedünken,
sei kein Ebbesand,
wird es andre bedünken.
Sei dem, wie es sei,
mag da gar keine Bucht sein,
sei dem, wie es sei,
mags an Ebbesand fehlen,
zieren doch den Strand
des walgründigen Meeres,
zieren das rauhe
Uferriff von Watatsu
die köstlich grünen
Algen, Gräser der Tiefsee,
von Morgenschwingen
hergetragen des Windes,
von Abendschwingen
der Dünung herangespült.

Wie im Wellenspiel,
sei es hier oder dort, sich
die Alge anschmiegt,
so im Schlaf mir die Liebste,
die, es fiel ein Reif,
ich nun lassen muß, lassen.
Hundert Windungen
sind es des Wegs. An jeder
wandt' ich mich um,
sandte ihr tausend Blicke.
Doch fern und ferner
entschwand mir die trauliche Wohnstatt.
Höher und höher
ging es über die Berge.
Und wie Sommergras
lechzend, in weher Sehnsucht,
drüben, die mich liebt!
Ihr Hoftor, könnt ich es sehn!
Ducke dich nieder, Berg dort!

Wohl in Iwami
unter den Bäumen am Hochhorn
die Ärmel schwenkend
winkte ich noch der Liebsten:
Hat sie es wohl gesehen?

Mag das Bambusgras
ganz mit Gerischel-Geraschel
den Wald durchlärmen:
mir liegt die Liebste im Sinn.
Komme vom Abschiednehmen.

2

Am Meer von Iwami
(Land, wo Eppich den Fels deckt)
beim Kap Korea
(Land, wo die Rede versagt)
klammern an Riffen
Tiefwasseralgen sich an,

klebt auf rauhen Strand
Seegras seidene Fäden.
Seegrasangeschmiegt
schlief ich, die Liebste im Arm.
Tiefseealgengleich
wuchs ins Tiefe die Liebe.
Aber der Nächte
waren es, ach, nicht viele.
Kriechende Ranken,
schieden sich unsre Wege.
Im Eingeweide,
im Herzen das herbe Weh
und voll der Sehnsucht
wende den Blick ich rückwärts.
Doch auf dem Furtberg
(über der Furt mit dem Fährboot)
wirbelt das Herbstlaub
allzu bunt von den Bäumen,
und ihrer Ärmel
Schwingen verschwimmt im Gewirr.
Das sie deckt, das Dach:
gleichwie über dem Dachberg
der wandernde Mond
ins Gewölke zurücktritt,
so, mir zuleide,
entschwindet es endlich dem Blick.
Sinkende Sonne
sendet die letzten Strahlen.
Und der ich meinte,
Mann zu sein, mir auch wurde
meines reich mit Tuch
gefütterten Rockes Ärmel
ganz von Tränen gefeuchtet.

Des blauen Schecken
Hufe hatten es eilig:
finde, kaum vorbei
an der Nähe der Liebsten,
schon mich in Wolkenferne.

Schlaflose Nächte

Ob in alter Zeit,
die da lebten, die Menschen
ebenso wie ich
vor Sehnsucht nach der Liebsten
Mühe hatten, zu schlafen?

Nein, nicht heute erst
ergeht es den Menschen also.
Siehe, die Alten
haben sogar die Stimme
erhoben und laut geweint.

Als sich die Kaiserin Jitô Tennô in ihrem Lustschloß auf dem Anger Akitsu an den Stromschnellen des Yoshinoflusses im Bergland von Yoshino aufhielt:

Ruhevoll waltet
unsere hohe Herrin,
ihr Geheiß erhält
die Welt unter dem Himmel,
und ihrer Lande
sind viele. Doch vor andern
liebt sie die reinen
Berge, die reinen Wasser
hier um den Hügel
in der Krümmung des Flusses,
den Blütenanger
im schönen Yoshinoland.
Hier festgegründet
prangt auf mächtigen Pfeilern
ihr Schloß Akitsu.
Und es wogt das Gefolge,
Boot an Boot gereiht,
über den Fluß am Morgen,
Boot mit Boot im Streit,
über den Fluß am Abend.

Dieses Flusses Lauf,
nimmer wird er versiegen.
Dieser Berge Höhn,
immer werden sie ragen.
An der Herrscherpfalz
über felsigen Fällen
sehe ich nimmer mich satt.

Nie genug gesehn,
Yoshino, wo in Stromes
kehre ich wieder, zu sehn.
Felsengrund das Moos
immerzu grünt, ja immer

Im Jagdgefolge des Prinzen Karu nach nächtlicher Rast auf der Heide von Aki:

Im Osten drüben
steigt ein rötlicher Schimmer
übers Land herauf.
Wende den Blick ich rückwärts,
siehe, da neigt sich der Mond.

Als er im Lande Oomi die verfallenden Reste der einstigen Residenz des Tenchi Tennô zu Ootsu am Biwasee besuchte:

Seit am geschmeide-
tragenden Berg Unebi
zu Kashihara
der Sonnensohn thronte,
haben die göttlichen
hier erschienenen Herrscher
in steter Folge,
gleich Zweigen der Tsugatanne,
über dem Lande
unter dem Himmel gewaltet,
bis aus Yamatos
himmelragendem Bergland

weg über Naras
grünsteinberühmte Hügel
nach seines Willens
unergründlichem Ratschluß
himmelweit fernes
Hinterland sich ersehend,
im seebespülten
Oomi der Hohe Herrscher
am Weliengekräusel
von Ootsu die Pfalz aufpflanzte,
über dem Lande
unter dem Himmel zu walten.
Des hoheitsvollen
göttlichen Herrn und Gebieters
kaiserliche Pfalz:
hier sei ihre Stätte, heißt es.
Sein stolzer Saalbau:
hier sei seine Statt, so sagt man.
Doch nichts als dichtes
Frühlingsgras überwuchert
und dunsterfüllten
Frühlingstags Nebel umhüllt
die steinumschichtete
Stätte der hohen Hofburg.
Und Trauer bedrückt mir die Brust.

Wellengekräusel
am Kap von Karasaki,
friedlich wie immer.
Doch der Boote des Hofstaats
wartete ich vergeblich.

Regenpfeifer auf dem Biwasee

Von des Oomisees
Abendwellen gewiegte
Regenpfeifer, ihr
ruft überwältigend mir
Vergangenes in den Sinn.

Auf den Tod der Geliebten im Orte
Karu in Yamato

Am Himmel ziehen
Kari, die wilden Gänse,
den Weg nach Karu,
nach meiner Liebsten Wohnort.
Dahin, sie zu sehn,
zog es mich stets im Herzen.
Doch ginge ich ständig,
gäb es zu viel der Augen.
Ginge ich zu oft,
müßten die Menschen es merken.
‚Verzweigte Ranken
treffen sich wieder', sprach ich,
wie man Schiffen traut,
guten Glaubens mir Trost zu,
hegte, ein Quellgrund
unter schimmerndem Felsrand
tief verborgen,
still nur heimliche Sehnsucht.

Da, wie die Sonne,
die wandelnde, untersinkt,
wie Mondesleuchten
hinter Wolken verschwindet,
sei mir die Liebste,
die sich schmiegte wie Seegras,
buntem Herbstlaub gleich
hingeschwunden – verkündet,
den Edelholzstab
in der Hand, mir der Bote!

Eines Bogenstrangs
Schwirren nur war mirs im Ohr.
Und mir entschwanden
die Worte, entschwand der Rat.
Vom bloßen Hören
schwand mir die Kraft zum Dasein.

Und meinem Sehnen,
seis zum tausendsten Teil nur,
tröstlich lindernde
Herzensregung erhoffend,
ging ich nach Karu
auf den Markt, den die Liebste
ständig besucht hat,
stellte mich hin und lauschte.
Um den geschmeide-
tragenden Berg Unebi
klang Vogelgesang,
doch von ihr keine Stimme.
Auf speerbelebtem
Wege unter den Menschen
kam auch nicht *eine,*
die ihr gliche, gegangen.
Hilflos hab ich da
ihren Namen gerufen,
hilflos die Ärmel geschwenkt.

Wie vor Jahresfrist
die Nacht vom herbstlichen Mond
hell erleuchtet. Doch
von ihr, die sie mit ansah,
trennen nun bald mich Jahre.

Beim Anblick eines Toten am Ufer der Insel Sami in Sanuki

Reich an köstlichen
Algen, das Sanuki-Land:
Seine Landesart
Schönheit, nicht zu erschöpfen.
Seine Gottesart
Herrlichkeit über alles.
Mit Himmel, Erde,
Sonne und Mond zusammen

will es vollenden
Gottes erhabenes Antlitz,
sagt ein alter Spruch.
Dort aus der Bucht von Naka
kam auf schwankem Kahn
ich des Weges gerudert.
Der Gezeitenwind
wehte im Heim der Wolken.
Weit auf hoher See
hoben sich breit die Wogen.
Nahe, an dem Strand,
tobte die weiße Brandung.
Des walgründigen
Meeres Schrecken befiel mich,
mit gewaltigem Zug
bog ich das Ruder des Boots.
Inseln hier und dort
lockten in Menge. Doch ich
ersah mir eine,
Sami, die wohlberühmte,
flocht auf rauhem Riff
mir die Hütte der Zuflucht.
Da siehe, am Strand
im Getöse der Brandung,
so als ruhte er
auf der Rolle des Kissens,
lag hingeworfen
aufs rauhe Bett ein Mitmensch.
Wüßt ich sein Haus,
ginge, brächte ich Kunde.
Wüßt es die Frau,
käme sie, suchte nach ihm.
Aber selbst des Wegs,
welchen er ging, unkundig,
in banger Unruh,
wird ihn sehnend erwarten,
die ihn liebte, die Gattin.

Auf der Rückfahrt ostwärts,
dem Ziel sich nähernd:

An der Bucht vorbei,
wo sie Algen gewinnen,
hat dem Vorgebirg,
grünend im Gras des Sommers,
sich das Fahrzeug genähert.

Auf dem Vorgebirg
an der Spitze der Insel
im Wind des Strandes:
das die Liebste mir knüpfte,
das Hüftband, es winkt ihr zu.

Nach des Hohen Herrn
ferner Vogtei auf Seefahrt
zwischen Inseln durch
treten mir vor die Seele
göttliche Schöpfungstage.

Auf Fahrt westwärts durch die
Inlandsee:

Ländliche Heimat,
hinter mir fern, im Herzen,
fuhr ich. Siehe, da
winken über der Durchfahrt
die Berge von Yamato.

In Erwartung des Todes,
auf der Reise am Strand von Iwami:

Auf des Kamobergs
Felsengestein gebettet
liege ich, und ach,
ahnungslos die Geliebte
wartet meiner und wartet.

Unbekannter Dichter

(aus Hitomaros Sammlung)

Abschiedssegen auf die Reise

Im schilfumstandnen
Lande lieblicher Ähren,
wo Götter walten,
macht man nicht hohe Worte,
heißt es. Aber ich,
ich muß Worte erheben:
Segen geleite,
reicher Segen geleite
sonder Fährde dich
zu gesegnetem Ende!
Riff im Wellenspiel,
harr ich des Wiedersehens.
Wie die Welle sich
hundert- und tausendfach hebt,
will Worte erheben *ich*.

Das Land der Inseln,
Yamato, das ist ein Land,
wo im Wort ein Geist
waltet und Hilfe bewirkt:
Segen geleite dich denn!

Yamabe Akahito

An der verlassenen Hofburg des ehemaligen Kaisers Temmu Tennô zu Asuka

Zum haingekrönten
heiligen Götterberge,
wo Tsugatannen
in üppig dichtem Wachstum
viel hundert Zweige
treiben, in steter Folge,

hieher werde ich
treu wie rankender Efeu
Zeit meines Lebens
wieder und wieder kehren,
die alte Hofburg
von Asuka zu schauen,
die Berge so hoch,
den Fluß, von ferne leuchtend.
An Frühlingstagen
Gebirges Augenweide,
in Herbstesnächten
Gewässers reine Klarheit,
in Morgenwolken
der Kraniche wirrer Flug,
in Abendnebeln
der Frösche Lärmen im Fluß.
Und immer bricht mir
aus der Kehle die Klage,
denk ich vergangener Zeit.

Preis des Fuji-Bergs

Seit Himmel und Erde
sich voneinander schieden,
steht, ein Gottesmal,
in erhabener Größe
über Suruga
hoch der Gipfel des Fuji.
Zu Himmelsfluren
den Blick erhoben, siehst du
der wandernden Sonne
Licht sich hinter ihm bergen,
des hellen Mondes
Schein hinter ihm verschwinden.
Die weißen Wolken
scheuen sich, ihm zu nahen,
und unversehens
senkt sich die Wolke nieder.

Weiter erzählen,
weiter berühmen will ich
Fuji, den hohen Gipfel.

Zur Bucht von Tago
ging ich hinaus, und siehe,
weiß, ganz weiß bedeckt
hoch den Gipfel des Fuji
der frisch gefallene Schnee.

Beim Lustschloß des Shômu Tennô zu Saiga an der Wakabucht

Wo dem ruhevoll
Waltenden, unsrem Großherrn,
auf seinem Landsitz
untertänig wir dienen,
vom Strand zu Saiga
rückwärts schauend erblickst du
auf See ein Eiland
rein gewaschenen Strandes:
kommt der Wind geweht,
toben die weißen Wogen.
Weicht die Flut zurück,
folgen ihr Algensucher.
So seit Götterzeit
hält es der feierliche
Inselberg in der Perlbucht.

Wenn den Wakagolf
wachsende Flut füllt, fliegen
vom verschwundenen Watt
hinüber zum Uferschilf
kreischende Kranichzüge

Rast während einer Hofjagd
an der See

Tapfere Männer
machen sich auf zum Jagen.
Zartere Frauen
ziehen die rote Schleppe
über den reinlichen Strand.

*

Wohl von morgen ab
pflücken wir frische Kräuter
auf der jungen Flur,
dacht ich, und heut wie gestern
ist des Schneiens kein Ende.

*

Auf Frühlingsfluren
wollte ich Veilchen pflücken,
kam, und was geschah?
Ich wurde der Flur so hold,
schlief eine ganze Nacht dort.

Ootomo Tabito

Lob des Reisweins

Der ganze Tiefsinn
tut ja doch keine Zeichen.
Trinkt eine Schale
bodensatzigen Reisweins:
das bekäme euch besser.

*

Mit Kennermiene
kluge Reden zu führen,
dünkt mich noch lange
nicht so viel, wie vom Wein
trunken sich auszuweinen.

Wozu um jeden Preis
immer als Mensch geboren?
Ein Reisweinkübel
paßte mir auch nicht übel:
Reiswein in allen Poren.

*

Hab ich in diesem
Leben nur meine Freude,
mag im künftigen
gerne ein Käfer aus mir
oder ein Vogel werden.

Nach dem Tode der Gattin

Als sein Schiff auf der Rückreise von Kyûshû in dem Hafen von Tomo in der Inlandsee anlegte:

Euch hat die Liebste
einst gesehen am Ufer,
hohe Wacholder.
Ewige Zeiten grünt ihr:
sie, die euch sah, ist nicht mehr.

Rückkehr nach Nara

Keine Seele mehr
in der leeren Behausung.
Auf Gras gebettet,
nachts auf der Reise, hab ich
so bitter nicht gelitten.

Mit der Geliebten
zusammen gepflanzt, gehegt,
mein stiller Garten:
wie sind die Bäume so hoch,
wie dicht die Büsche geworden!

Yamanoe Okura

Eß ich Melonen,
denk ich an meine Kleinen.
Eß ich Maronen,
sehn ich noch mehr sie herbei.
Woher denn wären
sie mir ins Haus gekommen?
Schwanken vor Augen
mir die zarten Gestalten,
flieht meinen Schlaf die Ruhe.

Von der Armut

„Nachts, wenn dem Winde
strömender Regen sich mengt,
nachts, wenn dem Regen
treibender Schnee sich mengt,
wenn ich vor Kälte
mich nicht mehr zu halten weiß
und zu Salzbrocken,
körnchenweise zerkauten,
von Reisweintrebern
kläglichen Absud schlürfe,
räuspere, huste,
schmetternd die Nase schneuze,
mag ich über den Bart –
's ist kaum einer – mir streichen,
prahlen, außer mir
sei kein Kerl mehr auf Erden,
mich weiß was fühlen:
Aber ich friere, friere,
muß mit dem Bettuch
mich zum Schutze umhüllen,
muß hanfne Wämser,
alle, die ich noch habe,
darüber anziehn. –

Wie, in der Kälte der Nacht,
werden anderen erst,
Ärmeren noch, als ich bin,
Vater und Mutter
frieren und Hunger leiden,
werden Weib und Kind
sie anbetteln und wimmern.
Wie, in solcher Not,
sage, wie greifst du es an,
dich durchs Leben zu schlagen?“

„Weit ist der Himmel,
und breit die Erde, jawohl:
aber für uns
sind sie enge geworden.
Hell scheint die Sonne
und leuchtet der Mond, jawohl:
aber für uns,
uns zulieb scheinen sie nicht.
Geht es denn allen,
oder geht es nur mir so?
Bin doch, seltnes Los,
Mensch zur Erde geboren,
wie jeder andre
auch geworden, gewachsen.
Und sieh, ich trage
ohne Futter ein Hanfwams,
wie Wasseralgen
wirr in Fransen zerschlissen,
zu Lumpen zerfetzt,
über die Schultern gehängt.
In der niedrigen
schief sich neigenden Hütte,
auf bloßer Erde
Stroh zum Lager gestreut,
kauern die Eltern
oben bei mir am Kopfend,
Weib und Kinder
unten zu meinen Füßen

alle um mich her,
klagen ihr Weh und stöhnen.
Von meiner Herdstatt
steigt schon lange kein Rauch auf.
Dort in dem Dämpfsieb
hängen die Spinngewebe,
denn wie man Reis dämpft,
haben wir längst vergessen.
Und noch stöhne ich
kummervoll wie ein Steinkauz,
sieh, da erfüllt sichs
so, wie es heißt im Sprichwort,
‚die allzu kurzen
Enden, die schneidet man ab‘:
Mit dem Stocke kommt,
Schulden heischend, der Schultheiß,
bis in den Schlafraum
dringt die drohende Stimme. –
Ist es wahrhaftig
um das irdische Dasein
solch verzweifelte Sache?“

Dies Erdenleben –
eine Schur, eine Schande
achte ichs, und doch
kann ich ihm nicht entfliegen:
kam nicht als Vogel zur Welt.

Beim Tod seines Kindes

Was bei aller Welt
hoch gewertet, begehrt ist,
die sieben edlen
Metalle und Steine: ich,
was tu ich damit?
Ich weiß besseres Kleinod.
Unserer Ehe
entsprossen trat in die Welt,

köstliche Perle,
Furuhi, unser Söhnlein.
Wenn der Morgenstern
in der Frühe erstrahlte,
wich er vom weißen
Tuche nicht meines Bettes,
spielte und scherzte,
aufrecht bald, bald am Boden.
Wenn der Abendstern
mild das Dunkel erhellte,
rief er: auf, zu Bett!
faßte uns bei den Händen:
Vater, Mutter, ihr,
lasset mich nicht alleine!
Will zwischen euch ruhn,
Lilie zwischen zwei Blättern.
Lieblich zu hören
war die kindliche Rede.
Und wir gedachten:
einmal wird er zum Manne,
wird, was zum Bösen,
zum Guten ausschlägt, erschauen.
Wie großem Schiffe,
trauten wir unsrer Hoffnung.
Ehe wirs dachten,
kamen widrige Winde,
und unversehens
umstürmten sie uns das Haupt.
Da war kein Rat mehr,
war kein Ausweg zu finden.
Mit weißen Bändern
die Hängeärmel geschürzt,
den untrüglichen
Spiegel in Händen rief ich
die Himmelsgötter
flehend erhobenen Blickes,
der Erde Götter,
die Stirne am Boden, an,

ob mir Erhörung
werde, ob sie versagt sei,
göttlichem Walten
so oder so gefügig:
ein unruhvolles
Flehen und Beten war es.
Doch der Besserung
war auch nicht eine Weile.
Von Stund zu Stunde
welkte die zarte Gestalt.
Morgen um Morgen
wurde stummer der Mund,
bis das beseelte
Leben zu Ende gelebt war.
Ich springe empor,
trete den Boden, schreie,
liege, den Blick nach oben,
schlage die Brust und klage:
Das ich hielt, das Kind,
flog mit dem Winde davon!
Oh, um den Lauf dieser Welt!

Ist ja noch so klein,
findet den Weg nicht hinüber.
Ich spende gerne,
Bote der Unterwelt, du,
nimm ihn mir auf den Rücken!

Sami no Mansei

Dies Erdenleben,
womit mag ichs vergleichen?
Wie wenn von Booten,
frühe hinausgerudert,
keine Fährte zurückbleibt.

Takahashi Mushimaro

Dem Hofadligen Fujiwara Umakai, welcher im Jahr 732 als Inspektor der Landesverteidigung nach Kyûshû abgeordnet wurde, zum Abschied:

Den weiß umwölkten
Tatsutaberg im bunten
Kleid der Herbsteszeit
unter tauichtem Frühreif
überschreitend, ziehst
du nun hin auf die Reise
von Berg zu Bergen
in mühvoller Wanderung
hin zur Wacht am Meer
auf der äußersten Insel,
sendest dein Gefolg
weithin aus, zu erkunden
Enden der Berge,
Enden des ebenen Lands.
Hast du dann, soweit
Widerhall gibt der Bergschrat,
hast du, wo immer
Kröten in Tälern kriechen,
die Lande alle
fürstlich prüfend gemustert,
und weicht Winterruh
dem anbrechenden Lenze:
mit der Vögel Flug
eile dich, kehre nach Haus.
An dem Hange dann
den Tatsuta-Pfad herunter,
wenn der Azalien
flammende Röte duftet,
wenn in ihrer Pracht
die Kirschenblüte erstrahlt:
wie Fliederblätter
wollen wir uns begegnen
zur Stunde der Wiederkehr.

Ob zu Tausenden
Feinde das Land bedräuen,
er verliert kein Wort:
nimmt sie. Es ist seine Art.
Wahrlich, er dünkt mich ein Mann.

Am Grab der Jungfrau von Unai

Zu Ashi-no-ya
die Jungfrau von Unai,
vom achten Jahr ab
des halbwüchsigen Mädchens,
bis das Haupthaar sie,
das gescheitelte, hochwand,
war nicht zu sehen,
nicht vom Hause des Nachbars,
blieb eingesponnen
in der Stille des Hauses,
bis es, sie zu schaun
Ruhe nicht ließ den Knaben,
und gleich einem Zaun
Freier das Haus umstanden.
Der von Chinu gar
und von Unai der andre,
rauchende Brände,
eiferten um die Wette,
wechselten Rufe,
forderten sich zum Kampfe.
Schon wanden sie wild
gestählten Schwertes Handgriff,
hängten den Köcher,
den Weißholzbogen sich um:
Geh es ins Wasser,
geh es ins Feuer hinein!
So gegenüber
traten sie sich zum Streite.
Da sprach die Liebste,
zu der Mutter gewendet:

Wenn ich so sehe,
wie um die schlecht Geschmückte,
mich, die Geringe,
Todesmutige streiten,
werd ich lebendig
je dann einem vereint sein?
Besser warte ich
im Schmucke der untern Welt.
Und von heimlicher
Sehnsucht im Herzen gerührt
zu bittrer Klage,
ging die Liebste von hinnen.
Der von Chinu sieht
nachts sie im Traum, der Knabe,
und der Geliebten
folgt auf dem Fuße er nach.
Allein gelassen
der Knabe von Unai
blickte zum Himmel
in unbändigem Jammer,
stampfte den Boden,
knirschte die Zähne vor Wut,
sprach: meinesgleichen
räume ich nimmer das Feld!
Und das hängende
Schwert zur Seite gegürtet,
folgte er der Spur,
ging auf die Suche dahin.
Da versammelten
sich zum Rat die Verwandten,
und für alle Zeit
aufzurichten ein Zeichen,
fernsten Geschlechtern
fort und fort es zu künden,
erstand der Jungfrau
in der Mitte das Grabmal,
wurde den Knaben
zur einen, zur andern Seite

das Mal errichtet.
So, wie es kam, vernahm ichs,
fremd, und habe doch
wie einer, den frisch das Leid
getroffen hat, laut geweint!

Zu Ashi-no-ya
an der Jungfrau von Unai
letzter Ruhestatt
zu Besuch auf der Reise
kann ich nur weinen, weinen.

Auf dem Grab der Baum
neigt zur Seite sein Geäst:
Eben, wie mans hört,
wird der Knabe von Chinu
es ihr angetan haben.

Ootomo Sakanohe no Iratsume

Gebet zum Ahngott

Du, aus ewigen
Himmels hohem Gefilde
herabgetreten,
mächtiger Gott und Ahnherr!
An immergrünen
Zweig aus Tiefen des Bergwalds
hängte ich das Weiß
reinlicher Rindenfaser,
grub zum Weihetrunk
ein die geweihten Krüge,
reihte zur Kette
Röhrchen köstlichen Jaspis',
liege wie ein Wild
auf gefalteten Knien,
des schwachen Weibes
Schleier über dem Haupte,
und dieses alles
nur, weil ich mich bereite,
um den Geliebten zu flehn.

Beherrschung

Unser ist das Land,
das weise die Worte wählt.
Nie soll Scharlachrot
mir in die Wange steigen,
stürbe ich gleich vor Liebe.

*

In der Sommerau
dichtestem Grün erblühte
Feuerlilie:
Keiner ahnt ihre Liebe.
O des bitteren Loses!

*

Ein Allerliebster
dünkt er mich. Und die Liebe,
ein eilender Strom,
magst ihn dämmen und dämmen,
reißt alle Dämme nieder.

*

Jetzt zur ersehnten,
endlich erlebten Stunde,
sage doch jetzt mir
Herzensworte der Liebe,
steht dir auf lange der Sinn.

*

Das, was dich und mich
trennt, die Leute nur sind es.
Komm, mein Geliebter,
was sie dazwischen reden,
hörs nicht, verbiete es dir!

*

Wo Regenpfeifer
rufen, im Saho-Flußbett,
nimmt das bewegte
Spiel der Wellen kein Ende,
keines je meine Liebe.

Aus schwarzem Dunkel
hebt sich nächtlicher Nebel.
Der verschwommene
Mond im trüblichen Schimmer,
sehe ich recht, ist traurig.

*

Überm Bergesrand
feiner, lieblicher Jüngling,
himmlische Fluren
still durchsteuernde Leuchte,
dich zu schauen, o Wonne!

*

Was seht ihr sinnend
die Pflaumenblüte schwimmen
im Reisweinbecher?
Auf und getrunken, nachher
mag sie gerne zergehen.

Von den Kindern getrennt

Meine Schätzchen ließ
ich dem Hüter der Schätze.
Hab nichts behalten,
Kissen, als dich und mich selbst.
Schlafen wir denn selbander!

*

Vom ewig festen
Himmel ist wie feiner Tau
ein Reif gefallen.
Zu Hause werden sie auch
warten und Sehnsucht leiden.

Trauerbrief

an die Mutter im Badeort Arima nach dem Begräbnis der Nonne Ri-gwan aus dem koreanischen Reiche Silla:

Fernher, wo weiße
Seile sie drehn, von Silla,
in gutem Glauben
an die Worte der andern
kam sie in dies Land,
wo kein Liebes, kein Nächstes
tröstlich ihr nah war,
über das Meer gefahren.
Und ob im Reiche
unseres hehren Herrschers
in der sonnigen
Hauptstadt dichtem Gewimmel
heimisch zu wohnen,
Häuser in Menge wohl stehn,
kam sie, ich weiß nicht,
welcher Regung gehorchend,
her zum einsamen
Saume des Saho-Berges,
wie ein weinend Kind
trostbedürftig daherkommt,
baute die Hütte
mit dem gebreiteten Lager,
und eine lange
Reihe wechselnder Jahre
diese bewohnend,
hatte sie so ihr Wesen.
Doch den Lebenden
ist, was wir Sterben nennen,
ohne Entrinnen
zu erleiden verordnet.
Noch verweiltet ihr,
alle, auf die sie baute,

Gras zum Kissen,
fern von Hause auf Reisen,
als früh am Morgen
über den Saho-Fluß weg,
der Flur von Kasuga
Anblick hinter sich lassend,
hin zum geschweiften
Hang des Berges der Zug ging,
wo nun Finsternis
die Verborgene einhüllt.
Keiner Worte mehr,
keines Entschlusses mächtig,
irre ich umher,
gänzlich allein gelassen,
ohne des weißen
Kleides Ärmel zu trocknen.
Kamen am Ende,
die ich weinte, die Tränen
über Arimas
Bergen dort mit der Wolken
fallendem Regen nieder?

OOTOMO YAKAMOCHI

Nach dem Tode der Gattin

Jetzt beginnen schon
herbstlich kältere Winde
übers Land zu wehn.
Wie soll ich schlafen, allein
in den längeren Nächten?

*

Einst, o ferne Zeit,
sah ich dich fremden Blickes.
Seit du der Liebsten
Ruhestätte geworden,
Saho-Berg, liebe ich dich.

Ist nicht wo ein Land
ohne andere Leute,
wo ich Hand in Hand
frei mit der Liebsten ginge,
ich ihr zur Seite, sie mir?

*

Im Mondschein trat ich
um eine Losung vors Tor,
fing Gespräche auf,
zählte die eignen Schritte:
nur vor Verlangen nach dir.

*

Ob breit des Berges
Rücken uns beide scheidet:
Schön ist die Mondnacht.
Und am Tore, ich weiß es,
Geliebte, wartest du mein.

Schneegestöber hüllt
alles in dichte Nebel,
und mitten inne
läßt im Garten erklingen
Nachtigall ihren Gesang.

*

Wo edle Hirsche
frühe die Flur betraten,
sieh, die herbstlichen
Blütensträucher des Buschklees
im Perlenschmucke des Taus.

Von Osten, dünkt mich,
wehen heftige Winde:
des Fischervolkes
rudernde Boote verschwinden
hin und wieder im Seegang.

Frühlings Blüte ging
vorüber, verfärbt, verwelkt,
ohne Wiedersehn.
Die Monde, die Tage zählend,
wie wirst, Liebste, du warten!

*

Im Frühlingsgarten
unter der Pfirsichblüten
duftendem Purpur,
siehe, tritt her auf das Spiel
der Lichter des Wegs die Jungfrau.

*

Vom Morgenlager
lausche ich. Horch, von ferne,
wo der Strom verfließt,
frühe hinaus im Takte
rudernder Schiffer Gesang.

*

Zwischen gereckten
Graten, von des Fasanen
scharfem Schrei durchgellt,
schwelen die Morgennebel,
machen das Herz mir so schwer.

*

Unter Glyzinien
auf des beschatteten Sees
lauterem Grunde
die versunkenen Steine:
mir sind sie Edelgestein.

In das lachende
lenzliche Licht des Himmels
heben sich Lerchen.
Wie ist mir im Herzen so weh,
mit meiner Sehnsucht allein.

Wenn hinterm Hause
zwischen den schlanken Blättern
meines Bambushains
leise der Wind hindurchstreicht:
welch eine Abendstunde!

*

Auf die Frühlingsflur
legen sich Nebelschleier
leise schwermutsvoll.
Im Abendleuchten ertönt,
oh, der Nachtigall Klage.

Sohnespflicht

Hat der würdige
Vater, von dem ich stamme,
hat die zärtliche
Mutter, die mich geboren,
halben Herzens nur
Mühe an mich gewendet,
galt nicht ihrem Sohn
all ihr Lieben, ihr Hoffen?
Sollte der Mann nun
müßig den Tag vertändeln?
Edelbirkenholz
spanne er straff, den Bogen,
daß das Pfeilgeschoß
treffe auf tausend Klafter,
gürte das gute
Hängeschwert um die Lende,
schreite und steige
über gereckte Grate.
So erfülle er
ohne Säumen die Sendung,
denke seines Rufs
bei den Kommenden, häufe
Ehre auf seinen Namen.

Neujahrstag

Des neuen Jahres
Morgen ist angebrochen,
und mit des frühen
Frühlings fallendem Schnee fällt
heute schon Segen auf Segen.

Kasa no Iratsume

All dein Sand am Meer,
magst ihn zu Ende gehen
viel hundert Tage,
wiegt meine Liebe nicht auf,
Wächter du fernster Inseln!

*

Wie der schwimmenden
wilden Enten Gefieder,
so der Frühjahrswald
in verschwommener Farbe:
alles ist, ach, so unklar.

*

Um den Abend wird
schwerer die Last der Schwermut,
wenn des Erschauten
Worte sprechendes Antlitz,
eine Erscheinung, aufsteigt.

*

Allen Menschen schlägt
die Glocke zur guten Nacht:
schlafet, schlafet wohl!
Mir kann es nicht gelingen.
Denke nur immer an dich.

Abe Nakamaro

Als er sich nach langjährigem Aufenthalt in China zur Rückkehr nach Japan einschiffte:

Mond der Heimat

Zu Himmelsauen
hebe ich auf die Augen:
Oh, so ging der Mond
über dem Berg Mikasa
zu Kasuga einstens auf.

Ungenannte

Meine Hütte steht
unten am Miwa-Berge.
Wenn du Sehnsucht hast,
komme nur, suche mich auf!
Kryptomerien am Tore.

*

Ehe du nicht kommst,
trete ich nicht unters Dach,
mag sich aufs tiefe
Violett meines Haarbands
nächtlicher Reif dann legen.

Zur Liebesfeier

Blume Himmelblau
soll das Gewand mir färben.
Mag es dann nachher
feucht vom Taue des Morgens
bleichen: mich ficht es nicht an.

*

Sieh, die Nachtigall,
schon zu Hause auf ihrem
Pflaumenblütenzweig,
singt dem Frühling entgegen
mitten im fallenden Schnee.

Fujiwara Sekio

Tief im Gebirge
fällt von den Felsenwänden
rotes Ahornlaub,
und der scheinenden Sonne
Strahlen erblicken es kaum.

*

Von Reif die Kette,
von Tau der Einschlag: es kann
nicht lange halten.
Waldes brokatener Schirm,
eben gewebt, bricht ein.

Bischof Henjô

Einer Zitherspielerin ins Haus gesandt

Leidgewohnte sinds,
die die Hütte bewohnen,
dünkt es mich. Und horch,
die Klage dazu ertönt
in dem Klange der Zither.

Ende der Hoftrauer

Ei, wie alle schon
wieder in blumenbunten
Kleidern einhergehn!
Ärmel an meiner Kutte,
werde wenigstens trocken!

*

Wie aus zartem Grün
Hängefäden ihr zwirnet,
wie des weißen Taus
Perlen ihr daran aufreiht,
Weidenbäume im Frühling!

Nur dein Name tat
es mir an, dich zu brechen,
Jungfernblume du:
mußt niemand erzählen, ich
sei in Sünde gefallen.

*

Auf verwelklicher,
bald zum Kehricht gefegter
roter Päonie
gedanken- und ahnungslos,
oh, der tanzende Falter!

*

Um meine Wohnstatt
ist bis über die Wege
Wildnis gewachsen –
Eine blieb unerbittlich,
und ich wartete immer.

*

Beim Brechen mußte
sie der Hände Befleckung
erleiden. Gleichwohl:
Buddhas dreier Äonen,
euch sei die Blume geweiht.

Ariwara Yukihira

Des Frühlings Hülle,
aus Nebelschleiern gewebt,
weist zarte Fäden:
weht es vom Berge, ahnt mir,
werden sie sich verwirren.

Ariwara Narihira

Unter den Ahornbäumen am Tatsuta-Fluß im Spätherbst:

Nicht die Götterzeit
hat das Wunder vernommen,
wie der Tats'ta-Fluß,
purpurstrahlende Muster
auf seine Wasser prägte.

*

Unserer Liebesnacht
flüchtiger Traum zerfließt mir.
Schlummernd suche ich
mir das Bild zu erneuen,
und es zerfließt immer mehr.

Eine Geliebte an Narihira nach dessen erstem Besuch:

Kamest du zu mir?
Habe denn ich dich besucht?
Kanns nicht erinnern.
War es ein Traum? Wars wirklich?
War es im Schlaf? War ich wach?

Narihira, zur Antwort:

Ein Wirrsal war es
tief umdunkelter Herzen
in der Finsternis.
Ob Traum oder Wirklichkeit,
laß die Leute entscheiden.

Für ein Mädchen seines Haushalts zur Antwort an ihren Geliebten, der ihr geschrieben hatte: „Ich wollte gerade zu dir kommen, mußte es aber des Regens wegen aufgeben."

Dank der Freundlichkeit.
Sorgte, ob du mich liebest
oder aber nicht.
Und sieh, der mein Los entscheidet,
der Regen, gießt immer mehr.

An Narihira, von einer Geliebten, die von seinen zahlreichen Liebschaften Kunde erhalten hatte:

Den Weihewedel
fassend, sind es der Hände
zu viel geworden.
Faßte ihn gerne, doch ach,
mir entschwindet der Glaube.

Narihira, zur Antwort:

Weihewedel denn
nennst du mich, welch ein Name!
Ach, es muß auch ihm,
treibt er im Fluß, zur Ruhe
noch eine Sandbank bleiben.

In mondheller Frühlingsnacht auf der Veranda des einst besuchten, dann von der Geliebten verlassenen Hauses:

Steht da nicht der Mond?
Ist der Frühling nicht wieder
der alte Frühling?
Ich nur, und in diesem Leib,
dem Leibe von vormals, ich . . .

*

Bin des Blicks nicht satt.
Allzufrüh zieht es den Mond
dem Verstecke zu.
Wollte, der Bergrand wiche,
weigerte ihm die Zuflucht.

*

Will auch in den Mond
mich nicht länger verlieben.
Das eben ist es:
Je öfter es einer treibt,
je früher macht es ihn alt.

Ungenannt

Ihr lieben Leute,
seid mir doch nur nicht böse!
Mich wiegt wie ein Schiff
hin und her die liebe Not
der Liebe zu dieser Zeit.

Kengei Hôshi

Als hübsche Mädchen bei seinem Anblick lachten:

Die Gestalt, gewiß,
verfallen, ein morscher Stamm
in Waldesdunkel:
Aus meinem Herzen könntet
ihr eine Blume machen.

Nähe und Ferne

Auch China drüben
über dem Meer, es trat mir,
da ichs träumte, nah.
Wo nicht Liebe verbindet,
da ist die weitere Fahrt.

Ono Komachi

Sechs Gedichte vom Träumen

Seit ich im leichten
Schlummer mir den Ersehnten
ersehen konnte,
fange ich an, den Träumen,
wie man sie nennt, zu trauen.

Nach der Regel: Wer von seinem Liebsten träumen will, muß das Nachtkleid umgewendet anziehn:

Wenn übermächtig
das Verlangen mich heimsucht,
wend ich das Gewand
meiner finsteren Nächte
von innen nach außen um.

*

Sehnenden Herzens
eingeschlafen – am Ende
sah ich ihn sogar?
Hätt ich gewußt, es sei Traum,
wäre nicht wieder erwacht.

*

Der unendlichen
Sehnsucht gehorchend will ich
kommen auf des Traums
nächtlichen Pfaden – *die* doch
werden sie mir nicht schmälen.

*

Im wachen Leben
mag es ja wohl so gelten.
Aber noch im Traum
meinen, anderer Blicke
scheuen zu müssen: trostlos!

*

Soviel ich walle,
ohne Ruhe dem Fuße,
nachts im Traum zu dir:
wirklichen Wiedersehens
wiegt es mir nicht einen Blick.

Die lange Herbstnacht –
auch nur eine Redensart:
wo beim Wiedersehn,
kaum daß Worte gewechselt,
sie schon wieder sich hellte.

Des Wiedersehens
will keine Stunde schlagen.
Auf glüht die Sehnsucht.
Brust, o sprühende Funken,
Herz, o brennendes Feuer!

*

Farbiges Blühen,
wehe, es ist verblichen,
da ich leeren Blicks
nachtlang in ewigem Regen
mein Leben verrauschen sah.

*

Eine Blüte ist,
der du nicht an der Farbe
anmerkst, wie sie welkt:
die, die im Herzen aufging
den Menschen auf dieser Welt.

*

Bin ich selber denn
nicht zu finden? O blindes
Tasten nach der Spur,
seit der Erwartete mich
aus seinem Herzen verlor.

Auf eine Einladung des Dichters Bunya no Yasuhide, ihn auf seinem Landsitz in der Provinz Mikawa zu besuchen:

Bin gramesmüde,
eine schwimmende Pflanze
ohne Wurzelgrund,
jedes lockenden Wassers
Winke zu folgen gewillt.

Sosei Hôshi

Aus der Ferne nur
dir ein Wunder erschienen,
die Pflaumenblüte:
Fülle der Farbe, des Dufts
schenkt sie dir, wenn du sie brichst.

Miyako im Frühling

Soweit ich blicke,
zwischen Weidengezweige
Kirschenblütenpracht!
Siehe, die Stadt: des Frühlings
brokatenes Festgewand.

Kirschblüte im Gebirge

Solches sollten wir
sehen und nur erzählen?
Sakura-Zweige –
Jeder breche sich einen,
bringe ihn heim in der Hand!

*

Hör ich den Kuckuck
neu die Stimme erheben,
stört den Frieden mir
– wüßte nicht, wem es gälte –
ein Verlangen: was soll das!

Weltflucht

Wohin soll ich denn
fliehen, die Welt zu meiden?
Geht mein eigen Herz,
sei es im Felde, im Wald,
allewege doch irre.

Chrysanthementau
seligen Höhenpfades
netzte mein Gewand,
trocknete: wieviel tausend
Jahre vergingen derweil?

Ungenannte

„Schön ist die Mondnacht,
schön die Nächte" – das wäre
eine Botschaft ihm.
Aber es klänge wie „komm!" –
Nicht als ob ich nicht warte.

*

Den Wasserspiegel
deckt in buntem Getriebe
rotes Ahornlaub:
Schritte ich durch, der Brokat
risse ihm mitten entzwei.

*

Wollte entsagen,
badete mich im reinen
Bach der Läuterung.
Ach, mich bedünkt es, der Gott
nahm meine Sühne nicht an.

*

Wenn ich, Liebster, dich
wankelmütigen Sinnes
je verlasse, soll
über die Kieferndüne
am Kap hin die Welle gehn.

*

Ein stilles Wasser,
dicht von Grün überwachsen –
wäre das der Grund,
warum keiner es ahnt, was
tief ich im Herzen trage?

Same muß nur sein,
und auf härtestem Felsen
wächst die Föhre hoch.
Liebe, sie muß nur lieben,
und es gelingt ihr gewiß.

Fujiwara Toshiyuki

Daß die Herbstnacht sich
hellt, sie beachten es nicht
und zirpen weiter,
die Heimchen: macht denn auch sie
alles so traurig wie mich?

Sugawara Michizane

Weht Ostwind wieder,
dann brich in Düften hervor,
Pflaumenblüte du!
Sage nicht: mein Herr ist weg!
Nicht vergiß deinen Frühling!

*

Nach den Wipfeln fern
um meines Herren Wohnstatt,
bis sie entschwanden,
habe im Gehen und Gehen
ich immer mich umgeschaut.

*

Sterne des Himmels,
euch ist die Bahn, die Wohnstatt
fest bestimmt. Und mir
scheint es, ihr schwebtet im Raum,
schwankendes Spiel der Lüfte!

Ungenannt

Heil dem Tennô

Unserem Herren
tausend, viel tausend Jahre,
bis aus kleinem Kies
mächtige Felsen wurden,
bis darüber das Moos wuchs!

Weltgeheimnis

Ist die Welt ein Traum?
Ist sie wesenhaft? Sage! –
Weder wesenhaft,
noch auch Traum, daß ich wüßte:
ein Etwas, ein Nichts in einem.

Ki no Tomonori

In Frühlingsnebeln
am Berge die liebliche
Sakurablüte,
sehe mich nicht an ihr satt:
Liebste, mir ahnt, es bist du.

*

Am Abend glühen
Leuchtkäfer auf. Gar andres
Glühn entbrennt in mir.
Sie aber sieht kein Leuchten,
die Liebste, es läßt sie kalt.

*

Leben, was ist es?
Schwindender Tau im Taglicht!
Ließe sich der Tand
gegen *eine* Begegnung
tauschen, ich gäbe ihn gern.

Eines Tages, als die Kirschblüten abzufallen begannen:

In des himmlischen
Lichtes heiterem Frieden
eines Frühlingstags
was verstörte die Blüten?
Ruhelos fallen sie ab!

Ki no Tsurayuki

Später Schnee

Im Nebel schwellen
Knospen dem Lenz entgegen,
und im Dorfe schneits.
Noch ist die Blüte nicht da,
und schon fallende Blüten.

Frühlings Widerspruch

An den Weiden dreht
grünliche Hängeschnüre
Frühlings Fleiß – und reißt
wild daneben die Nähte
auf zu der Blumen Erblühn.

Einem Gastfreund

den er lange nicht besucht hatte, und der nun, statt ihn im Hauseingang zu begrüßen, nur melden ließ, „die Herberge stehe noch immer bereit", mit einem blühenden Zweig vom Pflaumenbaum an dessen Hause übersandt:

Bin ich ungewiß,
wie die Menschen es meinen,
strahlt, wo Heimat war,
mir die Blüte doch immer
Düfte vergangener Zeit.

An einen Kirschblütenzweig geknüpft, für einen Freund, der nach kurzem Besuch wieder gegangen war:

Flüchtig nur gesehn,
der Freund, ob er wiederkehrt,
blühender Kirschbaum?
Übe noch heute Geduld,
verblühst du nachher, verblühe.

*

Wandernd eingekehrt
zwischen lenzlichen Bergen
schlief ich ein. Und noch
waren die Träume der Nacht
voll der fallenden Blüten.

Einem, der sagte, nichts verblühe so rasch wie die Kirschblüte:

Sakura, sagst du,
zerfalle so schnell. Das ist
meine Meinung nicht.
Das menschliche Herz, das tuts,
eh noch ein Wind daherweht.

Waldheiligtum

am Miwa-Berg, dessen Wald als sichtbare Erscheinung des Landesgottes ältestes Heiligtum von Yamato ist:

Wo den Gotteswald,
siehe nur, ganz verdeckend
Frühlingsnebel hüllt,
mögen Blumen erblühen,
wie sie kein Mensch je gesehn.

Schwimmende Blüten

Der wehende Wind,
das Wasser im tiefen Tal,
wenn die nicht wären,
blieben die schönsten Blüten
in den Bergen verborgen.

In der Schwüle der Regenzeit, am moorigen Bruch des Yodo-Flusses:

In Regengüssen
steigt, wo sie Binsen schneiden,
im Moor das Wasser,
schwillt übers tägliche Maß
meiner Liebe Verlangen.

*

Regentriefenden
Himmels Lüfte erdröhnen.
Der Kuckuck, Kuckuck:
was mag sein Kummer nur sein?
Ruft nur und ruft durch die Nacht.

*

Getrübt vom Triefen
schöpfender Hände, löschte
der Born des Berges
nicht den Durst, und ich mußte
ungestillt von ihr fortgehn.

*

O Herbst, o Tage
tausendfach durch die Seele
jagender Sorgen,
wie auf der Flur das bunte
Blüten- und Blättergewirr.

*

Herbstchrysanthemen
sollen, solang sie prangen,
mir im Haare stehn.
Weiß ich ja nicht, wer länger
blühen wird, sie oder ich.

Letztes Gedicht

Der Mond im Spiegel
des Wassers, vom Bach geschöpft
in der hohlen Hand,
ein Etwas? ein Nichts? Das war
die Welt, in der ich gewesen.

Mibu no Tadamine

Der Freund

Hoch in Yoshino
schritt er über der Berge
weißen Schnee hinweg.
Von dem Entschwundenen dringt
keine Kunde herüber.

Besuch in der früheren Heimat

Ob nach dem, was war,
ihn noch heute die Sehnsucht
verfolgt, den Kuckuck,
daß er mit seiner Klage
die alte Stätte besucht?

*

Schönste, kaum gesehn,
wie auf Kasugas Fluren
dem schwindenden Schnee
kaum entsprossener Grashalm,
kaum gesehen, o Schönste!

*

Sollte ich denn nur,
wenn ich im Schlaf sie sehe,
sagen, es sei Traum,
wo dies flüchtige Leben
selber mir nichtig erscheint?

*

Weht der Herbstwind mir
nur eines Harfenspieles
zarte Töne zu,
faßt mich ein unfaßbares
Sehnen nach ihr, der Liebsten.

Mit des Mondes Bild
meine Gestalt vertauschen,
wenn es gelänge:
auch die Erbarmungslose
schenkte mir liebenden Blick.

*

Seit mir der bleiche
Frühemond kühl zum Abschied
von der Spröden schien,
weiß ich mir Öderes nichts
als das Grauen des Tages.

Ooshikôchi no Mitsune

Errate ichs recht,
kann ich vielleicht sie brechen:
dort in ersten Reifs
täuschendem Weiß undeutlich
blühende weiße Astern.

*

Wenn den Strand entlang
von Sumi-no-e der Herbstwind
in den Föhren pfeift,
begleitet ein Rauschen ihn
schäumender Hochseewellen.

*

Die schneeverwehten
unbeschrittenen Wege
ohne eine Spur!
Spurlos fort in die Leere
schwindet Gedanke und Wunsch.

*

Meine Liebe fragt
nicht, wohin es noch gehn soll,
sieht kein Ende ab,
weiß nur eines: o wäre
bei dir ich, ich wäre am Ziel.

An einen Mönch im Bergkloster

Der du aus der Welt
in die Berge entwichest,
wohin wirst du fliehn,
wenn dich noch in den Bergen
der Jammer des Lebens beschleicht?

*

Warum spotte ich
schwärmender Schmetterlinge?
Bin doch willentlich
in den Gluten der Liebe
selber so gut wie verbrannt.

Fujiwara Okikaze

Blühende Blumen,
alle die tausend Arten,
flüchtiger Flitter!
Doch wer möchte dem Frühling
so ganz darum böse sein?

Die Insel Awaji

Dem Gott der Meere
Krone des Hauptes, winden
weiß die schäumenden
Wellen im Kreise den Kranz
um die Berge der Insel.

Wega und Atair

Starke Herzen sinds,
die den Liebesbund schlossen
am Himmel oben:
als ob einmal im Jahre
Eines sein – Einssein wäre.

Die Hofdame Ise

Am Ende des Winters

Als die Landleute das dürre Gras auf den Feldern versengten:

Winterdürres Feld,
wie ich selber. Und Feuer,
wie in meiner Brust:
Bliebe im Brennen mir nur
auch ein Frühlingserwarten!

Der Wildgänse Abschied

Blind für des Frühlings
Nebeldünste entfliegen
wilde Gänse dort:
Sind sie in blütenloser
Heimat zu wohnen gewöhnt?

Fujiwara Kanesuke

O um ein Leben,
welches, zu Ende gelebt,
meinen Kindern bleibt!
Daß der Reise ins Alter
nicht die Reue vorangeh.

Kiyohara Fukayabu

Der Geliebten zur Abfahrt nach dem Ostland

Dich besucht mein Herz,
bis hinauf in die Wolken
holt es dich noch ein.
Daß es ein Scheiden gelte,
Liebste, es scheint dir nur so.

Einem Mächtigen,
der seinen plötzlichen Sturz beklagte

In Tales Tiefe
ohne den Strahl der Sonne,
ohne Frühlingsglanz,
wärst du des Leides ledig
um Blühn und frühes Vergehn.

Minamoto Shitagô

Nicht einmal das Eis
hält mehr fest in des Lenzes
Windeswehn im Tal:
Immer noch ungelöst bleibt
nur der Nachtigall Stimme.

Taira Kanemori

Hab es verhalten.
Nun verraten die Mienen
meine Liebe doch,
fragen mich schon die Leute:
bist in Gedanken vertieft?

Sone Yoshitada

Am Abend eines heißen Sommertags

Ei, ein Reiniger
aus dem Schreine zu Kamo
kommt mir der Bergwind.
Auf und hinaus zur Kühlung!
Die Liebste nehme ich mit.

Klage nur, klage
in deinem Beifußwäldchen,
zirpendes Heimchen!
Hast es getroffen: er *ist*
traurig, der scheidende Herbst.

*

Auf der Überfahrt
über den Sund dem Schiffer
schwamm das Ruder weg.
Wo soll er hin? und wohin
ich auf Pfaden der Liebe?

Unbekannter Dichter

Das Iroha

Die 47 Silben der japanischen Sprache in zwei Strophen geordnet

Iro ha nihohe to	Farbenlust, so duftig bunt,
tirinuru wo	sie verwelkt, verweht.
waka yo tare so	Wer ist, der in dieser Welt
tune naramu?	ewiglich besteht?
Uwi no okuyama	Von des Wahnes letztem Berg
kefu koyete	komm ich heute her,
asaki yume misi	weiß von keinem seichten Traum,
wehi mo sesu.	keinem Rausche mehr.

Akazome Emon

Im Ringen um das Leben des geliebten Sohnes

Nimm an seiner Statt,
bete ich, hin mein Leben.
Mir liegt nichts daran.
Aber auch dieses hieße
traurigen Abschied nehmen.

Fujiwara Kintô

Einsamer Frühling

Er, der geht und kommt,
der Frühling, wird er mir noch
das Herz ergreifen,
wenn die treu mir Verlobte
nicht mit ihm wiedererscheint?

Anfechtung

Als er sich zu frommen Übungen ins Gebirge zurückgezogen hatte:

Nun wohlan, hinein,
sprach ich strebenden Herzens.
Dann hernach verlor
tief sich der Weg im Hochland,
wo keine Seele mich sucht.

Fujiwara Norinaga

An Bergesorte,
wo keine Seele mehr wohnt,
hat zur Herbstesnacht
selbst das Leuchten des Mondes
den Schauer der Einsamkeit.

Minamoto Yorizane

Wenn das Herbstlaub fällt,
kannst du im Haus die Nächte
nicht unterscheiden:
ob in leisem Geriesel
Regen sie sprühen, ob nicht.

Izumi Shikibu

In die Kohlenglut,
die, in Asche gebettet,
keinen Schläfer stört,
starrenden Blickes für nichts
Nächte um Nächte durchwacht.

*

Das ist nun der Mond,
eine Nacht lang betrachtet.
Was hats geholfen?
Herz, es will sich nicht lösen.
Auge, es blickt ins Leere.

*

Vor Verlangen ist,
Liebster, in tausend Stücke
mein Herz zerbrochen.
Aber es ging von allen
auch nicht eines verloren.

*

In den zarteren
Gefühlen, wie man so sagt,
komme ich nicht mit.
Aber die Tränen magst du
ganz für dich geweint nehmen.

*

Er kam, der Liebste,
schlummerte ein. Daneben
in der kalten Nacht
lieg ich, den eigenen Arm
zum Kissen ihm untergelegt.

*

Der Verwirrung nicht
achtend des schwarzen Haupthaars
lieg ich hingestreckt,
habe im Herzen jetzt nur
den, der es mir zerwühlte.

Drin ich ihm, er mir
könnte ins Auge blicken,
so oft ich morgens
mich vom Lager erhebe:
das wäre mir ein Spiegel.

*

Traurig waren sie,
jene vergangenen Zeiten,
da ich ohne dich
Tage und Monde dämmern
und wieder verdämmern sah.

*

Felsenazalien
breche ich mir zum Anblick:
sind dem Gewande,
dem scharlachfarbenen, gleich,
das der Liebste getragen.

*

Aus der Dunkelheit
führt in tieferes Dunkel
nun der Pfad hinein:
helle ihn mir von ferne,
du, Mond überm Bergesrand!

Nach dem Tod des Geliebten

Ein Ende machen? –
schon der bloße Gedanke
ist zu trauervoll:
war ich die Deine doch, bin
Dein lebendiges Denkmal.

*

Stimme, die mir sprach,
nach der Stimme verlangt mich.
Ach, die Erscheinung
ist wohl, wie sie gewesen,
aber stumm, ohne ein Wort.

Am Feuerbecken

Setz ich mich davor,
schaue darein, schon wird mir
wehe, eingedenk
vor der Asche im Becken
des, der im Rauch mir entschwand.

*

Wie es mich ergreift,
dieses Rauschen zu hören!
Im Morgendämmer
ist mir, im Gießbach rännen
nichts als Tränen hernieder.

*

Nun vernehme ich
nur noch ein sanftes Rauschen
in der Erinnrung,
keinen vergessenswerten,
keinen beklemmenden Klang.

*

Daß ich wieder weiß,
wie's draußen ist, außer der Welt,
die so bald vergeht,
oh, um ein Wiedersehen,
oh, nur ein einziges Mal!

*

Eine Schuldenlast:
„ich habe ihn vergessen“
fühlt ich im Herzen.
Heute, zum Reinigungsfest,
wusch ich sie, warf sie hinweg.

„Als ich nach dem Entschluß, mich mit keinem Manne mehr zu treffen, es doch wieder tat“:

Hab es ertragen.
Habs zu lange ertragen.
Kann mir fernerhin
nur noch den einen Namen
verdienen: sie ist verhext.

Einem, der sich von ihrer Liebe nicht befriedigt fühlte:

Immer und ewig
verström ich die Seele ganz
in Gefühl, Gefühl:
aber fügte des Herzens
Triebe sich je das Leben?

*

Unvergeßlicher
als alle Not der Liebe
sind die ohne Schmerz,
eben als wären sie nichts,
abgerissenen Bande.

Einem Zweifelnden

Wer mein Liebster war,
dessen gedenke ich auch,
und wäre es nur
um die erlittene Pein –
wie soll ich das vergessen?

Die Männer

Bin ein Tropfen Tau,
bald am Grase verdunstet.
Nur das Drum und Dran,
wie die Halme so schwanken,
das hat mich traurig gemacht.

Nächtliches Erwachen

Wehes Erwachen.
Das durch die Glieder mir faucht,
das Sturmesbrausen:
früher einmal, da hört ichs
draußen wohl vor den Ohren.

Leuchtkäfer

„Als ich, von einem Manne vergessen, den Tempel von Kifune aufsuchte und um das Weihwasserbecken Leuchtkäfer fliegen sah“:

Meiner Schwermut scheint,
mit den Käfern des Riedes
schwärme gespenstisch,
meinem Körper entflogen,
die sehnende Seele aus.

*

Der zum Troste mir
nur eines Lichtes Weile
verweilen dürfte:
erblickt, schon nicht mehr erblickt –
nächtlich ein zuckender Blitz.

Nachtgedanke

Qual des verwünschten,
nicht erlöschenden Lebens!
Wie beneide ich,
preisgegeben dem Winde,
dort die nächtliche Fackel.

In der Frühe allein

Liebende müssen
Leute besondrer Art sein.
Daß ein Hahnenschrei
mich in Schrecken versetzte,
wie lange ist das nun her?

Als ihre Tochter an der Geburt eines Söhnleins starb:

Läßt uns hinter sich!
Um wen von uns beiden mag
es sie erbarmen? –
Das Kind ist mir vorgegangen:
das Kind, es wird ihr vorgehn.

Ich vernahm von ihr
und vernahm nichts. Ich sah sie
und sah nichts von ihr,
der Welt: Wehe wie lang noch
gedenk ich, darin zu sein?

*

Ich, die es richtig
gesehn, wie nichtig sie ist,
diese Welt des Traums,
und nicht darüber erschrickt,
schlafen kann, bin ich ein Mensch?

Murasaki Shikibu

Aus ihrem Tagebuch

Unerheblichem
Herzenstrieb überliefre
ich mein Leben nicht.
Doch begleiten das Leben
eben Triebe des Herzens.

Aus dem Genji Monogatari

Prinz Genji am Morgen nach der nächtlichen Feuerbestattung seiner jungen Gattin Aoi no Ue:

Die aufgestiegne
Säule des Rauchs ist nicht mehr
deutlich zu sehen:
Ach, sie wandelt das ganze
Wolkenheim mir in Rührung.

Prinz Genji, von Hof entfernt, am Strand von Suma:

In meines Kummers
Klage mengen der Meerbucht
Wellen gleichen Klang:
treibt sie der Wind von dorther,
wo mich die Sehnsucht hinzieht?

Prinz Kaoru auf nächtlichem Ritt zum Landhaus dreier Prinzessinnen:

Wenns vom Berge weht,
hält am Laube kein Tau mehr,
und hält doch besser,
als die sonderbar lockern
Tränen, ach, mir im Auge.

Nôin Hôshi

Ins stille Bergdorf
zur Frühlingsabendstunde
war ich eingekehrt.
Die Untergangsglocke schlug,
und es fielen die Blüten.

Fujiwara Kiyosuke

Lebte ich länger,
der nahen Gegenwart dann
würd ich gedenken:
die voller Sorgen ich glaubt',
die Zeit – ist jetzt mir so lieb!

Hammitzsch

Minamoto Yorimasa

Auf meinem Garten
liegt noch die feuchte Frische
des Regenschauers.
Den Himmel kümmert es nicht:
dort leuchtet der volle Mond.

Hammitzsch

Minamato Tsunenobu

Der Ahornbaum

Wächter du des Walds!
Der Klang deiner Axt ist gut,
hallt schallend wider.
Mußt mir den roten Ahorn
auf dem Gipfel verschonen!

Hammitzsch

Fujiwara Michitoshi

Als er nach dem fernen Westen Abschied nahm, dem im Osten zurückbleibenden Freunde:

Steigt mir leuchtend auf
drüben die Morgensonne,
gedenk ich deiner:
Siehst du den Mond sich neigen,
sollst du nicht mich vergessen!

Hammitzsch

Gyôson Daisôjô

Als er im Hochgebirge unerwartet Kirschbäume blühen sah:

Liebe sollten wir
zueinander empfinden,
ihr Bergkirschblüten!
Ihr seid die einzigen hier,
Blühende, die mir vertraut.

Hammitzsch

Minamoto Toshiyori

Windeswehen jagt
über schwimmenden Lotus
rollende Perlen:
Kühl ists wieder geworden.
Horch, es zirpen die Heimchen!

Fujiwara Mototoshi

In alten Tagen
die ich kannte, die Menschen,
im Traumland sind sie.
Der Mond nur und ich allein,
wir blieben auf dieser Welt!

Hammitzsch

Fujiwara Toshinari (Shunzei)

Wintermorgen im Bergtal

Festgefroren dort,
hier wieder aufgebrochen,
ein wilder Bergstrom:
horch, wie er aus der Felsschlucht
aufschluchzt im Grauen des Tags.

Der Wildgänse Abschied

Und die sie hören,
müssen Tränen vergießen:
nordwärts ziehende
Gänse erheben Klage
am Himmel im Morgenrot.

Herbstnacht am Grabe der Gattin

Dies dem nächtlichen
Gast schon schaurige Rauschen
in Kiefernkronen:
muß nun sie unablässig
unterm Moos es vernehmen?

Nächtlicher Forellenfang auf dem Ooi-Fluß

Im Schein der Feuer
stromab gleitende Boote
mit Kormoranen:
wieviel seichteren Fischgrund
die Sommernacht euch noch gönnt?

Jahresschluß

Bei jedem Heute
denke ich: heute könnte
es zu Ende gehn.
Und siehe, auch dieses Jahr
habe ich wieder erlebt!

Saigyô Hôshi

Ach, wär ich doch weit
fort in felsigen Klüften
und unbekümmert
um die Blicke der Menschen
mit meinem Kummer allein!

*

Am Wegesrande,
wo im Schatten der Weide
klar der Quellbach fließt,
auf eine kleine Weile
bin ich stehen geblieben.

*

Daß doch ein Zweiter
wäre, auch ein Bewährter
in der Einsamkeit!
Hausten Klause an Klause
im verwinterten Bergdorf.

In der Betrachtung
sind mir die Blüten innig
nahe geworden.
Darum, da sie nun fallen,
tut mir ihr Scheiden so weh.

*

‚Im Mondenscheine',
gelobten wir uns beim Scheiden –
in der Heimat wird
ein Menschenkind heute nacht
auch seine Ärmel netzen.

Einem, der um seine Frau trauerte

Ließ die Tote dir
nur ein Schattenbild übrig,
laß dirs nahe sein!
Glaube mir, so wirst du erst
Liebe zur Liebsten haben.

*

Auch ein stumpfer Sinn
muß etwas Ergreifendes
hier ahnen können:
Herbstlicher Abend dunkelt
und Schnepfen schwirren im Moor.

*

Wenn du dann fort bist,
will ich, des Monds gewärtig,
hinüberschauen,
wo ferne der Abendhimmel
über dem Osten dunkelt.

*

Was einst bei Hofe
ich von der Zier des Mondes
zärtlich empfunden,
es war der Rede nicht wert,
ist Zeitvertreib gewesen.

Was immer es ist,
in stetem Wandel fließt
das Leben der Welt –
aber mit ewigem Licht
bestrahlt es der helle Mond.

Hammitzsch

Am Großen Gottesschrein in Ise

Was es ist, was hier
gegenwärtig in Hoheit
weilt, ich weiß es nicht.
Doch von Dank und Anbetung
gehn mir die Augen über.

Buddhalicht und Menschenherz

Auf dem Geierberg:
wer stünde dort und sähe
den Mond nicht leuchten? –
Es hinge ihm denn die Wolke
vor dem eigenen Herzen.

Sechs Gedichte aus dem Zyklus
„Mondnacht in Minotsu"

Mondschein täuscht dem Blick
eine Decke von Eis vor.
Doch es traut ihr nicht,
fliegt lieber den Fischzaun lang
das Gluckentengewimmel.

*

Doch wie dürfte er
mir in des eignen Herzens
Gewölk verschwimmen?
Mir soll es Früchte tragen,
ihn zu betrachten, den Mond!

Weilend in der Schau,
seh ich in Mondes Bilde
die Welt, das Leben,
sehe ihn hell und trübe,
sehe, was bleibet, was nicht.

*

Wer frei von Wolken,
frei vom Leide des Irrwahns
wäre, der allein
sähe mit hellem Auge
Mondes Gestalt in Klarheit.

*

Immer schon geschaut,
der Mond, wie wird er erst dann
meine Sehnsucht sein,
wenn diese Welt einst weg ist,
draußen über den Wolken!

*

Einmal trägt mich noch
über den Himmel hinaus
dieser argen Welt
die Liebe zu ihm, dem Mond,
dem ergreifenden Wunder.

Sutoku Tennô

Die Blüte zur Wurzel,
der Vogel zum alten Nest
kehrt wohl zurück.
Aber des Frühlings Bleibe,
wer ist es, der sie wohl kennt?

Hammitzsch

Fujiwara Suetsune

Am windeskalten
Rande der Insel das Volk
der Regenpfeifer
wiegt sich in Ruh, erhebt sich,
je wie die Welle es will.

Nijôin Sanuki

Die Berge ragen.
Im Sturm von den Höhen her,
der mit wirbelnden
Blüten den Mond verschleiert,
graut am Himmel der Morgen.

Jakuren Hôshi

Als früh die ersten
Flocken fielen, da hab ich
des Freunds gewartet.
Abend sank im Gebirge
auf die verschneite Wohnstatt.

Fujiwara Sanesada

Nach dem Tode der Gattin

Vom Schaun der Blüte
fortzugehn, hab ich erst recht
keine Eile mehr:
hab an niemand zu denken,
der mich erwartet daheim.

Durch der Nagobucht
Frühlingsnebelschwaden
laß schweifen den Blick:
Die sinkende Sonne netzt
Meeres weißes Gewoge.

Hammitzsch

Herbstlicher Besuch in der verlassenen Hauptstadt

Kam, das alte Miyako
zu besuchen, fand
niederes Riedgras weit und breit,
ödes Heideland.

Und der Mond ergießt sein Licht
schattenlos darein.
Nur der Wind des Herbstes dringt
mir durch Mark und Bein.

Kamo Chômei

Wo zum Liebesbund
mit traulichem Kissen ist mir
das Gras gewachsen?
Abend über der Heide
beendet die Wanderung.

Die Tochter des Fujiwara Toshinari

Vom Gast, dem Winde,
am Ärmel würzige Blüten
und wach gefächelt
auf umduftetem Kissen
aus Träumen der Frühlingsnacht!

Ferne rückender
Räume Schattengestalten
vergehn im trüben
Schleier des fallenden Schnees
mit dem scheidenden Jahre.

PRINZESSIN SHIKISHI

Weihenacht am Kamo-Schrein

Unvergeßlich mir!
Lager aus Malvenblüten,
kein gemeines Gras,
Schlummer auf freier Flur und –
Morgenrot über dem Tau.

Frühlingsahnung

Ans verwinterte
Pförtchen aus Föhrenzweigen
tief im Gebirge
hängt sich von schmelzendem Schnee
hie und da eine Perle.

*

Auf schmaler Matte
in des Nachtgewands Ärmeln
schneidende Kälte:
Der erste Schnee! Weiß hängt er
auf der Föhre am Hügel.

Winter in Oohara

Im wochenlangen
Treiben des Schnees verdichtet,
steigt aus den Meilern
des einsamen Köhlerdorfs
einsamer noch der Rauch auf.

Auf See

Weise du die Bahn,
da durch weglose Wellen
mein Schifflein rudernd
ich nicht Fährte noch Ziel weiß,
wendiger Wind der Salzflut!

*

Überschlage ich,
was die flüchtig entschwundnen
Jahre mir gebracht:
habe von Lenz zu Lenze
den Blüten mein Leid geklagt.

Beim Anblick einer Wolke

Von heimlicher Glut
der Liebe zuletzt verzehrt –
dann ein Rauch – auch *der*
spurlos schwindende Wolke:
oh, des traurigen Endes!

Fujiwara Ietaka

Auch des Bachs im Tal
auferstandene Wellen
haben angestimmt:
locke die Nachtigall her,
Frühlingswind von den Bergen!

*

Pflaumenblütenduft.
Wie war es doch dazumal? –
Dort der Frühlingsmond
bleibt wortelos. Nur sein Schein
schimmert feucht mir vom Ärmel.

Fujiwara Teika (Sadaie)

Hinten hoch im Tal
keinen Frühling ahnendem
Schneefeld aufgedrückt
schnurgerade geschrittnen
einsamen Wäldlers Fußspur.

*

Des müden Ochsen
schleppendem Gang entsteigend,
leiht der Straße Staub
selbst dem Winde noch Hitze:
in Sommerglut ein Fuhrwerk.

*

Abendgewitters
zerrissene Wolkenschatten
weichen der Helle,
und über den Berg her fliegt
weißgefiedert ein Reiher.

Beim Kwannontempel zu Hatsuse

wo er um Vereinigung mit der lange vergeblich Geliebten betete:

Jahre sind dahin.
Das ich erflehte, das Glück –
vom Tempelberge
tönt es die Abendglocke
anderen zur Erhörung.

Geistergruß

Von wem, von welchem
Wolke Gewordenen kommt mir
abendlicher Gruß,
daß der Orangenblüte
Düfte der Wind mir zuweht?

Fujiwara Kanezane

In einer Waldklause

Auf mein Bretterdach
rauscht der sprühende Regen,
horch! mit neuem Ton:
Ahorns gerötetes Laub
deckt es dichter und dichter.

Jien (Jichin Oshô)

Meine Reise geht
auf dem Wege der Wahrheit
dem Erwachen zu.
Heimat, daran ich mein Herz
hängte, ich habe sie nicht.

*

Hat der Himmel hier
Tränen des Heimwehs geweint?
Kein Freund begleitet
mich auf einsamem Bergpfad -
und an den Gräsern hängt Tau.

Fujiwara Yoshitsune

Sieh den schwindenden
Schaum auf dem Wasser irren
zwischen Felsgestein
und an den Blättchen von Eis
haschen nach flüchtigem Halt.

Abschied der Wildgänse im Frühjahr

Vergeßt auch ihr nicht,
die ihr vom Moor nun aufsteigt,
scheidende Gänse,
des Reises Rauschen im Wind
zur herbstlichen Abendzeit!

Der sommerschwülen
Meeresbucht Lotosblüten
sind aufgegangen –
über den Wellen ein Lied,
gleitet dahin der Schiffer.

*

Alles zusammen,
der erlittenen Schmerzen
ungekannte Zahl,
taucht in tiefere Farben
zur Abendstunde im Herbst.

Fujiwara Masatsune

Besuchen wollt ich
die Blumen – schon dunkelt es
zwischen den Bäumen:
Da – unerwartet der Mond
über der Berge Gipfel!

Hammitzsch

Go-Toba Tennô

Tragen die langen
Jahre sehnender Liebe
niemals ihre Frucht?
Ganz nur vage Erwartung,
dunkelt der Abendhimmel.

Nach der Feuerbestattung

Wird der Entschwundnen
liebe Gestalt, die Wolke,
leise nun herab
rauschen im Abendschauer –
sei es verhüllten Gesichts –?.

Gedenken beim Abendfeuer

Erinnerungsschwer
Reisig gebrochen, entflammt:
Abendfeuerqualm
erstickt die Stimme – ist gut!
hilft, es nimmer vergessen.

*

Menschen sind mir wert,
Menschen auch mir zuwider,
dem freudelosen,
weil um die Welt besorgten,
sorgebeschwerten Manne.

*

Hintersten Berglands
hochwucherndes Grasgestrüpp
teilend festen Schritts,
will ich es ihnen zeigen,
daß mein Reich Weg und Bahn hat.

In Verbannung auf der Insel Oki

Wisse, nun bin Ich
Hüter und Herr der Insel,
Wind der Oki-See,
rauher Wellenerreger:
daß du mir mit Bedacht wehst!

Minamoto Sanetomo

Dies Erdenleben –
ewig müßte es währen!
Wie sie dort am Seil
den steuernden Fischerkahn
strandauf ziehen – bezaubernd!

An des Ozeans
Felsengestade donnernd
schlagende Wasser:
sie zerbrechen, zerspellen,
spritzen, zerfliegen zu Staub.

*

Die ohne Sprache,
die tierische Kreatur,
hat nicht auch diese
noch erbarmendes Gefühl?
Hegt ihre Brut mit Liebe!

*

Ob wir es nun Gott,
ob wir es Buddha nennen:
was ist es andres,
als was irdische Menschen
in innerster Brust bewegt?

Des Schoguns Treue

Ob Berge bersten,
ob die Meere vertrocknen
in des Reiches Not:
nie soll der Herr mich, der Kaiser,
erfinden doppelten Sinns!

Dôgen Zenji

Seele

Des Wasservogels
Wegflug und Wiederkehr,
ohne Spur sind sie –
Jedoch seines Weges Bahn,
könnt er sie je vergessen?

Hammitzsch

Fujiwara Tamekane

Traum vom Traum der Geliebten

Mit dem Traum, darin
ich der Liebsten erschienen,
innig beschäftigt,
hab ich ihn heute erschaut,
und mächtiger brennt die Sehnsucht.

Komparu Zenchiku

Aus dem Nô-Spiel „Die Bananenstaude"

Gesang des Mönches

Schon ist die Sonne westlich weggerückt,
des Bergtals Schatten stehen schaurig kühl,
der Vögel schwacher Ruf erstirbt unheimlich.

Abend — auch den Himmel hüllt
duftiger Schleier.
Stille lassen sich vom Mond
Bergschatten schieben.
Stille, wie's geschrieben steht,
am Reisigpförtchen
halte ich das heilige Buch,
lese und lese.

Iio Sôgi

mit seinen Schülern Shôhaku und Sôchô

Lyrisches Wechselspiel:
Von Winter zu Winter

Sôgi: Noch liegt Schnee, und schon
dunstet es unten am Berg
zur Abendstunde.
Shôhaku: Fern am Wasserlauf duftet
in Pflaumenblüten ein Dorf.

Sôchô: Im Flußwind wiegen
sich die Zweige der Weiden:
es erschien der Lenz!
Sôgi: Auch Ruderstöße der Boote
künden die Frühe des Tags.

Shôhaku: Des Mondes Sichel
wird, bis Nebel die Nacht hüllt,
am Himmel bleiben.
Sôchô: Auf der bereiften Heide
neigt sich dem Ende der Herbst.

Sôgi: In der zirpenden
Grillen bänglichem Zagen
dorren die Gräser.
Shôhaku: Mußt die Hecken befragen:
weisen dir sicher den Weg.

Hosokawa Yûsai

Der Leser in der Winternacht

Das brennende Licht
betreu ich unermüdlich.
In der späten Nacht
weht der Schnee an das Fenster,
sein Rieseln höre ich wohl!

Hammitzsch

Tokugawa Mitsukuni

Ein Regenschauer
streicht erfrischend vorüber.
Auf dem Lotosblatt
den Glanz der Abendsonne
spiegeln die Wasserperlen.

Hammitzsch

Matsuo Bashô

Elf Haiku

Wirklich, Frühling ists!
Auch auf dem Berg Namenlos
ruht Morgennebel.

Vom Bergpfad komm ich.
Da hält mich fest, warum wohl,
ein Buschen Veilchen!

Am Wegesrande
wachsende Eibischblüten –
das Pferd rauft sie ab.

Im Regen schläft er,
der Bambus, dann steht er auf,
– den Mond zu sehen.

Erster Winterregen!
Auch das Äffchen ersehnt sich
einen Regenmantel.

Selbst einem Pferde
folgt verwundert das Auge
beim Schnee am Morgen.

Zu Ende das Jahr.
Schirmhut und Strohsandalen
trag ich noch immer!

Zwei Menschenleben!
Und dazwischen ganz üppig –
die Kirschblütenzeit.

Im Tautropfenfall
einmal nur den Staub der Welt
wegspülen können!

Unterm selben Dach
schliefen auch Mädchen der Freude –
Buschklee, Vollmondschein.

Nimm ihn in die Hand,
die heißen Tränen löschen ihn aus,
den Reif des Herbstes. *Hammitzsch*

Das letzte Haiku

Zu Ende das Wandern:
Mein Traum, auf dürrer Heide
huscht er umher. *Hammitzsch*

Zehn Haiku

Ists ausgetrunken,
stelle ich Blumen hinein –
mein Vierkannenfaß!

Die Nachtigall, ei,
macht auf den Klebreiskuchen
auf der Veranda!

Blütenzeit, bewölkt –
Glockenton – von Ueno?
von Asakusa?

Garten und Berge
rücken herbei, herein holt
sie dein Sommerhaus.

O der tiefen Ruh,
bis in die Felsen getränkt
mit Zikadenklang!

Ist alt, der Teich da –
Das war ein Frosch, der hineinsprang –
Es tat so im Wasser.

Vollmond, Ruhmes wert!
Rund um den Teich gewandelt
die ganze Nacht lang.

Ein tobendes Meer! –
Quer über Sado spannt sich
die Milchstraße hin.

Auf den dürren Ast
hat sich ein Rabe niedergesetzt –
zu Herbstes Ende.

In Hiraizumi,
auf dem Schlachtfeld des Jahres 1189

Sommerliches Gras –
Spur, von tapferer Recken
Traume geblieben!

Yosa Buson

Sieben Haiku

Ein Frühlingsregen!
Plaudernd wandeln des Weges
Strohmantel und Schirm.

Oh, – die Nachtigall!
Und im Haus sitzen alle
beim Abendessen.

Auf einer Glocke
ruht tief in Schlaf versunken
ein Schmetterling!

Oh, welche Kühle!
Und von der Glocke löst sich
der hallende Klang.

Unterm Moskitonetz
laß ein Glühwürmchen fliegen:
wird dich beglücken!

Es erbebt mein Herz!
Den Kamm der geliebten Toten
trat ich im Schlafgemach.

Langsam, Tag an Tag,
reihen sich aneinander –
vergangne Dinge.

Hammitzsch

Kamo Suetaka

Die Pflaumenblüten:
wäre es nicht ihr Duften,
das durchs Fenster strömt,
des Mondes noch frostiges Licht,
ich ließ es nimmer herein.

Hammitzsch

Matsudaira Sadanobu

Der Kirschenbäume
Blütenwipfel leuchten weiß;
zwischen den Weiden
zögert das Dunkel der Nacht
unter der Morgendämmrung.

Hammitzsch

Ryôkwan Shônin

Die Bettelschale – zweimal

Am Wegesrande
pflück und pflücke ich Veilchen.
Die Bettelschale,
ach, die vergeß ich dabei,
die arme Bettelschale!

Am Wegesrande
pflückt' und pflückte ich Veilchen.
Die Bettelschale –
ich, ich hab sie vergessen!
– Aber es nimmt sie niemand!

Hammitzsch

*

Im Dorfe drunten
Flötengetön und Trommeln,
ein fröhlich Lärmen –
auf dem einsamen Berge
rauscht es in allen Kiefern.

Hammitzsch

Kobayashi Issa

Sieben Haiku

Du kleines Fröschlein,
hab doch keine Angst vor mir,
ich bins ja: Issa!

Du Spatzenkind!
Schnell aus dem Weg, aus dem Weg!
Ein Pferd kommt vorbei.

Weinende Kinder!
Des Regenschauers Wolken
drohen wie Geister.

Wie hab ich auf dich
gar so lange gewartet,
du, Kuckuck, Kuckuck!

Komm doch her zu mir!
Laß uns zusammen spielen,
verwaister Sperling!

Sogar mein Brunnen! –
Ein Hängeschloß angehängt
hat ihm die Kälte!

Der Große Buddha –
leiht die Nase zum Abflug
der kleinen Schwalbe!

Hammitzsch

Kagawa Kageki

Unterm nächtlichen
weich gebreiteten Lager,
kleines Heimchen du,
meiner Liebe Geflüster:
daß du mirs niemand verrätst!

Hammitzsch

Ochiai Naobumi

Der Dichter

Wenn in der Nacht
einsam ich aufwache
und aus tiefer
Seele meine Verse sinne:
dann bin auch ich ein Gott. *Debon*

Yosano Hiroshi Tekkan

Der Samurai

Was zum Überfluß
Worte machen, was soll das?
Es steht die Sache
einzig auf diesem Schwerte,
auf diesem Schwerte allein.

Sasaki Nobutsuna

Standesehre

Schenket mir lieber
keine zärtlichen Worte –
sie sind fehl am Platz!
Ihr seid ein Herr von Stande,
ich eines Fischermanns Kind.

Der Evangelist

Ans tief verschneite
Meergestade des Nordens
zog mit einem Band
„Holy Bible“ in Händen
der Mann da – stellet euch vor!

Das wahre Ich

Wir wandeln uns.
Mein Selbst von gestern,
das Ich von heute –
welches mag wohl
das wahre Ich sein? ***Debon***

Masaoka Shiki

Haiku aus Si-an-fu nach dem Friedensschluß 1895

In Tschang-an auf dem Markt
haben sie wahrzusagen
einen langen Tag.

Sommersturm

Sommersturm hat mir
das Papier auf dem Pulte
alles weggeweht.

Auf dem Krankenlager

Am Glyzinienzweig
in der Vase die eine
Blütentraube hängt
über dem Berg von Blättern,
die ich beschrieben, herab.

Glyziniengehänge –
sehe ich es so blühen,
zieht es mich zurück
zu den Herrschern von Nara,
den Herrschern von Miyako.

NATSUME SÔSEKI

Am Grunde die Steine
scheinen bewegt – so
klar das Bächlein. *Debon*

SHIMAZAKI TÔSON

Die Möwe

Wogen-geboren, wogen-begraben,
weit auf den Meeren der Leidenschaft, eine Möwe.
Brecher der Liebe türmen dröhnend sich auf:
Träume zu knüpfen, ach kein Verweilen.

Und im Erschrecken der dunklen Flut
im strömenden Hingehn und Wiederkehrn,
ist unserm Blick entschwunden des Vogels Kielspur.
Wogen-getragen, noch schwebend im Schlaf, eine Möwe.

Debon

Yosano Aki-ko

Die Stufen

Die unzählbaren
Stufen
zu meinem Herzen,
zwei, drei vielleicht
ist er hinaufgegangen.

Debon

Die Dichterin

So denkt an mich:
auf eures Herzens Insel,
dürstend
und ausweglos,
bin ich verbannt. *Debon*

•

Ôtani Kubutsu

Das offenen Mundes
den fallenden Blüten nachschaut:
dies Kind ist Buddha! *Debon*

Saitô Mokichi

In der Straßenbahn

Seltsam-erregend
des Morgens in der Straßenbahn:
die Mitfahrenden
sehn aus, als wären sie
ein jeder ohne Sünde . . . *Debon*

An der Isar 1923

Meinte, in ferner
Fremde zu sein, und siehe,
in der Talschlucht stehn
Knäblein, wecken mit Rufen
den Waldschrat zum Widerhall.

Röcken 1923

Wo Friedrich Nietzsche
noch in kindlicher Unschuld
seine Spiele trieb,
gehen über den Dorfteich
kleine, sich kräuselnde Wellen.

ISHIKAWA TAKUBOKU

Soldaten

Als ich der Kompanie
Soldaten nachsah,
ward mir weh:
wie sorglos
gingen sie . . . *Debon*

KITAHARA HAKUSHÛ

Tiefrot am Himmel

Am Himmel der
tiefroten Wolke Farbenspiel.
In der Flasche des
tiefroten Weines Farbenspiel.
Warum soll dieses
Leben traurig sein?
Am Himmel der
tiefroten Wolke Farbenspiel. *Debon*

Höhere Lust

Ho wo kakete
kokorobosoge ni
yuku fune no
ichiro kanashi mo
uraraka nareba . . .

Am Mast ein Segel,
wie von Ängsten geschüttelt,
stößt mein Schiff in See –
Oh, es wird köstliche Fahrt!
Da, der heitere Himmel . . .

Nachwort

Herrlicher ist ein Buch als ein gebautes Haus,
als Gräber im Westen.
Schöner ist es als ein gegründetes Schloß,
als ein Denkstein im Tempel.

So steht auf einem Papyrus des Neuen Reiches von Ägypten geschrieben; aber jene ungemeine Hochschätzung des Dichters und des dichterischen Kunstwerkes ist nicht nur den alten Ägyptern eigen, sie hat vielmehr durch die Jahrtausende im Orient bestanden, unter den Pharaonen wie bei den Beduinen der arabischen Wüste oder an den Höfen persischer und türkischer Fürsten. Ägypten aber ist das erste Land, in dem uns — vor rund 4000 Jahren — die Poesie in ausgeprägter Form entgegentritt.

Wie in der gleichzeitig blühenden Kultur des Zweistromlandes nimmt auch in Ägypten die kultische Dichtung einen hervorragenden Platz ein: hier wie dort treffen wir auf die zahlreichen Hymnen, in denen oft nur die preisenden Prädikate des angerufenen Gottes aneinandergereiht werden, deren Eintönigkeit sich jedoch zu einer gewissen Großartigkeit steigern kann. Während in Babylonien wohl die eindrucksvollsten Hymnen dem Mondgott Sin gewidmet sind, ist es in Ägypten in erster Linie der Sonnengott Amon-Re, dem man sich in dankbar-bewundernder Ehrfurcht zuwendet; und aus den jahrhundertelang verwendeten Hymnen an diesen höchsten der vielen Götter ragt der berühmte Sonnengesang des „Ketzerkönigs" Echnaton hervor, welcher in der reinen Sonnenscheibe den einzigen Gott verehrte und in seiner Dichtung aus dem Schema des kultischen Hymnus zum echten religiösen Lied vorstößt.

Beiden Kulturen, der ägyptischen wie der babylonisch-assyrischen, ist die Verwendung jenes Stilmittels gemeinsam, das im Abendland aus der biblischen Sprache geläufig ist, des Parallelismus der Versglieder. Eine Fülle mythologischer Anspielungen ist in die kultische Poesie verwoben: das Wort des rezitierten Ritus realisiert aufs neue das mythische Geschehen. So wurden jährlich in den bestimmten Feiern die Klagen der Ischtar um ihren Geliebten Tammuz im Zweistromland, die Wehklagen der Isis um ihren Bruder und Gemahl Osiris in Ägypten vorgetragen.

Gewiß hat es auch in Babylonien profane Dichtung gegeben, aber sie ist nicht auf uns gekommen. Die erhaltene ägyptische Literatur dagegen weist neben der großen Zahl religiöser Texte Liebeslieder von entzückender Frische und Lebendigkeit auf, die Sehnsucht und Erfüllung besingen — meist in vierzeiligen Versen, oft mit Wortspielen geschmückt, dann wieder in schlichter Sprache. Die Sykomore, die vom Wind besucht wird, gewinnt Leben durch den Vergleich mit dem wartenden Mädchen, dessen Liebesgeheimnisse sie hütet; Fluß und Teich beleben sich, die Liebenden erscheinen uns auf der Vogeljagd oder beim Fest, und bezaubernde, farbenprächtige Hymnen werden der Liebesgöttin geweiht. Der oftmals starre, formelhafte Stil der klassischen Periode zwischen dem Alten und dem Mittleren Reich (1995—1790 v. Chr.) erscheint in den Gedichten des Neuen Reiches (etwa von 1350 v. Chr. an) gelockerter und lebensnäher. Die von jeher bevorzugte Gattung der Weisheitssprüche und Lehrgedichte wird weiter gepflegt und eröffnet manches Mal interessante kulturgeschichtliche Ausblicke.

So spiegelt die ägyptische Lyrik das Leben in seiner ganzen Buntheit wider, und gerade diese Kultur, die mehr als irgendeine andere ihr Augenmerk auf den Tod und das Schicksal der Seele nach dem Tode gerichtet hat, läßt oft genug in ihrer Dichtung den Ruf zur Lebensfreude, zum Genuß der unwiederbringlichen Zeit aufklingen.

Zwischen dem babylonisch-assyrischen und dem ägyptischen Reich und häufig von beiden bedroht entwickelte sich die Kultur des Volkes Israel, in dessen Poesie sich ebenso Spuren der ägyptischen Weisheitslehren wie formale Elemente des babylonischen Kulthymnus finden. Die eigentliche lyrische Dichtung Israels, die Herder in so überschwänglichen Worten pries, wird für uns erstmalig in den kurzen Versen sichtbar, wie sie im Alten Testament eingestreut sind (so dem Mirjamlied Exodus 15, 21). Sie erhebt sich zu ihrem ersten Gipfel in den Worten der Propheten, die sich der volkstümlichen dichterischen Formen bedienten, um ihren Mahnungen und Drohungen, ihren Klagen und Orakeln Ausdruck zu geben. Aus der Sprache der Propheten schöpften die Generationen nach ihnen; häufiger noch ist der Einfluß des Psalters zu bemerken, der ja auch die abendländische Dichtung nachhaltig beeinflußt hat. In den aus verschiedensten Zeiten stammenden Psalmen können wir den Aufstieg vom zweckgebundenen Kultlied, wie es in den übrigen altorientalischen Religionen bekannt war, zu einer Aussage persönlicher Frömmigkeit ahnend erkennen. Der lobpreisende Hymnus, der von Gottes Herrlichkeit und seinem machtvollen Wirken singt, und das Klagelied sind die vorbildlichen Muster der späteren hebräischen Dichtung geworden —; daneben auch die zarte sinnliche Poesie des Hohenliedes, das freilich schon im hellenistischen Judentum allegorisch ausgedeutet wurde und ungezählten jüdischen Dichtern die Bilder schenkte, wenn es galt, die Sehnsucht Israels nach seinem Gott auszusprechen. Um den Kreis der jährlichen Feste, um den Sabbatgottesdienst kristallisierten sich im Lauf der Jahrhunderte zahllose geistliche Gedichte. Ihren Höhepunkt fand die hebräische Dichtkunst im mittelalterlichen Spanien, wo die Juden von den herrschenden Arabern die reichgegliederte Metrik übernahmen und mit Geschick benutzten. Noch heute gilt der aus Kastilien gebürtige Jehuda Halevi als unübertrefflicher Meister in geistlicher wie auch in weltlicher Poesie. Seine Wein- und Liebesgedichte sind — was man vielleicht vorsichtig verallgemeinernd für einen großen Teil der jüdischen weltlichen Dichtung sagen darf — zwar reizvoll und oft tief empfunden, aber sie besitzen doch nicht die Innerlichkeit und Kraft, die den religiösen Dichtungen eignet. In Jehuda Halevis Zionslied hat die Sehnsucht des Volkes Israel wohl ihren tiefsten Ausdruck gefunden — eine Sehnsucht nach dem gelobten Land, die von den Zeiten der babylonischen Gefangenschaft bis in die heutige Zeit im Grunde durch jedes hebräische Gedicht klingt, und der immer erneute Schrei nach Versöhnung und Erlösung für die zerstreute Herde Gottes.

Gegenüber dem reichen Schatz jüdischer Dichtung aus allen Jahrhunderten mutet der Bestand an typisch christlicher orientalischer Poesie fast dürftig an. Nicht dem Umfang nach — die christlichen Dichter waren außerordentlich fruchtbar, und ihre Gedichte sind meist von großer Länge —; aber der eigentlich lyrische Ton fehlt den meisten von ihnen. Die großen dichterischen Werke Ephraems des Syrers im 4. oder Jakobs von Sarug um die Wende des 6. Jahrhunderts sind bei aller Mannigfaltigkeit der Metren, aller Vielfalt des kunstreichen Strophenbaus ganz und gar aus ihren religiösen und zeitbedingten Wurzeln zu verstehen: wir finden zahlreiche metrische

Homilien darunter (Jakob hat allein weit über 700 gedichtet); Ephraem singt seine Nisibinischen Hymnen zum Lobe der christlichen Gemeinde seiner Vaterstadt, welche an die Perser abgetreten war, und richtet leidenschaftliche, von Anklagen und Drohungen glühende Streitgedichte gegen die Ketzer. Die Verse dieser Dichter kreisen oft um die Geheimnisse des Dogmas, und ihre höchste Steigerung erfahren sie in den blumenreichen Gedichten zum Preise der Muttergottes, für die der ganze christliche Orient die köstlichsten Epitheta in immer neuen Lobgesängen herbeigebracht hat.

Während aber die babylonische, die hebräische und die christlich-orientalische Poesie ihre entscheidenden Höhepunkte auf ganz bestimmten Gebieten aufweisen, ist die jüngste der semitischen Literaturen, die arabische, von einer außerordentlichen Fülle und Weite, sowohl thematisch als auch ausdrucksmäßig. Als heilige Sprache des Islam gewann das Arabische ein überaus weites Verbreitungsgebiet, und weder die klassische persische noch die türkische Sprache und Dichtung sind ohne seinen Einfluß denkbar. Die frühesten Beispiele arabischer Poesie, die überliefert sind, stammen aus der Zeit vor dem Auftreten des Propheten Mohammed, dem 6. nachchristlichen Jahrhundert. Hier tritt uns bereits eine vollkommen durchgebildete Dichtkunst entgegen, so reich und ausgeformt, daß sie allen späteren Kritikern als unerreichbares Vorbild und bindende Norm galt.

Dem Beduinen ist — wie vielen primitiveren Völkern — eine scharfe Unterscheidungsgabe für die kleinsten Nuancen der Dinge, die ihn umgeben, eigen, während oft der große übergeordnete Begriff fehlt, der sich dann später entwickelt. So weist die arabische Sprache einen fast unerschöpflichen Wortschatz auf, der für die Gestaltung der Dichtung die größten Möglichkeiten gab. Die in anderen Sprachen schwer durchzuführende Technik des Monoreims konnte sich auf dieser sprachlichen Grundlage ausbilden: das normale Gedicht, dessen einzelner Vers in zwei gleichgebaute Halbverse unterteilt ist, besitzt nur einen durchgehenden Reim, an dem auch der erste Halbvers teilhat (Schema: aa xa xa xa xa ...), ganz gleich, wie lang das Werk ist. Eine Wiederholung des Reimwortes im gleichen Sinn ist dabei möglichst zu vermeiden. Der einzelne Vers ist ein selbständiges Ganzes, und die Verse sollen, wie ein oft verwendetes Bild sagt, am Bande des Reims wie eine Perlenschnur aufgereiht sein, wodurch streng genommen das Enjambement ausgeschlossen wird.

Die klassische Form des arabischen Gedichtes ist die *Kaside*, das sogenannte „Zweckgedicht", das einem genau vorgeschriebenen Gang folgt, der im Idealfall etwa folgendes Bild bietet: die erotische Einleitung, in welcher der Dichter die Trennung von der Geliebten schildert oder vergangenen Glückes gedenkt, meist angeregt durch den Anblick eines verlassenen Zeltplatzes oder durch das Traumbild der Freundin; dann die Erzählung seiner Wüstenreise, in der besonders die Vorzüge seines Rosses oder Kamels bis ins kleinste geschildert und auch gern einzelne Wüstentiere genau beschrieben werden; und schließlich der Zweck des Gedichtes, die Ankunft bei demjenigen, der besungen werden soll, und das Anliegen, das den Sänger zu ihm geführt hat. Die Dichter unterscheiden sich in ihrer Spezialisierung auf einzelne Teile dieser Form: singt der eine besonders reizend von seinen Liebesabenteuern, so flicht der andere Betrachtungen über das Leben ein, und ein dritter weiß unübertrefflich den glühenden Mittag in der Wüste auszumalen.

Die sieben vollkommensten Kasiden sind schon früh unter dem Namen Mu'allakat zuammengestellt worden, d. h. „die wegen ihrer Kostbarkeit auf einen Ehrenplatz erhobenen", und treffend hat Goethe in seinen „Noten und Abhandlungen zum West-Östlichen Diwan" die Maßlosigkeit der Gefühle herausgehoben, die in ihnen wie in den zahlreichen Bruchstücken oder kürzeren Gedichten der vorislamischen Araber herrscht, ohne freilich die Begrenzung durch die Gebundenheit an die Form zu betonen.

Die Kaside ist auch späterhin die eigentliche Form des Lobgedichtes und der Trauerpoesie geblieben, in der arabischen wie in der persischen und türkischen Literatur. Dem gleichen Reimschema wie dieses lange (etwa 25—100 Verse umfassende) Gedicht folgt das kürzere *Ghasel*, das die bevorzugte Form der reinen Lyrik (Liebeslied, Weinlied usw.) geworden ist und besonders von Persern und Türken noch mit neuen Feinheiten des Reimes ausgestattet wurde (z. B. die Technik des *redif*, d. h. der Wiederholung eines Wortes oder einer ganzen Wortgruppe am Ende jedes Verses nach dem eigentlichen Reimwort). Während der äußere Gang des Gedichtes streng vorgeschrieben ist, kann sich die poetische Fähigkeit des Dichters in der immer neuen Erfindung einzelner Züge, im neuartigen und originellen Vergleich zeigen. Die Freude am Wort ist ein besonderes Kennzeichen arabischer Kunst, und die syntaktisch zu höchster Knappheit und Dichte

fähige Sprache konnte in den verschiedenen quantitativen Metren, deren man 16 Grundtypen zählt, alle Stimmungen und Regungen zum Ausdruck bringen.
Freilich ist der Kreis dieser Regungen zunächst verhältnismäßig eng bemessen. Wenn Abu Tammam, ein Sammler der klassischen Poesie, seiner Anthologie den Titel Hamasa, „Tapferkeit", gab, so ist damit schon eines der wichtigsten Themen angeschlagen. Den Beduinen gemeinsam ist das Nomadenleben, in dessen Gefolge Stammeskämpfe um das Weideland oder Blutrache für ermordete Sippenangehörige an der Tagesordnung waren. Davon singen die altarabischen Poeten, und sie wirkten im Kampf mit durch scharfe Spottverse — Verse, die den Angegriffenen wie tödliche Pfeile treffen sollten und oft wirksame Kriegserklärungen darstellten. Das Gegenstück zum Spottgedicht und zur Verhöhnung des Gegners war — oft damit verbunden — das maßlose Lob der eigenen Person und der zugehörigen Sippe. Dem Wort wird noch — zumindest unbewußt — eine magische Kraft zugeschrieben; nicht umsonst nennt man den Dichter *scha'ir,* den „Wissenden". Den im Kampf Gefallenen galt die Totenklage, die speziell von den Frauen des Stammes geübt wurde, und zwar in erster Linie von der Schwester des Toten, wobei einzelne Dichterinnen Großes und Ergreifendes geleistet haben.
Doch zum primitiven Leben gehört auch die Gastfreundschaft, die dem Fremdling in reichstem Maße gewährt wurde und deren Lob einige der schönsten Verse in der arabischen Poesie aussprechen; Hatem at-Ta'i ist der sprichwörtlich gewordene Vertreter der grenzenlosen Gastfreundschaft.
Religiöse Gefühle kommen in den altarabischen Gedichten kaum je zum Ausdruck; das polytheistische Heidentum hatte offenbar keine Macht mehr über seine Anhänger. Nur bei den christlichen und jüdischen Dichtern arabischer Sprache klingt hie und da ein religiöser Ton mit. Merkwürdigerweise ändert sich das auch nicht in der frühen Dichtung aus islamischer Zeit, obgleich die Botschaft Mohammeds die verstreuten, einander bekämpfenden Stämme doch unter eine gemeinsame Idee stellte: die Idee von der absoluten Herrschaft Gottes, dem es sich ganz hinzugeben gilt (nichts anderes heißt ja Islam). Da der Koran dem Propheten in klarer arabischer Sprache, als unerschaffenes Wort Gottes, geoffenbart war, gewann das Arabische eine einzigartige Stellung, und nur ganz wenige Freidenker wagten die

sprachliche Unübertrefflichkeit des Koran zu leugnen. Mohammed wehrte sich heftig gegen die Behauptung, ein Dichter zu sein, obgleich die klingende Reimprosa und die kühnen Bilder seiner frühen Offenbarungen den Vergleich nahelegten. Aber trotz gewisser Äußerungen des Propheten gegen die Dichter, trotz der völlig veränderten geistigen Situation brachte der Islam doch zunächst keinen so starken Bruch in die poetische Gestaltung, wie man anzunehmen geneigt ist. Noch immer blieb das klassische Ideal das der vorislamischen Wüstendichtung. Ganz im Sinne dieses Ideals sagt Ibn Chaldun, der große arabische Geschichtsphilosoph des 14. Jahrhunderts: „Poesie ist eine wirksame Rede, die sich auf Metaphern und Beschreibungen gründet und in Stücke eingeteilt ist, die miteinander in Metrum und Reim übereinstimmen, die jedoch ihrem Zweck und Ziel nach unabhängig von dem sind, was vorangeht und was folgt, eine Rede, die im Einklang mit den Mustern steht, welche die Araber dafür verwendet haben.“ D. h. der Dichter soll einem Weber oder einem Baumeister gleichen, der sich ganz an die überkommenen und einmal als gut und nützlich erwiesenen Modelle hält.

Erst im Laufe der Zeit, als die städtische Kultur festere Formen annahm, entwickelte sich neben der bis in die neueste Zeit weitergepflegten Kasidendichtung eine etwas freiere Kunst, in der teilweise die einzelnen Glieder der Kaside zu selbständigen Gedichtformen erhoben und erweitert wurden — so das Liebesgedicht, wohl erstmalig von Omar ibn abi Rabi'a in vollendeter Anmut als eigene Gattung ausgeführt, oder das Weinlied, das trotz des koranischen Weinverbotes sehr beliebt wurde. Jagdlieder, Beschreibungen nun nicht mehr der Wüste und ihrer Tiere, sondern des Stadt- und Hoflebens werden häufiger. Der neue Stil, der vom Ende des 8. Jahrhunderts an mehr und mehr gepflegt wird, ist naturnäher als der überlieferte, umfaßt einen weiter gespannten Themenkreis und zeigt oft, besonders in den kurzen, fast impressionistisch anmutenden Beschreibungen, einen ganz eigenen Charme, der sicher nicht zum geringsten Teil auf die damals eindringenden persischen Elemente zurückzuführen ist: einige der hervorragendsten Vertreter der freieren Lyrik wie Baschschar ibn Burd und der begabteste von allen, Abu Nuwas, haben persisches Blut. Allerdings macht sich auch die Suche nach neuen, möglichst ungewöhnlichen Objekten bemerkbar, und nicht mehr die reine Sprache der Beduinen herrscht in der Poesie, sondern Ausdrücke des täglichen

Lebens, der Straße und bei manchen Poeten selbst der Gasse gehen in den Wortschatz ein.

Die Verfeinerung der poetischen Technik hat im 10. Jahrhundert einen Dichter wie Mutanabbi mit einer ungewöhnlichen Ausdrucksfähigkeit und Sprachgewandtheit Werke schaffen lassen, die zwar den puritanischen Vertretern der klassischen Norm nicht als ganz mustergültig erschienen, aber doch von den Späteren fast durchgehend als überragende Zeugnisse des arabischen Sprachgeistes angesehen wurden. Hundert Jahre später gab Abu'l-'Ala' al-Ma'arri mit artistischer Gewandtheit seiner pessimistischen Philosophie in Versen und schwieriger Reimprosa Ausdruck. Die Mystik, die schon im 9. und 10. Jahrhundert der arabischen Literatur einzelne Gedichte von vollendeter Schönheit geschenkt hatte (vor allem aus dem Munde al-Halladschs), wurde in der arabischen Dichtung nie so herrschend wie in der persisch-türkischen, erreichte dort aber zu Beginn des 13. Jahrhunderts einen Höhepunkt durch Ibn al-Farid, der mit den Bildern und Formen der klassischen Beduinenpoesie in Versen feinster sprachlicher Ziselierung von seiner mystischen Liebe, von der göttlichen Trunkenheit und dem Pfad der Sehnsucht singt.

Im östlichen arabisch sprechenden Gebiet trieb die Poesie eigentlich vom 12. Jahrhundert an kaum noch eigenständige Blüten, trotz der großen Zahl der dort verfaßten Werke. Aber dafür lebte im westislamischen Gebiet bis zur gänzlichen Vertreibung der Mauren aus Spanien eine starke und zarte Dichtkunst:

> zart, als gurrt eine Taube im Hag,
> stark, als schwäng sich ein Adler empor,

wie einer ihrer Vertreter sie kennzeichnet. Oftmals von größerer Lebensnähe, Natürlichkeit und Frische als die östliche Poesie, hat die spanisch-maurische Dichtung auch früher und in weiterem Maße als jene neben dem Ghasel in der klassischen Sprache freiere, strophisch gegliederte Versformen entwickelt *(Muwaschschah)*, die zum Teil im volkstümlichen Dialekt geschrieben wurden *(Zadschal)* und durch ihre kunstreiche und doch lockere Zusammenfügung einen besonderen Zauber besitzen. Hier singen die Dichter (an ihrer Spitze die künstlerisch hochbegabten und poesieliebenden Fürsten von Sevilla) und die Dichterinnen von ihren Liebesabenteuern, von den Gärten Spaniens und seinen Schlössern; sie schlagen auch ergreifende Klagetöne an, wenn sie ihr eigenes Schicksal oder das Geschick ihres von Feinden bedrohten Landes betrauern. Das *Zadschal,* das volkstümliche Strophengedicht, welches oft zu leichtsinniger Lebensfreude und Weingenuß aufforderte, konnte gelegentlich sogar zum Ausdrucksmittel für mystische Erkentnisse und Lehren werden (wie bei Schuschtari), eine Mischung, die äußerst reizvoll wirkt. Wieweit die spanisch-arabische Lyrik formal und inhaltlich, vor allem in ihrer höchst verfeinerten Liebestheorie, auf die Troubadourpoesie gewirkt hat, ist eine Frage, auf die eine abschließende Antwort wohl schwer gegeben werden kann. Überraschende Ähnlichkeiten äußerer und innerer Art bestehen in gewissen Punkten; sie sind aber vielleicht durch den gemeinsamen Mutterboden bedingt — von hier aus dürften sich wohl auch manche Unterschiede zwischen der östlichen und der westlichen arabischen Poesie erklären lassen.

Von der persischen Poesie ist einmal gesagt worden, „ihre Schwingen seien zu schwer von Schönheit". Dieses Bild hat seine Berechtigung; denn so wie ein islamisches Bronzegefäß in Vogelgestalt über und über bedeckt ist von zarten Ornamenten in eingehämmertem Gold- und Silberwerk, bis die ursprüngliche naturhafte Form ganz ins Dekorative umgewandelt ist, so auch die Poesie Persiens und der von seiner Kultur abhängigen Völker: der osmanischen Türken wie der Inder am Moghulhofe.

Zeigte die älteste uns erhaltene Dichtung der Perser, wie sie in vorchristlicher Zeit in den Gathas Zarathustras vorliegt, einen kunstreich gestalteten Strophenbau, so wurde mit der Eroberung des Landes durch die Araber auch die poetische Technik der Sieger übernommen. Mit gleichem Geschick wie von den Arabern wurden die arabischen Metren und die Form der Kaside, des Ghasels von den Persern angewandt, ergänzt durch den im Arabischen kaum vorkommenden Vierzeiler des Musters aaxa in einem bestimmten Metrum und durch das Methnewi, das „Doppelgereimte", in welchem je zwei Halbverse reimen und das durch seine leichtere Technik insbesondere für längere, epische oder didaktische Werke geeignet ist. Das große Schahname (Königsbuch) des Firdusi, mit dem die neu anhebende persische Dichtung um die Jahrtausendwende gleich ihren stärksten Akkord aufklingen läßt, ist in dieser Versform geschrieben, ebenso wie die romantischen Epen des Nizami im 12. Jahrhundert, und wie die zaubervollen tiefen mystischen Lehrwerke eines Sana'i und 'Attar; das Hauptwerk des bedeutendsten mystischen Dichters persischer

Zunge, Dschelaladdin Rumis, der wie kein anderer der Sehnsucht der Seele nach dem göttlichen Urgrund Ausdruck zu geben wußte, ist kurz unter dem Titel „Methnewi" im ganzen vorderen Orient berühmt.

„Poesie ist die Kunst, durch welche der Dichter eingebildete Vorsätze anordnet und fruchtbringend auf solche Weise mischt, daß er ein kleines Ding groß, ein großes klein erscheinen lassen kann ... Indem er auf die Einbildungskraft wirkt, erregt er die Fähigkeit zum Ärger oder zur Begier derart, daß durch seine Suggestion das Temperament der Menschen von Niedergeschlagenheit oder von Hochstimmung getroffen wird ..." So sagt der Verfasser eines persischen Standardwerkes aus dem 12. Jahrhundert, und wenig später führt er alle die Fürsten auf, welche durch ihre Hofdichter Ruhm gewonnen haben. Hofdichtung, Lobdichtung — das ist ein spezielles Feld der Poeten, die sich im Preis ihres Herrn in immer kühneren, immer unerhörteren Metaphern und Hyperbeln zu überbieten suchten. Auch in den arabischen Ländern gab es mehr als genug solcher Hofdichter; aber es scheint oft, als habe die Panegyrik erst im persisch-türkischen Gebiet ihre stärkste Ausbildung gefunden. Je tiefer der Poet, der sich mit dieser Kunstform befaßte, in die Wissenschaft und Kunst seiner Zeit eingedrungen war, desto größeren Ruhm konnte er gewinnen: er soll — so verlangt der oben zitierte Verfasser von ihm — 20 000 klassische und 10 000 moderne Verse kennen, damit die verschiedenen Stile und Versarten seiner Natur ganz tief eingeprägt werden, und ein darauf folgendes gründliches Studium der wissenschaftlichen Poetik mag ihn schließlich zu einem mustergültigen Hofdichter machen, der auch in der schwierigsten Situation durch eine geschickte Improvisation sein Talent beweisen kann.

Daß hier die konventionelle Form und der vorgeschriebene Inhalt jedes echte Gefühl überwucherten, ist klar, und in einigen wenigen Versen haben auch berühmte Lobdichter die Spannung zwischen der durch die Hoffnung auf klingenden Lohn angeregten Panegyrik und der nüchternen Wirklichkeit gesehen und ausgesprochen.

Gleichermaßen würde es schwer fallen, in der unübersehbaren Fülle von Liebesgedichten in der persischen Literatur auf einen realen Erlebnishintergrund zurückgehen zu wollen. Das reale Erlebnis soll nicht geleugnet werden, aber es ist zumeist völlig verborgen hinter der von früh an auftretenden Schematisierung der Bilder. Mindestens 13 verschiedene Metaphern kennt die Poetik für die Augenbrauen des geliebten Wesens (das in der Regel ein Jüngling war), annähernd hundert für das Haar; und es war Sache des Dichters, diese feststehenden Vergleiche geschickt und beziehungsvoll auszuwählen und zu verknüpfen. Die Rubin-Lippe, das Mond-Gesicht sind allzubekannte Beispiele; das festgelegte Schönheitsideal ermöglicht keine persönliche Aussage. Unter den zahlreichen Wort- und Sinnspielen ist besonders zu erwähnen die „geheuchelte Unwissenheit“:

> Ist's ein Rubin, die Lippe nicht vielmehr?

oder:

> Daß ich dich mondesgleich zu nennen mich vermesse,
> Daß die Zypresse hoch an Wuchs sich mit dir messe —
> Wo hätte je ein Mond Rubinen-Zucker-Lippen?
> Wann hätte so beseelt gebebt je die Zypresse?

Fast niemals wird die glückliche, erfüllte Liebe besungen; immer gilt die sehnsüchtige Klage dem grausamen Geliebten, der — um nur eine oft wiederkehrende Ausdrucksform zu gebrauchen — das Haupt des Liebenden, welcher den Staub seiner Schwelle küßt, mit schlägelgleich gekrümmten Locken wie einen Ball hinwegstößt. An diesem Punkt begegnen sich auch profane und mystische Liebesdichtung: in beiden wird die unendliche Sehnsucht besungen, sich ganz dem geliebten Wesen hinzugeben, in ihm zu entwerden, wie der Falter in der Flamme selig sich auflöst. Die Klage der Nachtigall um die nie erreichbare Rose wird zum Symbol der menschlichen Sehnsucht nach Gott, aber auch zum Bild unerfüllter irdischer Liebe. Die subtilen Liebestheorien der Araber, die ihre Krönung finden in dem angeblichen Prophetenwort: „Wer liebt und keusch bleibt und stirbt, der stirbt als Märtyrer“, und die Vorstellung der Mystik von Gott als der urewigen Schönheit verbinden sich in der Verehrung des schönen jungen Menschen, in dem die göttliche Schönheit ihren vollkommenen Ausdruck findet: das Bild wird die Brücke zur Wahrheit, wie ein oft angeführtes Wort lautet. Die klassische Gestalt dieser göttlichen Offenbarung in menschlicher Schönheit ist der so oft besungene Schenke, der den Liebenden den Wein kredenzt — wobei der lebensfrohe Leser gern an den irdischen Wein denken darf, während der Fromme den Wein der göttlichen Liebe erkennen wird, der ihm schon in der Urewigkeit gereicht ward. Und wie Schenke und Wein doppeldeutig aufgefaßt werden können, so auch die übrige Ornamentik des Verses. Diese Mehrdeutigkeit (gehoben durch die zahlreichen Anspielungen auf Koranverse und Traditionsworte) ist jedoch gewolltes Stilmittel: bei jedem Wort sollen die Ober- und Untertöne im Geist des Hörers mitklingen. Ihre höchste Vollendung hat diese Kunst in den Ghaselen des Hafis erlangt, dessen Dichtung sein Übersetzer Rückert kongenial gekennzeichnet hat:

Hafis, wo er scheinet Übersinnliches
Nur zu reden, redet über Sinnliches.
Oder redet er, wo über Sinnliches
Er zu reden scheint, nur Übersinnliches?
Sein Geheimnis ist unübersinnlich,
Denn sein Sinnliches ist übersinnlich.

Das meiste, was für die klassische persische Dichtung gilt, trifft auch auf die osmanische Poesie zu. Denn die Türken, die in größerem Maße etwa vom 11. Jahrhundert an aus Zentralasien in den Vorderen Orient gelangten, nahmen ganz und gar die damals blühende persische Kultur an und suchten oft ihre Vorbilder noch an Feinheit des Ausdrucks, an Künstlichkeit der Form zu übertreffen. Wie das Persische in großem Umfang arabische Fremdwörter in sich aufgenommen hat, so übernahm das Türkische seinerseits persische Wörter und grammatische Konstruktionen. Die Verbindung von Ausdrücken der drei verschiedenen Sprachen schuf natürlich ungeahnte Möglichkeiten zu kunstvollen Wortspielen, in denen die altvertraute Thematik immer aufs neue umkreist und abgewandelt wurde und in denen die wohllautende, den Gesetzen der Vokalharmonie gehorchende türkische Sprache ihre ganze Geschmeidigkeit zeigte.
Neben der rein literarischen Dichtung aber lebte im Volk eine unkonventionelle Poesie in silbenzählenden Metren, deren Form der vierzeilige Vers ist, bei dem in der Regel die ersten drei Zeilen reimen und die vierte einen eigenen, durch das ganze Gedicht gehaltenen Reim besitzt. So wurden die volkstümlichen Balladen gesungen, die einfachen und zärtlichen Liebeslieder, und auch die mystische Dichtung hat sich gern dieser Form bedient. Der erste große türkische Mystiker, Junus Emre, verwendet neben dem strenggebauten Ghasel mit besonderer Wirkung diese volksliedhafte, auch sprachlich einfachere Form; und zahlreiche Spätere sind ihm darin gefolgt. Die Kombina-

tion des Liedschemas mit den arabisch-persischen Metren ist eine häufige Erscheinung; nach diesem Muster hat auch mancher höfische Poet anmutige Gedichte verfaßt. Eine Bereicherung des hergebrachten Formenschatzes stellt auch die Auflockerung der in Methnewiform abgefaßten Epen durch eingestreute lyrische Partien dar.
Die Berührung mit der europäischen Kultur im 19. Jahrhundert gab der islamischen Literatur neue Impulse. Zunächst hielt man sich streng an die klassischen Muster: die Kasiden der bedeutendsten Vertreter arabischer Dichtung in jener Zeit (wie des Ägypters Sami al-Barudi und des „Dichterfürsten" Ahmad Schauki) sind völlig an den überlieferten Beispielen geschult und in reinster Hochsprache geschrieben. Erst langsam flossen Anspielungen auf das moderne Leben und zeitgenössische Motive in die Dichtung ein, bis auch das erwachende Nationalgefühl seine Sänger fand. Übersetzungen aus europäischen Sprachen trugen zur Verbreiterung des Themenkreises bei, und in allen arabisch sprechenden Ländern wie in Persien und in der Türkei machte sich gegen Ende des 19. und zu Beginn des 20. Jahrhunderts nachdrücklich französischer Einfluß geltend, während die englische Literatur erst verhältnismäßig spät zu wirken begann. Die Volkssprache dringt kaum je in die höhere lyrische Poesie ein (sie findet sich nur gelegentlich im Drama und in der Erzählung, die als neue, dem Islam ursprünglich fremde Gattungen nun ausgebildet werden); aber die Bindung an die überkommenen metrischen Muster lokkert sich hie und da: in Ägypten wurde 1907 das erste Gedicht in freien Rhythmen verfaßt. Neben die Kasiden- und Ghaseldichtung tritt öfters der Vierzeiler oder das strophisch gegliederte Gedicht, das nun alle Regungen des Lebens besingt, den nationalen Kampf ebenso wie die brennende Frauenfrage, und das dem Zauber einer Dampferfahrt genau so Ausdruck gibt wie weltschmerzlichen Stimmungen. Die Verehrung für die Tradition besteht aber weiter; eine besondere Neigung scheint zu einem der Meister klassischer Sprachkunst, dem skeptischen Maʿarri, zu bestehen. — Ein großes Verdienst um die Ausbildung der modernen arabischen Lyrik kommt den in Amerika lebenden Syrern zu, die durch ihre Vertrautheit mit dem westlichen Geistesleben formal und inhaltlich gern neue Wege beschritten.
Zu der Entwicklung in den arabischen Ländern läuft die in Persien etwa parallel. Auch hier kann man den Wendepunkt von der klassischen zur modernen Epoche ungefähr in den letzten Jahren des

vorigen Jahrhunderts ansetzen, nachdem ein Dichter wie Ka'ani in der ersten Hälfte jenes Jahrhunderts die überlieferte Formensprache noch einmal mit kühnen Bildern und originellen Ideen erfüllt hatte. Seiner Feder entstammt auch eine Fassung der so oft in Persien gesungenen Klage um den Prophetenenkel Husain, der 680 getötet worden war — eine Neufassung, die in ihrer balladenhaften Dichte von erschütternder Eindringlichkeit ist und moderner wirkt als viele der sogenannten „modernen“ Gedichte.

Am stärksten sind die Tendenzen zur Loslösung von der durch die Klassik gegebenen Form in der Türkei. Die türkische Poesie war bis ins 19. Jahrhundert hinein lebendiger geblieben als die Schwesterliteraturen; aber auch sie geriet für eine Zeit durch das Werk Schinasis und seiner Freunde stark in den Bannkreis der französischen Poesie. Der Name Abdulhakk Hamids bezeichnet den Versuch einer Bereicherung und Vertiefung der türkischen Dichtung durch neue Formen und Gedanken, und vielleicht die bezauberndste Mischung zwischen französischem Symbolismus und klassischer türkischer Sprache stellen einzelne Gedichte Ahmet Haschims dar. Doch die nationale Bewegung, die in der Türkei rascher und erfolgreicher zum Ziele kam als in den anderen Ländern, führte mehr und mehr zur Besinnung auf das ursprünglich Türkische im Gegensatz zu den bis dahin maßgebenden islamischen Kulturelementen. Es förderte diesen Prozeß, daß die arabische Schrift durch die Antiqua ersetzt wurde, und in mancherlei Stilrichtungen hob ein Suchen nach einer angemessenen Ausdrucksform an. Aber schon bildet sich in der Türkei langsam eine Poesie heraus, die, frei von allzustarker orientalischer und westlicher Beeinflussung, in ihren besten Stücken einen ganz eigenen und unverwechselbaren Klang besitzt.

Annemarie Schimmel

Von vierzig Jahrhunderten her fließt der Strom indischer Kultur hinab zu unseren Tagen. Anders als der Gangesfluß, der in himmlischen Regionen strömend zur Herabkunft auf die Erde vom Haupte des Gottes Shiva aufgefangen wird und sich von da auf das Land Indien ergießt, hat jener Fluß keine Unterbrechung, hat die Kultur des Hinduvolkes keinen Bruch zu dulden gehabt. Nur allmählich, nach den Gesetzen der Völkervermischung, hat ihr Charakter sich gewandelt, so wie ein grauer Gletscherbach schließlich als grüner Fluß durch die Lande zieht.

Das Wort Kultur meint das menschliche Wirken in bleibenden Denkmälern auf den Gebieten des geistigen Lebens, und ein Kulturvolk verwirklicht diese Erwartung. Das alte Indien, lange Zeit für weltabgewandt ausgegeben, hat, wie seine Literatur uns lehrt, in den exakten Wissenschaften Rechenkunst und Himmelskunde wirkungsvoll gearbeitet, seine Baumeister und Künstler in Holz, Stein und Farbe wußten um die Gesetze des Bildens, seine Ärzte kannten die Struktur des menschlichen und des tierischen Leibes. Im Bereich des Inexakten, dem Subjektiven Unterworfenen, finden wir die Gesetzes- und Rechtsliteratur und das Lehrbuch der brahmanischen Staatsführung und -verwaltung, und Chroniken beschreiben die Leistungen — und die Sünden — der Regierenden und die Zustände ihrer Zeit. Nähert sich dies unserem Begriff von Geschichte, so tritt uns in wahrhaft grundlegenden Werken die Wissenschaft von der Sprache entgegen, und neben sie stellen wir endlich die Philosophie. Nach ihrer Schwester, der Religion, brauchen wir nicht zu suchen: keiner ist unter den genannten Bereichen, der nicht ihren Stempel trüge und von ihr durchwaltet würde. Werden und Wesen der indischen Religionen ist ja im Hinduland wie aus einem Bilderbuch abzulesen. Das schier unermeßliche Epos hat um seinen heroischen Kern herum zahllose theologisch-mythologische Kapitel als Zugabe erhalten, die in den Puranas ihre geistigen Fortsetzer haben. Wir gehen zurück an das „Veda-Ende", den Vedanta, wo die spekulative Opferwissenschaft der ältesten indischen Prosa durch Sang und Sage der Upanishads abschließend sublimiert wird, und stehen schließlich vor den Hymnen des Rigveda und des Atharvaveda, den frühesten Produkten gebundener Sprache in Indien und im indogermanischen Altertum überhaupt.

Diese Opfer- und Beschwörungslieder des Veda sind Schöpfungen zu zweckvollem Preise bald dieser bald jener Gottheit und zu magischem Schutz gegen bald dieses bald jenes Übel, das von außermenschlichen Kräften droht. In gewählter Sprache, die mythisches Gut gelehrt und geheimnisvoll ausbreitet, andeutet oder durcheinandermischt, schreiten im künstlichen Versmaß, das feinen Gesetzen folgt, die allermeisten der 1028 Lieder des Rigveda einher, kürzer und einfacher die 731 erdnäheren des Atharvaveda. In jüngeren Perioden melden sich beiderseits spekulative Gedanken. Die Natur — u. a. Morgenröte, Sturm, Sonne — erscheint wirksam in den Göttergestalten, deren

Huld der Sänger um irdischer Ziele willen erbittet. In dem von uns zu durchschreitenden Bereich werden wir hier zum ersten — und nicht zum letzten — Mal gewahr, daß der Mensch nicht im Mittelpunkt seiner eigenen Dichtung steht: jene meteorischen Erscheinungen sind ihm nicht der Spiegel von Vorgängen in seiner Seele und zugleich gemeingültig, wie wir es von lyrischer Dichtung erwarten. Auch reden diese Lieder nicht zu uns durch den Mund persönlich greifbarer Dichter. Die sie einst „geschaut" haben, sind uns unbekannt, so bestimmt auch die Namen von alters her überliefert sind, wie denn Bestimmtheit ohne Boden in der indischen Tradition leider nicht vereinzelt ist. Die meisten der zehn Bücher des Rigveda werden je einer Sängerfamilie zugeschrieben. Es sind aber schon deren Ahnen, die in den Liedern erwähnt werden.

Wenn Hymnik und Beschwörung als solche geschichtslos sind, so gedenkt doch der Rigveda hier und da, aber nicht um ihrer selbst willen, an die Kämpfe der Kleinfürsten seiner Zeit, ja er spielt vielleicht an auf die weit zurückliegende arische Landnahme im Fünf- und Zweistromland. Diese Möglichkeiten einer historischen Epik haben sich, soweit wir wissen, nicht entfaltet. Wohl aber sind in der erwähnten Opfertheologie und in der Ritualliteratur die Andeutungen mythischer oder vorzeitlicher Ereignisse erhalten, die im Munde von Volkserzählern überliefert wurden. Es mag auch an gestalteten epischen Schilderungen nicht gefehlt haben, die dann aber in der großen Dichtung vom Kampf der Kuru- und der Pandu-Sippe aufgegangen oder unter deren überwältigendem Klang verhallt sind. Wir sprechen vom Mahabharata, dem Koloß, zu dem im Laufe vieler Jahrhunderte die alte tragische Sage angeschwollen oder der umwachsen ist von heterogenen, der religiösen Sphäre angehörenden, als sektisch, legendenhaft, asketisch, didaktisch-moralisch zu charakterisierenden Sprossen und Zweigen. Im Ganzen werden etwa hunderttausend Verse gezählt. Ein solcher Vers ist das gewöhnliche Maß für den Umfang indischer Werke auch da, wo nicht der *Shloka* von zweimal 16 Silben, sondern ein anderes Metrum oder auch Prosa gegeben ist. Denn der Shloka ist auch die verbreitetste Form der betrachtenden Dichtung, ja der wissenschaftlichen Darstellung. Seine Natur ist, „in zögernd gewundener Bewegung schwerflüssig vorwärts zu strömen, durch Widerstände" — eine Hemmung im Ausgang der ersten Zeilenhälfte — „sich hindurcharbeitend, langsam die

rings sich dehnenden Weiten der Welt, von der er erzählen wird, in sich aufzunehmen".
Kampf, Sieg und Tod sind, wie im heroischen Mahabharata, auch das Thema des Ramayana, soweit die Befreiung der ihrem prinzlichen Gemahl entrissenen Sita, der Angriff auf ihren listigen Räuber Ravana und dessen Untergang in der eroberten Stadt auf ferner Insel erzählt wird. Jedoch die zur mörderischen Schlacht hinführende Handlung: eine Palastintrige, die aus ihr folgende Verbannung und Wanderung des Paares in die Wildnis (freilich mit gewalttätigen Zwischenspielen) geben doch der milderen Betrachtung Raum. Gleichwohl bleibt Valmiki der epische Dichter und sein Werk, das mit allen Erweiterungen — denn wir müssen auch hier den echten alten Bestand von epigonenhaften späten Zusätzen unterscheiden — einem Viertel des Mahabharata gleichkommt, ein Heldensang. Leidvoll-pathetisch (wie man ihn genannt hat) übt er bis auf diesen Tag eine unabsehbare Wirkung aus, denn sein Held Rama ist das Ideal des weisen und, bei allen Ruhmes Fülle, milden Herrschers, Sita das Urbild der getreuen Gattin. Beide Gestalten haben die indische Seele formen helfen, sie leben in den Dichtungen der klassischen Zeit und in den tiefgreifenden volkssprachlichen Bearbeitungen des späten Mittelalters nicht anders als im Sanskrit-Original. Für die Inder ist Valmiki der Vater der Kunstdichtung, sein Epos, das ohne Kritik als ein Ganzes angesehen wird, das „Urgedicht". Denn das Ramayana wendet zu allererst die Mittel des überlegten Sprach- und Versbaus an, die in der späteren, nicht mehr naiv erzählenden Poesie eine so große Rolle spielen. Daß im Dialog oder vor der Einzelrede die Namen der Sprecher nicht mehr dem Vers vorausgesetzt, sondern in diesen einbezogen werden, ist ein Symptom für die Glättung des Stils. Weiter sind der gefällige Wechsel des Metrums gegen den Schluß eines Abschnitts, das Spiel in klanggleichen Silben, in der Schilderung selbst aber vor allem der Vergleich die Zeugnisse davon, daß der Dichter nicht nur am Erzählen, sondern auch an der Form, in der er schildert, seine Freude hat. Dies ist der Keim, aus dem sich die Poesie Indiens zur Blüte und Überblüte entwickelt, von der sich eine oft spitzfindige Poetik nährt, die wiederum auf die Dichtung zurückwirkt. Neben der Epik erscheinen dann die Dramatik und Lyrik. Allein so wenig wie es anderwärts geschehen kann, sind diese drei Gattungen in Indien streng zu trennen. Auch auf den vorangehenden Seiten ist dies nicht

versucht worden. Der Leser wird manche Beiträge episch nennen statt lyrisch, und in der Tat besteht der Genuß, den sie gewähren sollen, kaum auf einem in uns hineinprojizierten seelischen Erleben des Dichters als vielmehr auf der ansprechenden Erinnerung und Erfahrung äußerer Vorgänge. Die indische Dramatik wird wiederum lyrisch genannt, da ihr nicht gegeben war, „das Bild menschlichen Wollens und Handelns, des Kampfes mit Menschenmacht und Schicksal, der inneren Notwendigkeit, die diesem Kampf Lauf und Ausgang vorzeichnet, mit Nachdruck und Lebensfülle zum Kunstwerk zu gestalten". Formal steht im Wege, daß die Prosa-Handlung fortwährend durch strophische Reflexion und Stimmungsmalerei unterbrochen wird. Die Shakuntala enthält in 7 Akten 181, die Urvashi in 5 Akten 130 Strophen inmitten der Handlung! Nur die unter Bhasas Namen gehenden, altertümliche Züge aufweisenden Schauspiele führen in ihren Versen das Geschehen wenigstens teilweise ein Stückchen weiter. Wir beobachten also im Drama eine Summe von Einzelstrophen, sie ist aber von alters her ein Kennzeichen indischer Dichtung überhaupt. Jede Strophe ist ein grammatisches Ganzes, die Ausnahmen werden im Kommentar bezeichnet, auch sie aber bestehen großenteils nur darin, daß weitere, beschreibende Relativsätze, also wieder abgeschlossene Gebilde, dem vordersten folgen. Die Gesamtheit der Strophen — wo eine solche geformt worden ist — vergleicht man gern den Perlen auf der Schnur. Die Schnur ist die Zusammenstellung durch den Dichter selbst oder den Sammler, der die Summe im Titel nennt. Zufolge ihres Fürsichseins könnten die einzelnen Strophen ihre Plätze tauschen. Jede „Perle" nun ist in ein künstliches, bald bleibendes, bald wechselndes Versmaß gefaßt, dessen Längen und Kürzen ihre feste Stelle haben. Wir fragen endlich nach der Substanz dieser reizvollen Miniaturbilder — wie könnte es anders sein, als daß der Liebe Lust und Leid den ersten Platz einnehmen? Pressen doch Verlangen, Sehnsucht, Trennung, Vereinigung, Enttäuschung, Eifersucht, Schuldgefühl, Versöhnung auch außerhalb Indiens den Herzen poetische Gebilde ab. Es kann nicht ausbleiben, daß sich die Motive und Szenen wiederholen, was dem, der heute aus der Fülle auswählen soll, Beschränkungen auferlegt, damit er die Monotonie vermeidet, welche die Zeitgenossen der Dichter freilich gewiß nicht empfunden haben. Der schamhaft-fordernde versteckte Augenwink der Schönen, das von der Botin vermittelte Stelldichein, die in Brust und Schenkel, in den bienengleich schwarzen Augen der Ersehnten, die von Kamas Pfeilen getroffen ist, sprechenden Reize, die in der Herzenserwartung sich streckenden feinen Körperhärchen, der Schweißausbruch und das wonnevoll geübte und erlittene Kratzen und Beißen, die Anzüglichkeiten der Erfahrenen und manchmal auch der Papagei, der am Morgen mehr erzählt als er soll — all dies und anderes kehrt in Abwandlungen, die doch schließlich das Handwerkliche nur bestätigen, in den Versen wieder. Greifbar ist die Routine, wenn ein (hier nicht aufgenommener) Anonymos sich rühmt, es besser gemacht zu haben als irgend ein Zunftgenosse es vermöchte.

Die Schätzung eines indischen Literaturwerkes ist in Indien an der Zahl seiner Nachahmungen und Erweiterungen abzulesen. Der Rezensionen, das heißt der in Text und Umfang wesentlich abweichenden Überlieferungen, gibt es bei Amaru vier, bei Hala sechs, und bei Bhartrihari sind mindestens zwei von seinen drei Zenturien reichlich unsicher im Bestand. Der Genießer konnte es sich eben erlauben, mit dem Werk zu schalten, zumal ihm Strophen anderer Poeten einzugliedern, die ihm dessen wert schienen. Bei der gleichmäßig ausgebildeten Technik in Sanskrit und Prakrit (dies der Sammelname für die literarisch gehobenen Volkssprachen) ist die Aufgabe der Kritik, die Imitation vom Echten zu sondern, oft unlösbar. Manche Verfassernamen müssen also mit Vorbehalt hingenommen werden. Was unter Halas Namen geht, nennt sich sogar ausdrücklich eine von ihm veranstaltete Kompilation. Wenn die Tradition die Verfassernamen, von denen etwa 150 zu vielen Versen noch überliefert werden, nicht aus der Luft gegriffen hat, so war der ihm zugängliche Bereich gedrängt voll von fleißigen Dichtern, denn „ihre“ Strophen sind dann natürlich nur die besten unter vielen. Ein literarisches Porträt können wir aus ihnen freilich nicht gewinnen, geschweige denn ein persönliches. Das gilt so gut wie überall, wo nicht ein großer Autor in einer Reihe von Werken zu uns spricht, die dann biographische Schlüsse erlauben. Über Bhartrihari ließ sich ein bald nach ihm kommender chinesischer Reisender erzählen, er habe den erwählten geistlichen Stand siebenmal wieder aufgegeben, um zum Weltleben zurückzukehren. Vielleicht ist das nur die Vergrößerung eines Niederschlags vom Anhören seiner ersten „Hundertschaft“, die sich mit dem Weib, der Entsagung und der Ruhe in Gott Shiva beschäftigt. Bei Ashvaghosha, einem Dichter des 2. Jahrhunderts, von dessen geistlichen Dramen zwar nur Bruchstücke, dessen zwei gleichfalls religiöse Epen aber, darunter ein berühmtes Buddha-Gedicht, fast ganz auf uns gekommen sind, lassen sich persönliche Züge wenigstens ahnen. Dagegen erscheinen in Kalidasas Werken: einem lyrischen Gedicht, zwei Epen und drei Dramen, die Altersstufen in des Dichters künstlerischem Leben, sein Glaube und in manchen Szenen auch sein Gefühl für Humor. Die gleich zu schildernde Idee im „Wolkenboten" legt die Möglichkeit nahe, daß ihr ein eigenes Erlebnis zugrunde lag. Bei den vielen Nachahmungen dieses Meghaduta, eben jenes lyrischen Gedichts, kann davon natürlich nicht die Rede sein.

Der luftige Bote schwebt über den verbannten Götterdiener hinweg zu ferneren Bezirken, die jener ihm vorschreibt, damit er die sehnende Gattin finde. Landschafts- und Städtebilder tun sich auf, das Naturgefühl des Dichters tritt uns entgegen. Von ihm ist Kalidasa aber nur ein Zeuge unter vielen. Wo die Natur spricht, öffnet sich uns ein Spalt in dem Vorhang, der vor die Seele indischer Poeten gezogen ist. Beredt sind die Verse buddhistischer Mönche, die aus ihren felsigen Zellen wohlgefällig in die Weite schauten, und der „Lobpreis des heiligen Landes" eines Tamil-Dichters tausend und mehr Jahre später, vorausgesetzt daß diese behagliche Schilderung des südlichsten Indien in dravidischer Zunge nicht unter ähnlichen nur die beste ist, was bei anderen Tamil-Produkten, die zum Teil umfänglichen Sammlungen angehören, wohl der Fall sein kann. In der Naturlyrik des Sanskrit und Prakrit haben jeweils die uns unbekannten Erfinder viele Nachahmer gefunden. Einer muß es ja gewesen sein, der zuerst den Vogel Tschataka sich von den fallenden Regentropfen ernähren, das Tschakravaka-Pärchen beim Dunkelwerden getrennte Nester aufsuchen, die Schlange Wind fressen, den knospenden Baum erblühen ließ bei der Berührung durch den Fuß einer Frau. Dies und vieles andere ist ein Zierat der Dichtung geworden, der immer wiederkehrt. Die Wirklichkeit fordert aber doch Einlaß, das Lebensgefühl wird bestimmt durch den Umschwung der Jahreszeiten. Ein frühes Gedicht, der Ritusamhara, will sie „kurz" beschreiben, ist für uns aber eingehend genug, zumal der Dichter mit Selbstwiederholungen nicht spart. Altmodisch wie das Werk dadurch erscheint, steht ihm ein deutsches altmodisches Kleid wohl an. Der Eintritt von Sommer, Regenzeit und Winter sind die großen Einschnitte im indischen Jahr, aber schon das frühe Ritual kennt als Zwischenzeiten den Herbst und zwischen dem Winter und dem Sommer die kühle Zeit und den Frühling. Nicht dieser aber ist es, der in der selbstverständlich aufkommenden dichterischen Konvention voransteht, es ist der Herbst, wo die schwarzen Regenwolken verschwunden sind und über der erfrischten Natur vor allem der klare Mond mit seinen „kalten" Strahlen und die Sterne leuchten, und es ist der Beginn der Regenzeit, angekündigt durch das leise Donnern des Wolkenmannes und den noch schwachen Blitz, seine Frau, die beide den Reisenden an die Heimkehr mahnen, bevor die Wege ungangbar werden, zurück ins Haus, wo er treu erwartet wird. Ist diese Gattenliebe die zarte Grundidee des Meghaduta, so weiß das alte Jahreszeitengedicht die meteorischen und botanischen Tatsachen mit handfester Erotik zu mischen. Unsere Auswahl aus ihm hat jene bevorzugt.

Von außen her rührt schließlich an des Dichters Seele, immer neue Furchen in ihr ziehend, die menschliche Umwelt. Was wäre Indiens Schrifttum, das schon in seinen tausend Erzählungen und Fabeln absichtsvoll lehrhaft auftritt, ohne das zwar kaum noch lyrisch, doch poetisch reflektierende und moralische Element, in dem die Lebenserfahrung sich in hoher Schicht niedergeschlagen hat? In Indien hat von je her eine treffend angewandte Weisheit das Gespräch belebt und das Ansehen des Sprechers erhöht. Die Sentenzen, die im Drama, in der erzählenden Prosa, im Epos auf Schritt und Tritt erscheinen, bieten, meist in dem schon beschriebenen Shloka, also auf engstem Raum, die Summe alles dessen, was der Umgang mit Menschen lehrt. Kein Sammler, der die indische Seele sprechen lassen soll, kann an diesem Meer stehen, ohne ein paar seiner Tropfen einzufangen. Zum Gleichen aber sind wir verpflichtet, wenn wir uns wieder „nach innen wenden" und dort „das Zentrum finden", auf das am Anfang schon hingedeutet wurde. Die vedische Religion ist seit über zweitausend Jahren abgestorben; aus der Mitte der in ihr verehrten Göttergestalten sind Vishnu und Shiva zu herrschender Stellung angetreten. Teils dieser, teils jener hat für den Hindu den Rang des höchsten Gottes weit über den Empfängern der volkstümlichen Kulte. Aber die kultische Verehrung jener beiden ist nicht entfernt das Wesentliche, sondern die gläubige Liebe. Sie steht, wie es schon in epischer Zeit die Bhagavadgita lehrte, dem in Hingabe an Wissen und Lernen betretenen Weg zur Erlösung aus der Wiederverkörperung voran, zu schweigen von dem Glauben an die Kraft des Opferrituals. Die

Gotteserkenntnis und die wahre Erlösung entspringen erst aus der Gottesliebe, der Bhakti. Vishnu und Shiva sind ihr Gegenstand. Vishnu aber kommt, wenn die Welt in Not ist, zu ihrer Rettung herab. Seine uns hier angehenden Verkörperungen sind Rama (den wir aus Valmiki kennen) und Krishna, von dessen irdischem Treiben als Kind, Jüngling und Mann die Legende sehr Menschliches und sehr Wunderbares zu berichten weiß. Die Gespielin, die er vor allen ans Herz zieht, ist Radha. Im zweiten Viertel unseres Jahrtausends nun kam in den erblühenden Volkssprachen von Hindustan, Maratha und Bengalen die Vishnu-, Rama- und Krishna-Bhakti zur Entfaltung. Von ihr bis ins Innerste durchdrungen, haben Kabir und Nanak, Namdev und Tukaram, Tulsidas und viele andere aus innig hingegebenem Herzen heraus ihre Lieder angestimmt. Schon vor ihnen aber hat im 12. Jh. der Bengale Dschayadeva das berühmte Sanskrit-Singspiel Gitagovinda herausgestellt, ein durch musikalische und tänzerische Einlagen erweitertes Gedicht. Dschayadevas Versmaße, Reim und Wortakrobatik ohne Verlust an Wohllaut, Anmut und Leidenschaft, sie haben in Rückert einen genialen Nachdichter gefunden, den wir — auch in seinen weiteren Übertragungen — bewundern, ohne seine stupende Wortkunst heute noch wirklich genießen zu können. Krishna, unter dessen vielen, mythologisch geprägten Namen hier Govinda bevorzugt wird, hat in Spiel und Lust mit Hirtenmädchen, er selber ein Hirt, der Radha Grund zur Eifersucht gegeben. Sie grollt, sehnt sich und klagt um den Entfremdeten, und dieser nicht anders, bis endlich die Versöhnten sich wonnevoll wieder vereinigen. Wir glauben es dem Dichter, daß er sein Werk religiös aufgefaßt wissen will — jedes Lied sagt es am Schluß, und die Gestalt der Radha wird von Späteren als die innig nach Erlösung verlangende Menschenseele gedeutet —, aber die Religion ist hier dennoch mit dem Eros zu einem merkwürdigen Bund vereint: „ein Doppelgesicht poetischer Gedankengebilde, ein Spiel, das nach launenhafter Lust Sinnlichstes und Übersinnlichstes aus unergründlichen Fernen einen Augenblick ineinander scheinen läßt". In seiner religiösen Lyrik (und nicht nur in ihr) ist der Hindu eben fähig, Unvereinbares zu vereinen. Und ist es nicht, über Jahrhunderte hinweg, nur jeder groben Erotik entkleidet, noch so bei Tagore, daß wir bei vielen seiner hymnischen Lieder uns zwingen müssen zu wissen: es sind keine Lieder der Liebe, einer diesseitigen herzlichen Sehnsucht entflossen, sondern es ist Anbetung Gottes, dessen Namen er nicht nennt? „Wir verehren ihn", sagt er, „in allen wahren Gegenständen unserer Verehrung und lieben ihn, wo immer wir wahrhaft lieben. In dem Weibe, das gut ist, fühlen wir ihn, in dem Manne, der wahr ist, erkennen wir ihn, in unseren Kindern wird er, das ewige Kind, immer und immer wiedergeboren. Dann sind religiöse Lieder unsere Liebeslieder."

Walther Schubring

Mit dem Übergang von Indien nach dem Fernen Osten tritt der Europäer in eine völlig andere Welt. Hat er von Ägypten bis hinein nach Iran Klänge vernommen, die, wenn auch fremd, ihm doch schon von der Bibel her und durch Berührung seit Jahrtausenden vertraut sind, eben jene Klänge, mit denen er das festgeprägte Bild des „Orientalischen" verbindet, hört er selbst in der heißen Sonne Indiens noch immer eine Sprache, die den Denkgesetzen seiner eigenen folgt, so sieht er sich am andern Ende unseres Festlandblocks von allem, was er an Begriffen mitgebracht, zunächst verlassen. Und die Verlegenheit wird um so größer, je tiefer er in das Gewimmel jener Menschenmassen eindringt und gewahr wird, daß er es nicht mit irgendeinem Stamm von „Eingeborenen" zu tun hat, sondern mit einem riesenhaften Organismus, von eigenem Gesetz gehalten und gelenkt, mit einer Macht und Mitte menschlicher Geschichte, mit einem in sich fest geschlossenen Reich des Geistes.
Schließlich aber wird er merken, daß er nach langer Fahrt durch fremde Striche der eigenen Heimat geistig wieder näher gekommen ist. Ostasien läßt sich in der Tat mit keinem Teil der Erde besser vergleichen als eben mit Europa. Die Kerngebiete, von denen das geistige Leben Chinas und Japans ausgeht, entsprechen trotz südlicherer Lage klimatisch ungefähr dem vom Golfstrom abnorm begünstigten Europa. Wie dieses nach dem Meer im Westen blickt, so streben Chinas Ströme nach dem Ozean im Osten. Trägt uns der West und Südwest milde Lüfte zu, so kommt der Frühling dort mit dem gepriesenen Ostwind. Was für Europa die britannischen Inseln sind, das ist für China der japanische Inselbogen. Und so wie unser Lebenskreis sich gegen Asiens Steppe absetzt, so hat auch Chinas großes Ackerland im Rücken eben diese Steppe als ständige Bedrohung, als Not und Schicksal seit Jahrtausenden. Der Unterschied ist nur, daß unser Erdteil sich in vielen Gliedern auseinanderstreckt, die darum je

ihr Eigenleben führen, während in der gedrungenen Masse Chinas der Strom gemeinsamen Erlebens weit leichter jeden Teil durchpulst und alle schweren Risse immer wieder heilt. Der Rhythmus chinesischer Geschichte ist nichts anderes als eben dies: Einbruch von Steppenvölkern in das Ackerland, Fremdherrschaft, Spaltung, blutiger Bürgerkrieg, Aufgehen der Fremden in der Unverwüstlichkeit chinesischen Wesens und schließlich neue Einigung.

Wenn alles dieses uns recht wohl begreiflich ist, worin beruht dann doch die vielberufene Rätselhaftigkeit des Fernen Ostens? Die Antwort ist sehr einfach: auf der Sprache und der Schrift. Der Sprachgeist der Chinesen hat sich von jeher völlig andere Geleise geschaffen als die uns gewohnten Sprachen, seien sie nun indogermanisch oder semitisch. Er kennt nicht unser peinliches Bedürfnis nach Exaktheit, das je nach Fall und Zahl, nach Zeit und Modus und Person die Wörter biegt und wandelt. Er schuf sich lauter Worte, die nur eine Silbe bilden und keinerlei Abwandlung dulden, ein jedes rund, fest, spröd wie eine Glaskugel, und fügt sie nach bestimmten Ordnungsregeln aneinander. Der Lautbestand dieser Worte ist so einfach, daß sich nur eine beschränkte Zahl von Worten bilden läßt und diese daher für ganz verschiedene Begriffe stehen müssen. Zwar hat ein Wort je nach seinem Sinn einen bestimmten musikalischen Ton, aber auch so sind es der gleichklingenden Worte noch übergenug. Nur die Schrift kann der Verwirrung wehren (so wie wir etwa Wagen und Waagen, lehren und leeren durch die Schreibung unterscheiden). Sie bildet grundsätzlich für jeden Wortbegriff ein eigenes Schriftzeichen. Ein bescheidenes chinesisches Wörterbuch z. B. kann 6400 verschiedene Zeichen enthalten, deren jedes seine eigene Bedeutung hat. Dennoch sind es der Lautgebilde, die man mit diesen Zeichen schreibt, kaum mehr als 300. Die Schrift hat deshalb in Ostasien eine kulturelle Bedeutung, von der wir uns nur schwer eine Vorstellung machen. Sie, und nicht das gesprochene Wort, das sich nach Zeit und Landstrich ständig wandelt, ist der eigentliche Träger und das große Bindemittel ostasiatischer Kultur, ihr gehört darum auch die Liebe jedes Gebildeten, und an dem Reichtum ihrer kühnen Formen entzündet sich das künstlerische Schaffen.

Für den Europäer aber sind diese Sprache und diese Schrift die sieben Siegel, die ihm das Buch Ostasien verschlossen halten, es sei denn, daß es ihm gelingt sie zu erbrechen. Und nur weil viel zu wenige sich an diese schwere Mühe wagen, weil auch das öffentliche Interesse an diesem Gebiet der Forschung bedauerlich gering ist, macht sich die Phrase von der Rätselhaftigkeit des Ostens breit, und geben Dilettanten die Gebilde eigner Phantasie als chinesische oder japanische Funde aus.

Es war daher das besondere Bemühen der vorliegenden Sammlung, nach Möglichkeit nur solche Übertragungen zu bieten, die auf genauem Verständnis des chinesischen und japanischen Wortlauts beruhen. Daß davon in besonderen Fällen eine Ausnahme gemacht wurde, wird uns niemand verdenken, am wenigsten bei Goethe, der immerhin der erste war, chinesische Dichtung unserer Sprache einzuverleiben, und der wesentliche ihrer Züge durch alle Trübung unzulänglicher Quellen mit sicherem Gefühl getroffen hat. Aber auch wo der Übersetzer den Sinn eines chinesischen Gedichts von Wort zu Wort richtig versteht, ist es noch immer schwer, ihn im Deutschen voll auszuschöpfen. Denn jene Glaskugeln, um das Gleichnis wieder aufzunehmen, schillern jede in den verschiedensten Farben, und der Übersetzer muß sich oft damit begnügen, einer dieser Abtönungen den Vorzug zu geben. Es sind deshalb von einem und demselben Gedicht sehr verschiedene Übertragungen möglich, die sich vom Text her alle rechtfertigen lassen. Bei Du Fu wird der Leser ein Beispiel solch doppelter Wiedergabe finden. Er wird sich überhaupt ins richtige Verständnis ostasiatischer Lyrik erst hineinlesen müssen. Das, was wir oben als den Mangel an logischer Exaktheit bei den ostasiatischen Sprachen bezeichnet haben, wird in der Dichtung ihr großer Vorzug; ist doch gerade sie die Kunst, uns mit ganz wenig Worten eine Welt erfühlen zu lassen. Diese Lyrik erfordert darum ein besonderes Maß von Einfühlung, ein Ahnungsvermögen, dem wir Europäer gerade durch die Genauigkeit unserer Ausdrucksweise entwöhnt sind.

Am liebsten hätten wir die Treue der Übertragung auch auf die Form, auf Reim und Rhythmus der Gedichte ausgedehnt. Beim Japanischen war dies verhältnismäßig leicht, weil es erstens überhaupt nicht reimt, und weil die durchschnittliche Länge seiner Wörter ungefähr dieselbe ist wie im Deutschen. Der Übersetzer kann sich hier also, freilich unter Berücksichtigung des ganz anderen deutschen Wortrhythmus, demselben Gesetz unterwerfen wie der japanische Dichter, und diese Bindung wird ihm zum größten Segen. Die gedrungene

Einsilbigkeit des Chinesischen dagegen bietet Schwierigkeiten. Man kann hier höchstens so verfahren, daß man für jedes Wort der Verszeile einen Versfuß nimmt, d. h. eine Tonhebung mit einer oder zwei Senkungen, wie dies für das „Buch der Lieder“ schon Victor von Strauß mustergültig geleistet hat. So ließen sich dann die Grundzüge auch der chinesischen Prosodie und ihre mannigfachen Formwandlungen aus der deutschen Übertragung ablesen: die Vierzahl der Worte einer Zeile in der alten Lyrik, der Übergang zur Fünf- und Siebenzahl, seit der Han-Zeit vorbereitet und in der Tang-Zeit endgültig vollzogen, wie auch die wirkungsvolle Gliederung der fünf- und siebensilbigen Zeilen durch Einschnitt vor den drei letzten Worten nach dem Schema 2+3 und 4+3. Doch ist auch dies bei der geladenen Sinnfülle jener kurzen Worte in vielen Fällen ein zu harter Zwang, so daß sich der Übersetzer je nach dem Gefühl seinen eigenen Rhythmus wird wählen müssen. Und was den Reim betrifft, so bietet für ihn die lautliche Einfachheit seiner Worte eine solche Überfülle von Gleichklang, daß unser weit differenzierteres Deutsch hier einfach nicht mitkommt und es ohne Gewaltsamkeit nur selten fertig bringt, das Reimschema des Originals beizubehalten.

So stattlich nun auch die Zahl der Dichter und vielfach ihrer Gedichte ist, die hier zu sammeln uns gelang, so ist sie doch im Blick auf die Unsumme von Gedichten, die in China und Japan seit den ältesten Zeiten überliefert sind, verschwindend klein. Die Dichtung nimmt in diesen Ländern eine Stellung ein, um die sie jeder europäische Dichter beneiden kann. In China haben schon die Könige der Dschou-Zeit sie gefördert und gepflegt. Die Fähigkeit zu dichten wurde bald von jedem geistig Führenden gefordert und ist seit der Zeit der Tang-Dynastie Prüfungsfach in dem zentralen Staatsexamen gewesen, durch welches der Kandidat mit dem Titel eines Djin-schï (Literaten oder Doktors) die Zulassung zu der höchsten Dienstlaufbahn erwarb. Japan ist diesem Beispiel mindestens dem Geist nach gefolgt, und beide Völker haben die Gedichte ihrer Besten mit einer Treue sondergleichen die Jahrhunderte hindurch gesammelt und bewahrt. Die vollständige Sammlung von Kunstgedichten (Schï) der Tangzeit allein enthält in 900 Kapiteln über 48 900 Schï von 2200 Dichtern. Wo ist der Europäer, der sie je gelesen hat? Zu dem weitaus größten Teil dieser unermeßlichen Literatur hat unsere Forschung, jung und schwach vertreten wie sie ist, überhaupt noch nicht durchdringen können. Wir stehen hier noch ganz im Zeitalter der Entdeckungen und können uns nur an das Wenige halten, was erschlossen oder verhältnismäßig leicht zu erschließen ist. So erklärt es sich, daß unsere chinesische Sammlung schon mit der Sung-Zeit so gut wie aufhört. Es ist auch später viel gedichtet worden, aber wir kennen davon zu wenig, um eine Auswahl bieten zu können, die mehr wäre als ein blinder Griff ins Dunkel. Für Japan ist, dank besonders auch der unschätzbaren Leistungen modernster japanischer Forschung, eine Übersicht leichter zu gewinnen. Darum konnte es hier gewagt werden, die Sammlung, wenngleich mit großen Sprüngen über dürftigere Zeiten hinweg, bis an die Schwelle der Gegenwart durchzuführen.

Am reichsten sind natürlich jeweils die Perioden besonderer Blüte der Dichtung vertreten. Ihren höchsten Gipfel ersteigt die chinesische Lyrik unbestreitbar in der Tang-Zeit, worauf sie unter der Sung-Dynastie noch eine bedeutende Nachblüte erlebt. Darum ist diesen beiden Perioden und zumal ihren Größten, der meiste Raum gewidmet. Ihnen voraus geht erst einmal die Dschou-Zeit mit den ältesten Zeugnissen chinesischen Geistes, vor allem mit dem „Buch der Lieder", Schï-djing. In seiner nüchternen Gemessenheit und schlichten Kraft verrät es sich als echtes Kind urchinesischer Art, wie sie sich nur im winterkalten, kargen Lößgebiet des Nordens am Huang-ho bilden konnte. Die Strenge seiner knappen Form begründet den Begriff des *Schï*, der klassischen Gattung chinesischer Lyrik, für alle Folgezeit. Dann aber tritt vom üppig warmen, feuchten Süden her, wo in den Gauen um den Yang-tse-kiang das Leben leichter fließt, ein neues, dionysisches Element der Unbegrenztheit in die Dichtung ein. Es findet seinen philosophischen Niederschlag in den „wolkigen Worten" eines Lau-dsï, seinen künstlerisch vollendeten Ausdruck aber in den von Tjü Yüans hohem Geist beseelten Tschu-Gesängen, einer völlig anderen Gattung als das *Schï*, mit unruhigem Versmaß in drängendem Dreiertakt, mit dem Klageruf hsi (oh! ach!) nach jeder zweiten Zeile (vgl. als späteres Beispiel Fu Hsüan, Der Wagen rollt, S. 273), voll Leidenschaft und kühner Phantasie. Nördliche Haltung und südliches Schweifen bilden von da an die Gegenpole für die mächtige Spannung chinesischen Geistes. Die harte Zeit des großen Reiches Han — östliches Gegenstück zur Blüte Roms — bringt bereits eine erste Synthese. In den Hauptstädten Lo-yang am Huang-ho und Tschang-an weiter aufwärts am We dichtet man neben den alten

Schï auch im Stil der Tschu-Gesänge, und unter diesem Einfluß weitet sich auch die enge Form des ersteren: seit dem Kaiser Wu-di und seinem General Su Wu haben wir *Schï*, deren Zeilen entweder aus je fünf oder aus je sieben Worten bestehen; an Stelle des nüchternen Vierertakts übernehmen der anmutigere Fünfsilber, der reichere Siebensilber die Herrschaft in der strengen Lyrik.
Der Auf- und Einbruch fremder Reitervölker aus der Steppe, der westwärts bis in die Champagne reicht, bringt freilich auch für China vier Jahrhunderte Zerrissenheit. Doch lebt im Nordreich We die Dichtung in Geist und Form der Han-Zeit zunächst weiter. Und als nach kurzer Herrschaft über Gesamtchina die Dynastie Djin den Norden aufgeben und ihren Sitz nach dem heutigen Nanking verlegen mußte, da strömte neu der Geist des Südens in die Lyrik ein: Tau Tjiän, ein echter Sohn der Landschaft *Tschu*, erfüllte die strenge Form des *Schï* mit dem dichterischen Schwung der alten Tschu-Gesänge. Darnach gewann in den Nachfolgestaaten, die in Nanking herrschten, eine andere Spielart südlichen Geistes die Oberhand: die weiche Üppigkeit der Landschaft *Wu* stromabwärts um das Yangtse-Delta. Das *Schï* wurde Gegenstand künstlerischen Spiels, seine Form zu neuer Eleganz gegliedert und geschliffen. Zugleich war dies die Zeit, in der, wie im germanischen Raum von Osten her, vom fernen Westen eine Religion überweltlicher Erlösung Boden fand: der indische Buddhismus, weit mehr als nur ein Dogma oder Ritus, vielmehr ein Träger der Kultur und Bildung von Jahrhunderten und Völkern vieler Länder. So war, als 618 die Dynastie Tang das vom Hause Sui geeinigte Reich übernahm, der Boden für das Reifen einer mittelalterlichen Kultur von imponierender Universalität bereitet und damit auch für eine Blüte der Dichtung, wie sie China nicht wieder erlebt hat. Geist und Gefühl strömt nun in reichster Fülle und macht sich alle Formen dienstbar. Deren edelste und höchste aber bleibt das *Schï*. Es ist nun strengsten Regeln unterworfen. Die Fünf- und die Siebenzahl der Worte einer Zeile wird durch einen Einschnitt vor den drei letzten Worten nach dem Schema 2+3 und 4+3 gegliedert. Je nach der Zahl der Zeilen unterscheidet man Vierzeiler oder einstrophige, Achtzeiler oder zweistrophige und endlich mehrstrophige Formen, deren jede ihre besonderen Gesetze hat. So muß im Achtzeiler zwischen der dritten und vierten, der fünften und sechsten Zeile je ein genauer Parallelismus der Glieder obwalten.

Ein Reim verbindet alle Zeilen mit gerader Zahl, in manchen Fällen auch die erste. Vor allem aber wird von Wort zu Wort der musikalische Ton beachtet und die Worte werden nach ganz bestimmtem Schema gesetzt, um „ebene", d. h. einfache, und „schräge", d. h. fallende oder steigende Töne in melodischem Gleichgewicht zu halten. Das *Schï* ist damit zu einer neuen, vollendeten Kunstform geworden. Das, was es vordem war, heißt nunmehr *Gu-schï*, d. h. „altes Schï". Der Geist der Tang-Zeit aber wird mit allen diesen Formen fertig, er wählt sich jede nach Belieben, alt und neu. Erst allmählich kommt es zur Entleerung und Erstarrung. Sie ruft entweder den Mut zur Schlichtheit wach, wie bei Bo Djü-i und dann später in der Sung-Zeit. Oder sie führt zur Flucht aus dem allzu strengen *Schï* in die mannigfachen freien Formen des *Tsï (Tz'u)*, des Liedtextes zu bestimmter, meist bekannter Melodie, von denen uns vor allem die Schöpfungen des Li Yü erschlossen sind. Dieses *Tsï* aber geht mit dem Aufblühen des Theaters in der Mongolenhauptstadt Peking in die Opernarie über und gibt dem hier und später in der Ming-Zeit üppig sich entfaltenden Drama seine beherrschende lyrische Note, während daneben die auch schon alte Form des *Fu*, eine Art rhythmisch beschwingter Prosa, weiterblüht, immer aber das *Schï* seinen Vorrang als höchste Form der Kunstlyrik wahrt.

Betreten wir nunmehr, von China ostwärts übers Meer gefahren, den Boden des japanischen Inselreichs, so stürmen alsbald die widersprechendsten Eindrücke auf uns ein. Wir finden uns in einem weltentrückten Zauberland von eigener Schönheit der Natur, von eigener Sprache, eigener Sitte, so eigen, daß selbst das kleinste Ding und das alltäglichste Ereignis hier seine eigene Note hat. Sein Inseldasein seit Jahrtausenden hat Japan in der Tat zu einer kleinen Welt für sich gemacht. Hier konnte sich ein Herrscherhaus aus mythischem Altertum bis in die Gegenwart erhalten. Hier konnte sich ein Kosmos bilden, in dem das Nächste wie das Fernste, das Älteste wie die jüngste Gegenwart unlöslich miteinander verbunden ist und um die eine Mitte, um eben dieses Herrscherhaus, als sichtbares Symbol des Ganzen kreist. In diesem Mikrokosmus atmet jeder Einzelne, und was irgend er an Welt erlebt, erlebt er nur in ihm und fühlt sich darin selig. Und dennoch weiß er um die größere Welt nicht erst, seit Westeuropa, Rußland und Amerika an seine Tore pochen. Seit alter Zeit hat ihm die Größe Chinas imponiert. Und echt japanisch weiß er nun, sich selbst zu überwinden. Er unterdrückt sein Unbehagen, öffnet sich und geht womöglich selbst hinaus, um alles Gute, was sich draußen findet, in seinen Mikrokosmus einzuholen. So kommt es, daß kein Volk auf Erden so in sich selbst verliebt und doch so unparteiisch offen ist für alles, was die große Welt zu bieten hat, wie das japanische. So hat Japan schon früh von China ebenso gelernt, wie die Germanen von der griechisch-römischen Kultur. Es hat, obwohl es eine völlig andere Sprache spricht, gelernt, seine Worte mit chinesischen Zeichen zu schreiben, und hat damit zugleich auch deren altchinesische Lautgestalt übernommen und seiner leichtflüssigen Rede als körniges „sinojapanisches“ Element beigemischt, so wie es ähnlich die Angelsachsen mit dem Französischen und Lateinischen machten. Es hat vor allem die universale Kultur des Tang-Reichs mitsamt dem indischen Buddhismus bei sich eingeführt und in jahrhundertelanger Arbeit vollkommen assimiliert. Dies mit dem Worte Nachahmung verächtlich abzutun, ist nur gedankenlose Phrase. Ist Lernen etwa eine Schande? Und ist nicht Nachahmung die beste Art, Gelerntes wirklich anzueignen? Denn was auch immer Japan einst und heute von der Welt gelernt hat, es hat ihm stets mit unfehlbarer Sicherheit den Stempel eigenen Wesens aufgedrückt.

Dies eigene Wesen kommt ihm aus der sonnigen leichten Luft pazifischer Inselwelt und aus der reinigenden Kraft des Meeres. Leicht und frei von Staub und Schlacken, so will ein richtiger Japaner sein im Leben und im Sterben. Nur ja nicht plump und schwer, nur ja nicht kompliziert und überladen! Leicht und einfach ist seine Kost, luftig sein Gewand und seine Wohnung, und wenn er auch mit Bienenfleiß die größten Wälzer durcharbeitet, so sucht und findet er darin doch nur der langen Rede kürzesten Sinn. Und im Genießen geht es ihm nie um die Masse, sondern um den Duft. Wie sollte er in Kunst und Dichtung etwas anderes suchen, als den feinsten aller Düfte?

Etwas von dieser leichten Duftigkeit hat schon seine Sprache. Ihre vokalreichen Worte, die keine harte Häufung von Konsonanten dulden, erscheinen hingehaucht, so wie ihr Gegenstand geschaut ist, wie Klang gewordene Farbe: Hana für Blume, Haru für Frühling, Aki für Herbst. Reim wäre hier, wo jedes Wort auf einen der fünf Vokale endet, eintönig; dafür durchzieht den ganzen Vers harmonischer Wohlklang. In der Betonung fehlen unsere kräftigen Akzente. Leicht wie Perlen reihen sich die kurzen Silben aneinander. Nicht der Wechsel von Hebung und Senkung kann hier den Rhythmus begründen; an seine Stelle tritt das ganz einfache Gefühl für die Schönheit einer bestimmten Silbenzahl, genauer die Bevorzugung ungerader vor gerader. Der Wechsel fünf- und siebensilbiger Reihen lieferte schon früh den angenehmsten Rhythmus. So dichtete man nach dem Schema 5, 7, 5, 7 und so weiter und schloß mit zwei Zeilen von je 7 Silben. Der Satzbau, der es möglich macht, die Glieder ohne Unterbrechung bis zur entscheidenden Schlußwendung aneinanderzureihen, leistete dabei zunächst der Dehnung der Gedichte in die Länge Vorschub. Doch bald empfand man den Nachteil der Langatmigkeit und griff zur kürzestmöglichen Form des Schemas, zum Fünfzeiler mit 5+7+5+7+7, also 31 Silben. Das „Kurzgedicht", sinojapanisch *Tanka,* trat dem „Langgedicht" als eigene Gattung gegenüber.

Die erste Blütezeit japanischer Lyrik, uns durch die Sammlung Manyôshû aus der alten Hauptstadt Nara belegt, zeigt zwar das Langgedicht noch auf dem Höhepunkt. Doch schon beginnt das Tanka sich mit Gehalt zu füllen und zu runden. Und in der ersten offiziellen Sammlung Kokinshû des kaiserlichen Hofs zu Hei-an (sprich: Heh-an!) ist der Sieg des Kurzgedichts als der einzigen Form, die dem vornehm leichten Stil der höfischen Gesellschaft entspricht, bereits entschieden. Und als der Glanz des kaiserlichen Hofs seit ungefähr 1200 von der derberen Gewalt des aufgestiegenen Rittertums und seines Schogunates überschattet wird, da nährt er sich doch gerade an der Übung dieser Dichtkunst unbeirrt im stillen weiter, so daß sein Stil auch für den Ritter und das Volk zum anerkannten und erstrebenswerten Ideal wird. Auch unsere Sammlung hat daher vom 9. bis zum 17. Jahrhundert fast ausschließlich Kurzgedichte zu bieten, die meisten aus den Blütezeiten um 900, 1000 und 1200.

In diese vornehm gemessene Form ihr lyrisches Gefühl hineinzulegen, war seitdem das Bemühen aller Dichter. Verdichtung also bis zum äußersten hieß die Aufgabe, doch immer so, daß leichte Duftigkeit als oberstes Gesetz gewahrt blieb. Jedes Wörtchen galt es zu wägen, jeden Faden des zarten Gewebes sicher zu führen, damit von dem Schönen, was des Dichters Herz erfüllte, auch nicht ein Ton verloren gehe.

Die nahezu unbestrittene Alleinherrschaft einer Gedichtform von 31

Silben auf Jahrhunderte hinaus ist gewiß auch damit zu erklären, daß es dem Inselreich so lange Zeit hindurch an Anregung von außen fehlte. Der Einstrom europäischer Kultur hat denn auch über das Kurzgedicht eine Krisis heraufbeschworen und neue Formen der Lyrik gezeitigt. Aber das Tanka hat die Krisis bestanden und behält, wenn auch eingeschränkt, noch heute seine Geltung. Zu tief hat es sich der japanischen Seele eingeprägt, zu viel Erinnerung und Erhebung schwingt in seinem leichten Rhythmus mit: es ist und bleibt die vollkommenste Blüte japanischer Sprache, der vollendete Ausdruck japanischer Art, sofern sie sich auch heute noch zur Vornehmheit erhebt.

Wie sehr aber das Gesetz der Leichtigkeit und Kürze dem innersten Verlangen japanischer Natur entspricht, das ist an nichts so deutlich zu erkennen wie daran, daß mit dem Eintritt des aufsteigenden Bürgertums der Städte in die künstlerische Bewegung die Formen dichterischen Schaffens nicht nur massiger und breiter wurden, wie es Theater und Roman erweisen, sondern daß es unter diesen schlichten Menschen auch spielende Genießer gab, denen nun selbst das Kurzgedicht nicht kurz genug war, die dessen allzu steife höfische Form zerbrachen und sich auf den „spielerischen Halbvers" legten, das flüchtig fragmentarisch hingeworfene *Haiku*, den Dreizeiler aus $5+7+5=17$ Silben, ja, daß auch dieses Spiel durch einen Bashô zur Kunstform ganz besonderer Art erhoben werden konnte. Sie mit Verständnis zu genießen, ist nicht Sache eines jeden. Setzt sie doch eine innere Sammlung in stiller Versonnenheit voraus, die den ganzen Menschen beansprucht. Sie blüht darum auch nur auf dem Boden einer geschulten Gemeinde Gleichgesinnter, die sich Hai-jin, d. h. Haiku-Menschen, nennen. Dies sind Voraussetzungen, die bei uns in Deutschland fehlen. Es ist schon fraglich, ob wir auch nur als Übersetzer fähig sind, den echten Ton des Haiku wirklich zu treffen. Wir sind dafür zu breitspurig, zu materiell und zu präzis. Wir sagen gleich zuviel, und darum sagt unsere Übertragung zu wenig. In neuem, buchstäblichem Sinn gälte es hier zu lernen: Dichte, Dichter, rede nicht; nur ein Hauch sei dein Gedicht! Wenn wir trotzdem versucht haben, drei bis vier der größten unter jenen Hai-jin zu Wort kommen zu lassen, so möge es als ein Wagnis gewertet werden und nichts weiter.

Aber nicht nur das Haiku, auch das Kurzgedicht und ebenso die knappen chinesischen Vierzeiler der Tang-Zeit erfordern beim Lesen Liebe und Versenkung. Jeder japanische Fünfzeiler ist eine in sich geschlossene Einheit. Meist steht er ohne Überschrift. Wo sich in unserer Sammlung eine solche findet, ist sie in der Regel um des besseren Verständnisses willen vom Übersetzer beigegeben. Dagegen werden Gedichte oft durch eine kürzere oder längere Vorbemerkung über die Umstände, unter denen sie entstanden sind, eingeleitet, wie wir dies von den Psalmen des Alten Testaments her gewöhnt sind. In der Übersetzung wurden solche Vorsprüche meistens gekürzt, doch schien es nicht ratsam, ganz auf sie zu verzichten, weil sie einen wesentlichen Zug der dichterischen Überlieferung Japans bilden. Niemals ist ein Fünfzeiler Strophe eines längeren Gedichtes. Höchstens kann er als „Abgesang" einem Langgedicht angehängt werden oder mit andern seiner Art einen „Zyklus" bilden. Nur das lyrische Wechselspiel der „Kettendichtung" (vgl. Sôgi, S. 462 f.) hat diese Geschlossenheit des Kurzgedichts gesprengt, darum aber auch nur vorübergehende Bedeutung gewonnen.

Kurzgedichte lassen sich also nicht einfach so herunterlesen. Es wird sonst unerträglich eintönig. Sie müßten, wie man sie im Osten schreibt, jedes auf einem Blatt für sich stehen, und wer sie liest, der sollte sie sich, wie man dort tut, zwei- und dreimal vorsprechen, bis sich ihr Sinn und ihr Gefühl richtig entfalten. Dies legt sich auch aus Gründen der sprachlichen Eigentümlichkeit nahe. Im japanischen Satz reihen sich die Worte nach strenger Regel in der Weise aneinander, daß das regierte Wort dem regierenden vorangeht. Der Schwerpunkt eines Satzes rückt deshalb stets ans Ende. Der volle Sinn eines Kurzgedichtes erschließt sich gewöhnlich erst mit der letzten Zeile. Selbst die Langgedichte sind so angelegt, daß sie vom ersten Wort an auf das Ende hin tendieren. Man muß also das Gedicht erst einmal zu Ende gelesen haben, um richtig zu verstehen, wo es mit dem Anfang hinauswill.

Und weiter gilt: Wer den Dichter will verstehen, muß in Dichters Lande gehen. Die vielen Ortsnamen, besonders in japanischen Gedichten, sind nicht nur Brocken Geographie. In ihnen schwingt gar vieles mit: Naturgefühl, Liebe zur Heimat, oft auch pietätvolle Erinnerung an Menschen und Ereignisse der Vergangenheit. Die spärlichen Bemerkungen geographischen und geschichtlichen Inhalts im Verzeichnis der Dichter und Gedichte wollen es dem Leser erleichtern, diese Gefühle mit dem vom Dichter geschauten Ort verstehend zu verknüpfen. Je mehr er aber seine Kenntnis durch eigene Studien erweitern kann, um so größeren Genuß wird ihm die Lektüre bringen.

In seinem Vorwort zu den Psalmen sagt Martin Luther: „Hier siehest du den Heiligen ins Herz." Auch in Ostasien gilt der wahre Dichter als ein Heiliger, als echte Dichtung aber immer nur die Sprache des Herzens, sei sie nun schlicht und offen ohne Hülle, oder kleide sie sich in den bunten Schleier schöner Sinnlichkeit. Wenn, was von Herzen kommt, gleichviel aus welchem fernen Land, in unserer Mitte Menschen findet, denen es zu Herzen geht, so wird erwiesen, daß eine Tiefe vorhanden ist, in welche die Zerrissenheit der Welt vom Westen bis zum Osten nicht hinabreicht, und in welcher alle sich finden können, die aus ihr leben.

Wilhelm Gundert

Verzeichnis der Dichter und Dichtungen

In diesem Verzeichnis ist wie in dem ganzen Buch
der Vordere Orient von Annemarie Schimmel, Indien von Walther Schubring,
der Ferne Osten von Wilhelm Gundert bearbeitet.

Zur Aussprache:

' leichter Stimmabsatz	dh stimmhaftes engl. th
' harter Stimmabsatz	th stimmloses engl. th
h immer hörbar zu sprechen	z stimmhaftes s
ch wie in „ach“	in moderner türkischer Schrift: c dsch
	ç tsch

Abdal, Kaygusuz, hat wahrscheinlich im 15. Jahrhundert in der europäischen Türkei gelebt und ist nach langen Wanderungen in Monastir in Makedonien gestorben. Er ist der typische Vertreter der volkstümlichen Bektaschi-Dichtung; der sehr freie Ton seiner Gedichte und die fast surrealistische Gedankenführung in vielen von ihnen dürften auf den Genuß von Haschisch zurückzuführen sein.

Krumm und Schiefes rede ich (Schimmel) . . S. 120

'Abdallah-i Ansari, 1006—1088, lebte in Herat; von seinen mystischen Werken, die zu den frühesten persischen Erzeugnissen ihrer Art gehören, sind am bekanntesten die Munadschat („vertraute Gebete“).

Aus den Gebeten (Schimmel) . . . . S. 81

'Abdallah ibn 'Aufa, vom arabischen Stamme Chuza'a, wahrscheinlich in frühislamischer Zeit.

Auf sein Weib (Rückert) . . . . S. 48

Abraham ben Meir ben Esra s. Ben Esra
Abu'l-'Ala' al-Ma'arri s. al-Ma'arri

Abu'l-Atahija, Isma'il, 748—826, schrieb in seiner Jugend Liebeslyrik und lebte zeitweise am Hofe von Bagdad; berühmt ist er vor allem wegen seiner späteren asketischen Gedichte.

Dank an einen Geizigen (Rückert) . . . . . S. 50
Über den Hingang der früheren Generationen (Schimmel) . . . . S. 51

Abu Firas al-Hamdani, 932—968, arabischer Ritter, ein Vetter des Saifaddaula von Aleppo. 959 geriet er auf einem Kriegszug in byzantinische Gefangenschaft; die Gedichte, die er aus dem Kerker nach Syrien sandte, sind am bekanntesten von seinen Werken.

967, nach dem Tode seines Vetters, suchte er sich der Stadt Hims zu bemächtigen, fiel aber wenig später im Kampf.

Verfasserschaft unsicher, auch dem Saifaddaula oder wahrscheinlicher Ibn ar-Rumi zugeschrieben.

A b u M a d i, Ilya, geb. 1889, gehört zu den in Amerika lebenden Syrern; sein erster Gedichtband erschien 1919.

Abu'l-Muzaffar Tahir s. Tahir

A b u N u w a s, a l - H a s a n, um 760—813, als Sohn einer persischen Wollwäscherin in Ahwaz geboren. Er bildete sich literarisch aus und lebte in Bagdad am Hofe Harun ar-Raschids und seines Nachfolgers. Seine Stärke liegt in seinen Weinliedern und seiner Liebeslyrik, die zum großen Teil an Knaben gerichtet ist. Abu Nuwas gilt als der größte Dichter der Abbasidenzeit, vor allem um seiner Sprachkunst willen, wenn er auch gelegentlich kein ganz klassisches Arabisch schreibt.

A b u S a'i d i b n A b i'l - C h a i r, 967—1049, in Chorassan geboren, studierte in Merw und wurde dann in die Mystik eingeweiht. Er gilt als der erste, der den Vierzeiler in Persien zum Ausdruck der mystischen Erfahrungen und Lehren benutzt, doch ist es zweifelhaft, ob er auch nur einen Bruchteil der zahlreichen ihm zugeschriebenen Verse verfaßt hat.

A b u S a't a r a a l - B a u l a n i, Araber aus vor- oder frühislamischer Zeit.

A b u'l - S c h i s a l - C h u z a'i, starb 821, lebte als Lobdichter in Rakka am Euphrat; erblindete am Ende seines Lebens.

Abu Tahir al-Wasiti s. Saiduk

Ägyptische Poesie ist auf Inschriften und auf Papyri erhalten; neben einer weitausgedehnten religiösen Dichtung liegen aus dem Anfang des Neuen Reiches auch eine Anzahl weltlicher Gedichte vor.

Streit des Lebensmüden mit seiner Seele (nach Erman) . . . . S. 9
Klage des Harfners (Erman) . . . . S. 9
Aus den „Sprüchen der großen Herzensfreude“ (Schott) . . . . S. 11
Aus den „Heiteren Liedern zum Brautkranz“ (Schott) : . . . . S. 13
Statt „Winden“ kann auch eine andere Blumenart gemeint sein.
Aus den „Liedern vom Fluß“ (Schott) . . . . S. 13
Hymnus an die Liebesgöttin Hathor (Schott) . S. 14

Ahmet Haschim s. Haschim

Ahmed Pascha, 15. Jahrhundert, lebte am Hofe Mehmeds II., des Eroberers von Konstantinopel, war eine Zeitlang Gouverneur von Brussa. Mit ihm beginnt die osmanische Dichtung im eigentlichen Sinne.

Hätt ich durch deines Lobes Hag (Schimmel) . S. 122

al-Ahnaf al-'Ukbari, um 900, der erste Sänger des fahrenden Volkes im Irak.

Ein Haus baut sich (Schimmel) . . . . S. 58
Wie ich im Wirtshaus trank (Schimmel) . . . S. 58

Akbar, 1542—1605, folgte mit 14 Jahren seinem Vater Humajun auf dem Thron und ist der größte Herrscher der Moghuldynastie in Indien. Seine lange und glückliche Regierungszeit stand unter seinem Wahlspruch: „Friede mit allen.“

Tautropfen (Schimmel) . . . . S. 107

'Akif Pascha, 1787—1848, in Anatolien geboren. 1836 wurde er der erste sogenannte Außenminister des Osmanischen Reiches; durch Intrigen abgesetzt, erhielt er ein Jahr später den Posten des Innenministers. 1839 zog er sich ins Privatleben zurück.

Elegie auf den Tod seiner Enkelin (Schimmel) S. 135

'Alkama at-Tamimi al-Fahl, 6. Jahrhundert, verkehrte am Hofe der Ghassaniden wie der Lachmidenfürsten von Hira; er ist ein typischer Wüstendichter und wird zu den größten altarabischen Dichtern gezählt.

Über die Frauen (Schimmel) . . . . S. 38

A m o s, um 750 v. Christus, Hirt aus Thekoa, der erste namentlich greifbare Unheilsprophet Israels. Seine Droh- und Scheltworte künden das Gericht Jahves über das abtrünnige Volk an.

Kapitel 9, Vers 1—4 (Balla) . . . . S. 19

Ansari, ʿAbdallah s. ʿAbdallah-i Ansari

ʿA r i f K a z w i n i, 1882—?, in Kazwin geboren, wurde besonders in Musik ausgebildet. Schrieb ergreifende patriotische Gedichte und war ein Kämpfer für die Freiheit Persiens.

Bittere Klage (Schimmel) . . . . S. 113

ʿA s ch i k H a s a n, 17. Jahrhundert, türkischer Volkssänger.

Sie sagte: „Nein, nein" (Schimmel) . . . . . S. 127

ʿA s ch k i, 1894—1923, in Hamadan geboren; einige Jahre als Herausgeber einer Zeitung tätig. Aus politischen Gründen wurde er 1923 ermordet. Er galt als einer der hoffnungsvollsten jüngeren Dichter Persiens.

Not, o Not (Schimmel) . . . . S. 113

Ä t h i o p i s ch e P o e s i e: neben der volkstümlichen Poesie besteht eine weit ausgedehnte kirchliche Literatur, die Hymnen und Erbauungsschriften enthält. Eine besondere Blütezeit war das 12.—16. Jahrhundert.

Aus einem äthiopischen Marienlied (Schimmel) . S. 37

ʿA t t a r, Faridaddin, um 1150 bis nach 1221, persischer mystischer Schriftsteller von großer Fruchtbarkeit. Wie sein Name ʿAttar andeutet, war er Drogist in seiner Heimatstadt Isfahan. Das bekannteste seiner mystischen Methnewis ist das mantik ut-tair, die „Vogelgespräche", eine Schilderung des mystischen Aufstiegs der Seele zu Gott; besondere Beachtung verdient seine tadhkirat al-aulija, eine Sammlung von Heiligenbiographien.

Aus dem Proömium zum Ilahiname (Schimmel) . S. 88

B a k i, 1526—1600, der Hofdichter des osmanischen Sultans Sulaiman und seiner beiden Nachfolger. Daneben hatte er eine hohe Stellung unter den geistlichen Beamten inne. Sein Ruhm als größter osmanischer Dichter gründet sich weniger auf neue Gedankengänge als auf seine meisterhafte Sprachkunst und originelle Bildverknüpfung.

Herbst (Schimmel) . . . . S. 126

B a l a i, um 400, wahrscheinlich syrischer Chorbischof von Aleppo und Schüler Ephraems des Syrers.

Das Brautgezelt Adams (Zingerle) . . . . S. 35

B a s ch s ch a r i b n B u r d, starb 784, als Sohn eines persischen Sklaven in Basra geboren; da er blind war, gestaltete er Eindrücke des Gehörs und Geruchs besonders lebendig. Seine Liebeslieder galten als sehr verführerisch; doch sein Spezialgebiet war die Satire. Die Verspottung des Kalifen kostete ihm das Leben.

Auf den Tod seiner kleinen Tochter (Schimmel) S. 48
Sie schalten meine Lieb (Schimmel) . . . . S. 49

al-Baulani s. Abu Sa'tara.

B a y b u r t l u Z i h n i, anatolischer Volkssänger im 18. Jahrhundert.

Ich ging hinweg (Schimmel) . . . . S. 132

B a y r a m, Hadschdschi, starb 1429, Mystiker und Ordensgründer, der meist in der Nähe von Ankara lebte.

Was hat denn mein Herz (Schimmel) . . . . S. 119

B e n E s r a, Abraham ben Meïr, 1100—1175, war in Toledo geboren; ein unruhiges Wanderleben führte ihn durch ganz Europa und den Orient, bis er in Rom starb. Als Wissenschaftler war er zweifelllos bedeutender denn als Dichter; er schrieb sowohl geistliche als auch weltliche Poesie und bediente sich gern der Reimprosa.

Das Verhängnis (Schimmel) . . . . S. 29

B e n G a b i r o l, Salomo, starb um 1070, in der Philosophie als Avicebron bekannt, war im südlichen Spanien geboren. Er ist einer der großen jüdischen Dichter und hat sowohl in geistlicher wie in weltlicher Poesie Bedeutendes geleistet. Der Grundton seiner Dichtung ist ernst, oft von philosophischen Betrachtungen durchzogen.

Morgengebet (Heller) . . . . S. 24

B e y a t l i, Jahja Kemal, geb. 1884, stammt aus Üsküp, ging 1902 nach Paris, kehrte 1912 nach Istanbul zurück und dozierte von 1915 bis 1918 Kultur- und Literaturgeschichte. Als türkischer Gesandter wirkte er u. a. in Warschau und Madrid, war dann Abgeordneter und wurde 1947 für einige Zeit Botschafter in Pakistan. Er ist der bedeutendste Vertreter einer klassischen Dichtung in unserer Zeit, seine Gedichte zeichnen sich durch kunstreiche, ausgefeilte Sprache und starkes Gefühl aus.

B i a l i k, Chaim Nachman, 1873—1934, geboren in Radi (Wolhynien), genoß die übliche Ausbildung im Talmud und wirkte in Odessa. 1903 verfaßte er ein großes Gedicht über das Judenpogrom in Kischinew „In der Stadt des Mordes". 1921 wanderte er aus Rußland aus; er starb in Wien. Bialik, der Hebräisch und Jiddisch schrieb, gilt als der bedeutendste jüdische Dichter der Neuzeit.

B u r h a n a d d i n, Kadi, 1344—1398, von Beruf Jurist, machte sich dann zum Herrn von Siwas, Kaisarija und Erzindschan; 1387 wurde er von einem ägyptischen Heer angegriffen, später von turkmenischen Truppen getötet.

B u r s a l i, Ismail Hakki, gehörte dem Halvtei-Orden an, starb 1721

a l - C h a l i d i, 10. Jahrhundert. Beiname zweier dichtender Brüder im Irak, von denen der eine 961, der andere 990 starb.

a l - C h a n s a', 7. Jahrhundert, „die Stumpfnäsige", mit ihrem eigentlichen Namen Tumadir. Verdankt ihren Ruhm vor allem ihren Klageliedern auf ihre beiden gefallenen Brüder. Ihr Todesjahr, das schon in islamische Zeit fällt, steht nicht fest.

C h a r i s i, 1. Hälfte des 13. Jahrhunderts, ist in Spanien geboren und durch viele Länder gewandert; er ist als Satiriker bekannt. Als erster unternahm er den Versuch, die durch Hariri im Arabischen aufs höchste ausgebildete Makamenform auch ins Hebräische zu übertragen.

a l - C h a s ch s ch, Fu'ad, zeitgenössischer, in Syrien lebender Dichter.

C h e f e z, E l i e s e r b e n G e r s ch o n, jüdischer Dichter, der in der ersten Hälfte des 18. Jahrhunderts in Italien lebte.

al-Chubzaruzzi, starb 929. Bagdader Sänger, dessen Liebesliedchen sehr beliebt waren.

O Freunde, saht ihr (Schimmel) . . . . *S. 54*

al-Chuza'i s. Abu'l-Schis.

al-Dhubjani s. Nabigha.

Dhu'n-Nun al-Misri, starb 859, in Ägypten beheimateter Mystiker, angeblich nubischer Abstammung, soll sich auch mit Alchemie beschäftigt haben. In der mystischen Theologie ist sein Name mit der Entwicklung der Lehre von der Gnosis (ma'rifa) verbunden. Die von ihm erhaltenen Stücke, besonders Gebete, sind von großer sprachlicher Schönheit.

Gebet (Schimmel) . . . . *S. 51*

Dhu'r-Rumma, starb 719 oder 735, gilt als der letzte Vertreter der typischen Beduinenpoesie.

Aus einer Satire (Rückert) . . . . *S. 47*

Dscha'fer Tschelebi, starb 1514, hoher Beamter am Hofe Sultan Bajezids in Konstantinopel; auch unter dem folgenden Sultan Selim genoß er zunächst hohes Ansehen, bis er auf Grund einer Verleumdung wegen angeblicher Aufwiegelung des Heeres hingerichtet wurde.

Ich lieb ein Lieb (Schimmel) . . . . *S. 121*

Dschami, 'Abdarrahman, 1414—1492, der letzte der klassischen Dichter Persiens. Von ihm wird gerühmt, daß er in allen Formen der Poesie unvergleichliche Werke geschaffen habe — „ein großer Dichter, ein großer Gelehrter, ein großer Mystiker", wie man ihn auch in Europa genannt hat. Er war in Chorassan geboren und lebte später am Hofe von Herat, dem Kulturzentrum der damaligen Zeit. Mit seinen sieben romantischen Epen, einer Reihe mystischer Schriften und drei umfangreichen Gedichtsammlungen gehört er zu den fruchtbarsten Dichtern Persiens.

Ein solches Weh (Rückert) . . . . *S. 105*
Was sag ich (nach Rückert) . . . . *S. 106*
Vierzeiler (Rückert) . . . . *S. 106*

Dschamil ibn Ma'mar, starb 701, der Hauptvertreter der udhritischen Liebespoesie; seine treue und keusche Liebe zu Bothaina ist sprichwörtlich geworden.

An seine Geliebte Bothaina (Rückert) . . . . *S. 45*
Die Männer deines Stammes (Rückert) . . . . *S. 45*

Dschelaladdin Rumi, 1207—1273, in Balch geboren, von wo sein Vater, ein Mystiker quietistisch-narzistischer Richtung, früh mit ihm auswanderte. Dschelaladdin ließ sich in Konya nieder, befaßte sich mit Theologie und Mystik und wurde 1244 von mystischer Liebe zu dem Wanderderwisch Schamsaddin („Sonne des Glaubens") Täbrisi ergriffen. Nach dem geheimnisvollen Verschwinden des Freundes wurde der Mystiker zum Dichter; in seinem Diwan-i Schams-i Täbris identifiziert er sich selbst mit dem Geliebten, indem er dessen Namen statt seines eigenen im Schlußvers der Gedichte nennt. Der späteren Inspiration durch einen anderen mystischen Freund entstammt das Methnewi-i maʻnawi, ein didaktisches Werk von rund 26 000 Doppelversen, das bei den islamischen Mystikern außerordentlich hoch geschätzt wird. Der Orden der Mewlewi oder Tanzenden Derwische ist von Dschelaladdin angeregt worden, und sein Einfluß auf die gesamte spätere persische und türkische Poesie ist sehr groß.

Das Sonnenmotiv in diesen Versen enthält die Anspielung auf den mystischen Geliebten Schemsaddin von Täbris, der „Sonne des Glaubens".

Merw: Stadt im Nordostiran; Ray, ehemals wichtige Stadt in der Nähe des heutigen Teheran. Die Zusammenstellung besagt also: „von allen Enden".

Prinz Dschem, 1459—1495, ein Bruder des osmanischen Sultans Bajezid II., durch den er nach dem Tode seines Vaters vom Thron verdrängt wurde. Er floh zunächst zu den ägyptischen Herrschern, versuchte dann wieder die Herrschaft im Osmanischen Reich zu gewinnen, wurde aber nach Rhodos geschickt. Von dort kam er für einige Zeit nach Nizza, 1489 wurde er nach Italien gebracht. Nach mannigfachen politischen Verwicklungen starb er 1495, auf Veranlassung Papst Alexanders VI. vergiftet.

Die aufgehängte Kerze ist eine Anspielung auf al-Halladsch (s. d.), der wegen der „Veröffentlichung des göttlichen Geheimnisses" gehenkt wurde.

a d - D u w a i n i (Mitte des 12. Jahrhunderts), gewann durch seine hier angeführten Verse die Gunst des Dichters Ibn Zuhr in Marrakesch.

Die nächt'ge Schminke (Schimmel) . . . . . *S. 70*

E ch n a t o n (A m e n o p h i s IV.), 1370—1352, ägyptischer Pharao, der eine Reform des religiösen Lebens in Ägypten durchführte und den Kult der reinen Sonnenscheibe (Aton) als des einzigen Gottes proklamierte; aus dieser religiösen Haltung ist der große Sonnenhymnus des Herrschers entstanden. Freilich war die religiöse und kulturelle Neugestaltung, die von der neuen Hauptstadt Amarna ausging, nur von kurzer Dauer.

Sonnengesang (Junker) . . . . *S. 10*

Enderuni s. Wasif

E n w e r i, A u h a d a d d i n, starb um 1190, soll in Tus studiert haben und wurde dann einer der Hofdichter des Seldschukensultans Sandschar. Von den Persern wird er als der unerreichte Meister in der Lobdichtung gefeiert.

„Schreibst du Ghaselen?" (Schimmel) . . . . *S. 87*

E p h r a e m d e r S y r e r, 306—373, in Nisibis geboren und erzogen; seine frühe Dichtung ist für die Geschichte dieser Stadt während der Perserkriege aufschlußreich. 363, nach Abtretung der Stadt an die Perser, wandte er sich nach Edessa, wo er, durch seine Lehrtätigkeit angeregt, Kommentare zur Heiligen Schrift verfaßte. Ephraem ist wohl der größte Formkünstler der syrischen Literatur; seine Vielseitigkeit wurde nie wieder erreicht. Seine Werke sind in allen Ländern des christlichen Orients, bis nach Äthiopien, verbreitet.

Aus den Hymnen (Grimme) . . . . *S. 34*

F a i z i war einer der hervorragendsten Dichter und Gelehrten am Hofe Kaiser Akbars. Er starb im Jahre 1595.

Elegie auf den Tod seines Sohnes (Schimmel) . *S. 108*

Faridaddin ʿAttar s. ʿAttar

F a r r u ch i, starb 1037, persischer Lobdichter an verschiedenen Höfen, zuletzt in Ghazna.

Als der Fürst den Pferden Brandzeichen geben ließ (Schimmel) : . . . . *S. 78*

Isfendiar: Held der persischen Nationalsage.

F i r d u s i, um 936—1020, schuf mit seinem gewaltigen Schahname (Königsbuch) das persische Nationalepos, in welchem er die Helden-

und Königssagen des alten Iran poetisch darstellte. In der Nähe von Tus geboren, kam er nach dem Sturze der Samaniden an den Hof von Ghazna, wo er sein Epos vollendete. Da er dort nicht die erhoffte Belohnung erhielt, wandte er sich nach Westen; er starb jedoch in seiner Heimatstadt.

Fu'ad al-Chaschsch s. al-Chaschsch

F u z u l i, starb um 1560, ist in der Gegend von Bagdad geboren und schrieb seine Gedichte im Azeri-Dialekt; er wird von einer Reihe von Literarhistorikern als der größte Dichter des türkischen Sprachgebietes angesehen, weil bei ihm nicht — wie bei Baki — die Form den Inhalt übertrifft.

G h a l i b, S ch e i ch (1757—1799), Ordensscheich der Mewlewis, gilt als einer der bedeutendsten Mystiker in der türkischen Literatur. Vor allem sein Jugendwerk, das mystische Epos H ü s n v e A s ch k (Schönheit und Liebe), kann als Meisterwerk seiner Art angesehen werden; es ist die Geschichte des arabischen Mädchens „Schönheit" und des Knaben „Liebe", die einander in sehnsüchtiger Liebe zugetan sind. Hieraus:

G h a z z a l i, Ahmed, starb um 1126, der jüngere Bruder des großen Theologen Abu Hamid Ghazzali; ein persischer Mystiker, der in äußerst subtiler Sprache über die mystische Liebe schrieb.

G i l g a m e s ch - E p o s, erhalten in Bruchstücken auf 12 Tontafeln aus der Bibliothek des assyrischen Königs Assurbanipal aus dem 6. vorchristlichen Jahrhundert. Der Kern des Epos geht sicher bis in die sumerische Zeit zurück (vor 2000 vor Christus); es bietet teilweise interessante Parallelen zu biblischen Erzählungen (Sintflutgeschichte).

G o r d o n, Jehuda Leib, 1830—1892, in Wilna geboren, wurde nach der traditionellen Talmudausbildung Lehrer, veröffentlichte seine ersten Erzählungen 1856. 1872 ging er nach Petersburg, wo er 1879 verhaftet, aber bald wieder freigelassen wurde. Er gilt als der größte Dichter der Haskala, der Aufklärungsepoche, als Vorkämpfer der

Säkularisierung des jüdischen Lebens; seine Werke sind fast durchweg tendenziös gefärbt und zeigen realistische Schilderungen.

Aus „Gottes Herde“ (Schimmel) . . . . . . S. 31

Hafis, Muhammad Schamsaddin, um 1330—1389, der im Abendland am meisten bekannte orientalische Lyriker, in dessen Versen die persische Wort- und Stilkunst ihren Höhepunkt findet. Sein äußeres Leben verlief verhältnismäßig ruhig, zumindest ist keine tiefere Erschütterung durch die Kriegswirren, die damals Persien heimsuchten, bei ihm zu verspüren. Er war fast ununterbrochen in seiner Heimatstadt Schiras, deren Reize er oft besang. Den Einladungen auswärtiger Fürsten folgte er nicht. Hafis hat die Verschmelzung der profanen und mystischen Stilelemente in der Lyrik unnachahmlich durchgeführt, und deshalb ist die oft gestellte Frage nach dem wahren Sinn seiner Gedichte müßig. So häufig seine Verse — meist irgendwie mißverstanden — nachgebildet worden sind, kann doch keine Übertragung in eine europäische Sprache ihren eigentümlichen Reiz wiedergeben, der in der Doppelsinnigkeit, der Dichte und Leichtigkeit jedes einzelnen Verses liegt.

Lang schon hat der Herzbesitzer (Rosenzweig-Schwannau) . . . . S. 101
Das Heil, wohin ists gekommen (Rückert) . . S. 102
Aller Liebreiz, alle Anmut (Rückert) . . . . S. 103
Ihre Düfte haben die Violen (Rückert) . . . . S. 103
Verwirrter Locken (Schimmel) . . . . S. 104

Tag des Urvertrages: nach Koran 7/171 sprach Gott zur unerschaffenen Menschheit „Bin ich nicht euer Herr?“ Sie sprachen „Ja“. Damit ist ihr Schicksal in alle Ewigkeit festgelegt.

Das Herz ist deiner Liebe Königszelt (Rückert) S. 104
Vierzeiler (Rückert) . . . . S. 105

Haleti, 1570—1631, ist in Konstantinopel als Sohn eines Dichters geboren; er war Richter in Damaskus und Kairo und hatte später das zweithöchste geistliche Amt des osmanischen Staates, das des Kazi-Asker von Rumelien, inne. Sein dichterischer Ruf beruht vor allem auf seinen Vierzeilern.

Vierzeiler (Schimmel) . . . . S. 127

Halevi s. Jehuda Halevi

al-Halladsch, al-Husain ibn Mansur, 858—922, in der Provinz Fars geboren, lebte lange bei den Bagdader Meistern des Sufismus. Nach dem Bruch mit ihnen begab er sich auf Missionsreisen, die ihn bis nach Indien und Turkestan führten. 908 kehrte er nach Bagdad zurück und sammelte zahlreiche Schüler um sich. 913 wurde er aus religiösen und politischen Gründen gefangen gesetzt und 922 grausam hingerichtet. Sein berühmter Ausspruch a n a' l - h a q q, „Ich bin die absolute Wahrheit" (d. h. Gott), ist aus seiner Lehre zu verstehen, daß der Heilige der lebendige und persönliche Zeuge Gottes ist. Durch Hinnahme und Herbeisehnung des Leidens kann eine vollkommene Vereinigung mit dem göttlichen Willen geschehen. Die Stellung Halladschs in der islamischen Theologie ist sehr umstritten; von den meisten späteren Mystikern wird er anerkannt, wobei seine Lehre jedoch häufig im pantheistisch-monistischen Sinne umgedeutet wird. Seine Schriften in Poesie und Prosa sind zum Teil von außerordentlicher Schönheit.

H a m d i, um 1450—1509, jüngster Sohn eines berühmten türkischen Mystikers, studierte, widmete sich später hauptsächlich der Dichtkunst. Von seinen zahlreichen Werken ist am bekanntesten das Methnewi „Jusuf und Sulaika", in dem einzelne lyrische Stücke eingestreut sind. Hieraus:

T a g d e s J a: ist der Tag des Urvertrages zwischen Gott und den Menschen: Koran 7/171.

H a r i r i, Abu Muhammad, starb 1122, stammte aus der Nähe von Basra und hatte ein Verwaltungsamt inne, das ihm Zeit für seine dichterischen Neigungen ließ. Er führte die Form der Makame, der in kunstvoller Reimprosa gehaltenen Erzählung von den Abenteuern eines Landstreichers, zur höchsten Vollendung. Seine Makamen — Fundgruben für Grammatiker und Lexikographen — sind an sprachlicher Geschliffenheit und geistreichen Wortspielen wohl kaum zu übertreffen.

H a s ch i m, Ahmet, 1885—1933, in Bagdad geboren, kam in Konstantinopel früh in Berührung mit dem französischen Symbolismus, von dem seine Lyrik stark beeinflußt ist. Im Gegensatz zu anderen modernen türkischen Dichtern hielt er an der klassischen Metrik fest. Er stellte eigene Theorien über die Beziehungen zwischen Musik und Dichtung auf.

Madschnun: der aus Liebe zu Laila wahnsinnig gewordene arabische Held, der als Prototyp des Liebenden gilt; Fuzuli (s. S. 125) verfaßte, wie viele andere Dichter, ein Methnewi, das die Liebe Madschnuns und Lailas besingt.

Hatif lebte in der Mitte des 18. Jahrhunderts in Isfahan.
Aus dem Gedicht:

Hatim at-Ta'i, Ende des 6. Jahrhunderts, gehörte zur Generation vor Muhammad; er ist sprichwörtlich für seine Freigebigkeit.

Herati s. Imami

Hohes Lied. Sammlung ursprünglich weltlicher Liebeslieder, die im Judentum auf das Verhältnis Israels zu Jahve, in der christlichen Kirche auf die Beziehung zwischen der Kirche und Christus oder der einzelnen Seele und Christus umgedeutet wurde. Mit Unrecht werden sie Salomo zugeschrieben.

Hymnen, sumerisch und babylonisch, entstammen dem Ritual der altorientalischen Religionen, in dem sie an zentraler Stelle stehen; sie sind zweifellos das Erzeugnis priesterlicher Dichtung. In zahllosen Prädikaten werden die angerufenen Gottheiten gepriesen, um sie für die Aufnahme der Bitte günstig zu stimmen. Neben dem Lobhymnus im engeren Sinne steht das Klagelied, das gleichfalls seine Stelle im Kult hat.

Ibn Abdschad, spanisch-arabischer Dichter.

Ibn Baki (stark 1145) aus Cordova. War besonders für seine Muwaschschahs (Strophengedichte) berühmt.

Ibn Chafadscha, Ibrahim, 1058—1139, lebte in seiner Geburtsstadt Alcira, obgleich zahlreiche spanisch-arabische Fürsten ihn an ihren Hof einluden; er wurde wegen seiner Vorliebe für Gartengedichte „der spanische Sanaubari“ genannt. Am Ende seines Lebens wandet er sich mehr der Askese zu. Seine Verse sind von zarter, typisch spanischer Empfindsamkeit und Anmut.

Stolz steht der Berg (Jahn) . . . . *S. 67*

Sie kam, vom Mantelsaum der Nacht umhüllt (Schack) . . . . *S. 68*

Ibn al-Farid, Omar, 1182—1235, in Kairo geboren, weilte eine Zeitlang in Mekka und kehrte dann in seine Heimatstadt zurück. Er ist der größte mystische Dichter der Araber und schrieb äußerst kunstvolle, subtile Gedichte im Stil der klassischen Poesie. Seine ta' ijja (d. h. das Gedicht auf t) schildert in mehr als 700 Versen den Aufstieg der Seele auf dem mystischen Pfad.

Aus der Wein-Ode (Schimmel) . . . . . . *S. 70*

Arabisches Versmaß tawil: v - - / v - - - / v - - / v - - -

Ibn al-Hadschdschadsch, al-Husain, starb 1001, lebte in Bagdad und war wegen seines zynischen Spottes sehr gefürchtet. Wegen des obszönen Inhalts seiner Gedichte wurde es später verboten, seinen Diwan mit Knaben zu lesen.

Aus einem Weinlied (Schimmel) . . . . . . *S. 60*

Mihridschan: Festmonat des persischen Jahres.

Ibn Hazm, Abu Muhammad ‘Ali, 994—1064, ist in erster Linie als Religionsphilosoph und Theologe bekannt, steht aber durch sein Jugendwerk „Halsband der Taube — Über die Liebe und die Liebenden“ an hervorragender Stelle in der Entwicklung der spanisch-arabischen Liebeslyrik und Liebestheorie. In höfischen Kreisen aufgewachsen, wurde er früh in die Unruhe des politischen Lebens geworfen; eine Zeitlang studierte er an der großen Moschee von Cordova. Um 1022 verfaßte er sein berühmtes Werk über die Liebe. Von der Tätigkeit im Staatsdienst, die er zeitweise mit wechselndem Erfolg ausgeübt hatte, zog Ibn Hazm sich gegen Ende seines Lebens ganz zurück und widmete sich theologischen Studien; er ist der bedeutendste Vertreter der strengen zahiritischen Rechtsschule. Seine Schriften wurden in Sevilla öffentlich verbrannt. Von großem Wert ist sein Werk über die Sekten und Religionen.

Ich bewache meinen Blick (Jahn) . . . . . . *S. 61*

Ibn Kozman, Abu Bekr Muhammad, um 1086—1160, war in Cordova geboren, wo er unter der Herrschaft der Almoraviden ein ruhiges Leben führte; doch geriet er gegen Ende seines Lebens durch den Sturz der Dynastie in Armut. Er hat die Kunst des Zadschal in der Volkssprache in Spanien aufs höchste verfeinert und zur Vollendung geführt.

Ibn al-Mu'tazz, Abu'l-'Abbas 'Ali, 861—908, Sohn des von 866—869 herrschenden Kalifen al-Mu'tazz in Bagdad, mit Künstlern und Gelehrten aufgewachsen. Er widmete der Dichtkunst seiner Zeit ein vielbenutztes Werk und schrieb Gedichte, die sehr reizvolle Schilderungen enthalten. Später wurde er in die politischen Intrigen verwickelt, am 10. XII. 908 für einen Tag zum Kalifen gemacht und wenige Tage darauf abgesetzt und an seinem Zufluchtsort erdrosselt.

Ibn Scharaf, 2. Hälfte des 11. Jahrhunderts, geboren in der Nähe von Almeria; auf den Fürsten dieser Stadt sang er später Loblieder.

Ibn Wahbun (starb um 1090), ein Hofdichter des Mu'tamid von Sevilla; besonders seine beschreibenden Gedichte zeichnen sich durch große Schönheit aus.

Ibn Wakil, lebte im 11. Jahrhundert an spanisch-arabischen Höfen.

Ibn Zaidun, Ahmad (1003—1071), genoß in seiner Geburtsstadt Cordova eine ausgezeichnete Erziehung. Schon früh zeigte sich sein dichterisches Talent, das dann unter dem Einfluß seiner Liebe zu der Kalifentochter Wallada eine Reihe wunderbarer Schöpfungen hervorbrachte. Die freie, kluge und leidenschaftliche Wallada erwiderte zunächst seine Neigung, wandte sich aber bald einem ihr geistig unterlegenen Manne zu, und auch die leidenschaftlichsten, kunstvollsten Verse Ibn Zaiduns konnten sie nicht wiedergewinnen. Später betätigte er sich vor allem als Hofdichter, wobei er unvermeidlich in die politischen Verwicklungen an den spanischen Fürstenhöfen einbezogen wurde. — Der Stil des Dichters ist rein klassisch und von großer sprachlicher Schönheit.

Ibn Zuhr, ʻAbdalmalik, 1110 bis etwa 1199, im Abendland als Avenzoar bekannt. Er war in Sevilla in einer Gelehrtenfamilie geboren und kam als berühmter Arzt an den Hof der Almohaden nach Marrakesch. Unter seinen anmutigen Gedichten finden sich auch Muwaschschahat (Strophengedichte).

Den Lieb verwirrte (Schimmel) . . . . . . *S. 69*

Ibrahim al-Chawass, um 900, irakischer Mystiker.

Der Weg zu dir (Schimmel) . . . . *S. 52*

Ibrahim ibn al-Muwallad (10. Jahrhundert), irakischer Mystiker.

Wär nicht die Leidenschaft (Schimmel) . . . . *S. 53*

Ikbal, Sir Muhammad, geboren 1873 in Sialkot. Eine Studienreise führte ihn 1905 nach Europa; er studierte in München und Cambridge Jura, promovierte in München, war in London als Jurist tätig, bis er 1908 nach Indien zurückkehrte. Nach langer Krankheit starb er 1938 in Lahore. Er veröffentlichte 7 persische und 4 Urdu-Gedichtsammlungen, darunter eine Antwort auf Goethes West-Östlichen Divan, und erwarb sich auch als religiöser Denker großen Ruhm. In Pakistan wird er als bedeutendster Dichter und Denker der Neuzeit verehrt.

Die Rose (Schimmel) . . . . *S. 114*
Die Tulpe (Schimmel) . . . . *S. 115*
Wissenschaft und Liebe (Schimmel) . . . . . *S. 115*
Bitter klagte (Schimmel) . . . . *S. 115*
Vierzeiler (Schimmel) . . . . *S. 115*
Lied der Tahira (Schimmel) . . . . *S. 116*

Tahira Kurratulain war eine junge Anhängerin des Babismus in Persien und wurde 1852 um ihres Glaubens willen mit zahlreichen Babisten hingerichtet. Das Gedicht stammt nicht von ihr selbst, obgleich sie eine bedeutende Dichterin war, sondern ist ihr von Ikbal in seinem Dschavidname in den Mund gelegt worden.

Imami Herati, starb 1268, war Lobdichter der Herrscher von Kirman.

Das große Fest (Schimmel) . . . . *S. 91*

Immanuel ben Salomo s. Romi

Imru' l-Kais, 6. Jahrhundert, ist wohl der berühmteste vorislamische Dichter. Er entstammte dem südarabischen Geschlecht der Kinda. Nach dem Verlust des von seinen Vorfahren gegründeten

Fürstentums im Nedschd führte er ein unstetes Wanderleben und gelangte bis an den Hof von Byzanz. In der Poetik gilt Imru' l-Kais als Erfinder des nasib, der erotischen Einleitung der Kaside; seine Gedichte weisen besonders lebendig geschilderte Liebesszenen auf.

Der Jugend ihren Abschied (Rückert) . . . . S. 38

Iradsch, 1874—1924, Urenkel des Sultans Fath Ali Schah, in Täbris geboren, eine Weile im Staatsdienst tätig. Er gilt als der letzte klassische und erste moderne Dichter Persiens.

Grabinschrift (Schimmel) . . . . S. 112

'Iraki, Fachraddin, starb 1289, war in Hamadan geboren und soll im Alter von 17 Jahren einer Gruppe von Derwischen nach Indien gefolgt sein. Nach dem Tode seines Meisters verließ er Indien und kam in Konya in Verbindung mit Sadraddin Konawi, einem Schüler des Mystikers Ibn 'Arabi, durch den er zur Abfassung seines mystischen Werkes, der lama'at (Strahlungen) angeregt wurde; an der Seite Ibn 'Arabis ist er auch in Damaskus begraben. Er ist einer der leidenschaftlichsten Sänger der Liebe zum schönen Menschen, in dem sich Gott zeigt.

Die Liebe stimmt ein Lied verborgen an (Schimmel) . . . . S. 100
Erglänzen vom Wein die Pokale (Schimmel) . . S. 101
Bruchstück (Schimmel) . . . . S. 101

Jahja ibn Mu'adh ar-Razi, starb um 890, in Chorassan lebender Mystiker, von dem besonders schöne Verse erhalten sind.

Wenn ich bereue (Schimmel) . . . . S. 52

Jakob von Sarug, 451—524, wurde in Edessa geboren und 519 zum Bischof von Batnam gewählt. Seine Beinamen „Flöte des Heiligen Geistes“ und „Harfe der gläubigen Kirche“ weisen auf seine Bedeutung als Dichter der syrischen Kirche hin. Von seinen 763 metrischen Homilien sind etwa 300 erhalten; sein Werk ist allen orientalischen Christen bekannt.

Die Taufe im Jordan (Zingerle) . . . . . . S. 35
Klage einer gefallenen Seele (Zingerle) . . . S. 36

Jakut ar-Rumi, 1179—1229, auf byzantinischem Gebiet geboren, fiel als Knabe in Gefangenschaft und wurde Sklave. Nach seiner Freilassung war er eine Weile Buchhändler in Bagdad, nachdem er im Auftrag seines Herrn Handelsreisen gemacht hatte. Weite Fahrten führten ihn durch das östliche islamische Gebiet; sein Hauptwerk ist ein umfassendes geographisches Wörterbuch.

Wenn die Zeit mich überfällt (Rückert) . . . . S. 72

J e h u d a H a l e v i, 1086 bis nach 1140, in Kastilien geboren und aufgewachsen; der hervorragendste Dichter der spanisch-jüdischen Literatur. Sowohl seine geistlichen Gedichte — in erster Linie der „Gruß an Zion" — wie seine weltliche Poesie zeichnen sich durch Gedankenreichtum und Schönheit der Form aus; seine Wallfahrt nach Jerusalem, bei der er den Tod fand, inspirierte ihn zu einer großen Anzahl eindrucksvoller Gedichte. In seinen „Lebensregeln" gibt er ethische Ratschläge; er pflegte auch die beliebte Gattung der Rätseldichtung.

J e s a i a begann etwa 740 v. Chr. in Jerusalem mit seiner prophetischen Verkündigung, die sich über rund 40 Jahre erstreckte. Er geißelte den Abfall seines Volkes mit schärfsten Worten und stellte ihm Gottes Gericht vor Augen; aus dem geringen Rest, der sich bekehren würde, sollte ein neues Reich erwachsen. Die hier übersetzten Teile stammen von unbekannten Propheten und sind unter Jesaias Namen auf uns gekommen.

a l - J e z d i, Safiaddin, lebte im 12. Jahrhundert in Persien.

J u n u s E m r e, starb 1307, der hervorragendste frühe Vertreter volkstümlicher mystischer Poesie in einfacher türkischer Sprache, zum großen Teil im silbenzählenden Metrum, dessen Beispiel die späteren Klosterdichter, vor allem im Bektaschiorden, fast alle gefolgt sind; auch in der neueren türkischen Literatur ist ein gewisser Einfluß seiner Dichtung zu erkennen.

K a'a n i, um 1808—1854, ist in Schiras als Sohn eines Dichters geboren; später ging er als Hofdichter nach Teheran. Er ist wohl der größte persische Dichter des 19. Jahrhunderts; seine Sprachkunst zeigt sich vor allem in seinen Kasiden, deren oft eigentümliche Bilder von starker Wirkung sind.

Husain, der Sohn Alis und Fatimas, der jüngsten Tochter des Propheten Mohammad, wurde bei einem Aufstandsversuch am 10. Muharram 680 in Kerbela von den Regierungstruppen getötet. Bei den Schiiten wird dieser Tag als Trauertag begangen und ist oftmals besungen und in dramatischer Form dargestellt worden.

al-Kadi at-Tanuchi, 940—994, war in Basra geboren und studierte in Bagdad. Er verwaltete das Amt des Kadi in verschiedenen irakischen Städten und starb in Bagdad. Vor allem ist er als Unterhaltungsschriftsteller bekannt.

Kais ibn Dharich, starb 687, lebte in Medina und ist wegen seiner Liebe zu Lubna berühmt, der er die meisten seiner Gedichte widmete.

Kanik, Orhan Veli, 1914—1950, in Istanbul geboren, wo er Philosophie studierte. Er arbeitete dann im Kultusministerium und gab eine literarisch-philosophische Zeitschrift heraus. Neben seinen zwischen 1941 und 1949 veröffentlichten Gedichten übersetzte er auch zahlreiche Werke aus europäischen Sprachen. Er galt als außergewöhnliche Begabung und ist einer der Initiatoren der modernen türkischen Lyrik.

Karni, Jehuda, lebt in Israel.

Kasim Kahi, Maulana, erste Hälfte des 16. Jahrhunderts, einer der Hofdichter Kaiser Humajuns in Delhi.

Kaukabi Merwezi, persischer Dichter des 12. Jahrhunderts.

Kazwini s. ʻArif.

Kemal, Yahya, s. Beyatli.

K i s a'i, um 950—1001, lebte am Hofe der Fürsten von Buchara und gehört zu den frühesten uns bekannten persischen Dichtern. Seine Verse zeichnen sich durch originelle Vergleiche aus.

L a b i d, starb um 660, hatte sich 630 dem Propheten angeschlossen; seine Poesie weist des öfteren lehrhafte Züge auf.

a l - M a'a r r i, Abu'l-'Ala', 973—1057, erblindete im Alter von vier Jahren, widmete sich aber dessenungeachtet ganz dem Studium der Literatur. 1001 ging er nach Bagdad, um in den dortigen Dichterkreisen zu verkehren, kehrte aber nach anderthalb Jahren unbefriedigt in seinen Heimatort Ma'arra in Syrien zurück. Seine Werke zeigen eine außerordentliche Künstlichkeit der Form; in seinen komplizierten doppeltgereimten Gedichten herrscht als Grundanschauung ein absoluter Pessimismus vor. Dem Islam stand er ablehnend gegenüber. Man bezeichnet Ma'arri als Dichterphilosophen, doch kann man nicht von einem konsequenten philosophischen System bei ihm sprechen.

M a i s u n a l - K a l b i j a, Gemahlin des 680 verstorbenen Kalifen Mu'awija, von beduinischer Herkunft.

a l - M a z i n i, Ibrahim, geb. 1890, aus Kairo gebürtig; er war Lehrer, betätigte sich dann auch in der Presse. 1917 erschien ein Diwan von ihm, später veröffentlichte er zahlreiche Prosaskizzen.

M e ï r, lebte wahrscheinlich im 11. Jahrhundert in Frankreich.

M e l i k s c h a h, 1055—1092, seldschukischer Herrscher in Transoxanien und Persien.

al-Merwerudi s. Mubarak Schah.
Merwezi s. Kaukabi.

M e s i h i, starb 1512, geboren in Nordalbanien, ging dann nach Konstantinopel, wo er bei verschiedenen hohen Beamten arbeitete, aber ziemlich früh in Armut starb, obwohl sein dichterisches Talent bei seinen Landsleuten hoch geschätzt wurde.

M i r z a K a s i m, 16. Jahrhundert, lebte in Chorassan; er schrieb vier Methnewis.

M i s r i N i y a z i, aus Malaya, studierte in Ägypten; schloß sich dem Halvetiye-Orden an, dem er einen eigenen Zweig zufügte. Aus politischen Gründen wurde er nach Limnos verbannt, wo er 1693 starb. Er gehört zu den bekanntesten mystischen Dichtern der Türkei.

M o s e b e n E s r a, starb nach 1138, lebte in Granada. Von ihm stammt eine große Anzahl von Bußgedichten, doch schrieb er auch weltliche Lyrik; hier tritt zum ersten Mal in der hebräischen Poesie deutlich das Motiv der unglücklichen Liebe in den Vordergrund. In seinen Kettengedichten zeigt er sich als Meister von Wort- und Sprachspielereien.

M u b a r a k S c h a h a l - M e r w e r u d i, 12. Jahrhundert, lebte an persischen Fürstenhöfen und ist als Verfasser von Kasiden und Vierzeilern besonders bekannt.

a l - M u h a l l a b i, starb 963, aus altem arabischem Adel; er war hoher Staatsbeamter in Bagdad; 950 wurde er Privatsekretär bei Hofe, sechs Jahre später Wesir. Er fiel auf einem Kriegszug nach Oman. Berühmt war seine Tafelrunde, an der sich Gelehrte und Dichter trafen.

M u'i z z i, Amir, starb etwa 1147, Hofdichter des Seldschukensultans Sandschar.

a l - M u't a d i d, 1016—1069, zweiter Herrscher der Abbadiden von Sevilla, bestieg 1042 den Thron — ein vielseitiger, auch dichterisch recht bedeutender Fürst, der eine Anzahl von Dichtern an seinem Hofe, dem glänzendsten unter den arabischen Teilreichen in Spanien, versammelte.

al-Mu'tamid, 1040—1095, besaß das poetische Talent seines Vaters al-Mu'tadid noch in verstärktem Maße. Als Kronprinz besang er Wein, Liebe und Jugend; später bildet die Liebe zu seiner Gattin den Hauptinhalt seiner Verse. In den letzten Jahren seines Lebens wurde er von den Almoraviden seines Thrones beraubt und in Aghmat bei Marrakesch gefangen gesetzt. Aus dieser Zeit stammen ergreifende dichterische Klagen über sein Schicksal. Al-Mu'tamid kann als der bedeutendste spanisch-arabische Dichter seiner Zeit angesehen werden.

al-Mutanabbi, Abu Tajjib Ahmad, 905—965, erhielt seinen Beinamen „der sich als Prophet ausgibt" wahrscheinlich von seiner religiös-politischen Tätigkeit als Abgesandter der Karmaten unter den syrischen Beduinen. 948 kam er an den Hof Saifaddaulas, wo er seine glänzendsten Gedichte schrieb; ging aber 957 nach Ägypten, zum Feinde seines Patrons. Von hier zog er nach Bagdad, von dort nach Persien; auf der Rückreise wurde er von Räubern getötet. Mutanabbi wird von vielen als der größte arabische Dichter betrachtet, zumindest als der hervorragendste in islamischer Zeit, und noch heute wird seiner sprachlichen Kunst sehr große Bewunderung zuteil.

Nabigha adh-Dhubjani, lebte in der 2. Hälfte des 6. Jahrhunderts meist am Hofe der Lachmiden von Hira, dazwischen eine Zeitlang bei ihren Gegnern, den Ghassaniden nahe Damaskus. Er starb bei seinem Stamm, den Dhubjan, deren Interessen er auch während seines Hoflebens vertreten hatte.

Nadschi, Ibrahim, geb. 1898, ägyptischer Arzt, als Dichter dem Kreis um Ahmad Zeki zugehörig; ziemlich stark von englischer Poesie beeinflußt.

Na'ima, Mihail, geb. 1889, ist im Libanon aufgewachsen und gehört der griechisch-orthodoxen Kirche an. 1906 ging er zum Studium nach Rußland, von wo er 1911 zurückkehrte; wie viele seiner Landsleute wanderte er dann nach Amerika aus und arbeitete dort in arabischer und englischer Sprache als Journalist. 1932 ging er wieder in seine Heimat.

Der Prophet (Hansen) . . . . S. 74

N e d i m, starb 1730, war zeitweise Kadi, dann in Konstantinopel Bibliothekar und vertrauter Freund des Großwesirs Ibrahim. Beim Ausbruch der Revolution 1730 versuchte er über das Dach des Wesirspalastes zu entkommen, fiel aber herunter und wurde, wie sein Schutzpatron, getötet. Seine selbständigen Gedanken und die kühne Sprachbehandlung in seinen Gedichten werden allerseits gerühmt.

Meine Brust durchbohrte heut (Schimmel) . . . S. 129
Auf einen schwarzlockigen Jüngling (Schimmel) S. 130
Einzelvers (Schimmel) . . . . S. 131

N e d s ch a t i, starb 1509, begann seine Laufbahn als Sklave und kam um 1470 nach Konstantinopel. Später war er dem Hause des Sultans Bajezid II. nahe verbunden und begleitete zwei der Söhne des Herrschers auf ihre Statthalterschaften. Unter den frühen osmanischen Dichtern ist er an hervorragender Stelle zu nennen.

Aus der Winter-Kaside (Schimmel) . . . . . S. 123

N e f'i, starb 1635, war in Erzerum geboren. Er betätigte sich hauptsächlich am Hofe Murads IV. als Lobdichter. Fast noch mehr denn als Panegyriker ist er jedoch als Satiriker berühmt. So soll er auf Veranlassung eines von ihm beleidigten Wesirs ermordet worden sein. Seine Stärke lag in dem kunstvollen, oft sprachlich schwierigen Ausdruck in seinen Kasiden.

Aus der Frühlings-Kaside (Schimmel) . . . . S. 128

N e s i m i, starb 1405, ein Anhänger der im 14. Jahrhundert entstandenen häretischen Sekte der Hurufi, bei deren Verbreitung in Kleinasien er eine große Rolle spielte. Er wurde in Aleppo durch Abziehen der Haut getötet. Nesimi gilt als einer der größten Sänger der mystischen Liebe.

Ist's dein Rubin (Schimmel) . . . . S. 119
Vierzeiler (Schimmel) . . . . S. 120

Nu'aima s. Na'ima.

'O m a r i b n a b i R a b i'a, etwa 643—712, aus vornehmer mekkanischer Familie stammend, war er der erste arabische Dichter, der die erotische Einleitung der Kaside zum selbständigen Liebesgedicht formte. Durch seine leichten und sangbaren Weisen hatte er sehr großen Erfolg.

Am Tag der Reise (Schimmel) . . . . S. 47

'Omar Chajjam, starb etwa 1123, in seiner Heimat in erster Linie als Mathematiker und Astronom bekannt, wurde in Europa durch die geistvollen Nachdichtungen der ihm zugeschriebenen Vierzeiler durch E. Fitzgerald (1859) zu einem der bekanntesten und beliebtesten orientalischen Dichter, dessen Verse in alle erdenklichen Sprachen übersetzt worden sind und über den eine ausgedehnte Literatur besteht. Doch ist seine Autorschaft bei den meisten ihm zugeschriebenen Vierzeilern höchst unsicher; an seinen Namen knüpften sich jene wandernden Vierzeiler, die Lebensgenuß auf der Grundlage von Pessimismus und Skepsis besangen.

Pindari Razi, um 1000, aus Rai stammend, war Hofdichter der dailamitischen Fürsten.

Psalmen sind zum großen Teil im Psalter zusammengestellt, daneben finden sich aber auch in den übrigen alttestamentlichen Büchern Psalmen. Deutlich ist die Entwicklung vom Kultlied, wie es in den anderen altorientalischen Religionen gepflegt wurde, zum individuellen geistlichen Lied zu beobachten, besonders bei den Klageliedern des Einzelnen (z. B. Ps. 22, 51) und den Vertrauenspsalmen (23, 131 u. a.). In großen Zügen sind zu unterscheiden Hymnen, Klagelieder des Volkes wie des Einzelnen, Danklieder des Volkes wie des Einzelnen, zu denen noch Königspsalmen, Lehrgedichte und andere, gemischte Formen treten. Die genaue Abfassungszeit der einzelnen Psalmen ist unsicher, die Entstehungszeit erstreckt sich über eine lange Epoche; die reifsten Erzeugnisse der Psalmpoesie tragen den Stempel des Geistes der großen Propheten.

ar-Rafi'i, Mustafa Sadik, starb 1937, ließ seine ersten Gedichte 1902 in Kairo erscheinen und fand in seiner ägyptischen Heimat große Anerkennung für seine lyrische Kunst.

Riza Tevfik s. Tevfik

Romi, Immanuel ben Salomo, 1265—1330, stammt aus einer in Rom ansässigen jüdischen Familie; erlangte seine Berühmtheit durch satirische Schriften, die große Sprachgewandtheit zeigen, aber ihres leichtfertigen Stils wegen zeitweise verboten waren.

Rumi s. Dschelaladdin

as-Sabi, Abu Ishak ibn Hilal, 925—994, bekannte die sabäische Religion; er leitete die Staatskanzlei in Bagdad und galt als unübertrefflicher Meister der arabischen Kunstprosa und insbesondere des Briefstils.

Sa'di, Muslihaddin, 1184—1292, aus Schiras; studierte an der berühmten Hochschule von Bagdad, wo er bis 1226 blieb. Die nächsten dreißig Jahre verbrachte er auf Reisen durch die muslimischen Länder, von Indien bis nach Nordafrika, und fiel dabei unter anderem eine Zeitlang in die Hand der Kreuzfahrer in Syrien. Später kehrte er in seinen Heimatort zurück und schrieb dort den größten Teil seiner zahlreichen Werke, von denen der Gulistan (Rosengarten) und der Bostan (Duftgarten) schon im 17. Jahrhundert in Europa bekannt wurden. Es sind didaktische Werke, das erste in Prosa mit eingestreuten Versen, das zweite ganz in Versen, die eine heitere Lebensweisheit lehren und in ihrer Kunst, anmutig jedem das Rechte und Erwünschte zu sagen, echte Spiegelbilder des persischen Geistes sind. Daneben entstand eine große Anzahl von Kasiden, Ghaselen und kleineren Gedichten, zum Teil auch in arabischer Sprache.

Safiaddin s. al-Jezdi

Safijja von Bahila, Araberin aus vor- oder frühislamischer Zeit.

Sahl ibn Malik, 1186—1240, lebte in Granada.

Saiduk, Abu Tahir al-Wasiti, 10. Jahrhundert, irakischer Dichter, von dem nur wenige Verse erhalten sind.

Salomo s. Ben Gabirol.

Sami, 18. Jahrhundert, einer der kunstreichsten Vertreter des persischen Stils in der osmanischen Dichtung am Anfang des 18. Jahrhunderts.

Sana'i, 1048—1141, lebte am Hofe in Ghazna. Er ist der erste große mystische Methnewi-Dichter in Persien; sein Hauptwerk in dieser Richtung, die hadikat al-haka'ik (Garten der Wahrheiten), ist zwar poetisch wenig anziehend, hat aber großen Einfluß auf die späteren Mystiker ausgeübt. Sein Diwan, der 60 000 Verse umfassen soll, enthält dagegen sehr feine und anmutige Gedichte.

as-Sanaubari, Muhammad, starb 945, lebte am Hofe Saifaddaulus in Aleppo; dort pflegte er seine Gärten, deren Schönheit er besang. Er ist der erste große Landschaftsdichter der Araber.

Schanfara, ein Gefährte des Taabbata Scharran in vorislamischer Zeit, wurde auf einem seiner Raubzüge von seinen Gegnern getötet; er ist als unerreichbarer Läufer berühmt.

asch-Schibli, Abu Bekr, 867—946, war zunächst hoher Verwaltungsbeamter, schloß sich dann dem Kreise Halladschs in Bagdad an. Er fiel durch gewollte Absonderlichkeiten auf und entging als nicht voll zurechnungsfähig der Verfolgung durch die Orthodoxie. Seine Lieder teilen die mystischen Gedankengänge des Meisters in volkstümlicher Form mit.

Sinan Ümmi, Ibrahim, geboren in Karaman oder Bursa (in Kleinasien), Angehöriger des Halvetiya-Derwischordens, starb 1568 in Istanbul.

as-Siradsch al-Muhar, arabischer Dichter der nachklassischen Zeit.

as-Sulami, starb 1004, Dichter aus dem Irak, der vor allem Wein und Knabenliebe besang.

Aus einem Weinlied (Schimmel) . . . . S. 60

Schneiur, Salman, zeitgenössischer hebräischer Dichter, der in den USA lebt.

Am Scheidewege (Schimmel) . . . . S. 32

Sumnun ibn Hamza, 9. Jahrhundert, mit dem Beinamen „der Liebende", trug zur Entwicklung der mystischen Liebestheorie bei. Er lebte im Irak.

Ich hab mein Herz (Schimmel) . . . . . . S. 52

Taabbata Scharran, ein typischer Wüstendichter der vorislamischen Zeit, von dem die Sage viele Abenteuer berichtet; schon sein Name „er trug etwas Schlechtes unter der Achselhöhle" weist auf abenteuerliche Erlebnisse hin.

Aus der Totenklage um seinem Oheim (Goethe) S. 41

Tahir, Abu'l-Muzaffar, lebte im 12. Jahrhundert in Persien.

Vierzeiler (Schimmel) . . . . S. 87

Tevfik, Riza, 1868—1949, Dichter und Philosoph, der an der Erforschung der persisch-türkischen Mystik Anteil genommen hat und schöne und zarte Gedichte im Stile der türkischen volkstümlichen mystischen Lyrik schrieb.

An Fikrets Grab (Schimmel) . . . . . . S. 136

at-Tortuschi, 1059—1126 oder 1131, in Tortosa geboren. 1083 begab er sich auf die Pilgerfahrt nach Mekka, lebte eine Zeitlang in Damaskus und starb in Alexandrien. Seine Dichtung enthält ziemlich viel didaktische Elemente.

Ich lasse meinen Blick (Schimmel) . . . . . S. 63

al-'Ukbari s. al-Ahnaf.

'Unsuri, starb zwischen 1040 und 1050, war Hofdichter der Herrscher von Ghazna.

Über das Schwert (Schimmel) . . . . S. 80

Veli, Orhan s. Kanık

Walid ibn Jazid, 708—744, Sohn des omajjadischen Kalifen Jazid II., wurde 742 nach dem Tode seines Oheims Kalif in Damaskus; nach zweijähriger Regierung wurde er von den Truppen des Gegenkalifen niedergemacht. Er ist der dichterisch begabteste der Omajjadenkalifen; vor allem besang er Wein und Liebe. Eine Reihe von Gedichten ist an seine Schwägerin und spätere Gattin Selma gerichtet.

Wasif Enderuni, starb 1825, lebte meist im Serail in Konstantinopel, wo er verschiedene Posten der Schloßverwaltung inne hatte. Seine Lieder sind in leicht eingängiger Sprache geschrieben und deshalb sehr beliebt. U. a. verfaßte er zwei längere Gedichte im Dialekt der Konstantinopler Frauen.

Watwat, Raschidaddin, starb 1183, war Sekretär und Lobdichter, vor allem am Hofe des Chwarizmschahs Atsiz. Neben seinen sehr kunstvollen Kasiden verfaßte er auch eine Abhandlung über persische Rhetorik und Poetik.

Kibla: die Gebetsrichtung nach Mekka, die der Muslim einhalten muß. — Iskender: Alexander der Große, der nach der Sage die Lebensquelle suchte.

az-Zahawi, Dschamil Sidki, 1863—1936, in Bagdad geboren, höherer Staatsbeamter in der osmanischen Regierung. 1909 Professor an der Rechtsschule in Bagdad. Nach dem Weltkrieg Mitglied des Ausschusses zur Vorbereitung einer Verfassunggebenden Versammlung. Wegen politischer Schwierigkeiten ging er nach Ägypten, kehrte dann in die Heimat zurück. Seine scharfe Kritik am politischen Leben sowie seine Satire „Aufstand in der Hölle" zogen ihm viele Feinde zu. Neben arabischen schrieb er auch persische Gedichte.

Zihni s. Bayburtlu

Zuhair ibn abi Sulma, arabischer Dichter, der um 600 wirkte. Seine Gedichte sind häufig mit Reflektionen durchsetzt.

Zuhuri, starb 1616, geboren in Chorassan, wanderte 1589 an den Moghulhof nach Indien aus und wurde dort, zusammen mit Faizi, einer der bekanntesten Dichter, dem die spätere persische Lyrik manche Anregung verdankt.

Der aufruhrbringende Lasur ist der Himmel.

Indien

Zur Aussprache: Wo die Betonung nicht auf der vorletzten Silbe liegt, ist sie durch Akzent angedeutet.

Amanat, 1816—1858, Hindustani (Urdu)-Dichter in Lakhnau (Lucknow), Amánat sein Dichtername, bürgerlich hieß er Said Agha Hasan. Sein Hauptwerk, das Schauspiel Indarsabha, mit reicher Versgestaltung, allbeliebt und weit verbreitet.

Amaru, zwischen 5. und 9. Jh., Verfasser einer berühmten „Hundertschaft“ (Shátaka) von erotischen Einzelstrophen. Glaubhafte Einzelheiten von Amarus Leben sind nicht vorhanden.

Arunmolidevar Shekkilar, aus geachteter Shudra-Kaste, lebte zwischen 1050 und 1300, vielleicht um die Wende des 11. zum 12. Jh. in Chidámbaram. Shékkilars Periyapurána ist ein shivaitischer Legendenkranz. Nach dem in Versen verfaßten, sehr umfangreichen

Original entstand um die Mitte des 19. Jhs. eine Ausgabe in hohem Tamil, das sich von dem des täglichen Gebrauchs stark unterscheidet. Tamil: eine dravidische Sprache Südindiens.

T s c h o l a: der Landesname lebt noch heute in dem Namen der Coromandel-Küste im südlichen Indien. Dort auch die K a v e r i, vielfach Cauvery geschrieben. S a i y a - B e r g: wohl schwerlich das weit nördlich gelegene Sahyadri-Gebirge. Der mit Wasser gefüllte Krug ist ein Glückssymbol. Die im Himmel fließende G a n g a (der Ganges) stürzt über das Haupt des Gottes Shiva, das auch die Mondsichel trägt (vgl. u. a. Manikkavashagar), auf die Erde hinab.

B h a r t r i h a r i, Verfasser dreier „Hundertschaften“ (Shátakas), die der Liebe, dem Leben und der Weltflucht gewidmet sind, eine Gliederung, aus der man auf Schicksale und Stimmungen des berühmten Dichters geschlossen hat, was jedoch keineswegs notwendig ist. Von Bhártriharis Lebenslauf ist nichts bekannt, er selbst scheint anzudeuten, daß er nach Sitte und Brauch an einem Fürstenhof (oder mehreren solchen) weilte. Vielleicht hat er bis zur Mitte des 7. Jhs. gelebt.

K é t a k i: Pandanus odoratissimus

G a n g a: vgl. Arunmolidevar
Wann? (3, 90, Weller) . . . . S. 190
Bekehrt (3, 101 = Ind. Spr. 127, Weller) . . S. 190
Das Scheiden (3, 96, Oldenberg) . . . . . . S. 191

B h a s a, Dramatiker aus der Zeit vor Kalidasa. Aber die dreizehn unter seinem Namen entdeckten Schauspiele sind nicht durchgehend seine Originalwerke. Manches und Wichtiges wird immerhin auf ihn selbst zurückgehen.
Nacht (Balatschárita I 15, Weller) . . . . . S. 164
Die D u n k e l h e i t gilt dem Inder als stofflich.
Der Sterbende an den Enkel (Urubhanga I 43, Weller) . . . . S. 165

B i l h a n a, gehörte einer kaschmirischen Gelehrtenfamilie des 11. Jhs. an, hat sich aber vielerorts aufgehalten und wurde Hofdichter eines Fürsten im Dekhan. Dies ist Bílhanas Selbstbiographie zu entnehmen, die das letzte Kapitel der heroisierenden Lebensgeschichte jenes Fürsten (1076—1127) und seiner Vorfahren auf dem Thron bildet. Berühmt sind ferner seine „Fünfzig Strophen vom verstohlenen Liebesgenuß“ (die Tschauripantscháshika). So ein deutscher Titel in Verbindung mit der Legende, Bilhana habe die Strophen im Angesicht des Todes verfaßt, mit dem er die Verführung einer Prinzessin büßen sollte, und sei daraufhin begnadigt worden. Die sich gleichbleibenden Versanfänge leiten jedenfalls ein erotisches Rückerinnern ein.
Str. 8, ed. Solf, 9, 17, 18, 19, 23, 27, 38, 48 (Weller) . . . . S. 192

D h a m m a p a d a, das altbekannte, seiner Ethik wegen hochgeschätzte Werk im Pali-Kanon der Buddhisten.
Sein und Schein (11, 12, ed. Fausböll, Much) . . S. 201
Der Vollendete (Weller) . . . . S. 201
Die Zahl ist nichts (100—103, Much) . . . . S. 201
Das Ewige (Weller) . . . . S. 202

D i v y a v a d a n a, „(Buch der) himmlischen Legenden“, buddhistische nachkanonische, in Sanskrit verfaßte Sammlung.
Eher stürzt mit Mond und Sternen (aus Stück XIX ed. Cowell, Zimmer) . . . . S. 203
Nicht in alle Ewigkeit (Zimmer) . . . . . . S. 204
Sollst dein Leid (Zimmer) . . . . S. 204

D s ch a y a d e v a, Hofdichter eines bengalischen Königs im 12. Jh., berühmt als Verfasser des Gitagovinda, weshalb sich allerhand Wunderlegenden an seinen Namen knüpfen. Das Gitagovinda, ein früh in England und Deutschland bekannt gewordenes Melodrama zwischen Krishna, der ihm grollenden Radha (auch Rádhika, für beide vgl. u. Tschandidas) und deren vermittelnder Freundin, besteht aus Arien, deren Stimmung und Takt angegeben werden, einführenden strophischen Situationsschilderungen und Segenssprüchen. Kunstreiche, aber nicht gelehrte Wortwahl, ständig wechselnder Versbau mit Abgesang, Innen- und Endreim.

H a r i h a r i: ein Ausruf (Hari auch ein anderer Name Krishnas). Der Abgesang steht bei diesem und dem nächsten Gedicht nach jeder Strophe.

M á d a n a: der Liebesgott Kama.

K e s h i: ein Feind Krishnas.

H a l a, aus dem Hause Satavâhana, das fast zweieinhalb Jahrhunderte v. Chr. bis beinahe ebenso weit nach Chr. im Dekhan regierte. Hala steht etwa in der Mitte der Reihe. Unter seinem Namen als Kompilator und vielleicht auch als Mitverfasser geht eine durch zahlreiche Zusätze erweiterte „Sammlung von 700 Strophen" (Saptashatí) in einer literarischen Volkssprache. Dörfliche, nicht städtische Welt. Die Erotik dominiert.

M a l a y a: Waldgebirge im Westen, Standort der Sandelbäume.

R a h u : ein Unhold, der Sonne und Mond zu verschlingen droht.

K a b i r, 1440—1518, der Überlieferung nach Sohn eines Brahmanen, aber von einem muslimischen Weber auferzogen, dessen Handwerk er ergriff. In zahllosen Strophen verkündet Kabir die Hingabe an den göttlichen Rama („Ram"), aber Rama ist ihm gleich Allah, denn sein Leitgedanke ist die Einheit der beiden großen Religionen Indiens. Die ihm zugeschriebenen Verse sind dem Adigranth, dem „Urbuch" der Sikhs einverleibt, vgl. u. Nanak.

G u r u: der Lehrer und Meister, grundlegender Begriff der indischen Tradition. S h á n k a r a: Shiva, mit Brahman und Vishnu der dritte große Gott Indiens.

K a l i d a s a, das altbekannte Haupt der indischen Dichtung, 4. bis 5. Jh., Epiker und Dramatiker; Lyriker im Meghaduta, der „Wolke als Boten". Sein Epos Raghuvamsha, vom „Herrscherhaus der Raghuiden", ist ein Spiegel der Gupta-Dynastie, unter der er lebte; auch das Kumarasámbhava, „Die Geburt des Kriegsgottes", hat eine Beziehung auf sie. Von Kalidasas drei Dramen sind die Shakúntala und die Urvashi — so bei uns unter der weiblichen Hauptfigur berühmt; genauer das Abhijnanashakúntala und Vikramorvashíya — bekannter als die früher verfaßte Malávika (das Malavikagnimitra). Kalidasa erfand angeblich die 2. Hälfte des „Rätsels" (s. u.) zur ersten — ein gebräuchliches Kunststück — und gewann so den von einer Hetäre ausgesetzten Preis, bezahlte dies aber mit seinem Leben. Dieser Mord an ihm soll auf Ceylon geschehen sein.

I l f (so schon Ad. Holtzmann, Indische Sagen, 1845 bis 1846): die Elefanten haben angeblich (gleich den Ebern, Schlangen und Fischen) Perlen im Innern des Kopfes. H e i l k r ä u t e r l e u c h t e n: die Sonne legt beim Untergehen ihren Glanz in das Feuer und die Pflanzen. T s c h a m a r: der Schweif des Yak (Bos grunniens), ein Herrschersymbol. S i e b e n W e i s e (Rishis) sind an den Himmel versetzt worden — der Große Bär. U m a: ihre Vermählung mit Shiva ist das Thema des ganzen Gedichts. Mandákini, ein anderer Name für die Ganga (den Ganges). Geschoß: die fünf Pfeile des Liebesgottes Kama bestehen aus Blumen, ebenso sein Bogen.

Himmelslohn: sittlich verdienstvolles Tun wird in neuer Existenz belohnt.

Der Pflanzen Fürst: der Mond beeinflußt das Wachstum der Pflanzen. Hinter dem Abendberg verschwindet täglich die Sonne.

Im vierten Akt des Dramas sucht König Purúravas seine unsichtbar gewordene Geliebte, die Nymphe Urvashi. Kandali: wohl Musa sapientium.

Kókila: nicht unser Kuckuck, obgleich zu derselben Familie gehörig, vielmehr Eudynamis honorata. Sein Ruf beendigt den Streit Liebender.

Tagnymphäen: Lotosblüten, die sich des Morgens öffnen (andere tun es des Abends).

Ilf: s. o.

Der Sprecher ist ein Diener Kuberas, des über dem Reichtum waltenden Gottes.

Brahman ist „dreigestaltig", weil er als der Höchste die Götter Vishnu und Rudra (Shiva) mit enthält. Drei Farben: Weiß, Rot und Schwarz bezeichnen die drei sogenannten Konstituenten der Urmaterie, die sich auswirken als Lichtes und Gutes, als Bewegtes und Leidenschaftliches, als Dunkles und Dumpfes. Mann und Weib: Geist-Seele (homonym mit „Mann") und Materie, ersterer der letzteren zuschauend.

M a h a b h a r a t a, das Sanskrit-Epos. Sein Kern schildert den (als historisch vorauszusetzenden) Kampf zweier mit einander verwandter Fürstenfamilien. Im Laufe vieler Jahrhunderte ist dieser Kern des Mahabhárata von religiöser, philosophischer und dialektischer Dichtung verschiedenster Art dicht umlagert worden. Abschluß dieses Prozesses etwa gegen das 5. Jh. n. Chr.

Gebet an den Feuergott Agni (aus I 258, Gunsser) S. 150

D e r P f l a n z e n L e i b: dem Reibholz, das von einem bestimmten Baum zu nehmen ist, wird das Feuer entlockt. D i e W a s s e r sind u. U. Agnis Versteck.

Der Himálaya (aus III 108, Oldenberg) . . S. 151

T s ch a k ó r a: Perdix rufa. W e l t h ü t e r: in der Himmelsreligion steht an jedem Kardinalpunkt ein Elefant als Wächter.

Das Meer (aus III 169, Oldenberg) . . . . S. 152

K l e i n o d i e n: im Meer zu finden.

M a n i k k a v a s h a g a r, berühmter Tamil-Dichter des 8. (?) Jhs., aus brahmanischer Familie, im Reichtum aufgewachsen und zu hoher Stellung gelangt, wohl durch ein überwältigendes plötzliches Erleben von Shivas Größe zum gläubigen Shivaiten gewandelt und darob angefeindet. Er zog nun als Hymnensänger von einem Tempel Shivas zum anderen durch die Lande und nahm wahrscheinlich an der dialektischen Bekämpfung der Andersgläubigen teil, die seiner Epoche eigen war. Mánikkaváshagars kunstreiche Lieder haben noch heute in dem Wohlklang der Tamil-Sprache auf den Hörer eine mächtige Wirkung.

Mich, der ich mich fürchten muß (S. 51, Schomerus) S. 207

M o n d: vgl. Arunmolidevar Shekkilar.

N a n a k, 1469—1538, steht in der Verkündigung der hindu-muslimischen religiösen Einheit auf Kabirs (s. o.) Schultern. Auch seine Verse sind Bestandteile des Adigranth der Sikhs. Dies um so mehr, als Nanak der Stifter dieser Sekte ist, die im Panjab bekanntlich noch heute blüht, jedoch auf Grund schlimmer Erfahrungen mit den Muhammedanern seit über zwei Jahrhunderten aufs bitterste mit ihnen verfeindet ist.

Der singt von Gottes Macht (Schimmel) . . . S. 220

R a d s ch a s h e k a r a, Dramatiker des 9.—10. Jhs., im Sold verschiedener Fürsten. Von seinen vier Schauspielen behandelt eines das gesamte Ramáyana (s. u. Valmiki) in 10 langen Akten, die nur seine große sprachliche Gewandtheit genießbar macht. Sie tritt auch in Radschashékaras nach der Heldin benannter Karpuramándschari hervor, die in der Handlung origineller und ganz in den literarischen Volkssprachen, dem Prakrit, verfaßt ist.

Ritusamhara, anonyme, dem Kalidasa irrig zugeschriebene „Übersicht über die Jahreszeiten", davon in Indien sechs (in älterer Zeit drei) unterschieden werden. Zeit des Ritusamhára: vor Kalidasa, also vor dem 4. Jh. n. Chr.

Pátala: Bignonia suaveolens, blaßrot blühend.

Des Indra Bogen: der Regenbogen. Ein brünstig Naß: eine beim Elefanten in der Brunstzeit aus den Schläfen austretende Feuchtigkeit. Ketaki: s. o. Bhartrihari.

Kasha: die weiße Grasart Saccharum spontaneum. Saptatschada: der Baum Alstonia scholaris. Nymphäen: Lotospflanzen.

Kokila: s. Kalidasa. Der „Kummerlose": Wortspiel mit dem Baumnamen Ashoka (Jonesia asoka), der dies anscheinend bedeutet. Atimukta: Gaertnera racemosa und andere Gewächse.

Sprüche verschiedener, z. T. anonymer Dichter. Nachweis der Herkunft bei Böhtlingk, „Indische Sprüche", unter Nr. 442, 542, 867, 1108, 1324, 1369, 1411, 2357, 3339, 5639, Nr. 127 s. Bhartrihari 3, 101 (Verfasserschaft fraglich).

T a g o r e, Rabindranath, der weltbekannte religiös-lyrische, dramatische und erzählende Dichter Bengalens, auch Maler eigenartiger Impressionen, 1861—1941, Nobel-Preis für Literatur 1913. Ein Fürsprecher der Zusammenarbeit mit dem Westen. Gründer der Kulturhochschule Vishvabhárati in Shántiniketan bei Bolpur, die jüngst als Universität vom Staat übernommen wurde.

T a m i l - D i c h t e r des häuslichen und des öffentlichen Lebens, Zeit unbestimmt (im 1. Jahrtausend nach Chr.). A í y a n a r I d a n a r schildert in den 12 Abschnitten seines Werkes siegreiche Kriegszüge, N a r i V e r u T a l a í y a r als einer der Dichter von 400 im Purananuru gesammelten Liedern das sieg- und segensreiche Wirken der Landesherren, N a l l á n d u v a n a r in seinem Kalittogai von 150 Liedern mit lehrhafter Absicht eine Liebesgeschichte mit Trennung, Sehnsucht und Vereinigung.

P a r i: der fürstliche Patron des Dichters.

V i s h n u: der Gott, ist schwarz in seiner Menschwerdung als Krischna („der Schwarze").

T a y u m á n a v a r lebte 1704 (1705? 1706?) bis 1742 in Vedaranyam im Lande Tanjore (Südindien) und war Amtsträger, mit der Zeit auch persönlicher Berater und Lehrer des damaligen dortigen Königs. Seine aus der Shiva-Frömmigkeit entflossenen Hymnen in Hoch-Tamil werden noch heute sehr viel gesungen. Man hat sein Werk eine „Philosophie im Lied" genannt. Tayumánavars Ideal ist das „Stillsein" im Denken und Tun, doch ist daneben der Gedanke an religiöses Verdienst bei Shiva immer in ihm lebendig.

Tiruvalluvar, in unbestimmtem nachchristl. Jh. angeblich aus brahmanischer Mischehe in Mailapur bei Madras geboren, Dichter des berühmten Kural, einer Sammlung von 1330 gnomischen Sprüchen zu den drei gemeinindischen Lebensinhalten Sittengesetz, weltliche Güter und Eros. Tiruvalluvars Sprache: Hoch-Tamil, vgl. Arunmolidevar. Ein Kural ist ein Distichon mit 1 längeren und 1 kürzeren Zeile. Reim am Anfang und oft mittlere Alliteration.

Sie folgt dem Scheidenden: sie belohnt ihn in der Nachexistenz. Der Sänftetträger und der Getragene stehen für den dank früherer Handlungen Leidenden und Geborenen.

Gute Absicht entschuldigt sachlich Unwahres, z. B. die ihn rettende Ausrede gegenüber einem Wahnsinnigen (Graul). Das Versengen entspricht unserem Gewissensbiß.

Theragatha, „Lieder der ehrwürdigen Mönche" (und Nonnen), geistliche Dichtung z. T. hohen Ranges, im Pali-Kanon der Buddhisten.

In 531 ist die 4. Zeile textlich unsicher.

Tschandidas, bengalischer Sänger religiöser Minne aus dem 15. Jh.

Radha: die bevorzugte Geliebte Krischnas, des Gottes auf Erden, umgedeutet auf die menschliche Seele. Tschándidas variiert das Thema dieser göttlich-irdischen Liebe als einer unter vielen. Vgl. Vidyapati Thakur.

Tschattopadhyaya, Bankimtschand, 1838—1894, nationaler Romanschriftsteller Bengalens; historische, politische, religiöse Themen. Die (gekürzte) „Hymne“ stammt aus einem Roman Tschattopadhyayas, der im 18. Jh. spielt; sie wurde das Nationallied Bengalens und, soweit anderwärts verstanden, des hinduistischen, nach Unabhängigkeit verlangenden Indien.

Hymne (v. Glasenapp) . . . . S. 223

T u k a r a m, Marathi-Dichter in Poona, 1607—1649, von Herkunft ein Shudra und als solcher vom Unterricht in der brahmanischen Kultur ausgeschlossen, dichtete und sprach in Tausenden von sog. Abhangs, kurzen Liedern mit innerem Reim, zum Preise des unter dem Namen Vítthal oder Vitthoba verehrten Vishnu, dessen Kontemplation Tukáram sich nach unbefriedigenden kaufmännischen Versuchen hingab.

Das Rechte, ach, ich weiß es nicht (Stück XXXIV, Schimmel) . . . . S. 221
Halt mich von Stolz zurück (XLVIII, Schimmel) S. 221
Wie die Braut blickt hin (XXXIII, Schimmel) S. 221

T u l s i d a s, Brahmane, aus den bis vor kurzem so genannten United Provinces, 1532—1623, vollendete sein größtes Werk 1574 in Benares. Dies war (um die gebräuchlichste Bezeichnung anzuwenden) das Ramáyana, also das Werk Valmikis (s. d.), aber rein religiös-philosophisch gewendet, in Hindi. Es verkündet die Hingabe an Rama und ist nach einem bekannten Wort „die Bibel für viele Millionen Hindus“.

Schau auf mich, Herr, hinab (Schimmel) . . . S. 222
Der Himmel donnert (Schimmel) . . . . . S. 222

V a l m i k i, der Dichter des Ramáyana, des Epos von der Verbannung Ramas, eines Thronfolgers, und seiner Gattin Sita, von deren Entführung durch den Unhold Rávana und ihrer Befreiung mit Hilfe eines von Hánumat geführten Affenheeres.

Ramas Klage (4, 1, 3 Auswahl, v. Glasenapp) . S. 153
M e i n B r u d e r: der ihm treu anhängende Lakshmana.

V e d a, der Gesamtname für die frühesten Produkte indischer Religion. Unter den 4 Veden stehen der Rigveda und der Atharvaveda voran, jener mit Hymnen, die an die Götter des höheren Glaubens gerichtet sind und beim Opfer gesungen werden, dieser mit Liedern magischer Beschwörung. In beiden auch spekulative Dichtung. Die Verfasser des Rígveda sind mythisch, die des Athárvaveda ungenannt. Zeit: etwa Mitte des 2. Jahrtausends, Abschluß vielleicht im 8. Jahrhundert v. Chr.

V á r u n a, Schützer der Wahrheit, Eidgott, „König“, mit Zügen des Todesgottes (S ch l i n g e n), in enger Beziehung zum Wasser. M i t r a erscheint sehr häufig mit Varuna verbunden, sein eigentlicher Charakter steht nicht fest. A d i t y a: eine Gruppe von Göttern, der die beiden Genannten angehören.

Das Unheimliche in der W a l d f r a u personifiziert.

V i d y a p a t i T h a k u r, gehört dem 15. Jh. an. Vidyápati dichtete in der Sprache seiner Heimatprovinz Bihár und in Sanskrit, mit vornehmlicher Wirkung auf das östlich benachbarte Bengalen, von der mystischen Liebe Krischnas und Radhas (vgl. Tschandidas). In unseren Gedichten spricht bald dieser bald jene.

Des Gebers G e b u r t: seine Kaste, mit deren Berührung man sich vielleicht verunreinigt.

China

ZEITTAFEL

Etwa 1800—1500 v. Chr.	Hsia-Dynastie
Etwa 1450—1050	Schang-Dynastie
Etwa 1050—256	Dschou-Dynastie
481—256	Kriege der Feudalstaaten
256—207	Tjin-Dynastie
206 v.—220 n. Chr.	Han-Dynastie
220—580	1. Teilung Chinas
220—265	We-Reich im Norden
221—280	Wu-Reich im Süden
265—419	Djin-Dynastie (seit 317 nur im Süden)
419—580	Wechselnde Dynastien im Süden
502—556	Liang-Reich
580—618	Sui-Dynastie
618—906	Tang-Dynastie
906—1279	2. Teilung Chinas
960—1279	Sung-Dynastie (seit 1127 nur im Süden)
1280—1368	Mongolenherrschaft (Yüan-Dynastie)
1368—1644	Ming-Dynastie.

Zur Aussprache: Die chinesischen Laute werden verwirrenderweise von Engländern, Franzosen, Deutschen usw. je nach eigener Orthographie, oft sogar nach individueller Auffassung geschrieben. Soweit die Redaktion freie Hand hatte, ist sie dem deutschen System von Lessing und Othmer gefolgt, fügt jedoch im Verzeichnis der Dichter in Fällen besonderer Abweichung die englische Schreibung als international bekannteste bei. Die Aussprache der Worte bleibt sich natürlich gleich, so verschieden sie auch geschrieben sein mögen. Für unsere deutsche Schreibung merke man:

ë: dumpfes e, wie französisches gedämpftes e in menu
ï: ganz kurzes dumpfes i
Vokalhäufungen (ia, iau, ua, üä u. ä.) einsilbig zusammenziehen!
y: wie deutsches Jot
j: ähnlich französischem j (Jean) und englischem r (run)
b, d, g, s: stimmlos wie im Süddeutschen
p, t, k: stark aspiriert wie im Norddeutschen
hs: Zischlaut über die Seitenränder der Zunge weg.

Ban Djiä-yü (Pan Chieh-yü), d. h. Kammerfrau Ban, ungef. 48 v. Chr.—6 n. Chr., Dichterin, Geliebte des Han-Kaisers Tschëng-di, 18. v. Chr. von Rivalin verdrängt (vgl. Tsui Guo-fu, S. 310).

Bo Djü-i, auch: Bo Lo-tiän (Po Chü-i, Pe Lo-tien), 772—846, aus Jung-yang, Honan. Konfuzianisch erzogen, dichtete schon als Knabe, 800 Literat, 801 Lektor an kais. Palastbibliothek, dem Buddhismus zugewandt, 807 Mitgl. d. Literatenakademie und bald „Erinnerer" bei Hsiän-dsung (805—820), sah als Dichter seinen Beruf darin, Mahner und Warner zu sein gegen Eunuchenwirtschaft, taoistisches Quacksalbertum, nutzlose Grenzkriege, Aussaugung der Bauern, unmenschliche Strafjustiz, verfaßte in diesem Sinn kaiserliche Staatsschreiben wie auch Gedichte voll treffender Anspielungen, die wie Lauffeuer durchs Land gingen, schuf sich mächtige Feinde, erhielt nach Amtspause wegen Todes seiner Mutter 814 weit bescheideneren Posten und wurde 815 einer unerbetenen Eingabe wegen nach Hsünyang (heute Kiu-kiang) am Yangtse strafversetzt. Zog ohne Klage ab, sah unterwegs in Dorfschulen, Klöstern, Wirtshäusern, Schiffskabinen seine Gedichte hängen, hörte sie gesungen von Beamten, Mönchen, Witwen, Mädchen, gewann die Stadt am Strom mit dem Luschan-Gebirge und seinen Bergklöstern lieb und begnügte sich hinfort mit Dichtung, Wein und wenigen Freunden, unter denen ihm Yüan Dschën (s. d.) der treueste und liebste war. 819 Präfekt des unwirtlichen Dschung-dschou am Yangtse, Sï-tschuan; 820 von neuem Kaiser zurückgeholt, blieb politischem Kampf vorsichtig fern, zog gern 822 nach Hang-dschou, Tschekiang, 825 nach Su-dschou als Präfekt und genoß seit 829 ehrenvolle Sinekure in der Pensionärsstadt Lo-yang als gepriesener Dichterkönig, dessen Gedichte bereits in Korea und Japan begehrt waren. 3800 davon sind erhalten, größte Zahl, die ein Dichter Chinas aufzuweisen hat. Erreichen sie nicht die Höhen eines Li Bo, die Tiefen eines Du Fu, begleiten sie doch sein tägliches Erleben als gefühlswarme Reflexionen eines überlegen milden Geistes in schlichter Sprache und haben damit um so mehr das Herz des Volkes gewonnen. (Vgl. A. Waley: The Life and Times of Po Chü-i.)

Beispiel eines politischen Gedichts mit beißender Schlußwendung.

812 während Amtspause nach Tod der Mutter, an deren Wohnsitz Hsia-gue am We unterhalb Tschangans.

819 in Dschung-dschou, unter den fremdsprachigen Ureinwohnern des Ba-Gebiets. — T j i n: Schensi. — Y u n g: Kansu.

Wohl auch in Dschung-dschou. — K ü ch l e i n: 820 hatte Bo einen fünfjährigen Neffen und ein zweijähriges Töchterchen bei sich.

820 nach Abschied von Dschung-dschou drei Freunden gewidmet. — T s ch u: das dichtbesiedelte Hupe, auf Fahrt yangtse-abwärts erreicht. — T j i n: Schensi, mit Tschang-an.

In Tschang-an 821. — I m H o f: seines Hauses an der Ostmauer. — „N ü t z l i ch e F r e u n d e“: nach Kung-dsï, Gespräche, XVI, 4, 5.

822 auf der Reise von Tschang-an nach Hang-dschou.

Am landschaftlich reizvollen Westsee bei Hang-dschou.

K r a n i ch: aus Hang-dschou nach Lo-yang mitgebracht.

Um 830? — T s u i: Tsui Hsüan-liang, Bo's Freund seit 802, gest. 833. — L i u: Liu Yü-hsi, s. d.

Mit sechsundsechzig Jahren (Eich) . . . . . . S. 341

Aufenthalt im abgelegenen Kloster (Eich) . . S. 342

840, bei Lo-yang.

D a i F u - g u (Tai Fu-ku) ungef. zwischen 1195 und 1264, aus Tschekiang, lebte ganz der Dichtung, lernte bei Lu Yu, schlug Ämter aus, reiste viel, hauste bei einer Felswand, dichtete schlicht mit reinem Gefühl.

Kurze Rast am Ufer (Eich) . . . . S. 368

D a i S c h ï - p i n g (Tai Shih-p'ing), 12. Jahrhundert.

Dorf nach dem Kriege (v. Franyó) . . . . . . S. 364

D j i a D s c h ï (Chia Chih), 718—773, aus Lo-yang, in Umgebung der Kaiser Hsüan-dsung und Su-dsung, 757—762 einer Kleinigkeit wegen nach Yo-dschou am Dung-ting-See strafversetzt.

Am Dung-ting-See (Ulenbrook) . . . . S. 320

Vgl. Mëng Hau-jan, S. 288. — H s i a n g: vgl. Li Bo, S. 297.

D j i ä n - w ë n - d i (Chien-wên-ti), Kaisertitel des H s i a u G a n g (Hsiao Kang) von Liang, 503—551, Sohn und 549 Nachfolger des Wu-di, bald durch Emporkömmling umgebracht; Gelehrter und Mäzen der Literatur.

Nacht für Nacht (Olbricht) . . . . S. 282

D s c h a n g D j i, der Ältere (Chang Chi, Dschang Gi), aus Kiangsi, 753 Literat.

Ankern zur Nacht (Debon) . . . . S. 324

An der vielbesuchten Ahornbrücke bei Gu-su, heute Su-dschou.

D s c h a n g D j i, der Jüngere (Chang Chi, Dschang Dsi), aus Anhui, 779 Literat, Staatsämter, gelehrt, reizbar; älterer Freund von Han Yü und Bo Djü-i.

Aus der fremden Stadt (Debon) . . . . S. 327

D s c h a n g D j i u - l i n g (Chang Chiu-ling), 673—740, aus Kuangtung, als Textrevisor wegen freimütiger Treue von Kaiser Hsüandsung geschätzt, 733 Kanzler, 737 durch Intrigen gestürzt, still zurückgezogen. Leitet Blüte der Tang-Lyrik ein.

Vor dem Spiegel (Gundert) . . . . S. 285
Pflanzenleben (Gundert) . . . . S. 286
Seitdem du von mir gingst (Ulenbrook) . . . S. 286

Dschang Hu (Chang Hu, auch Ch. Yu geschrieben), 8./9. Jahrhundert, aus Hope, genialer Sonderling, nur kurz im Amt, starb in der Ära Tai-ho (827—835).

Kaiser Hsüan-dsungs Melodie vom Glöckchen in der Regennacht (Gundert) . . . . S. 344

Vgl. Hsüan-dsung. Auf der Rückfahrt von Sï-tschuan hörte der um die Geliebte trauernde Herrscher nachts auf steilem Saumpfad ein Totenglöckchen, dessen Klang sich ihm mit dem Tropfen des Regens zu ergreifender Melodie der Trauer verband. In Tschang-an zurück, ließ er diese von seinem Musikmeister komponieren und brach, so oft sie gespielt wurde, in Tränen aus.

Dschang Jung (Chang Jung), 444—497, aus Wu, nach merkwürdigen Abenteuern hoher Beamter und angesehener Dichter im Staate Tji (Ts'i, Ch'i, 478—502).

Trennung (Olbricht) . . . . S. 281

Dschang Le (Chang Lei), 1052—1112, aus Kiangsu, um 1070 Literat, treuer Schüler Su Dung-pos, Essayist, Geschichtschreiber, 1086 bis 1094 im Amt für Reichsgeschichte, strafversetzt, 1102 wegen offener Trauer für den verbannten Dung-po entlassen.

Improvisation an einem Wintertag (Eich) . . S. 362

Dschang Tschau (Chang Ch'ao), 8. Jahrhundert, Privatmann in Tschin-kiang, Kiangsu.

In Gedanken an den Gatten (Debon) . . . . S. 320

Strom: Yangtsekiang. — Phönixpaare: deutet an, daß der Mann sich mit anderen Frauen herumtreibt.

Dschang We (Chang Wei), aus Honan, 743 Literat, Amt in Tschang-scha, 766 am Ritualamt.

Einem Freund zum Trost (Gundert) . . . . S. 319

Dschang Yüä (Chang Yüeh, fälschlich auch Dschang Schuo genannt), 667—730, bei Kaiserin Wu in Ungnade, dafür 711 Vizekanzler, unter Hsüan-dsung 721 Kanzler, 726 gestürzt, verzog nach Yo-dschou am Dung-ting-see. Auch als Maler geschätzt.

Abschied vom Einsiedler (Gundert) . . . . . *S. 285*

Einsiedler: namens Liang-liu, auf der Insel Djün-schan im Dung-ting-See, zu der er hier nach dem Besuch in Yo-dschou zurückkehrt.

Dschu Hsi (Chu Hsi), kurz: Dschu-dsï (Chu-tzu), 1130—1200, aus Anhui, der große Erneuerer des Konfuzianismus. 1148 Literat, nur 1163 kurz in Hofamt, sonst Bezirkspräfekt, um ganz der Forschung und Lehre zu leben; hinterließ in 411 Bänden Klassikerkommentar und dogmatisch-ethische Schriften, die sich von monistisch-dualistischer Metaphysik über ebensolche Psychologie auf Ethik und Politik erstrecken, Kung-dsï und Mëng-dsï neu zu kanonischer Autorität erheben und die politische Ethik Chinas, Koreas und Japans bis ins 19. Jahrhundert entscheidend bestimmen.

Gedanken beim Betrachten eines Buches (Eich) . *S. 368*

Dschu Tjing-yü (Chu Ch'ing-yü), 9. Jahrhundert, Literat der Ära Bau-li (825—827), lernte als Dichter bei Dschang Dji, dem Jüngeren.

Palastliedchen (Gundert) . . . . *S. 347*

Dsï-yä (Tzu-ye), 4.—5. Jahrhundert, Volkssängerin in Wu (Gegend um Su-dschou), trug Liebeslieder in ergreifend wehmütiger Melodie vor, später von namhaften Dichtern nachgeahmt.

Die Weberin (Olbricht) . . . . *S. 275*
Junger Tag (Debon) . . . . *S. 275*
Untreu (Olbricht) . . . . *S. 275*

Dso Yän-niän (Tso Yen-nien), z. Z. des Wën-di von We (Tsau Pi), zwischen 220 und 230 „modern“.

Kriegsdienst (Olbricht) . . . . *S. 271*

Dsu Yung (Tsu Yung), aus Lo-yang, 725 Literat, Ritualamt.

Auf dem Landgut meines Freundes Su (Gundert) *S. 308*
„Letzter Winterschnee auf dem Nan-schan“, Examensthema des Jahres 725 (Gundert) . . . . . *S. 309*

Nan-schan: hoher Gebirgsstock südl. Tschang-an. — Hiezu Anekdote: Als Dsu Yung sein Examensgedicht einreichte, wies es der Prüfungsbeamte mit dem Bemerken zurück, es sei für eine Examensarbeit zu kurz, man verlange Gedichte von mindestens acht Versen. Dsu Yung erwiderte nur: „I djin“, d. h. „der

Sinn ist erschöpft". Der Kommissar prüfte von neuem, gab zu, daß das Gedicht tatsächlich alles enthielt, was zu sagen war, nahm es an, und Dsu Yungs Ausspruch wurde mit der Zeit zum anerkannten Maßstab für die Beurteilung von Gedichten.

D u F u (Tu Fu), 712—770, Sohn armer Beamtenfamilie bei Tschang-an, früh bei Fremden, studiert, wandert, dichtet, fällt 735 in Literatenprüfung durch, wandert weiter, ringt mit unendlicher Mühe um Fülle und Form seiner Dichtung, gewinnt 745 Li Bo zum Freund, 754 auf Grund dreier Gedichte von Hsüan-dsung alsbald zum Hofdichter berufen. In An Lu-schans Aufstand 756 zerbricht dies kurze Glück: Gefangenschaft, Befreiung, neues Hofamt unter Su-dsung wegen unbeugsamer Aufrichtigkeit bald zu Ende, 758 furchtbare Hungersnot. 759 Versuch mit Landwirtschaft in Sï-tschuan, durch kaiserl. Kommissar in Tschëng-tu gefördert. Mit dessen Tode neue Not auf fortgesetzter Wanderschaft. Seine letzte Fahrt ging yangtseabwärts zu kleinem Heiligtum südlich des Dung-ting-Sees, wo er, durch Hochwasser abgeschnitten, fast verhungerte und beim ersten kräftigen Essen und Trinken den Tod fand. Neben Li Bo, dem taoistischen Genius, ist Du Fu der konfuzianisch ernste, formstrenge Dichter des Schmerzes, umgetrieben von Not, Sorge, Heimweh, innigster Teilnahme an den Geschicken des Reichs, darum auch voll leidenschaftlichen Ingrimms ob der heillosen Verderbnis der Zeit. Auf China hat er deshalb stärkere Wirkung ausgeübt als Li Bo, während dem Ausland seine Größe erst noch zu erschließen bleibt.

Auf dem Yo-yang-Turm (Debon) . . . . . S. 311

Erste Hälfte des in anderer Übertragung S. 317 stehenden Gedichts „Der Turm am Dung-ting-See".

Bei sinkender Sonne (Eich) . . . . S. 311

Am reinen Strom (Eich) . . . . S. 311

Landschaft (Eich) . . . . S. 312

Die müde Nacht (Wilhelm) . . . . S. 312

Herbstklarheit (Wilhelm) . . . . S. 312

Mahlzeit im Freien (Eich) . . . . S. 313

Wein trinkend am Mäander-See (Eich) . . . S. 313

M ä a n d e r - S e e: Parksee mit geschlängelten Ufern im Südostwinkel der Stadtmauer von Tschang-an.

Das Pferd des Prokonsuls (Eich) . . . . S. 314

G a u: Gau Hsiän-dschï, Koreaner von Geburt, siegreicher Feldherr in Ostturkestan, aber nicht nach Verdienst behandelt. Hiergegen ist das Gedicht ein verhüllter Protest. — A n - h s i: Kutscha in Ostturkestan.

756, Gegend von Ning-hsia am oberen Huang-ho.

Guan und Bau: Muster treuer Freundschaft im Lebensstaat Tjin, um 650 v. Chr.

768 auf der letzten großen Wanderung gedichtet. — Wu: stromabwärts; Tschu: stromaufwärts, Hunan.

Du Mu (Tu Mu), 803—852, aus Tschang-an, genial ungebunden, 828 Literat, Wirtschafts- und Militärschriftsteller, Großsekretär der kais. Kanzlei, später in bedrängten Umständen, schwermütig. Bedeutendster Dichter der ausgehenden Tang-Zeit.

Stromsüd: Nanking und weitere Umgebung.

Yang-dschou: nordöstl. Nanking am Kaiserkanal.

Vgl. Wang We, S. 291. — Tsi-schan (Tji-schan): wahrscheinlich bei Tji-an, dem heutigen Huang-dschou am Yangtse östl. Hankou. — Herzog Ging (Djing): vgl. Juan Dji, S. 272.

Nashornschale: Trinkbecher aus Rhinozeroshorn.

Fan Tschĕng-da (F. Ch'êng-ta), 1126—1193, aus Su-dschou, 1154 Literat, führte als energischer Staatsmann soziale und militärische Reformen durch; 1170 Gesandter bei dem Nordchina beherrschenden Tungusenreich Kin. Steht als Dichter neben Yang Wan-li und Lu Yu.

Satire auf die Not des Bauernstands.

Fan Yün, 451—503, aus Honan; bewegte Laufbahn unter den Dynastien Tji und Liang; mit Wu-di von Liang befreundet.

F u H s ü a n, 217—278, armer, aber musterhafter Literat, unter der Dynastie Djin (Tsin) in hohen Ämtern, geadelt. Gedichte und Lieder im Stil der Han-Zeit, schlicht, tief empfunden.

Im Gewitter (Olbricht) . . . . *S. 273*
Der Waagen rollt (Olbricht) . . . . *S. 273*

G a u - d s u (Kao-tsu), Kaisertitel für L i u B a n g, Begründer der Han-Dynastie, 247—195, der nach Zusammenbruch des Tjin-Reiches China unter dramatischen Kämpfen neu vereinte und 202 den Thron bestieg.

Ein Sturmwind brach los (Olbricht) . . . . *S. 259*
Das Lied, von 120 Knaben gesungen, endete in einem Trauertanz des Kaisers um die Gefallenen.

G a u S ch ï (Kao Shih), ca. 690 (?) — 765, aus Hope, schwerer Aufstieg, erst 50jährig Mut zu dichten, dann rasch beliebt, Offizier, nach 756 Kommissar in Sï-tschuan, geadelt. Dichtung von Tsën Schën beeinflußt.

Heimatklänge in der Steppe (Gundert) . . . *S. 319*
Neujahrsnacht in der Fremde (Gundert) . . . *S. 319*

G u o D s ch ë n (Kuo Chên), aus Hope, 17jährig Literat, überlegen großzügig, unter Kaiserin Wu (693—705) Großminister, starb mit 57 Jahren.

Die junge Frau im Frühling (Gundert) . . . *S. 285*
Chin. Titel: „Frühlingslied im Stil der Dsï-yä", s. d.

H a n H u n g, aus Honan, 752 Literat, eines der „zehn Genies der Da-li-Zeit" (766—779).

Dem Freund zur Abfahrt nach Wu-dschou (Gundert) . . . . *S. 324*

H a n Y ü (auch: Han Tui-dschï), 768—846, aus Hope, konfuzianischer Gelehrter und Kämpfer; umfassendste Belesenheit, unbeugsame Gesinnung, 792 Literat, früh in hohen Ämtern, forderte entgegen der Vorherrschaft des Buddhismus und Taoismus erstmals wieder Rückkehr zur nüchternen Strenge konfuzianischer Ethik; unerschrockene Proteste, häufige Strafversetzungen; erhob als bedeutendster Prosaiker der Tang- und Sung-Zeit die herbe Knappheit der alten Klassiker zu kunstvoller Brillianz und wurde mit der neuen Blüte des Konfuzianismus im 12. Jahrhundert zum gefeierten Vorbild für die allmählich zur Phrase erstarrende Literatursprache.

Der Verstoßene (von der Vring) . . . . . . *S. 327*

Einem gewissen Yin Bo-tji aus der Dschou-Zeit, der auf Verleumdung seiner Stiefmutter vom Vater verstoßen wurde, als letzte Klage vor dem Sprung ins Wasser in den Mund gelegt. Verse im Vor-Tang-Stil, von je nur vier Worten.

Bergfelsen (Wilhelm) . . . . *S. 328*
Nachtlied (Gundert) . . . . *S. 329*
Elegie (Wilhelm) . . . . *S. 329*

Ho Dschï-dschang (Ho Chih-chang), 659—745, aus Tschekiang, unter Kaiserin Wu Professor der Opferriten, 713 Vizepräsident des Ritualamts; Schriftkünstler, jovialer Trinker, zuletzt taoistischer Mönch. Führte Li Bo bei Hof ein.

Heimkehr (Debon) . . . . *S. 284*

Hsi-djün (Hsi-chün), Prinzessin unter Wu-di, um 105 v. Chr. dem Herrscher der Wu-sun-Barbaren im Ili-Becken zur Frau gegeben.

Klage (Eich) . . . . *S. 260*

Gelber Kranich: Fabelwesen, das mit einem Flügelschlag 1000 Li zurücklegt. Auf ihm fliegen die unsterblichen Genien, Hsiän, frei durch alle Lüfte.

Hsü Hsüan, 916—992, aus Kiangsu, Gelehrter, Schriftkünstler, erst im Südl. Tang-Reich, nach dessen Untergang in militärischen und wissenschaftlichen Ämtern unter dem zweiten Sung-Kaiser Tai-dsung. Revidierte das berühmte alte Wörterbuch Schuo-wën.

Weidenzweige (Debon) . . . . *S. 349*

Hsüan-dsung (auch Kaiser Ming genannt), 685—761, Kaiser der Tang-Dynastie 713—756. Unter ihm erlebte die chinesische Dichtung ihre höchste Blüte. Erst vorzüglicher Herrscher, zieht bedeutendste Dichter (Li Bo, Du Fu) an seinen Hof, seit 735 aber ganz im Bann der schönen Yang Gue-fe. Bei geistvollem Lebensgenuß reißen Mißstände ein. 755/6 verheerender Aufstand des Militärgouverneurs An Lu-schan. Auf des Kaisers Flucht nach Schu (= Sï-tschuan) Yang Gue-fe von erbitterten Soldaten umgebracht. Nach An Lu-schans Ermordung kehrt Hsüan-dsung 757 zurück, verfolgt von untröstlichem Schmerz um die verlorene Geliebte, der in Roman und Dichtung der Folgezeit immer wieder aufklingt.

Auf der Fahrt durch Schu am Schwertertore angelangt (Gundert) . . . . *S. 287*

Schwertertor: Engpaß über wildem Bergtal, Nordgrenze von Sï-tschuan. — Jagen: beschönigend für Flucht. — Fünf Recken: Zur Dschou-Zeit verführte der listige Fürst von Tjin den von Schu, hier einen Weg bahnen zu lassen, auf dem er nachher unversehens in Schu einfiel. — Gebüsch usw.: Der kaiserliche Zug windet sich im Zickzack über den Paß. — Da lese ich: Im Paßdurchgang bestreitet eine Felsinschrift den Irrtum, für die Sicherheit des Landes genüge ein natürlicher Schutzwall. Reue des Herrschers über eigene Verirrung.

Hung Djüä-fan (H. Chüeh-fan), 11.—12. Jahrhundert, Familie aus Kiangsi, Prosaerzähler, Schriftmeister, zuletzt Mönch.

Die Schaukel (Eich) . . . . *S. 363*

Juan Dji (Juan Chi, auch Yüan gelesen), 210—263, aus Honan, impulsiver Musiker, Trinker, Idealist im Sinn des Philosophen Dschuang-dsï, in hohen Staatsämtern bitterer Verächter seiner Umwelt, schließlich als einer der „Sieben Weisen vom Bambushain" den Naturmächten hingegeben.

Lieder von der Sorge im Herzen (Olbricht) . *S. 271 ff.*

Im Geist der Tschu-Elegie „Li Sau" von Tjü Yüan, von tiefem Einfluß auf Spätere, besonders Li Bo. — 3. Herzog Ging (Djing) von Tsi (Tji): vergoß beim Blick von Bergeshöhe auf seine Heimat Tränen der Rührung; von dem Philosophen Liä-dsï erwähnt (vgl. Du Mu, S. 346). — Ein Fischer: In den Tschu-Gesängen gibt ein Fischer Tjü Yüan den Rat, sich als wahrer Weiser der schmutzigen Welt nicht zu widersetzen, sondern „mit der Strömung zu schwimmen". — 4. Yän und Min: zwei vorbildliche Schüler des Kung Fu-dsï. — Hsiän-mën: ein taoistischer Unsterblicher.

Kai-yüan Gung-jën, Palastdame des Kaisers Hsüan-dsung in der Ära Kai-yüan, 713—741, hier Goethe zulieb aufgenommen, der ihr Gedicht nach mangelhafter englischer Übertragung von P. P. Thoms am 4. Februar 1827 verdeutschte.

In die Tasche eines Waffenrocks gesteckt (Goethe) *S. 286*

Hierzu das Nachspiel: Als an die Truppen im Feld warme Kleider von Hofe verteilt wurden, fand ein Offizier in seiner Jacke dieses Gedicht. Er erstattete dem General Meldung, und dieser berichtete dem Kaiser Hsüan-dsung. Der gab im Nebenpalast unter allen

Hofdamen bekannt: Die es getan hat, soll bereuen; sie wird nicht bestraft. Da gestand eine und bekannte, sie habe zehntausendmal den Tod verdient. Der Herrscher aber hatte Mitleid mit ihr, verheiratete sie mit dem Empfänger des Gedichts und sagte: Ich habe dir den Zustand der Verbindung schon in diesem Leben geschaffen.

Kung Fu-dsï (kurz: Kung-dsï, Kung-tse, latinisiert: Konfuzius), 551—479, Chinas großer Lehrmeister aus dem Lehensstaat Lu in Schantung, wandernder Gelehrter bei Fürstenfamilien, zuletzt Haupt eines verehrenden Jüngerkreises in Lu.

Preis geistiger Gemeinschaft (Wilhelm) . . . S. 249

Das im Wortlaut weit knappere, vom Übersetzer kongenial ausgedeutete Original findet sich im Kommentar Da-dschuan zu dem von Kung-dsï herausgegebenen „Buch der Wandlungen“, I-djing (I-Ging, I-ching).

Lau-dsï (Lao-tzu, Laotse), d. h. „der Alte“, Verf. des weltberühmten „Buchs vom Weltgesetz und seiner Kraft“, Dau-dö-djing (Tao-tê-king), nach der Tradition etwa 50 Jahre älter als Kung-dsï, nach neuester Kritik vor oder nach 300 v. Chr., Gegenpol zu dem streng nüchternen Konfuzius, sucht den Einklang mit dem Dau (Tao) gefühlsmäßig durch absichtslose Hingabe an die Natur, Vater des philosophischen „Taoismus“, Wegweiser derer, die der Welthändel müde zur Natur zurückverlangen, daher bestimmende Macht in der lyrischen Dichtung.

Dau, der Weg (Dau-dö-djing, Kap. 25; Gundert) S. 251

Ohne Tun (Kap. 48; Wilhelm) . . . . S. 251

Sinn: so übersetzt Richard Wilhelm das chinesische Wort Dau. — Nicht-Tun: chin. Wu-we, d. h. nichts machen, der Natur ihren Lauf lassen, ein Grundgedanke Lau-dsïs und Ostasiens überhaupt.

Der Nutzen des Nichts (Kap. 11; Gundert) . . S. 252

Beweglichkeit (Kap. 8; Wilhelm) . . . . . . S. 252

Bittere Herrlichkeit (Kap. 24; Wilhelm) . . . S. 253

Innerlichkeit (Kap. 12; Gundert) . . . . . . S. 253

Eingeweide: wörtlich „Bauch“, als Herrschaftssitz der Persönlichkeit, Ausgangspunkt gesammelter Ruhe oder aber verwirrender Leidenschaft.

Die Wissenskrankheit (Kap. 71; Gundert) . . S. 253

Entfaltung des Wesentlichen (Kap. 81; Wilhelm) S. 254

L i B o, auch L i T a i - b o (Li Po, Li Tai-pe), 701—762, vielleicht im heutigen Tokmak am Tschu, Westturkestan, wohin Familie verbannt war, geboren, vielleicht auf deren Rückreise oder in Miän-dschou, Sï-tschuan, wo er „auf Hügeln unter Wolken" dichtend und singend aufwuchs; 20jährig bei Einsiedler, wo seltenste Vögel aus seiner Hand fraßen, Fechter von mächtiger Gestalt und Stimme, funkelnde Augen „wie hungriger Tiger", führte Schwert zum Schutz der Schwachen, reiste dichtend und trinkend weit umher, fand überall Freunde, liebte Gefolge hübscher Sängerinnen, heiratete mehrmals. Ohne Examen 742 doch von Hsüan-dsung in Literatenakademie aufgenommen, genoß er allen Glanz des um Yang Gue-fe kreisenden Hoflebens, erhöhte ihn mit Blitzen seines Geistes, trat auf wie ein Halbgott, zog sich Feinde zu, nahm 744 rechtzeitig vom Kaiser Abschied. Wechselvolle Wanderjahre, Freundschaft mit Du Fu, Verwirrung durch Aufstände An Lu-schans und des Prinzen Lin, Verbannung, Begnadigung; bei verwandtem Präfekten von Taiping erreichte ihn das Ende. Ihm flossen die Verse wie von selbst in den Pinsel, nachher konnte er sie in die Winde werfen. Doch sind über 1000 Gedichte erhalten, nicht gleich formvollendet wie die eines Du Fu, aber erfüllt von der visionären Leuchtkraft eines über menschliche Bindungen erhabenen Geistes, in dem das taoistische Ideal des Hsiän auf besondere Weise Gestalt gewonnen hat.

Berg bei Ning-kuo, südl. Nanking, östl. von Dschï-dschou, Li's Wohnort 753—756.

B ü f f e l s a n d: befestigte Insel im Yangtse südl. Nanking, im 4. Jahrhundert nach Zusammenbruch des Djin-Reichs in Tschang-an 317 von dessen General H s i ä besetzt. Als dann ein anderer General, Y ü a n - H u n g, mit Transportschiffen hier ankerte, suchte ihn Hsiä auf und bewunderte seinen Gesang improvisierter Lieder im Mondschein.

759 bei Yo-dschou, mit zwei Freunden, einer nach

Verbannungsort unterwegs, einer hieher strafversetzt. — Tschang-scha: 150 km weiter südlich, also natürlich nicht zu sehen. Dorthin war aber ein Vorfahr des zweiten Freundes strafversetzt, also noch weiter weg: dies dem Freund zum Trost. — Hsiang: Gemahlin des halbmthyischen Königs Schun, vor 1800 v. Chr., suchte diesen nach seinem Tod in unbekannter Ferne durch ganz China, fand im Hsiang, südlichem Zufluß des Sees, den Tod und wurde Schutzgottheit der Gegend.

Nanking (Eich) . . . . *S. 298*

Nanking: im Text der alte Name Djin-ling. — Djin: nordchinesische Dynastie 265—317, stand nach Zusammenbruch durch Hunneneinfall in Nanking als südlicher Staat wieder auf: erster starker Einstrom nordchinesischer Gesittung ins Yangtsetal mit reicher Kulturblüte, 317—419.

Blick von der Terrasse (Eich) . . . . *S. 298*

Fëng: Phönix, s. S. 227. — Wu: Reich am unteren Yangtse 220—280. — Tschang-an: natürlich unsichtbar, aber der Ort, von dem Li Bo verbannt ist. — Sonne, Wolken: Anspielung auf den wohlgesinnten Kaiser und die Verleumder um ihn.

Abschied in der Weinschenke (Eich) . . . . *S. 299*

In der Verbannung (Eich) . . . . *S. 299*

Nach Abschied von Hofe wohl um 745 in Schantung. — Lan-ling: in Schantung. — Wein: wie gewöhnlich Hirse- oder Reiswein.

Einem Freund zum Geleit auf die Fahrt nach Schu (Eich) . . . . *S. 299*

Schu: = Sï-tschuan, Li's Heimat, wohin sein Freund nun strafversetzt ist. — Stadt: Tschëng-tu, Provinzhauptstadt.

Abschied für Mëng Hau-jan im Haus zum „Gelben Kranich" (Eich) . . . . *S. 300*

In Wu-tschang, beim heutigen Hankou, mit großartigem Blick auf den Yangtse.

Ich suchte den Einsiedel und fand ihn nicht (Debon) . . . . *S. 300*

Ein Gleiches (Debon) . . . . *S. 301*

Gedichtet auf dem Dai-tiän-schan bei Li's Heimat Miän in Sï-tschuan.

China

Eine Nacht mit dem Einsiedel (Debon) . . . . S. 301
Ein Lebewohl (Eich) . . . . S. 301
Antwort (Debon) . . . . S. 301
Vorm Wein (Debon) . . . . S. 302

Pfirsichbaum — blüht: Anspielung auf die Schönen der Freudenhäuser.

An einem Frühlingstag betrunken erwachen (Eich) S. 302
Einsamer Trunk unter dem Mond (Eich) . . . S. 303
Die Frauen von Tschang-an im Kriegsherbst (Eich) S. 303

Seit 741 führte der unzuverlässige General An Lu-schan Krieg gegen die Khitan. Der Dichter mahnt den Kaiser vorsichtig zum Ende. — Kleiderklopfen: die in Truhen verwahrte Winterkleidung der Männer wird für Versand an Front bereitgemacht. — Yü-guan: „Jade-Grenze“, Grenzort in West-Kansu, über welchen auf der Karawanenstraße innerhalb der Großen Mauer der Jadestein von Ostturkestan nach China kam.

Die Hunnen und der Reiter auf dem Tatarenpferd (Eich) . . . . S. 303

Verhüllte Warnung vor dem verdächtigen Treiben des Generals An Lu-schan in Yu-dschou, der Gegend um Peking. — Grüne Augen: auch An Lu-schan war fremden Stamms, Sohn eines Persers und einer Türkin. — Lou-lan: in Ostturkestan. — Fünf Diadochen: die hunnischen Häuptlinge. — Yän-dschï-Gebirge: in Kansu.

Lied vom Zug zu Feld im Norden (Eich) . . . S. 304

Anfang 756 nach An Lu-schans Einnahme von Loyang. Die kaiserlichen Truppen sollen den Empörer von Schansi her über das Tai-hang-Gebirge in der Flanke fassen.

Nach der Schlacht (Eich) . . . . S. 305
Herbstliches Gedenken (Eich) . . . . S. 305
Eine Geliebte des Kaisers (Eich) . . . . . . S. 306
Die Eifersüchtige (Eich) . . . . S. 306
Enttäuschung (Debon) . . . . S. 306
Dem Mädchen Duan (Debon) . . . . S. 306
Aus dem „Gesang auf dem Strom“ (Debon) . . S. 307
Spiegelbild (Eich) . . . . S. 307
Gefragt, wer er sei (Debon) . . . . S. 307

L i D u a n (Li Tuan), aus Hope, 770 Literat, eines der „zehn Genies der Da-li-Ära“ (766—779), gewandter Improvisator, Oberpräfekt in Hang-dschou, Tschekiang.

Mondverehrung (Forke) . . . . S. 326

L i I, bis 827, aus Kansu, 769 Literat, Militär, lange außer Amtes, unter Hsiän-dsung (805—820) im Ritual- und im Staatsamt.

Feldzug im Norden (Gundert) . . . . . . S. 326

L i P i n, 9. Jahrhundert, 854 Literat.

Heimweg (Debon) . . . . S. 348

L i S ch a n g - y i n, 813—858, aus Honan, 837 Literat, gelehrt, in amtlicher Laufbahn durch Parteienstreit viel gestört.

Die Mondfee (Debon) . . . . S. 347

M o n d f e e: nach der Sage Frau eines Ministers der uralten Hsia-Dynastie, welche der zauberkräftigen „Königin-Mutter des Westens“, Hsi Wang-mu, den Trank der Unsterblichkeit raubte und damit nach dem Mondpalast entfloh.

L i T j i (Li Ch'i), aus Sï-tschuan, 725 Literat, in Staatsämtern, als Meister der neuen Formen von Achtzeilern zu je 5 oder 7 Worten Vorläufer von Li Bo und Du Fu.

An Freund Lu Wu's einstigem Wohnsitz (Gundert) . . . . S. 295

Eine Nacht im Zenkloster (Gundert) . . . . S. 295

Beide Gedichte typische Achtzeiler zu je 4 + 3 = 7 Worten. — Z e n: japanische Form für chinesisch Tschan oder Tschan-na, indisch Dhyâna, die buddhistische Versenkung.

L i Y ü, 937—978, seit 961 letzter König des schon von Sung bedrohten Südlichen Tang-Reichs in Nanking; hochbegabt, glänzende Jugend; mußte trotz Willfährigkeit 976 Nanking an Sung übergeben, starb als Gefangener in der Residenz des Siegers, dem heutigen Kaifëng. Dichtete nicht in der strengen Form des Lesegedichts, sondern in der weit freieren des zu einer Melodie gesungenen Liedtextes (Tsï, Tzu), die er selbst zu klassischer Vollendung bringt. Vgl. das lehrreiche Buch ihres ersten wissenschaftlichen Erforschers Alfred Hoffmann: Die Lieder des Li Yü, Köln 1950.

Unerfüllte Begegnung (Kasack) . . . . . . S. 349

Nach der Melodie „Der Fischer“ (Hoffmann-Debon) . . . . S. 349

Eine Hofdame (Kasack) . . . . S. 350
Herbsteinsamkeit (Kasack) . . . . S. 350
Der liebste Mensch: die 964 ihm entrissene Gattin.
Nach der Melodie „Nächtliche Raben" (Hoffmann-Debon) . . . . S. 350

Lin Bu (L. Pu), bis 1026, in Hang-dschou, unweltlich, in Armut zufrieden, viel gewandert, hatte Klause hinter dem Westsee (vgl. Bo Djü-i, S. 339) mit Grab daneben, pflanzte Bäume, hielt Kraniche, las, malte Schriftzeichen, warf seine Verse und originellen Sprüche sofort weg, nur wenige blieben erhalten.
An die Mandelblüte (Wilhelm) . . . . S. 351

Liu Dsung-yüan (L. Tsung-yüan), 773—819, aus Schansi, 793 Literat, bedeutender Essayist, Schriftmeister, 806 mit Liu Yü-hsi aus hoher Stellung weit nach Süden versetzt, im Heimweh gereift, trotz seines Buddhismus mit Han Yü befreundet.
Heimweh (Debon) . . . . S. 343
Fluß im Schnee (Debon) . . . . S. 343

Liu Fang-ping, 8./9. Jahrhundert, in Lo-yang.
Herbstnacht im Boot (Debon) . . . . S. 321
I-Fluß: fließt von der Westgrenze Honans nach Lo-yang.
Frühlingsempfindlichkeit (Uhlenbrook) . . . S. 321

Liu Tschang-tjing (Liu Ch'ang-ch'ing), aus Hope, 733 Literat, hohe Ämter, als Gouverneur von Yo-yang am Dung-ting-See nach Sï-tschuan strafversetzt. Meister der vierzeiligen Strophe.
Lautenspiel (Debon) . . . . S. 322
Nochmals Abschied (Debon) . . . . S. 322
Abschied: von Obersekretär Pe, nach Kiangsi verbannt. — Affen: in Stromengen der Yangtseschlucht, Sï-tschuan.
Friede (Gundert) . . . . S. 322
Berg Lung: an der Stromenge des Huang-ho oberhalb des Knies bei Pu-dschou zwischen Schansi und Schensi, Schutz gegen Einfälle von Norden.

Liu Yü-hsi, 772—842, aus Hope, 785 Literat, Zensor am Appellationshof, uneigennützig, charakterfest, 806 strafversetzt, Provinzämter, 827 zurückgeholt, gemeinsame Rückreise und Freundschaft mit Bo Djü-i.

L u D j i (Lu Chi), 261—303, aus Kiangsu, hochbegabt, an den Kämpfen der Zeit leidenschaftlich beteiligt, nach einer verlorenen Schlacht hingerichtet. Schrieb auch rhythmische Prosa und über das Wesen der Dichtung.

L u L u n, aus Schansi, fiel 766 in Literatenprüfung durch, kam als „Genie der Da-li-Ära“ (766—779) doch zu Amt und Würden.

L u Y u, 1125—1209, aus Tschekiang, hochbegabt, ohne Umgangsformen, lange unterdrückt im Provinzialdienst, 1163 am Hof des Südlichen Sung-Reichs in Hang-dschou, Literat ehrenhalber, bald in Ungnade, Berater bei Fan Tschëng-da (s. d.), 1190 in Ritualamt und Staatsarchiv; als Dichter männlich-schwungvoll.

M e F e, Lieblingsgemahlin des Kaisers Hsüan-dsung (s. d.), 745 durch Yang Gue-fe verdrängt. Später, als der Kaiser von Barbarenstamm Tribut an Perlen erhielt, erinnerte er sich ihrer und sandte ihr davon einen Scheffel. Sie aber lehnte mit dem nachfolgenden Gedichte ab, das Goethe wiederum nach P. P. Thoms am 4. Februar 1827 verdeutschte.

M e S c h ë n g (Mei Shêng), bis 141 v. Chr., bedeutender Dichter, von dem aber nichts sicher Beglaubigtes erhalten ist. Gedichte seines Namens wahrscheinlich 250—300 Jahre später.

T a u s e n d M e i l e n: 1 Li (chin. Meile) rund 500 m.

M ë n g D j i a u (Mêng Chiao), 751—814, aus Tschekiang, in sich eingekehrte Natur, eng befreundet mit Han Yü, erst 800 Literat, lebte in kleinem Amt bei großer Armut ganz der Dichtung.

M ë n g H a u - j a n, 689—740, aus Hupe, fiel bei fleißigstem Studium im Literatenexamen 728 durch, lebte in den heimatlichen Bergen, machte weite Reisen, wurde der erste in der nun aufsteigenden Reihe großer Dichter, von Dschang Djiu-ling gefördert, von Wang We und Li Bo als Freund verehrt.

Frühlingsschlaf (v. Franyó) . . . . S. 287

Sommerabend (Debon) . . . . S. 288

Am Dung-ting-See (Gundert) . . . . S. 288

D u n g - t i n g - S e e: im Herzen Chinas am Yangtse, von Herbst bis Frühjahr ein Becken von Sumpf und Ackerland, Yün-mëng genannt, im Sommer vom Hochwasser der Ströme zum Binnenmeer von zehnfacher Größe des Bodensees gestaut. — Y o - y a n g: heute Yo-dschou, auf erhöhtem Landvorsprung malerisch gelegen.

Nacht am Strand auf langer Bootfahrt (Gundert) S. 288

Nächtliche Heimkehr zum Hirschtorberg (Wilhelm) . . . . S. 289

Der Freund verzieht (Gundert) . . . . S. 289

Dschu Da, dem Tapferen, zum Abschied auf die Fahrt nach Tjin (Gundert) . . . . S. 289

T j i n: = Schensi, mit der Reichshauptstadt Tschang-an. — O r t d e r R e c k e n: der Stadtteil Wu-ling in Tschang-an, Grabstätte von fünf Han-Kaisern, bewohnt von ritterlichen Abenteurern, die sich für Schutzlose einsetzen. — Klassischer Vierzeiler zu je fünf Worten.

O u - y a n g H s i u, 1007—1072, aus Kiangsi, Staatsmann, uneigennützig, unbeugsam, öfters amtsverdrängt, liebte Wein und frohe Gesellschaft, förderte junge Talente, schrieb Geschichte der Tang-Dynastie und gelehrte Werke im Stil des Han Yü.

Lied von der Prinzessin Ming (Wilhelm) . . . S. 352

Sandsturm (Eich) . . . . S. 353

An einen Gesandten, der nach Norden ging (Eich) S. 353

H a n: China. — Y u und Y ä n: südwestliche Mandschurei und Hope.

Das japanische Schwert (Eich) . . . . S. 354

K u n - i: hunnischer Stamm in Kansu. — H s ü F u: Magier unter Schï Huang-di von Tjin, 221—206 v. Chr. Daß er Japan erreicht hätte, ist spätere Sage. — N i e m a n d e n g i b t s: Tatsächlich hatten schon

Hunderte von Japanern in China studiert, und die Pflege der Klassiker stand in hoher Blüte.

S c h ï - d j i n g (Shih-ching, Schi-king), „kanonisches Buch der Lieder", Frucht königlicher Förderung von Musik und Dichtung unter der Dschou-Dynastie zwischen 1050 und 700, von Kung Fu-dsï redigiert, enthält 350 Lieder aus den Gauen des alten Feudalreichs, naiv volkstümlich oder höfisch feierlich; Strophen mit gleicher Verszahl, freier Reim, Verse meist aus vier Wörtern, liebt Wiederholungen des ersten Verses mit zierlichen Variationen und Einleitung des Themas durch Bilder aus der Natur. Schlichte Frische, Anschaulichkeit, reiche Thematik. Erste Übertragung in Europa lateinisch 1733, von Rückert 1833 in formgewandte Verse gebracht, aber voller Mißverständnisse; erste getreue Wiedergabe durch James Legge 1871. Die meisterhafte Übertragung des lippischen Kabinettsrats Victor von Strauß wahrt mit äußerster Treue Wortlaut und Versform.

W ë n: Gaufürst des untergehenden Schang-Reichs in Schansi, begründete den Aufstieg des Hauses Dschou: sein Sohn Wu schuf 1050 das Feudalreich Dschou mit Hilfe seines bedeutenden Bruders Dan, „Herzogs von Dschou", wahrscheinlich auch Verfassers der ältesten Lieder des Schï-djing. — E n t e n p a a r: Mandarinenenten, Sinnbild ehelicher Treue. — Die Braut kommt der Sitte gemäß zum Bräutigam, in diesem Fall über Wasser.

„Sie vergleichen ohne Übermut ihr Los mit dem der Fürstin, welche nachts das Lager des Gemahls teilt."

H s i ä n - y ü n: Hunnen. — F a r r e n k e i m: vom Traubenfarn, Osmunda japonica, eßbar.

Papierbaum: Papiermaulbeerbaum, Broussonetia papyrifera.

Dorfgeheg: umfaßte etwa 25 Höfe. — Spindelbusch: Evonymus Sieboldianus, lieferte Hartholz für Bogen.

Spottlied auf Zuchtlosigkeit des Adels im Lehensstaat We. — Tang: eine Art Flachsseide, Cuscuta, gelbliche Blüten. — Me: Gebiet in We. — Djiang, I, Yung: Namen von Fürsten- und Adelsfamilien. — Fung: Rapskraut.

Schu-djing (Shu-ching, Schu-king), „kanonisches Buch der Schriften", nur bruchstückweise erhalten, enthält Gespräche und Ermahnungen von Herrschern und Vasallen aus den Anfängen chinesischer Geschichte bis ins 7. Jahrh. v. Chr., von hohem sittlichem Pathos, oft in dichterischer Sprache.

Kue: unter dem halbmythischen König Schun, vor 1800 v. Chr. — Klingstein: in rahmenförmigem Gestell aufgehängt, meist aus Nephrit (Jade) oder Metall. — Phönixpaar: Männchen Fëng, Weibchen Huang, göttliches Königspaar der Vogelwelt, fünffarbig gefiedert, singt nach Fünftonleiter, bringt Frieden und Glück.

Yü der Große und sein Königtum (Gundert) . S. 231

Y ü: Nachfolger von Schun, Gründer des Reiches Hsia, ca. 1800.

Des Königs Tai-kang jüngster Bruder beklagt die Schande seines Hauses (Gundert) . . . . S. 232

T a i - k a n g: Enkel Yü's des Gr., König von Hsia, als Jäger so zügellos, daß ihn das Volk schließlich nicht mehr in die Stadt hereinließ.

Lied der Alten beim Schlagholzspiel (Olbricht) . S. 232

D e s K a i s e r s M a c h t usw.: gilt als Lob, denn die beste Regierung ist die, von welcher das Volk am wenigsten merkt.

S ï - k u n g S c h u (Szu-k'ung Shu), aus Hope, eines der „zehn Genies der Da-li-Zeit" (766—779), Literat, Beamter.

Zum Geleit für die Heimkehrer nach Befriedung des Aufstandes (Franke) . . . . S. 325

S u S c h ï, auch: S u D u n g - p o (Su Shih, Su Tung-p'o), 1036—1101, aus dem Hochgebirge von Sï-tschuan, größter Dichter der Sung-Zeit; Maler, Schriftkünstler, von starkem Bekennermut, 1057 Literat, von Ou-yang Hsiu erkannt, vom Hof gefördert und gefeiert, aber 1069 als entschiedener Gegner von Wang An-schï abgedrängt, baute sich in Huang-dschou am mittleren Yangtse Klause am „Osthang" (Dung-po, daher Beiname). 1086 vom neuen Kaiser zurückgeholt, in hoher Gunst bei Kaiserin-Mutter, aber bald wieder verdrängt, baute als Präfekt von Hang-dschou herrliche Anlagen am Westsee, verbrachte, von Feinden verfolgt, vom Volk verehrt, sein letztes Jahrzehnt auf fernen Posten bis hin zur unwirtlichen Insel Hainan, bis er einen Monat vor seinem Tod in die alten Würden eingesetzt wurde.

Frühlingsnacht (Eich) . . . . S. 356

Eines der in ganz Ostasien bekanntesten Gedichte.

Ich sehe auf nächtlicher Fahrt die Sterne (Eich) S. 357

S i e b, S c h e f f e l: zwei der 28 Sternbilder chinesischer Astrologie.

Wasserrosen (Eich) . . . . S. 357

W e r m a l t e usw.: der auch in Japan berühmte Maler Dschau Tschang.

Fröhliche Gesellschaft im Garten des Einsiedlers (Eich) . . . . S. 358

T i h u v o g e l: ruft ti-hu, „bringt die Kanne!"

Ma: Ma Dschëng-tsching, Gelehrter in Hang-dschou.

Lü-dschu: „Grüne Perle", im 3. Jahrh., ihrer Schönheit wegen von reichem Kaufmann für drei Scheffel Perlen als Nebenfrau erworben. An ihrem Brunnen schöpften die Schwangeren, um schöne Töchter zu gebären.

Sophora japonica, 10 m hoher akazienartiger Baum.

Su Wu, ca. 143—60, General unter Wu-di, zu den Hunnen abgeordnet, von diesen festgehalten und bis an den Baikalsee verbannt, hielt 19 Jahre lang seinem Herrscherhaus die Treue, kehrte alt und gebrochen zurück und starb hochgeehrt.

Tang Hsiän-dsu (T'ang Hsien-tsu), Beiname: Lin-tschuan, 1550—1617, größter Dramatiker der Ming-Zeit, aus Tschekiang, Kenner der älteren Dichtung, 1583 Literat, wegen Eintretens für Redefreiheit bald versetzt, letzte 20 Jahre daheim. Leidenschaftliche Empfindung, ungeheure Schaffenskraft, geniale Meisterschaft der Sprache.

Thema dieses größten Dramas des Dichters ist die den Tod überwindende Macht der Liebe. Seine Liebeshelden sind Liu, ein Nachkomme des Dichters Liu Dsung-yüan, und Du Li-niang, Nachkommin des großen Du Fu: es schließt sich der Kreis chinesischer Dichtung.

Tang Yin (T'ang Yin), Künstlername Liu Ju, 1470—1524, einer der „Vier großen Maler der Ming-Zeit" (Landschaften, Blumen, Frauenschönheit), unbeugsam eigenwillig, genialer Genießer, dichtete Lieder, begleitete seine Gemälde mit Versen (vgl. die zwei folgenden). Stilistisch Bo Djü-i verwandt. Seine Dichtung spiegelt das wechselvolle

Leben des verunglückten Landrats von einer stürmischen Jugend bis zur buddhistisch gefärbten Resignation.

Tau Tjiän (T'ao Ch'ien) oder Tau Yüan-ming, 372—427, lebte zwischen Yangtsekiang und Poyang-See, größter Dichter zwischen Han- und Tang-Zeit, genial unabhängig, ohne feste Stellung, schlendert durch die Landschaft, liebte Kinder, Bauern, Alte, Trunk mit Freunden, Ruhe und Einsamkeit, dichtet ohne Musikalität, aber erschauernd vor dem stets verspürten Hauch des Todes.

Buch v. d. Bergen und Meeren: fabelreiche Beschreibung der Wunder chinesischer Landschaft, aus der Dschou-Zeit, später erweitert.

Tau-yä (T'ao-ye) d. h. „Pfirsichblatt" oder „Pfirsichlaub", Gemahlin des Schriftkünstlers Wang Hsiän-dschï (344—388).

Von ihrem Namen ausgehend, vergleicht die Dichterin ihren Gatten mit der Pfirsichblüte.

Tjiän Tji (Ch'ien Ch'i, Tsiän Ki), aus Tschekiang, 751 Literat, von Ämtern unbefriedigt, eines der „zehn Genies der Ära Da-li" (766—779).

Siang: der Fluß Hsiang, über dem die gleichnamige Königin des Altertums zur Zither nächtliche Klagelieder singt, vgl. Li Bo, S. 297. Bei Hëng-dschou am selben Fluß der „Gänse-Umkehr-Berg": weiter südlich ist es diesen Zugvögeln des Nordens zu warm.

Tjin Guan (Ch'in Kuan), 1049—1101 aus Kiangsu, mit Su Schï und Wang An-schï befreundet, von beiden in der Beamtenlaufbahn gefördert, wie Li Yü Meister des klassischen Liedes (Tsï), vgl. Alfred Hoffmann: Frühlingsblüten und Herbstmond.

Frühling (Hoffmann) . . . . S. 362

T j ü Y ü a n (Ch'ü Y., K'ü Y.), 343—285 (?), Prinz des Feudalstaates T s c h u (Hupe und Hunan), von hohem Adel der Gesinnung, durch Verleumder verdrängt, durchwandert sein Land, sammelt Lieder des Volks, dichtet selbst Gesänge der Klage und ertränkt sich zuletzt im Flusse Mi-lo, dort noch heute gefeiert. An ihm entzündet sich ein neues dichterisches Schaffen: die „T s c h u - G e s ä n g e" (Elegien oder Rhapsodien von Tschu), bis weit in die Han-Zeit reichend. Sie tragen mit der Leidenschaft ihrer Sprache, der Kühnheit der Bilder, dem Griff ins Übersinnliche der altchinesischen Dichtung völlig neue Elemente zu.

Aus der Elegie „Ins Elend verschlagen"
(Wilhelm) . . . . S. 256

Chinesischer Titel: Li Sau, große Dichtung von Tjü Yüans Aufstieg und Sturz, Himmelsflug und Heimweh, erfüllt vom Schmerz betrogener Treue.

Das Orakel (Wilhelm) . . . . S. 256
Hymne auf die Gefallenen (Waley-Meister) . S. 258

T j ü a n D ö - y ü (Ch'üan Tê-yü), 759—818, aus Lo-yang, bedeutender Staatsmann unter Dö-dsung (780—805) und später, großer Gelehrter von vornehmem Geschmack.

Erwartung (Debon) . . . . S. 327

T s a u P i (Ts'ao P'i), als Kaiser W ë n - d i, 187—226, Sohn des Tsau Tsau, setzte den letzten Han-Kaiser ab und gründete die nordchinesische Dynastie We. Als Dichter weicher als sein Vater, formalästhetisch gerichtet, erschließt neue Möglichkeiten des Ausdrucks.

Witwenklage (Olbricht) . . . . S. 270

T s a u S u n g (Ts'ao Sung), ungefähr 830—910.

Das Jahr 879 (Debon) . . . . S. 347

K r i e g: der furchtbare Bauernaufstand des ehrgeizigen Huang Tschau, der den Untergang des Tangreichs einleitete.

T s a u T s a u (Ts'ao Ts'ao), 155—220, posthum W u - d i als Vorbereiter der kurzlebigen Dynastie We (Wei), vitale, ebenso abenteuerliche wie imponierende Gestalt, schwang sich in dem zerfallenden Han-Reich vom Bandenführer zum Feldherrn, schließlich zum

Herren Nordchinas auf, förderte Dichtung und Musik, wurde selbst aus innerer Notwendigkeit zum überragenden Dichter der Zeit und Vorbild der späteren.

Feldzug ohne Rückkehr (Olbricht) . . . . . *S. 267*

Nach Norden: ins öde Bergland der Mandschurei, i. J. 207.

Das Lied von der bitteren Kälte (Olbricht) . *S. 268*

Taihang: südöstl. Grenzgebirge von Schansi.

Lied von der Gräberstätte (Olbricht) . . . *S. 269*

Grabgesang für das Haus Han (Olbricht) . . *S. 269*

Räuber: der verbrecherische General Dung Dscho, dessen Eingriffe in die Thronfolge 189—191 zum Untergang des Han-Reichs führten.

Tschang Djiän (Ch'ang Chien), 727 Literat, nach 766 Distriktchef in Anhui.

Des Po-schan-Klosters hintere Andachtshalle (Gundert) . . . . *S. 310*

Po-schan: bei Tschang-jo am Mündungstrichter des Yangtse. — Andachtshalle: dient dem Sitzen in stiller Versenkung, Zen; vgl. Li Tji, S. 295.

Tschën Dsï-ang (Ch'ên Tzu-ang), 656—698, aus Sï-tschuan, 684 Literat, Berater der Kaiserin Wu; 696 Feldzug gegen Khitan; durch Neider gestürzt, endete im Gefängnis. Entwickelte bereits die klassischen Formen der Tanglyrik.

Kaufleute (Waley-Meister) . . . . *S. 284*

Über Nacht in Lo-hsiang (Gundert) . . . . *S. 284*

In der Yangtse-Schlucht unterhalb I-tschang gedichtet. Klassischer Achtzeiler zu je 2+3=5 Worten.

Tsën Schën (fälschlich auch: Tsën Tsan), aus Honan, 744 Literat, militärische und zivile Ämter, Ruhestand in Sï-tschuan. Dichter von reiner, tiefer Empfindung.

Frühlingshaftes von der Klosterzelle (Ulenbrook) *S. 318*

Liang-Park: in Gue-dö, Honan, zur Han-Zeit angelegt, nun Sitz eines Buddhaklosters.

Am Oberlauf des We (Gundert) . . . . . *S. 318*

Vor der Buddhahalle des Klosters „Halte fest“ (Gundert) . . . . *S. 318*

Kloster: hoch über Tschang-an gelegen. — Alter Herrscher Ruh: Wu-ling, fünf Grabhügel von Han-Kaisern, vgl. Ort der Recken, S. 289 u. — Der Heilige: Buddha.

Tsui Guo-fu (Ts'ui Kuo-fu), 8. Jahrh., aus Kiangsu, Ämter in Provinz und bei Hof, später degradiert.

Das Gras im Tschang-sin-Schloß (Debon) . . . S. 310

Handelt von der aus des Kaisers Gunst verstoßenen Ban Djiä-yü, s. S. 262. — Schloß der langen Treue: Palast der Kaiserin-Mutter während der Han-Zeit. Hieher zog sich die Kammerfrau Ban 18 v. Chr. vor der Eifersucht ihrer Rivalinnen zurück.

Tsui Hau, bis 754. 723 Literat, im Titelamt, liebte Wein, Spiel, Frauen. Als Dichter auch von Li Bo geschätzt.

Der Turm zum „Gelben Kranich" (Debon) . . S. 308

Vgl. Li Bo, S. 300. — Der Weise: ein Hsiän aus Sï-tschuan, der sich einst hier aufgehalten haben soll.

Tsui Hu, 8./9. Jahrhundert, 796 Literat.

An die Pforte geschrieben (Debon) . . . . . S. 348

Tsui Tu, 9./10. Jahrhundert, 888 Literat.

Nachtgedanken (Wilhelm) . . . . S. 348

Ungenannte (vgl. auch Schu-djing, Schï-djing, Tjü Yüan und Tschu-Gesänge, Me Schëng, Dsï-yä).

Lied des Narren von Tschu (Wilhelm) . . . S. 250

Tschu: Lehensstaat (Hupe und Hunan). Hier klingt erstmals die leichte Ungebundenheit des Südens an.

Altes Lied aus Tschu: Heimliche Liebe (Wilhelm) S. 256

Lied der Sargträger (Olbricht) . . . . . . S. 262

Blüte des Knoblauchs: Auf dieser feingegliederten Blüte verdunstet Tau besonders rasch.

Soldatenlied (Olbricht) . . . . S. 262

Gräberstätte (Olbricht) . . . . S. 263

Heimweh (Olbricht) . . . . S. 264

Die Verlassene (Olbricht) . . . . S. 264

Im Gram (Olbricht) . . . . S. 265

Trennungsschmerz (Olbricht) . . . . S. 265

Gräber (Olbricht) . . . . S. 265

Giftige Droge: die „Unsterblichkeitspillen" der Alchimisten, häufig tödlich.

Frühlingslied (Olbricht) . . . . S. 274

In den drei Klüften (Olbricht) . . . . S. 274

Stromengen in der 700 km langen Durchbruchsschlucht des Yangtsekiang in Sï-tschuan abwärts von Tschungking.

Wang An-schï, 1021—1086, armer Bauernsohn aus Kiang-si, 1042 Literat, von Ou-yang Hsiu gefördert, gelehrter Schriftsteller, Bewunderer der Staatslehre des Mëng-dsï (Menzius), schlicht bis zur Unreinlichkeit, felsenfest von seiner Meinung überzeugt, setzte als Staatsminister 1069 radikale Sozialreformen zum Schutz der Bauern und des Kleinhandels durch, bis er dem geschlossenen Widerstand der führenden Klasse 1076 erlag. Heute viel berufene Gestalt der Geschichte.

Mëng-dsï, latinisiert Menzius: der bedeutende Nachfolger des Konfuzius, der dessen Lehren popularisierte.

Wang Djiän (W. Chien, W. Giän), aus Honan, zwischen 751 und 835; 775 Literat. Ämter in Tschang-an, Kritik an einem Angehörigen der Kaiserfamilie beendete jäh seine Beamtenlaufbahn. Zuletzt Kommandant in Schan am Huangho. Mit Han Yü, Dschang Dji (Dsi) und Yüan Dschen befreundet. Meister der Kleinmalerei in Vierzeilern.

Wang Dschï-huan (Wang Chih-huan), 8. Jahrh., aus Hope, ritterlicher Fechter, erst spät der Dichtung zugewandt, mit Dichtern der Zeit befreundet.

Vgl. Wang Han, S. 285. — Tanguten: Tjiang (K'iang), nordtibetischer Volksstamm. — Lied vom Weidenzweige: chinesisches Volkslied, worin der Liebende zum Zeichen des Abschieds Weidenzweige bricht. — Jadetor: Yü-men, dasselbe wie Yü-guan, vgl. Li Bo, Seite 303 und 567. — Hierzu Anekdote: In der Ära Kai-yüan besuchte Wang Dschï-huan einmal mit Wang Tschang-ling und Gau Schï eine Gastwirtschaft in Tschang-an. Da sie bereits von einer Gesellschaft von Hofmusikern besetzt war, nahmen die Dichter bescheiden in einer Ecke Platz. Plötzlich traten unter den Musikern vier Sängerinnen auf, und eine nach der andern stimmte ein Lied an. Da machten die Dichter untereinander aus: derjenige von uns dreien, von dem hier die meisten Lieder gesungen werden, soll unter uns König sein. Gleich darauf erklang ein Lied von Tschang-ling. Dann folgte eines von Gau Schï, dann wieder eines von Tschangling. Da deutete Dschï-huan auf die Schönste unter den Vieren und sagte: Wenn dieses Mädchen nicht jetzt ein Lied von mir anstimmt, werde ich mich mein Lebtag nicht mehr mit euch messen. Er hatte noch nicht ausgeredet, als die Schöne auftrat und begann: „Der Gelbe Strom steigt auf — er stößt in leuchtende Wolken vor". Dschï-huan brach in hellen Jubel aus, und alle drei schlugen laut den Takt zu dem Lied. Befremdet blickten die Musiker herüber und fragten, was das bedeute. Als sie aber vernahmen, daß sie es mit den Dichtern der gesungenen Lieder zu tun hatten, verneigten sie sich tief vor ihnen, luden sie in ihre Gesellschaft ein, und es gab ein fröhliches Zechen bis in den späten Abend.

Wang Han, aus Schansi, Literat von jugendlichem Übermut, 711 bis 713 an der kais. Palastbibliothek, als Präfekt in Honan strafversetzt, früh gestorben.

Eine Weise aus Liang-dschou (Debon) . . . S. 285

Liang-dschou: in Kansu, nahe der Steppengrenze. Ein dortiger Gouverneur pflegte Lieder seines Bezirks dem Hof unter obigem Titel einzusenden, den Wang Han hier für sein Gedicht aus derselben Gegend übernimmt. — Wein: Traubenwein kam nach China als kostbare Importware aus Turkestan.

Wang Ling, 11. Jahrh., Schwager des Wang An-schï (s. d.).

Sonne und Tränen (Debon) . . . . S. 356

Wang Schï-fu, 13. Jahrh. in Peking, berühmter Verfasser musikalischer Dramen, erst im Dienst der Tungusendynastie Djin (Kin), ging, als diese 1234 den Mongolen unter Dschingis-Chans Sohn Ögädäi (Ügedei) erlag, in deren Dienst über.

Aus dem lyrischen Singspiel „Das Westzimmer" (Hundhausen) . . . . S. 368

Das Westzimmer: Klosterzelle, in der sich zwei Liebende treffen, deren rührend wehmütige Geschichte das Drama mit wunderbarer Zartheit darstellt.

Wang Tschang-ling (Wang Ch'ang-ling), bis 756 (?), 727 Literat, Hofbibliothekar, geißelte unerschrocken Mißstände bei Hof, dafür strafversetzt, in An Lu-schans Aufstand ermordet. Meister der neuen Form des Vierzeilers.

Das Boot der Lotussammlerinnen (Debon) . . *S. 309*
Abschied im Malventurm (Debon) . . . . . *S. 309*

Malventurm: in Tschin-kiang am Unterlauf des Yangtse. — Eltern: wegen Wangs Strafversetzung bekümmert.

Wang We (Wang Wei), 699—759, aus Tai-yüan, Schansi, berühmt als Maler wie als Dichter, 721 bestes Literatenexamen, Hofmusiker, 756 vom Empörer An Lu-schan in Dienst gezwungen, nach dessen Vernichtung eingekerkert, begnadigt, zuletzt wieder auf seinem berühmten Landsitz am Flusse Wang s. ö. Tschang-an. Starke Innerlichkeit, früh dem meditativen Buddhismus zugewandt, seit 31. Jahr Witwer, richtete nach der Mutter Tod sein Landhaus als Tempel ein. Buddhistische Stille und Klarheit erfüllt auch seine hohe Kunst, in der sich Malerei und Dichtung wechselseitig durchdringen.

Ein Dorf am Flusse We (Eich) . . . . . . *S. 290*
Herbstabend im Gebirge (Wilhelm) . . . . *S. 290*
Buddhistisches Kloster (Eich) . . . . *S. 291*

Hsiang-dji: „Duftesdichte", die von Buddhas Lehre ausgeht; auf dem Nan-schan.

Am Feiertag im 9. Mond der Brüder daheim gedenkend (Eich) . . . . *S. 291*

Jugendgedicht, 17. Lebensjahr. — Feiertag: am 9. Tag des 9. Monds besteigt man mit Verwandten und Freunden einen schönen Aussichtspunkt.

Dem Gouverneur Yüan Örl zur Fahrt nach Ostturkestan (Eich) . . . . *S. 291*
Frage (Debon) . . . . *S. 292*
Für Tschau, als er nach Japan zurückkehrte (Eich) *S. 292*

Tschau: dies ist Abe Nakamaro aus Nara, S. 418. — Meertier: die Riesenschildkröte Au trägt auf ihrem schwarzen Rücken die Inseln des Meeres. — Wale: 1000 Li lang, rotfunkelnde Augen wie Hühnereier. — Fusang: Fabelinsel im Ostmeer.

Abschiedswort (Debon) . . . . *S. 293*
Aus dem Zyklus „Das Wangtal" (Debon) . . *S. 293*

Sophore: 10 m hohe Akazienart, s. S. 360.

Aus demselben Zyklus (Eich) . . . . . . *S. 294*

Dem Hofintendanten Dschang als Gegengabe (Debon) . . . . S. 295

Wang Yü-dschëng (W. Yü-chêng), aus Schantung, 983 Literat, unter Tai-dsung hohe Ämter als Gelehrter und Staatsmann, unerschrocken, öfters verdrängt, schrieb Geschichte des ersten Sung-Kaisers Tai-dsu.

Ich treibe auf dem Wusung-Fluß (Eich) . . . S. 351
Wu-sung: Zufluß des Huang-pu unterhalb Schanghai.
Dieser Winter (Eich) . . . . S. 351

We Ying-wu, 740—830, aus Tschang-an, Militär, seit 785 weiser, gütiger Präfekt von Su-dschou, später in buddhistischem Kloster, zuletzt bei Hofe. Edle Reinheit des Stils.

Einem Freunde (Debon) . . . . S. 324
Wohnen in der Stille (Debon) . . . . S. 325

Wu-di von Han (Wu-ti), Kaisertitel für Liu Tschö (L. Ch'ê), 156—87, Urenkel des Gau-dsu, reg. 140—87, überragende Persönlichkeit, erhob erstmals den Konfuzianismus zur Grundlage des Staatswesens, führte Blütezeit herauf, die in historischen Romanen um seine Gestalt, besonders um seine Liebe zu Li Fu-jën ihr Abbild fand.

Auf einer Flußfahrt geschrieben (Eich) . . . S. 259
„Es fallen die Blätter, klagt die Zikade" (Olbricht) S. 260
Die Erscheinung (Olbricht) . . . . S. 260

Wu-di von Liang, Kaisertitel des Hsiau Yän, 464—549; gründete 502 die kurzlebige Dynastie Liang mit Nanking als Hauptstadt und Mittelpunkt geistigen Lebens; erst streng konfuzianisch, dann gläubiger Förderer des Buddhismus, zuletzt Mönch, predigt selbst, endet jämmerlich durch Emporkömmling. Schrieb gelehrte Abhandlungen, dichtete mit zarter Empfindung.

Der Abseitige (Olbricht-Gundert) . . . . S. 281

Wu Djün (Wu Chün), 469—520, arm, von einem Freunde des Liang-Kaisers Wu-di gefördert, Geschichtsschreiber. Als Dichter wegen seines eigenen, nach ihm benannten Stils berühmt.

Frühling ists auf einmal wieder (Olbricht) . . S. 282

Yang-di, Kaisertitel des Yang Guang (Y. Kuang), 569—618; durch Intrige und Gewalt 604 zweiter Kaiser der Dynastie Sui (581—619), maßlos prachtliebend, ausschweifend, dabei großzügiger Förderer von Kunst und Wissenschaft, von Verschwörern erdrosselt.

Frühlingsnacht über dem Strom (Olbricht) . . S. 283

Yang Wan-li, 1124—1206, aus Schansi, 1154 Literat, charaktervoller Gelehrter, hohe Ämter, nach 1190 Protestes wegen strafversetzt, schrieb über Geschichte, Wirtschaft, Bildung, kommentierte das „Buch der Wandlungen“, I-djing.

Frühlingsochse: Zu Frühlings Anfang wurde ein tönerner Ochse durch den Ort getragen und schließlich im Tempel zerschlagen.

Yüan Dschën (Y. Chên), 779—831, aus Honan, 801 zugleich mit Bo Djü-i Lektor der Palastbibliothek, 806 „Erinnerer“ bei Hsiändsung, bald in Ungnade, wechselvolle Laufbahn. Ganz andersartig als Bo, leichtfertig, eifersüchtig, war er diesem doch engstens verbunden, teilte mit ihm Beliebtheit und Ruhm. „Yüan-Bo“ wurde Name für von beiden zwischen 806 und 822 begründeten volkstümlichen Stil der Dichtung.

Konnetabel: Sï-ma; diesen Titel erhielt Bo Djü-i bei seiner Versetzung nach Hsün-yang 815.

ZEITTAFEL

Um Chr. Geb.	Gründung der Dynastie durch Jimmu Tennô
6. Jahrh.	Eindringen des Buddhismus
645	Staatsreform nach Muster des Tang-Reichs
710	Residenzstadt Nara
794—1868	Residenzstadt Hei-an (Miyako, Kyôto)
9.—11. Jahrh.	Vorherrschaft der Familie Fujiwara
1156 ff.	Machtkämpfe der Adelssippen Taira und Minamoto
1185	Sieg der Minamoto
1192—1868	Exekutive in Händen des Schoguns (Reichsmarschalls)
1192—1333	Schogunat in Kamakura
1333—1573	Schogunat in Kyôto
1480—1600	Machtkämpfe der Territorialfürsten
1603—1868	Schogunat des Hauses Tokugawa in Edo (= Tôkyô)
1854 ff.	Verträge mit USA und europäischen Staaten
1868 ff.	Kaiserliche Regierung in Tôkyô; Europäisierung.

Zur Aussprache:

a, e, i, o, u: kurz, leicht (z. B. mono wie in Monolog)
u: nach stimmlosen Konsonanten halb stumm (Kasuga = Kas'ga)
lange Vokale: ei = eh, ii, ô oder Oo, û
ae, ie, oe, ue: je als zwei Vokale zu sprechen (vgl. ziehe, Lohe)
y: wie deutsches Jot
j: wie englisch (Jim), mit leichterem Zungenanschlag
ch: wie englisch (chief)
z: stimmhaftes s, wie französisch (zéro)
s: stimmlos, wie ß.

Bei der einheimischen Namengebung in Japan geht der Familienname voran. Dichter werden aber meist mit dem persönlichen Namen genannt; sie sind deshalb in dem Verzeichnis nach diesem geordnet. Nur bei den Modernen, also von Achiai Naobumi an, ziehen wir es vor, mit den Familiennamen zu beginnen. Besonderheiten bei der Benennung von Kaisern, Prinzen, Geistlichen und Frauen ergeben sich am Ort der Anführung.

Soweit kein Übersetzer angegeben ist, stammen die Übertragungen von Wilhelm Gundert.

Akahito (Yamabe Akahito) etwa zwischen 680 und 745, Höfling niederen Rangs, wahrscheinlich Hofdichter unter Shômu Tennô (reg. 724—748), weitgereist. Meister der Naturlyrik, besonders im Kurzgedicht. Reine Objektivität und strenges Maß der Schilderung, erst wieder von Busons Haiku erreicht.

Der Fuji-san oder Fuji-no-yama, 3776 m hoch, gehört mit der Südseite zur Provinz Suruga und reicht hier bis an die Bucht von Tago, die seit Akahito hundertfach besungen wurde.

Waka-Bucht: bei Wakayama südlich Oosaka, schöne Landschaft.

Akazome Emon, 955—1041, Tochter des Taira Kanemori, Frau des Statthalters Ooe Masahira, bot für ihren totkranken Sohn dem Gott von Sumiyoshi ihr Leben an; zuletzt Nonne. Eine der Dichterinnen der Jahrtausendwende.

Arima, Prinz, 640—658, wegen Verschwörung gegen die Kaiserin Saimei Tennô nach deren Aufenthalt im Badeort Muro in Kii vorgeladen und erdrosselt.

Zweige verflechten: magische Vorversicherung zu Beginn einer Fahrt.

Bashô (Dichtername des Matsuo Munefusa), 1644—1694, der Heilige der Haiku-Dichtung, aus Prov. Iga, lernte bei Haikai-Meister in Kyôto; in Not geläutert, durch Lau-dsï, Dschuang-dsï und Zen vertieft, bildet er das zunächst spielerische Haikai no Hokku (siehe Sôgi) unter dem neuen Namen Haiku zu reiner Lyrik aus; gewinnt, seit 1672 in Edo (Tôkyô), wachsende Jüngergemeinde, bezieht 1680 „Bananenstaudenklause“ (Bashô-an, daher Dichtername), stirbt nach vielen Dichterfahrten bei Freunden in Oosaka. Sein Haiku, jedem Sinneneindruck offen, in 17 Silben hingehaucht, erschließt die Fülle der Schönheit auch im Kleinsten und Gemeinsten, und führt den aufmerksamen Lauscher, nur ihn, in die Stille, aus der es stammt.

Elf Haiku (Hammitzsch) . . . . S. 464 f.
Das letzte Haiku (Hammitzsch) . . . . . . S. 466
Zehn Haiku . . . . S. 465 f.

B u s o n (Taniguchi, seit 1757 Yosa B.), 1716—1783, aus Prov. Settsu, lernt Malerei und Haiku in Edo und Ostjapan, seit 1751 meist in Kyôto. Malt im Geist des Haiku, dichtet Haiku als Maler: zwei, drei Striche ein Bild.

Sieben Haiku (Hammitzsch) . . . . S. 466 f.

C h ô m e i (Kamo Ch.), 1153—1216, beschrieb in den „Aufzeichnungen aus der Zelle" (Hôjô-Ki) die Katastrophen seiner Zeit im Geist des Predigers Salomo; erinnert an Saigyô.

Kurzgedicht (Abend auf der Wanderung) . . S. 454

Daisôjô (d. h. Erzbischof): s. Gyôson D.

D ô g e n Z e n j i (Zen-Meister D.), 1200—1253, Mönch, verpflanzte, 1228 aus China zurück, die buddhistische Versenkungsschule nach Japan; vgl. Li Tji, S. 295.

Seele (Hammitzsch) . . . . S. 461

Emon: s. Akazome Emon.

F u k a y a b u (Kiyohara F.), zwischen 908 und 930 Hofämter, Koto-Spieler, im Alter in Bergklause nördlich Kyôto.

Zwei Kurzgedichte . . . . S. 436 f.

G o - t o b a T e n n ô, 1179—1239, reg. 1184—1198 während Errichtung der Militärregierung in Kamakura durch den Schogun Minamoto Yoritomo; seit Abdankung eifriger Förderer der Kunst und Dichtung; richtete das 951 gegründete kais. Dichtungsamt (vgl. Shitagô) neu wieder ein, das 1205 die bedeutende Sammlung „Neues Kokinshû" (Shin-K.) herausgab; 1221 von Kamakura-Regierung auf Lebenszeit nach der Insel Oki verbannt. Im Schmerz gereifter kaiserlicher Dichter von ehrfurchtgebietender Würde.

Sechs Kurzgedichte . . . . S. 459 f.

G y ô s o n D a i s ô j ô (Erzbischof G.), 1055—1135, Haupt der buddhistischen Tendai-Sekte, kais. Hofpriester.

Kurzgedicht (Hammitzsch) . . . . S. 447

H e n j ô (Sôjô Henjô), d. h. Bischof H.; weltlicher Name: Yoshimine Munetada), 816-890, leiblicher Vetter des Nimmyô Tennô (reg.

834—850), in hohen Ämtern, trat beim Tod des Kaisers 850 überraschend in den Mönchsstand, wurde Abt des Klosters Genkeiji bei Kyôto. Im Leid gereift, des Humors fähig, zeigt bereits das Streben der Heian-Lyrik nach ästhetischem Feinsinn, beschaulicher Reflexion, Formvollendung. Einer der „sechs Dichtergenien" des 9. Jahrhunderts.

Jungfernblume: Ominaheshi, Patrinia scabiosaefolia, Baldriangewächs, blüht auf herbstlicher Heide. — Buddhas drei er Äonen: des vergangenen, gegenwärtigen und künftigen.

Hikami no Iratsume, Tochter des um die Staatsreform von 645 verdienten Nakatomi Kamatari, Begründers der berühmten Familie Fujiwara, wurde Gemahlin des Temmu Tennô.

Hime (d. h. Edelfrau, Prinzessin): s. Iwa no H., Nukada H., Nunakawa H., Yamato H.

Hironiwa (Abe H.), bis 732; 685 von Temmu Tennô geadelt, Landvogt von Iyo, 718 Kanzler zur Linken.

Hitomaro (Kaki-no-moto Hitomaro), etwa zwischen 660 und 710, erster japanischer Dichter großen Formats; Höfling niederen Rangs, Gefolgsmann von Prinzen, dichtete bei Fahrten des Hofstaats; Dienstreisen; zuletzt Amt in Provinz Iwami, wo er unterwegs starb. In altschintoistischer Tradition groß geworden, überträgt er den pathetisch-panegyrischen Ton der Ritualgebete auf das Langgedicht, erhöht seine Feierlichkeit durch reichlichen Gebrauch schmückender Beiwörter („Kissenwörter", Makura-kotoba). Vielseitiges Erleben: Liebe, Abschied, Reisen, Preis der Natur, der Geschichte, der Göttlichkeit des Herrscherhauses, Totenklage. Starkes Empfinden in sinnenhaftem Ausdruck.

Iwami: am Japanischen Meer im Westen der Hauptinsel. — Bambusgras: Sasa, mit stark raschelnden Blättern, bedeckt den Boden des Gebirgswalds. — Eingeklammerte Zeilen sind „Kissenwörter", s. o.

Langgedicht mit Abgesang: Ruhevoll waltet . S. 389
U n s e r e h o h e H e r r i n: Kaiserin Jitô Tennô, besuchte seit 689 jeden Sommer ihr Lustschloß am Yoshino-Fluß. — Y o s h i n o: Bergland in Süd-Yamato mit gleichnamigem Fluß, beliebter Sommeraufenthalt des Hofes, Rückzugsgebiet für politisch Bedrängte, berühmteste Kirschblütengegend, viel besungen.

Im Jagdgefolge des Prinzen Karu . . . . . S. 390
K a r u: Sohn des Temmu Tennô und der Jitô Tennô, nachmals Mommu Tennô, reg. 697—707.

Seit am Geschmeide tragenden Berg Unebi (mit Abgesang) . . . . S. 390
Elegie auf die versunkene Herrlichkeit der Residenz des Tenchi Tennô am Biwasee, wohin dieser 665 von Yamato übersiedelte, vgl. Nukada Hime: Abschiedsweh unterwegs, S. 380. — U n e b i: Hügel bei Kashiwara, Yamato, Stätte der Reichsgründung durch Jimmu Tennô etwa um Chr. Geb. — D e r H o h e H e r r s c h e r: Tenchi Tennô. — K a r a s a k i: Landzunge am Biwasee.

Regenpfeifer auf dem Biwasee . . . . . . S. 391

Auf den Tod der Geliebten in Karu (mit Abgesang) . . . . S. 392

Beim Anblick eines Toten am Ufer . . . . . S. 393
S a n u k i: auf der Nordküste von Shikoku.

Auf Fahrt westwärts durch die Inlandsee (3 Kurzgedichte) . . . . S. 395
I n l a n d s e e: zwischen den drei Hauptinseln Japans, Schauplatz ältester Sage und Geschichte. — B u c h t: zwischen Oosaka und Kôbe, vor Eintritt in die Inlandsee. — V o r g e b i r g: Nordspitze der Insel Awaji, riegelt die Inlandsee östlich ab. — V o g t e i: kais. Statthalterschaft auf Kyûshû. — G ö t t l i c h e S c h ö p f u n g s t a g e: Schöpfung und Auftreten der Dynastie bilden im Mythus eine Einheit.

Auf der Rückfaht ostwärts . . . . S. 395

In Erwartung des Todes . . . . S. 395

Hohodemi: s. Mythologie und Sage.

Hôshi (d. h. Gesetzesmeister, ein Mönchstitel): s. Jakuren, Kengei, Nôin, Saigyô, Sosei.

Ietaka (Fujiwara I.), 1158—1237, Schüler des Toshinari, dem Teika ungefähr ebenbürtig.

Zwei Kurzgedichte . . . . *S. 456*

Iratsume (freundlich ehrendes Wort für Frauen): s. Hikami no I., Kasa no I., Sakanohe no I.

Ise (Fujiwara Ise-Go), etwa 875—939, Tochter eines Statthalters von Ise, schön, geistreich, lange begehrteste Frau des Hofes mit bunt bewegtem Liebesleben. Der Komachi ebenbürtig, aber strengere Form, Bescheidung in Wortwahl.

Zwei Kurzgedichte . . . . *S. 436*

Ishikawa Takuboku, 1885—1912, aus buddhistischer Priesterfamilie in Nordjapan, arm, frühreif, durch das Ehepaar Yosano zur Dichtung erweckt, die nach Erkrankung 1903 mit elementarer Macht ausbricht. Als Fanatiker der Wahrheit in ständigem Kampf mit dem Bestehenden und um die eigene Existenz. Seine Gedichte wollen nicht Kunst sein, sondern Ausgeburten innerer Not. Im Leben bis kurz vor seinem frühen Ende verkannt, hat er seitdem, besonders unter dem revolutionären Proletariat, einen weiten Kreis von Verehrern.

Soldaten (Debon) . . . . *S. 473*

Issa (Kobayashi I.), 1763—1827, Bauer in Kashiwabara, Provinz Shinano; lernt bettelarm in Edo bei Haiku-Meister, gründet nach langen Wanderjahren und Erbstreit 1813 daheim Familie; ein ungeschliffener Edelstein: Liebe, Zorn, Ernst, Scherz, alles wird ihm zum Haiku eigenster Prägung, unverblümt, kunstlos, immer echt, voll Mitgefühls für alle Kreatur.

Sieben Haiku (Hammitzsch) . . . . *S. 468 f.*

Iwa no Hime: s. Mythologie und Sage.

Izumi Shikibu, 974?—1033/4, schöne, leidenschaftliche Tochter des Sinologen Ooe Tadamune, Frau des Kammerherrn Tachibana Michisada, wegen Liebe eines Prinzen bald geschieden; freies Liebesleben; 1003 glücklichste Zeit mit Prinz Atsumichi bis zu dessen frühem Tod 1007, festgehalten in berühmtem Tagebuch; 1009 mit ihrer Tochter Kammerfrau (Shikibu) bei Kaiserin Aki-ko, Gemahlin des Ichijô Tennô; ohne Glück verheiratet mit Fujiwara Yasusuke, dem sie 1021 auf Statthalterposten folgt; 1025/6 stirbt ihre Tochter an Geburt des 2. Kinds. Steht in der jap. Lyrik einzig da durch Unmittelbarkeit starken Gefühls, rücksichtslose Offenheit, andringende Kraft der Sprache. Die Zeit warf ihr Mangel an ästhetischem Feinsinn, dem Gefühl für das „Ergreifende an den Dingen“, Mono no

Aware, vor: sie dichtet selten von Blumen, Mond und Vögeln, ihr ist das eigene Dasein übervoll vom Gefühl nie erfüllter Liebe: eine „große Sünderin", deren Seelennot die von der Zeit über alles geschätzten schönen Schleier unbarmherzig zerreißt und dafür mit persönlich existentiellem Bekenntnis menschliche Tiefen von allgemeiner Gültigkeit enthüllt.

Dreißig Kurzgedichte . . . . S. 440—445

Jakuren Hôshi (Mönch J.), bis 1202, Neffe Toshinari's.

Als früh die ersten Flocken fielen . . . . . . S. 453

Jien (auch: Jichin Oshô, d. h. Abt Jichin), 1155—1225, hohe Geburt, früh Tendai-Mönch, Erzbischof, von meditativer Tiefe.

Zwei Kurzgedichte . . . . S. 458

Jomei Tennô, 34. Herrscher der Dynastie, geb. 593, reg. 629 bis 641 zu Asuka im Stammland Yamato.

Yamato rühmt sich . . . . S. 378

Himml. Hirschberg: Ame no Kaguyama, vielbesungener Aussichtshügel bei Asuka.

Kurzgedicht . . . . S. 378

Kageki (Kagawa K.), 1768—1843, in Kyôto, am Kokinshû geschult; Wohlklang reicher, gefeilter Sprache.

Kurzgedicht (Hammitzsch) . . . . S. 469

Kanemori (Taira K.), bis 990, aus kaiserl. Geblüt, Statthalter von Suruga; lyrische Kraft in dichterisch armer Zeit.

Kurzgedicht . . . . S. 437

Kanesuke (Fujiwara K.), 877—933, Vetter der Mutter des Daigo Tennô, seit 921 hohe Ämter, Verkehr mit Kaiserhaus, offenes Haus für alle Dichter der Zeit.

O um ein Leben . . . . S. 436

Kanezane (Fujiwara K.), 1148—1207, oberster Kanzler.

In einer Waldklause . . . . S. 458

Kasano Iratsume, vielleicht Tochter des Kasa Maro (s. Mansei), begabteste der Frauen, die mit Yakamochi Gedichte wechselten, aber früh von ihm getrennt.

Vier Kurzgedichte . . . . S. 417

Glocke: Mit dem Buddhismus kamen die schweren, durch schwingenden Balken angeschlagenen Glocken nach Japan.

Zwei Haiku . . . . S. 470
T s c h a n g - a n: Mit diesem einen Wort ersteht beim Gang durch das moderne Si-an-fu die ganze Kultur der Tangzeit und Altjapans vor dem distanzierenden Blick des modernen Japaners.

Zwei Tanka: Auf dem Krankenlager . . . . . S. 471 f.
1. Der Dichter liegt krank auf dem Mattenboden; die Blumenvase steht auf dem leicht erhöhten Boden der Zimmernische. — 2. G l y z i n i e, japanisch Fuji, erinnert an das berühmte Haus Fuji-wara, das an der Blüte japanischer Kultur größten Anteil hat. — N a r a: Entstehungsort des Manyôshû. — M i y a k o: Heian, das alte Kyôto. Auch die moderne Dichtung Japans lebt aus ältesten Wurzeln.

M a s a t s u n e (Fujiwara M.), 1170—1221, General.
Kurzgedicht (Hammitzsch) . . . . S. 459

M i c h i t o s h i (Fujiwara M.), 1047—1099, Staatsämter; besorgte 1086 die offizielle Gedichtsammlung Go-Shûi-shû.
Steigt mir leuchtend auf (Hammitzsch) . . . S. 447

M i c h i z a n e (Sugawara M.), 845—903, großer Gelehrter, chinesisch gebildet, Vertrauter des Uda Tennô, von Daigo Tennô 899 zum Kanzler erhoben, durch Fujiwara-Rivalen 901 verdrängt, nach Kyûshû abgeschoben, starb tief gekränkt. Wurde Gott der Schrift und gelehrten Bildung namens Temman Tenjin und populäre Gestalt in Legende und Drama der Neuzeit. Dichtete mehr chinesisch als japanisch.
Drei Kurzgedichte . . . . S. 428
1. Beim Abschied in die Verbannung, an seinen Pflaumenbaum. — 2. Nach Verlassen der Hauptstadt. — 3. In Kyûshû.

M i t s u k u n i (Tokugawa M.), 1628—1700, Enkel des ersten Tokugawa-Schoguns Ieyasu, Territorialfürst in Mito, um Geschichtschreibung und Dichtung verdient.
Ein Regenschauer (Hammitzsch) . . . . . . S. 463

M i t s u n e (Ooshikôchi no M.), blühte etwa 890—910, Provinz- und Hofämter, 905 Mitarbeiter an der Sammlung Kokinshû; feiner Humor, oft spitzige Ironie, Vertiefung durch Leiden an unglücklicher Liebe.
Sechs Kurzgedichte . . . . S. 434 f.

Mototoshi (Fujiwara M.), 1056—1142, kleine Ämter, traditionell formalistisch.

In alten Tagen (Hammitzsch) . . . . S. 448

Murasaki Shikibu, 975—1031, sittsame Tochter des Fujiwara Tametoki, memorierte Geschichte und Dichtung Chinas und Japans, seit 1001 Witwe, 1006 Kammerfrau (Shikibu) bei Kaiserin Aki-ko, Gemahlin des Ichijô Tennô, 1026 mit dieser im Nonnenstand. Schrieb 1001—1006 weltberühmten Roman von den Liebesabenteuern des Prinzen Genji (Genji Monogatari), vollendeten Ausdruck des weiblich zarten Schönheitskults der Heianzeit. Grundmotiv ist „Mono no Aware", das zarte Gefühl für „das Ergreifende an den Dingen" (vgl. Rilke: „Es winkt zu Fühlung fast aus allen Dingen"). In Gedichten ihres Tagebuchs spricht sie sich selbst auf ihre bescheidenere Weise aus.

Vier Kurzgedichte . . . . S. 445 f.

Mushimaro (Takahashi M.), um 730, Verfasser bedeutender Langgedichte, vielfach epischen Inhalts.

Dem Hofadligen Fujiwara Umakai (mit Abgesang) . . . . S. 406

Tatsuta-Berg: Ton auf der 1. Silbe; zwischen Yamato und der Küstenebene südl. Oosaka. — Wacht am Meer: die Südwestinsel Kyûshû, wichtigstes Gebiete der Landesverteidigung. — Fliederblätter: vgl. Iwa no Hime, S. 377.

Am Grab der Jungfrau von Unai (mit 2 Abgesängen) . . . . S. 407—409

Ashi-no-ya: heute Ashiya zwischen Kôbe und Oosaka. — Unai: Teil von Ashi-no-ya. — Chinu: Ort der Umgegend. — Schmuck der unteren Welt: Armringe, mit denen die Toten bestattet wurden.

Mythologie und Sage, entstanden und entwickelt vom 1. bis 6. Jahrhundert, niedergelegt in den Geschichtswerken Kojiki (712) und Nihon-gi (720). Ihr sind folgende „Verfassernamen" zuzuweisen: Yachihoko no Kami, „Gott der 8000 Speere", identisch mit Ookuninushi, sagenhaftem Herrscher von Izumo (heute Provinz Shimane) und Nunakawa Hime, seine Geliebte.

Werbung um die Jungfrau Nunakawa Hime . S. 375

Koshi: Küstenstreifen am Japanischen Meer. — Hahn: sein erster Schrei war für nächtliche Besucher das Zeichen zum Abschied.

Antwort der Nunakawa Hime . . . . . . S. 376

H o h o d e m i, Nachkomme der Sonnengöttin, regierte auf Kyûshû, Vorfahr des Begründers der Dynastie in Yamato, Jimmu Tennô.

Wo Hochseevögel . . . . *S. 377*

Bereits ein vollendetes Kurzgedicht, aus späterer Zeit.

I w a n o H i m e, Hauptgemahlin des Nintoku Tennô (407—427), zog sich, als dieser eine Nebenfrau nahm, von ihm zurück.

Vier Lieder der Sehnsucht . . . . *S. 377*

Echte Kurzgedichte, wahrscheinlich aus späterer Zeit. — F l i e d e r b l a t t: an dem gefiederten Hollunderblatt treffen die Adern besonders genau zusammen, daher Sinnbild inniger Verbindung.

N a k a m a r o (Abe Nakamaro, Tschau Hëng), 701—770, aus Nara, schon 716 zum Studium nach Tschang-an abgeordnet, nie zurückgekehrt. Bald an Hsüan-dsungs Hofbibliothek, Verkehr mit Gelehrten und Dichtern. 753 endlich zur Heimkehr entschlossen, schiffte er sich mit einer japanischen Gesandtschaft in Ning-po ein (vgl. Abschiedsgedicht von Wang We, S. 292), wurde vom Sturm nach Annam verschlagen, in China totgeglaubt, von Li Bo in Elegie betrauert, fand nach Tschang-an zurück und starb in hohen Würden, von japanischen Kaisern posthum geehrt.

Mond der Heimat . . . . *S. 418*

753 beim Abschied von den chinesischen Freunden in Ning-po. — K a s u g a: östlich Nara. — M i k a s a - y a m a: im Osten von Kasuga.

N a r i h i r a (Ariwara N.), 825—880, wie sein Bruder Yukihira aus kaiserlichem Geblüt, Freund und Schicksalsgenosse des vom Neid der Fujiwara verfolgten Prinzen Koretaka. Schön, vornehm lässig, Liebling hoher Frauen, von reicher Legende zum Don Juan gestempelt (Held der Liebesgeschichten Ise Monogatari). Gedichte leicht, flüssig, fast nachlässig, mit starkem Gefühl, „wie eine verblichene Blüte, die noch duftet“ (Tsurayuki). Mit Yukihira den „sechs Dichtergenien“ zugezählt.

Zehn Kurzgedichte (darunter 2 von Frauen) S. 421—422

T a t s u t a - F l u ß: am Fuß des Tatsuta-Bergs, vgl. Mushimaro, im Herbst vom fallenden Ahornlaub rot gesprenkelt. — W e i h e w e d e l: beim Fest der Großen Reinigung vom Priester geschwungen, der Gemeinde zur Wegnahme ihrer Unreinheit hingehalten, zuletzt dem Fluß für das allreinigende Meer übergeben.

Natsume Sôseki, 1867—1916, größter Prosaist des beginnenden 20. Jahrhunderts; viele große Romane und Essays. Die Naturtreue im Haiku lernte er bei Matsaoka Shiki.

Nijôin Sanuki, Tochter des Yorimasa, Kammerfrau bei Nijô Tennô (reg. 1159—1165).

Nôin (Nôin Hôshi, d. h. Mönch N., weltlicher Name: Tachibana Nagayasu), 988 bis nach 1050, aus Kyûshû, Mönch nahe bei Kôbe, abseits höfischer Tradition, anspruchslos, erdnah.

Norinaga (Fujiwara N.), Zeitgenosse des gefürchteten Kritikers Kintô, glücklich über dessen Lob auf das folgende Kurzgedicht.

Nukada Hime (Prinzessin Nukada), 7. Jahrhdt., erst Geliebte des Prinzen Oo-ama (= Temmu Tennô), mußte 661 dessen Bruder Naka no Oo-e (= Tenchi Tennô) in die Ehe folgen, bis nach dessen Tod 671 Temmu Tennô die früh Geliebte wieder zu sich nahm. Erste bedeutende Dichterin Japans.

Miwa-Berg: in Yamato, uraltes Heiligtum des Ookuninushi, s. Mythologie. — Reiswein: Sake, wichtigste Opferspende im Schinto-Ritus. — Berge von Nara: Nordgrenze von Yamato.

Nunakawa Hime: s. Mythologie und Sage.

Ochiai Naobumi, 1861—1903, aus nordjapanischem Samuraigeschlecht und schintoistischer Tradition, kraftvoller Vorkämpfer für Pflege des klassischen Tanka (s. S. 506) gegen europäisierenden Radikalismus; aber schon 1887 auch einer der ersten Dichter in freier Versform (Shintaishi) nach europäischem Muster.

Okikaze (Fujiwara O.), seit 900 Hof- und Provinzämter, Meister im Flöten- und Saitenspiel.

Wega, die Weberin, und Atair, der Rinderhirt des Himmels, zu beiden Seiten des Himmelsstroms, der Milchstraße, dürfen nach chinesischer Legende nur einmal im Jahr, am 7. Tag des 7. Monds, zusammenkommen: Symbole der Liebessehnsucht. Ihr Fest wird alljährlich gefeiert.

Okura (Yamanoe Okura), 660 (oder 680 ?) — 733, lange Zeit arm, 702—704 mit Gesandtschaft im chinesischen Tang-Reich, dann Staatsämter, 726 Landvogt von Chikuzen auf Kyûshû, dort mit Tabito befreundet, 732 nach Nara zurück. Erfüllt von chinesischer Bildung, konfuzianischer Moral, buddhistischer Weltanschauung, als Dichter stark didaktisch, bevorzugt das Langgedicht. Unromantisch, arm an Phantasie, aber mit warmem Herzen für Familienleben und soziale Not, steht er in der japanischen Lyrik einzig da. Leitete seine Gedichte oft durch chinesische Prosasätze ein, dichtete auch chinesisch.

Eß ich Melonen . . . . S. 401
Von der Armut, mit Abgesang . . . . S. 401—403
Frage eines Armen, Antwort eines noch Ärmeren.
Beim Tod seines Kindes . . . . . . S. 403—405
Schintoistische Ritualformen beim Gebet des geängstigten Vaters.

Oo-ama, Prinz: s. Temmu Tennô.

Ootani Kubutsu, 1875—1943, Sohn des 22. Abts des hochangesehenen Tempels Higashi-Hongwanji in Kyôto, bis 1927 selbst in führendem geistlichem Amt, dann aber ausgeschieden und weit gereist. Lernte Haiku bei Masaoka Shiki.

Haiku (Debon) . . . . S. 472

Ryôkwan Shônin (Ehrwürden R., nannte sich auch Daigu, großer Tor), 1757—1831, Prov. Echigo, buddhistischer Mönch, weit gepilgert, in alter Dichtung belesen, liebt Ursprünglichkeit des Manyôshû; dichtet, wie er lebte, frei von jeder Regel in wunschloser Herzenseinfalt.

Drei Kurzgedichte (Hammitzsch) . . . . . S. 467 *f.*

Sadaie: S. Teika.

Sadanobu (Matsudaira S.), 1758—1829, bedeutender Staatsmann des Tokugawa-Schogunats in Edo; traditionelle Kurzgedichte.

Der Kirschenbäume Blütenwipfel (Hammitzsch) S. 467

Saigyô Hôshi (Mönch S., weltlicher Name: Satô Norikiyo), 1118—1190, Hauptmann der kais. Leibwache, 1140 plötzlich Mönch; Wanderleben frei vom Bann der Hofgesellschaft und ihres Ästhetizismus; dichtet aus unmittelbarem Erleben, seelenrein, warm, voll stiller Melancholie, buddhistisch fromm mit der Natur in Einsamkeit verschmolzen; erreicht die Einheit von Gefühl und Gegenstand, die Toshinari und Teika theoretisch erstrebten.

Geierberg: Grdhrakûta bei Benares, wo der Buddha in heller Mondnacht Göttern und Menschen predigte, denen das Mondlicht Symbol des Lichtes seiner Wahrheit wurde.

Fischzaun: Divergierende Gitter aus Bambusstäben im Boden flacher Buchten, um die vom Meer her kommenden Fische zusammenzudrängen. — Gluckente: Sibirionetta formosa, auch Baikalente genannt, besucht im Winter die japanischen Inseln in riesigen Schwärmen.

Saitô Mokichi, 1882—1953, aus der Provinz Yamagata, 1896 in Tôkyô, medizinische Laufbahn, Psychiater, 1925—1929 Studien in Deutschland und Österreich. 1905 durch Shiki für die Dichtung gewonnen, nimmt sich dessen strenge Naturtreue und den schlicht konkreten Ausdruck des Manyôshû zum Vorbild für seine Kurzgedichte.

Sakanohe no Iratsume (Ootomo Sakanohe), Tabitos jüngere Schwester, dürfte kaum nach 690 geboren sein. Jung mit Prinz Hozumi, Sohn des Temmu Tennô, verheiratet, der früh starb, dann mit Minister Fujiwara Maro, endlich ohne Glück mit einem Halbbruder; Mutter dreier Töchter; wohnte meist im Haus ihrer Mutter am Saho-Berg nordöstlich Nara. In der stolzen Tradition und Dichtungspflege ihres Geschlechts aufgewachsen, bedeutendste Dichterin der Manyôshû-Zeit; beste Dichtungen erst zwischen 733 und 750.

Ahngott: Ame no Oshihi, Sohn des Taka-Mimusubi, stieg mit dem Enkel der Sonnengöttin auf den Berg Takachiho in Kyûshû herab und half diesem, das Land in Besitz zu nehmen. Vgl. Tabito und Yakamochi. — R i n d e n f a s e r: Bast des Papiermaulbeerbaums, ältester Textilstoff, im Kultus neben Trank und Speise als Kleidungsopfer verwendet.

Beherrschung . . . . S. 410

Unschätzbares Dokument japanischer Art.

Fünf Kurzgedichte (Liebe) . . . . S. 410

Zwei Kurzgedichte (Mond) . . . . S. 411

Was seht ihr sinnend (beim Trinkgelage) . . S. 411

Von den Kindern getrennt (2 Kurzgedichte) S. 411

Ein Trauerbrief . . . . S. 412—413

A r i m a: Badeort hinter den Bergen im Rücken der Hafenstadt Kôbe. — S i l l a: Reich in Südostkorea seit 57 n. Chr., 527 buddhistisch, umfaßte seit 668 ganz Korea; für Japan bedeutender Vermittler chinesischer Kultur und buddhistischer Religion. — K a s u g a: im Osten von Nara. — D e r Z u g: Leichenzug.

Sami no Mansei: s. Mansei.

S a n e s a d a (Fujiwara S., auch Go-Tokudaiji S. genannt), 1139—1191, Kanzler, Mäzen der Dichtung, erlebte wie alle Zeitgenossen die Gewaltherrschaft des Hauses Taira und dessen Untergang durch das Haus Minamoto.

Nach dem Tode der Gattin . . . . S. 453

Durch der Nagobucht Frühlingsnebelschwaden (Hammitzsch) . . . . S. 454

Herbstlicher Besuch in der verlassenen Hauptstadt S. 454

1180 nach willkürlicher Verlegung der Residenz von Kyôto weg an die Meeresküste durch den Gewalthaber Taira Kiyomori. — Kein Kurzgedicht, sondern zweistrophiges „Imayô“, damals volkstümliche Liedform, im Rhythmus des Iroha (s. Ungenannte, S. 438).

S a n e t o m o (Minamoto S.), 1192—1219, Sohn des Schoguns Yoritomo, 1203 dritter Schogun in Kamakura, ideal gerichteter Jüngling, am Shin-Kokinshû gebildet, dichtet frisch gefühlvoll, endet vor völligem Ausreifen durch Meuchelmord.

Fünf Kurzgedichte . . . . S. 460 f.

S a n u k i: s. Nijôin Sanuki.

S a s a k i N o b u t s u n a, geb. 1872, aus Ise, seit Studienzeit in Tôkyô, bedeutender Universitätslehrer, umfassende Forschungen in Geschichte der japanischen Lyrik, besonders Manyôshû. Dem Kreis um Ochiai Naobumi zugehörig, dichtete er Tanka im Geist der neuen, von sozialem Erwachen und christlichem Einfluß berührten Zeit.

S e k i o (Fujiwara S.), 805—843, in Kyôto, Freund der Stille, nur einige Zeit bei Hofe, lebte meist in den Bergen östlich der Hauptstadt. Musiker und Meister der Schrift.

S o n n e: Anspielung auf den Kaiser.

Shikibu (Titel für kaiserl. Kammerfrauen): s. Izumi Sh., Murasaki Sh.

S h i k i s h i, Prinzessin, 1152 ?—1201, Tochter des Go-Shirakawa Tennô, erlebte alle Katastrophen, die das kaiserliche Haus seit 1156 trafen; 1192 Nonne. Beste Dichterin der Zeit.

K a m o - S c h r e i n: im Norden von Kyôto, den Schutzgöttern des Kaiserhauses und der Residenz geweiht. Hier zelebrierte die Dichterin als kaiserliche Priesterin das Jahresfest und verbrachte die Nacht unter freiem Himmel auf Malven, den heiligen Blüten des Schreins.

S h i m a z a k i T ô s o n, 1872—1943, aus dem mitteljapanischen Gebirge, früh in Tôkyô, verkörpert als führender Romanschriftsteller die Wandlungen der japanischen Literatur im 20. Jahrhundert von Romantik über Naturalismus zu immer reiferem Realismus; hebt in seiner romantischen Periode den freien Vers (Shintaishi) erstmals auf die Höhe reiner Poesie.

S h i t a g ô (Minamoto Sh.), 911—983, aus kaiserlichem Geblüt, großer Philologe, 951 in neu gegründetem Amt für Dichtung Mitarbeiter an der 2. offiziellen Gedichtsammlung (Gosenshû), Manyôshû-Forscher, verfaßte chinesisch-japanisches Wörterbuch.

S h ô h a k u, 1443—1527, Schüler und Partner von Sôgi in der Kettendichtung; erst in Sakai bei Oosaka, später in Prov. Settsu. Pflegte auf einem Ochsen mit vergoldeten Hörnern zu reiten. S. Sôgi.

Shônin (Ehrentitel für Mönche): s. Ryôkwan Sh.

Shunzei: s. Toshiyori.

S ô ch ô, 1448—1532, aus Prov. Suruga, treuester Schüler und Partner von Sôgi in der Kettendichtung, die er ganz im Geist des Zen betrieb, in welches ihn der berühmte Zen-Meister Ikkyû in Kyôto eingeführt hatte. S. Sôgi.

S ô g i (Iio S.), 1421—1502, Jugend in Kyôto, weit gewandert, starb zu Yumoto im Hakone-Gebirge. Erhob das gesellige Spiel der „Kettendichtung" oder Ren-ga, d. h. das abwechselnde Improvisieren von dreizeiligen Oberstollen und zweizeiligen Unterstollen des Kurzgedichts, zur lyrischen Kunstform und gab mit seinen Schülern Shôhaku und Sôchô zwei Kettendichtungen von je 100 Halbversen heraus. Aus der Verselbständigung des Oberstollens oder dreizeiligen Halbverses (Hokku) entstand später das Haikai no Hokku oder Haiku (vgl. Bashô).

Lyrisches Wechselspiel: Von Winter zu Winter. *S. 462 f.*

S o s e i (S. H ô s h i, d. h. Mönch S., weltlicher Name Yoshimine Hatoshi, bis etwa 916, Sohn des Bischofs Henjô, also dem Kaiserhause verwandt. Trat auf Drängen des Vaters aus Hofamt in geistlichen Stand; Lehrer des Tendai-Buddhismus im Kloster Unrin-in bei Kyôto, oft von Uda Tennô besucht, später in Yamato. Warmherzig wie sein Vater.

Sechs Kurzgedichte . . . . S. 426 f.

M i y a k o: Kyôto, die kaiserliche Residenz. — C h r y s a n t h e m e n t a u usw.: beschreibt das chinesische Idealbild des Hsiän, der in der Höhe Himmel und Ewigkeit erlebt. Während des Augenblicks, in dem dort ein Tautropfen verdunstet, vergehen unten Jahrtausende.

S u e t a k a (Kamo S.), 1751—1841, Priester am Kamo-Schrein bei Kyôto, dichtete im traditionellen Stil der Heian-Lyrik.

Die Pflaumenblüten (Hammitzsch) . . . . S. 467

S u e t s u n e (Fujiwara S.), 1131—1221, Bruder des Kiyosuke, hoher Beamter, 1201 Mönch.

Kurzgedicht . . . . S. 453

S u t o k u T e n n ô, 1119—1164, reg. 1124—1141. Von seinem Vater, Altkaiser Toba, zweijährigem Stiefbruder zulieb abgesetzt!

Die Blüte zur Wurzel (Hammitzsch) . . . . S. 452

Tabito (Ootomo Tabito), 665—731, von ältestem Geschlecht, das im Mythus von dem Himmelsgott Taka-Mimusubi abstammt, dem Kaiserhaus seit Anbeginn Heerführer stellte und seit etwa 650 zahlreiche Dichter und Dichterinnen hervorgebracht hat. Hohe Ämter in der neuen Residenz Nara (seit 710), nach 720 Statthalter der Insel Kyûshû, verlor dort seine Frau, 730 Großer Staatsrat in Nara. Dichter des heiteren Lebensgenusses, fast nur in Kurzgedichten. Bruder der Dichterin Sakanohe, Vater von Yakamochi.

Tadamine (Mibu no T.), etwa 880—920, Hof- und Provinzämter, 905 Mitarbeiter an der Sammlung Kokinshû, stille Gemütsart, zarte Empfindung, gelegentlich blaß abstrakt.

Harfe: hier für Koto, auf den Fußboden gelegt und kniend gespielt. — Frühemond: im letzten Viertel, steht morgens hoch am Himmel, von bestimmtem Gefühlsgehalt.

Tamekane (Fujiwara T.), 1254—1335 ?, Haupt einer Poetikschule in Kyôto.

Teika (Fujiwara Teika oder Sadaie), 1162—1241, Sohn und Vollender der Poetiklehre des Toshinari; dichtet mehr kunstvoll als tief.

Tekkan (Yosano Hiroshi T.), 1873—1935, aus Kyôto, Vorkämpfer für Erneuerung der Literatur, leidenschaftlicher Patriot.

Temmu Tennô, als Prinz Oo-ama genannt, 622—686, zog sich nach Verlust der Nukada Hime (s. d.) grollend in das Gebirge Yoshino in Süd-Yamato zurück, siegte nach Tenchi's Tod über dessen Sohn und bestieg 673 den Thron, heiratete Nukada Hime, Hikami no Iratsume (s. d.) und seine Nichte, die ihm als Jitô Tennô auf den Thron folgte.

Tomonori (Ki no T.), etwa 850—915, Vetter des Tsurayuki, Ämter bei Hof und auswärts, 905 von Daigo Tennô mit Tsurayuki und Genossen zur Herausgabe der Sammlung Kokinshû bestellt; überragt jene andern an Tiefe des Gefühls und Zartheit des Ausdrucks.
Vier Kurzgedichte . . . . *S. 429 f.*

Toshinari (Fujiwara T., auch Shunzei genannt), 1114—1204, hohe Ämter; Autorität der Poetik; verschmelzt neuere objektive Richtung der Lyrik mit traditioneller subjektiver, Naturschilderung mit Gefühlsausdruck; vornehm, gehaltvoll. Bezeichnet mit seinem Sohn Teika die letzte Blüte der ausgehenden Heian-Dichtung.
Fünf Kurzgedichte . . . . *S. 448 f.*

Toshinaris Tochter, wahrscheinlich Adoptivtochter, etwa 1170—1254 ?, um 1230 Nonne, echt weibliche Dichterin.
Zwei Kurzgedichte . . . . *S. 454*

Toshiyori (Minamoto T.), etwa 1054—1130 ?, Sohn des Tsunenobu, Meister der Naturschilderung.
Windeswehen . . . . *S. 447*

Toshiyuki (Fujiwara T.), bis 901, seit 866 höhere Staatsämter. Empfänger des Gedichts, das Narihira für ein Mädchen seines Haushalts verfaßte, S. 417.
Kurzgedicht (Zirpende Heimchen) . . . . . *S. 428*

Tsunenobu (Minamoto Ts.), 1016—1097, hohe Ämter; führt Yoshitadas objektive Naturdichtung in die höfische Lyrik ein.
Wächter du des Walds (Hammitzsch) . . . . *S. 447*

Tsurayuki (Ki no Tsurayuki), 860/1—945/6, Hofbeamter, mit seinem Vetter Tomonori, Mitsune und Tadamine 905 von Daigo Tennô mit der ersten offiziellen Sammlung japanischer Gedichte, Kokinshû genannt, beauftragt, schrieb dazu berühmtes Vorwort. 923—940 Statthalter von Tosa auf Shikoku (935 sein Reisetagebuch Tosa Nikki), hinterließ 440 Gedichte; undynamisch, naiv nachdenklich, baut die Erscheinungen einem der vornehmen Statik des Heianhofs gemäßen Kosmos der Harmonie und des schönen Gefühls ein. Klassischer Repräsentant der Heian-Lyrik.
14 Kurzgedichte . . . . *S. 430—432*

Ungenannte (vgl. auch: Mythologie und Sage, Narihira):
Aus dem kaiserlichen Gefolge (2 Kurzgedichte) *S. 382*
Gefolge: der Kaiserin Jitô Tennô, reg. 687—697, verdient um die erste Blüte japanischer Dichtung.

Liebeslieder (8 Kurzgedichte) . . . . . S. 382—384
7. Gedicht: Die Brandungswelle folgt beim Abfließen den divergierenden Neigungswinkeln der Gesteinsfläche und erweckt so den Eindruck plötzlicher Unsicherheit, ja Falschheit.

Buddhistisch . . . . S. 384
Vgl. Stelle im Avatamsaka-Sûtra: „Wie vermag wohl jemand über das Meer des Samsâra — des Kreislaufs von Geburt und Tod — zu schwimmen und das jenseitige Ufer zu erreichen?“ — Berg: das Jenseits von Geburt und Tod, das Nirvâna.

Zu Pferd? Zu Fuße? . . . . S. 384 f.
Vier Kehrverse . . . . S. 385 f.
Kehrvers: jap. Sedôka, Sechszeiler aus 5,7,7+5,7,7 Silben, ursprünglich Wechselgesang, 3 Zeilen Frage, 3 Zeilen Antwort; im alten Volkslied beliebt, schon im 8. Jahrhdt. verschwunden. — Wer hat im Schilfe: zeigt noch die Form des Zwiegesprächs.

Abschiedssegen auf die Reise (mit Abgesang) . S. 396
Aus Hitomaros Sammlung.

Vier Kurzgedichte (8/9. Jahrhundert) . . . . S. 418
Blume Himmelblau: Tsukikusa, Commelyne coelestis, wegen leicht haftender. aber auch rasch verschießender Farbe bekannt.
Ihr lieben Leute (9. Jahrhundert) . . . . . S. 423
Sechs Kurzgedichte (9. Jahrhundert) . . . S. 427 f.
Ahornlaub: vgl. Narihira, S. 417. — Bach der Läuterung: Reinigungsbad in fließendem Wasser, alter Schinto-Ritus.

Heil dem Tennô . . . . S. 429
Grundform der leicht abgeänderten Nationalhymne Kimi-ga-yo.

Weltgeheimnis . . . . S. 429
Das Kerndogma des Mahâyâna-Buddhismus, wörtlich in Tanka-Form gebracht.
Das Iroha . . . . S. 438
Neben Gehalt und Form obendrein ein Kunststück: reiht die 47 Silben der japanischen Sprache in 2 Vierzeiler, die seitdem als ABC dienten. Das Versmaß dreht die aufsteigende Zeilenfolge kurz-lang um in

das fallende Schema lang-kurz, 7,5,7,5 Silben = 1 Strophe. Vollkommener Ausdruck buddhistischer Erleuchtung. Als Verf. galt der große Stifter Kôbô Daishi, 744—835. Neuere Forschung erweist die Jahre 970—985 als ungefähre Entstehungszeit.

Yachihoko no Kami: s. Mythologie und Sage.

Y a k a m o ch i (Ootomo Yakomochi), 718—785, Sohn des Tabito, mit dem Vater in Kyûshû, nach dessen Tod bei seiner Tante Sakanohe, deren Tochter Sakanohe no Oo-Iratsume er heiratet. Letzter Vorkämpfer für Macht und Ansehen des Hauses Ootomo gegen den unaufhaltsamen Aufstieg der Fujiwara. Hohe Ämter in Nara und Provinzen, doch nie zu höchsten zugelassen. Erst Minnedichter im Verkehr mit dichtenden Frauen, als Statthalter von Etchû (746—751) der Naturlyrik und ernster Betrachtung zugewandt, später auch der Sorge um Ehre und Zukunft seines Hauses. Stellte aus älteren Anthologien und aus ihm nahestehenden Kreisen bis 759 die Sammlung Manyôshû zusammen, selbst durch 331 Kurz- und 46 Langgedichte darin vertreten. Bereitet, ohne starke dichterische Kraft, die formalästhetische Richtung der Heian-Lyrik vor. Leistet sein Bestes im Kurzgedicht, während er im Langgedicht hinter seinen Vorbildern Hitomaro und Okura zurückbleibt.

Nach dem Tode der Gattin (2 Kurzgedichte) . S. 413

Drei Kurzgedichte (an Sakanohe no Oo-Iratsume) S. 414

Nr. 1 und 2 verraten die Schwierigkeit ungestörten Zusammenseins infolge der Sitte. — L o s u n g: aus Worten Vorübergehender, aus der Zahl der Schritte auf bestimmter Strecke erforschte man das Schicksal.

Zwei Kurzgedichte (Frühling, Herbst) . . . . S. 414

Sechs Kurzgedichte (aus der Provinz Etchû) . . S. 414f.

V o n O s t e n: der Betrachter hat beim Blick auf das westliche Meer das Gebirge schützend im Rücken. — L i e b s t e: in Nara zurückgeblieben. — S t r o m v e r f l i e ß t: der Imizu-gawa mündet in die Bucht von Toyama. — S e e: der Fuse-See im Winkel der Bucht von Toyama, heute Jûnichô-gata.

Drei Kurzgedichte (Nara, am 23. 2. 753) . . . S. 415f.

Sohnespflicht . . . . S. 416

Neujahrstag (759) . . . . S. 417

Zum Neujahrsbankett der Statthalterei von Inaba für die Landräte der Provinz. Letztes Gedicht der Sammlung Manyôshû.

Yamato Hime, Hauptgemahlin des Tenchi Tennô (geb. 626, reg. 662—671), Tochter eines Halbbruders ihres Gemahls.

Sterbehalle: wenn ein Kaiser starb und damit zum Gott wurde, richtete man seinen Palast als Schinto-Schrein mit Hunderten von Fähnchen ein.

Yorimasa (Minamoto Y.), 1104—1180, Heerführer, Staatsmann; ging in den Sippenkämpfen der Minamoto und Taira eigene Wege; als Dichter traditionell.

Yorizane (Minamoto Y.), Jahrtausendwende, bot dem Gott der Dichtkunst zu Sumiyoshi sein Leben für ein gutes Gedicht, empfing das folgende, erkrankte alsbald und erhielt vom Gott den Spruch: du hast bekommen, was du begehrtest; du wirst nicht mehr aufstehn.

Yosano Aki-Ko, 1878—1942, aus Sakai bei Oosaka, bedeutendste Dichterin des modernen Japan, 1900 Schülerin von Yosano Tekkan, den sie 1901 heiratet; die eigentliche Seele seines Freundeskreises, Vorkämpferin für Echtheit und Natürlichkeit im Frauenleben.

Yosano Tekkan, 1873—1935, aus Kyôto, von leidenschaftlicher Heftigkeit, Schüler von Ochiai Naobumi (s. d.), stellt, angefeuert von seiner Gattin Aki-Ko, das Tanka noch entschiedener als dieser in den Dienst unverblümten Ausdrucks der augenblicklichen Stimmung.

Yoshitada (Sone Y.), etwa 950—1010, in Provinzverwaltung, dichterisch revolutionär, sprengt aristokratische Beschränkung der Themen und Wortwahl, schlicht natürlich, von höfischem Dichterkreis verkannt, dringt gegen Tradition nicht durch.

Kamo: nördlich Kyôto, vgl. Prinzessin Shikishi, S. 451.

Yoshitsune (Fujiwara Y.), 1169—1206, oberster Kanzler, Mäzen der Dichtung; tief empfundene Naturlyrik.

Yukihira (Ariwara Y.), 818—893, aus kaiserlichem Geblüt, älterer Bruder Narihiras (s. d.), seit 840 Hofämter, um 855 einer Sache wegen an den Strand von Suma (bei Kôbe) verbannt, dann bei hohen Verdiensten glänzende Laufbahn.

Yûryaku Tennô, posthumer Titel des 21. Herrschers der Dynastie, geb. 418, reg. 457—479 im Hochtal Hatsuse im Stammland Yamato. Tatkräftig, gewalttätig, dabei voll lebendigen Gefühls. Läßt erstmals individuelle Züge erkennen.

Erstes Gedicht der Sammlung Manyôshû, vgl. Yakamochi.

Yûsai (Hosokawa Y.), 1534—1610, General unter den derzeitigen Machthabern einschl. Tokugawa Ieyasu, dabei seit 1582 Mönch; Vater der aufs Kokinshû eingeschworenen Poetik der Tokugawa-Zeit.

Zenji (d. h. Zen-Meister): s. Dôgen Z.

Zenchiku (Komparu Z.), 1405—1468, Nachfolger des großen Schöpfers lyrischer Singspiele (Nô) Seami, in Zen-Meditation geschult, schuf in diesem Geist feinsinnige Nô-Dramen.

QUELLENNACHWEIS

Vorderer Orient

Von der Verwendung der in wissenschaftlichen Werken üblichen diakritischen Zeichen wurde Abstand genommen.

Ägypter, Babylonier, Assyrer:

A. Erman, Die Literatur der Ägypter, Leipzig 1923
H. Junker, Die Ägypter, Freiburg 1933
S. Schott, Ägyptische Liebeslieder, Zürich 1951
E. Lehmann-H. Haas, Textbuch zur Religionsgeschichte. Leipzig 1923
Perry, Hymnen und Gebete an Sin. Leipzig 1907

Hebräer:

E. Balla, Die Droh- und Scheltworte des Amos. Leipzig 1926
Divan des Jehuda Halevi, eine Auswahl in deutschen Übertragungen, Berlin 1893
A. Geiger, Jüdische Dichtungen der spanischen und italienischen Schule, Leipzig 1856
S. Heller, Die echten hebräischen Melodien. Breslau 1902
S. J. Kaempf, Nichtandalusische Poesie andalusischer Dichter. Prag 1858
Der Morgen (Zeitschrift), 1931 (hieraus die Übersetzung von Merzbach).
M. Wiener, Lyrik der Kabbalah, Wien-Leipzig 1920.

Syrer, Äthiopier:

H Grimme, Der Strophenbau in den Gedichten Ephraems des Syrers (Coll. Friburgensia, Fasc. 2), Freiburg/Schweiz
P. Zingerle, Proben syrischer Poesie aus Jakob von Sarug. Zeitschrift der Deutschen Morgenländischen Gesellschaft (ZDMG) 12—14
A. Grohmann, Äthiopische Marienhymnen (Abh. Sächs. Akad., phil-hist. Kl. XXXIII, Nr. 1), Leipzig 1919

Araber:

Abu'l-'Atahija, Diwan. Beirut 1887
Abu Nuwas, Diwan. Kairo 1898
W. Ahlwardt, The Divans of the six ancient Arabic poets Enna-

biga, ‘Antara, Tharafa, Zuhair, ‘Alqama and Imruulqais. London 1870

A. J. Arberry, Modern Arabic Poetry (Cambridge Oriental Series No. 1). An Anthology with English Verse Translations. London 1950

R. Dvořak, Abu Firas, ein arabischer Dichter und Held. Tha‘alibis Auswahl aus seiner Poesie... in Text und Übersetzung. Leiden 1895

J. W. von Goethe, West-Östlicher Divan, herausgegeben von Ernst Beutler, Leipzig 1943

al-Hallaj, Divan. Ressai de reconstruction, édit et trad. par L. Massignon. Journal Asiatique, Jan.—März 1931

K. H. Hansen—T. Khemiri, Verse und Sprüche der Araber. Hamburg o. J. (1947)

al-Isfahani, Abu'l-Faradsch, Kitab al-aghani. Kairo 1868 ff.

J. Jahn, Diwan al-Andalus, Kassel 1950

T. Khemiri—G. Kampffmeyer, Leaders in contemporary Arabic Literature. (Welt des Islams IX 1930)

A. von Kremer, Philosophische Gedichte des Abu'l-‘Ala' al-Ma‘arri. (ZDMG 29, 31, 38)

E. Littmann, Die Erzählungen aus den 1001 Nächten, nach der Calcuttaer Ausgabe von 1838 übertragen. Leipzig 1921—1928

Maqqari, Nafh at-tib. Analectes sur l'historie et la littérature des Arabes d'Espagne. Publ. par R. A. Dozy, G. Dugat e. a. Leiden 1855—1861

M. al-Mazini, Diwan. Kairo 19

al-Mutanabbi, Diwan. Kairo 1923

Ibn al-Mu‘tazz, Diwan, herausgegeben von B. Lewin. T. IV. Istanbul 1945

R. A. Nicholson, Studies in Islamic Mysticism. Cambridge 1921

A. R. Nykl, Hispano-Arabic Poetry, Baltimore 1946

F. Rückert, Amrilkais, der Dichter und König. Stuttgart-Tübingen 1843

F. Rückert, Hamasa, oder die ältesten arabischen Volkslieder, gesammelt von Abu Tammam, übersetzt und erleutert. Stuttgart 1846

F. Rückert, Die Makamen des Hariri, oder Die Verwandlungen des Abu Seid von Serug. Stuttgart-Tübingen 1844

as-Sanaubari, ar-Raudijat, hrsg. von M. Raghib at-Tabbah. Aleppo 1932

as-Sarradj, Kitab al-luma‘ fi't-tasawwuf, ed. by R. A. Nicholson. London-Leiden 1914

A. F. von Schack, Poesie und Kultur der Araber in Spanien und Sicilien. Stuttgart 1877

ath-Tha'alibi, Jatimat ad-dahr. 4 Bd. Damaskus 1887
Dsch. S. az-Zahawi, Diwan al-Lubab. Bagdad 1928

Perser:

'Abdallah-i Ansari, munadschat u nasa'ih. Berlin 1924
'Abd al-Gani, A History of Persian Language and Literature at the Mughal Court. Allahabad 1929—30
'Attar, Ilahiname, herausgegeben von H. Ritter. Istanbul 1940
'Aufi, The Lubab al-albab, ed. in the original Persian by E. G. Browne. London-Leiden 1901
E. G. Browne, A History of Persian Literature under Tartar Dominion. Cambridge 1920
E. G. Browne, A History of Persian Literature in modern Times (1500—1924). Cambridge 1924
Dawlatshah, The Tadhkiratu'sh-shu'ara' (Memoir of the Poets)... ed. by E. G. Browne. London 1901
Dschelaladdin Rumi, Ruba'ijjat (Vierzeiler). Handschrift Es'ad 2693 (Istanbul)
s. a. s. v. Jalaluddin
H. Ethé, Abu Sa'id ibn Abi'l-Chair. (Sitzgsber. Bayr. Akad., phil.-hist. Kl. 1875, 1878)
Ahmad Ghazzali, Sawanih (Aphorismen über die Liebe) herausgegeben von H. Ritter. Istanbul 1942
K. H. Graf, Sadis Gulistan oder Rosengarten, Aus dem Persischen übersetzt. Leipzig 1846
J. von Hammer-Purgstall, Geschichte der schönen Redekünste Persiens, mit einer Blütenlese aus 200 persischen Dichtern. Wien 1818
M. Iqbal, Pejam-i mašriq. Lahore o. J.
M. Ishaque, Suhanwaran-i Iran dar 'asr-i hazir. Poets and poetry of modern Persian. Kalkutta 1933 f.
Jalaluddin Rumi, The Mathnawi-i ma'nawi. Ed. ... with notes, translations and commentary by R. A. Nicholson. London 1925 ff.
Jalaluddin Rumi, Selected Poems from the Divan-i Shams-i Tabriz. Ed. and transl. by R. A. Nicholson. Cambridge 1898
G. Rosen, Die Vierzeiler Omars des Zeltmachers. Inselband Nr. 407
G. Rosen, Mesnewi oder Doppelverse des Scheich Mewlana Dschelal-ad-Din Rumi (Leipzig 1849)
V. von Rosenzweig-Schwannau, Der Diwan des Hafis, herausgegeben und ins Deutsche übersetzt. Wien 1858—1864
V. von Rosenzweig-Schwannau, Perlen persischer Dichtkunst auf den Faden deutscher Redekunst gefaßt. Wien 1876
F. Rückert, Firdosis Königsbuch, hrsg. von E. A. Bayer. Berlin 1890, 1894

F. Rückert, Ghaselen des Hafis, hrsg. von H. Kreyenborg. München 1926
F. Rückert, Hafisische Vierzeiler, hrsg. von W. Eilers. Dessau/Leipzig 1940
F. Rückert, Aus Saadis Diwan, hrsg. von E. A. Bayer, Berlin 1893
F. Rückert, Saadi, Politische Gedichte, hrsg. von E. A. Bayer, Berlin 1894
Rückert-Nachlese. Sammlung der zerstreuten Gedichte und Übersetzungen, hrsg. von L. Hirschberg. Weimar 1910—11
C. Salemann-V. Shukovski, Persische Grammatik. Leipzig 1947

Türken:

Fuzuli Divanı, ed. Abdülbaki Gölpinarlı. Istanbul 1948
E. J. W. Gibb, A History of Ottoman Poetry, London 1900—1909
E. C. Güney, Halk Siiri Antolojisi. Istanbul 1950
I. Habib, Türk teceddüt edebiyatı tarihi. Istanbul 1340/1925
C. Külebi, Rüzgâr. Istanbul 1949
Y. Nabi, Türk Yenilik siiri antolojisi. Istanbul 1950
B. Necatigil, Cevre. Istanbul 1951
Riza Tevfik, Divan. Istanbul o. J.
O. Veli, Bütün Siirleri. Istanbul 1951
Yunus Emre, Divanı, ed. Abdülbaki Gölpinarlı. Istanbul 1943

Für die Mitteilung einzelner Gedichte und Beschaffung von Literatur danke ich den Herren Baruch Graubard (München), Prof. Dr. Mustafa Inan (Istanbul), Samim Kocagöz (Izmir) und Behçet Necatigil (Istanbul).

Annemarie Schimmel

Indien

Böhtlingk, Otto, Indische Sprüche. Sanskrit und deutsch hrsg. 2. Auflage. St. Petersburg 1873
v. Schroeder, Leopold, Mangoblüten. Stuttgart 1892
Oldenberg, Hermann, Die Literatur des alten Indien. Stuttgart und Berlin 1903.
v. Glasenapp, Otto, Indische Gedichte aus vier Jahrtausenden in deutscher Nachbildung. Berlin 1925
v. Glasenapp, Helmuth, u. a., Die Literatur Indiens von ihren Anfängen bis zur Gegenwart. Wildpark-Potsdam 1929
Zimmer, Heinrich, Maya, der indische Mythos. Zürich 1952
Rückert, Friedrich, Indische Liebeslyrik in deutscher Sprache nachgebildet. Eingeleitet, herausgegeben und erläutert von Helmuth v. Glasenapp. Baden-Baden 1948

Weller, Hermann, Indische Lebensweisheit und Lebenskunst. Stuttgart 1950. (Hieraus auch d. Tagore-Zitat am Schluß des Nachworts.)

Rigveda, Die Hymnen des. Hrsg. v. Theodor Aufrecht. Bonn 1877

Geldner, Karl, Zur Kosmogonie des Rig-Veda, Marburg 1908

Atharva Veda Samhita, hrsg. v. Rudolf Roth u. William D. Whitney. Berlin 1856 und 1924

Mahabharata. Bombay 1863

Oldenberg, Hermann. Das Mahabharata. Seine Entstehung, sein Inhalt, seine Form. Göttingen 1922

v. Bohlen, Peter, Ritusanhâra, id est Tempestatum cyclus, carmen sanskritum Kâlidâso adscriptum. Lipsiae 1840

Fischer, Otto, Ritu Sanhara, Die Jahreszeiten. Indische Gedichte nach dem Englischen von Satyam Jayati (Pseudonym!) übertragen und eingeleitet. München o. J.

Hâla, Das Saptaçatakam des. Hrsg. (und z. T. übs.) von Albrecht Weber. Leipzig 1881

Brunnhofer, Hermann, Über den Geist der indischen Lyrik. Leipzig 1882.

Meyer, Gustav, Essays und Studien zur Sprachgeschichte und Volkskunde (S. 289 ff.: Indische Vierzeiler). Straßburg 1885

Bhasa, Die Abenteuer des Knaben Krischna, verdeutscht von Hermann Weller. Stuttgart 1922

Bhasa, Duryodhanas Ende, verdeutscht v. Hermann Weller. Stuttgart 1933

Kâlidâsa, The Kumârasambhava. Ed. Pansîkar. Bombay 1908

Kâlidâsa's Sakuntalâ (kürzere Textform). Hrsg. v. Carl Cappeller. Leipzig 1909

Kalidasa, Vikramorvasî, das ist Urwasi, der Preis der Tapferkeit. Hrsg. v. Friedrich Bollensen. St. Petersburg 1846

Amaruka, The Amarusataka. Ed. Durgâprasâda and Parab. Bombay 1900 u. ö.

v. Bohlen, Peter, Bhartriharis Sententiae. Berolini 1833

Müller, Max, Meghaduta oder der Wolkenbote, eine altindische Elegie, dem Kalidasa nachgedichtet. Königsberg 1847

(Bilhana), die Kaçmîr-Recension der Pañcâçikâ. Ein Beitrag z. ind. Text-Kritik v. Dr. W(ilhelm) Solf. Kiel 1886

Râja-çekhara's Karpura-mañjarî. Crit. ed. by Sten Konow and transl. by Charles Rockwell Lanman. Cambridge 1901

Much, Hans, Dhammapada, das Hohe Lied der Wahrheit des Buddha Gautama. Hamburg 1920

Neumann, Karl Eugen, Die Lieder der Mönche und Nonnen Gotamo Buddho's. Berlin 1899

Zimmer, Heinrich, Karman, ein buddhistischer Legendenkranz, übertragen und eingeleitet. München 1899
Schomerus, Hilko Wiardo, Die Hymnen des Manikkavasagar. Aus dem Tamil übertr. Jena 1923
Graul, Karl, Indische Sinnpflanzen und Blumen zur Kennzeichnung indischen, vornehmlich tamulischen Geistes. Erlangen 1865
Lehmann, Arno, Die Hymnen des Tayumanavar. Texte zur Gottesmystik des Hinduismus. Aus d. Tamil übs. Gütersloh 1935
Gedichte aus der indischen Liebesmystik des Mittelalters (Krishna und Radha), hrsg. v. Hermann Goetz und Rose-Ilse Munk. Leipzig 1925
Macnicol, Nicol, Psalms of the Maratha Saints. London, Oxford Univ. Press (1919)
The Adi Granth, or the Holy Scriptures of the Sikhs, transl. . . . by Ernest Trumpp. London 1877
Rosen, Friedrich, Die Indarsabha des Amanat. Ein Beitrag zur Kenntnis der Hindustani-Literatur. Leipzig 1891
Journal of the Royal Asiatic Society of Bengal, 1903 (Grierson, S. 457 ff.)

China

Schï-djing, Schu-djing, I-djing. Tôkyô 1922
Tschu-tsï. Tôkyô 1922
Lau-dsï: Dau-dö-djing (Oono Untan: Rôshi Kôgi. Tôkyô 1910)
Gu-schï-yüan. Tôkyô 1923
Tang-schï-hsüan, San-ti-schï. Tôkyô 1920
Kanno Dômei: Tô-shi-sen Shô-setsu. Tôkyô 1942
Tang-schï san-bai-schou. Schanghai
Li Tai-bo Schï-dji (Zoku Kokuyaku Kambun Taisei). Tôkyô 1936
Han Tui-dschï Schï-dji (Zoku Kokuyaku Kambun Taisei). Tôkyô 1940
Bo Djü-i Schï. Schanghai
L. Woitsch: Aus den Gedichten Po Chü-i's. Peking 1908
A. Forke: Tang-Sung Schï-dji — Dichtungen aus der T'ang- und Sung-Zeit. Hamburg 1929
Alfred Hoffmann: Die Lieder des Li Yü. Köln 1950
Victor von Strauß: Schi-king, Das kanonische Liederbuch der Chinesen. Heidelberg 1880
Günther Debon: Ein weißes Kleid, ein grau Gebände. Chinesische Lieder aus dem 12.—7. Jh. v. Chr. München 1957.
Günther Debon: Herbstlich helles Leuchten überm See. Chinesische Gedichte. München 1953 (beide Piper-Bücherei).
Richard Wilhelm: Die chinesische Literatur. Wildpark-Potsdam 1926

R. Wilhelm: Laotse, Tao-te-king. Düsseldorf und Köln 1910
R. Wilhelm: I Ging. Düsseldorf und Köln 1924
R. Wilhelm: Chinesisch-Deutsche Jahreszeiten. Jena 1922
Dem Andenken Goethes (Deutsch-Chinesische Nachrichten, Sonderausgabe). Peking 1932
Chinesisch-Deutscher Almanach 1929/1930. Frankfurt a. M.
Alfred Hoffmann: Frühlingsblüten und Herbstmond. Köln 1951
Herbert Franke: Kleines chinesisches Lesebuch. Köln und Krefeld
H. A. Giles und A. Waley: Select Chinese Verses. Shanghai
Arthur Waley: Chinese Poems. London 1948
Dasselbe deutsch, von Franziska Meister. Hamburg 1951
Arthur Waley: The Poetry and Career of Li Po. London 1950
Arthur Waley: The Life and Times of Po Chü-i. London 1949
Witter Bynner: The Jade Mountain. New York 1929
Robert Payne: The White Pony. London 1949
Sinica, XV. Jahrg. Heft 1/2. Frankfurt a. M. 1940
Lo Ta-kang: Cent Quatrains des T'ang. Paris 1947
Vinzenz Hundhausen: Das Westzimmer. Peking 1929
Vinzenz Hundhausen: Die Rückkehr der Seele. Peking 1937
Tôyô Rekishi Daijiten. Tôkyô 1939, u. v. a.

Japan

Tsugita Jun: Kojiki Shinkô. Tôkyô 1943
Tsugita Jun: Manyôshû Shinkô. Tôkyô 1926
Sasaki Nobutsuna u. Haga Yaitsu: Manyôshû Ryakkai. Tôkyô 1913
Kaneko Mototsumi: Kokin-Waka-Shû Hyôshaku. Tôkyô 1931
Kôchû Kokka Taikei. Tôkyô 1928
Kubota Utsuho: Chûsei Waka Kenkyû. Tôkyô 1943
Kaneko Mototsumi: Genji Monogatari Shinkai. Tôkyô 1948
Kubota Utsuho: Shin-Kokin-Waka-Shû Hyôshaku. Tôkyô 1933
Uchiumi Kôzô: Heike Monogatari Hyôshaku. Tôkyô 1937
Yoshizawa Yoshinori: Chûsei-Bungaku-Sen. Tôkyô 1951
Owada Tateki: Yôkyoku Hyôshaku. Tôkyô 1915
Haisei Bashô Zenshû. Tôkyô 1924
Takahama Kyoshi: Haiku Tokuhon. Tôkyô 1935
Nishigôri Kyûgo: Shamon Ryôkwan Zenden. Tôkyô 1914
Koyama Shin-ichi: Shinkô Waka-shi. Tôkyô 1931
Nihon Bungaku Daijiten. Tôkyô 1951, u. v. a.
Wilhelm Gundert: Die japanische Literatur. Wildpark-Potsdam 1929.
Günther Debon: Im Schnee die Fähre. Japanische Gedichte der neueren Zeit. München 1955 (Piper-Bücherei).

Für wertvolle Unterstützung und Hinweise danke ich Mrs. Winifred Bryher (Burier-La Tour) und den Herren Prof. Dr. Oscar Benl (Hamburg), Dr. Freiherr von Bötticher (Coburg), Dr. Günther Debon (Köln), Dr. Alfred Hoffmann (Marburg), Prof. Dr. Fritz Jäger (Hamburg), Prof. Dr. Kamei-Takashi (Cambridge), Prof. Dr. Kubota-Utsuho (Tôkyô), Prof. Dr. Fritz Martini (Stuttgart), Prof. Dr. Miura-Yukio (Tôkyô), Prof. Dr. Peter Olbricht (Bonn), Dr. Günther Wenck und Prof. Dr. Dr. Alfred Willer (Hamburg).

Wilhelm Gundert

Verzeichnis der Übersetzer

Schlußwort des Verlages

Der Gedanke lag nahe, neben die im selben Verlag erschienene Anthologie „Lyrik des Abendlands“ eine „Lyrik des Ostens“ zu stellen, um so die wichtigsten Zeugnisse der Lyrik der Welt in deutscher Sprache zu versammeln. Schwierig war es, diesen Gedanken zu verwirklichen. Das Gebiet, das es hier zu bewältigen galt, ist nach räumlicher und zeitlicher Ausdehnung so groß, daß es von einem Einzelnen nicht übersehen werden kann. Es wurde deshalb unterteilt: Professor Dr. Dr. Annemarie Schimmel (früher Marburg, jetzt Harvard) übernahm die Herausgabe der Lyrik der Völker des Vorderen Orients, Professor Dr. Walther Schubring (Hamburg) bearbeitete den indischen Teil, Professor Dr. Wilhelm Gundert (früher Hamburg) betreute die Lyrik Chinas und Japans. Die Planung und Koordinierung der Arbeit war Sache des Verlages.

Hierbei ergab sich, daß für die einzelnen Teile des Buches der Raum jeweils verschieden bemessen werden mußte. Nicht überall waren von der Wissenschaft schon die nötigen Vorarbeiten geleistet, teilweise bewegten sich die Herausgeber noch in unerforschtem Gelände. Für manche Gebiete, Indien z. B., war die Zahl der geeigneten Übersetzungen beschränkt, für andere, wie Tibet, Siam, Indonesien, Korea mangelte es noch an zuverlässiger Kenntnis ihrer Lyrik, so daß sie unberücksichtigt bleiben mußten, auch ist die Zahl sowie die Themenbreite der Gedichte bei den einzelnen Völkern sehr verschieden. Am reichsten ist die lyrische Tradition wohl in China und Japan, und da es möglich war, aus diesen Ländern besonders viele bisher noch nicht ins Deutsche übertragene Gedichte zu veröffentlichen, ergab sich für sie ein verhältnismäßig großer Anteil.

Die Auswahl wurde nach künstlerischen Gesichtspunkten getroffen. Die Anthologie soll dazu beitragen, das Bleibend-Menschliche über Räume und Zeiten hinweg zu bewahren, sie soll keine Beispielsammlung zur Literaturgeschichte sein. Wissenschaftlich-historische Gesichtspunkte traten deshalb also in den Hintergrund. Um der Einheitlichkeit des Buches willen beschränkte sich die Auswahl auf Kunstlyrik; Volkslied und Volksdichtung blieben außer Betracht.

Bei der Sammlung und Sichtung der seit Herder von Dichtern und Gelehrten übersetzten Gedichte der asiatischen Völker ergab sich, daß nur ein begrenzter Teil von ihnen verwendet werden konnte.

Bei manchen waren Retuschen des Stils möglich, aber oft genügen sie unserem Sprachempfinden nicht mehr — das trifft selbst für viele Nachdichtungen eines so genialen Übersetzers wie Rückert zu —, oft entsprechen sie nicht mehr unserer im Lauf der Zeit erweiterten und vertieften Kenntnis der östlichen Sprachen und Kulturen. Das gilt insbesondere für Übertragungen aus den letzten Jahrzehnten. Viele der bis in die jüngste Zeit bei uns bekannt gewordenen Nachdichtungen arabischer, persischer, chinesischer oder japanischer Lyrik stammen nicht aus den Originalsprachen, sondern beruhen auf Zwischenübersetzungen ins Englische oder Französische. Bei solchen Übersetzungen zweiter Hand stellen sich leicht Fehler der verschiedensten Art ein, die Originale werden oft verfärbt oder in ihrem Charakter überhaupt nicht mehr getroffen. Sie kamen deshalb für dieses Buch bis auf einige wenige besonders begründete und genau überprüfte Einzelfälle nicht in Betracht. Vielmehr galt, so wie es bei jeder Anthologie europäischer Lyrik selbstverständlich ist, auch hier als Grundsatz, nur Übertragungen aus den Ursprachen selbst aufzunehmen.
So fanden sich die Herausgeber vor der Aufgabe, den gesammelten Stoff zum größten Teil neu, ja sehr oft zum ersten Mal übersetzen zu lassen oder selbst zu übersetzen. Das war nur in jahrelanger Arbeit möglich, und es wird allen Mitarbeitern für immer zur Ehre gereichen, daß sie unermüdlich und entsagungsvoll ihre Kraft an dieses Ziel wandten. Natürlich mußte der Individualität der Übersetzer Spielraum für verschiedene Arten der Lösung ihrer Aufgaben gelassen werden, insbesondere für die Wiedergabe der im Deutschen oft schwer oder gar nicht nachzuahmenden lyrischen Formen. Gerade hier zeigt dieses Buch wieder das Vermögen der deutschen Sprache, Fremdes sich anzuverwandeln, wenngleich auch die beste Übertragung eines in und aus der Sprache lebenden Kunstwerks nie mehr als dessen Abglanz geben kann.
Die an dem Buch Beteiligten kennen die Wünsche, die es noch offen läßt. Sie glauben aber, durch ihre Arbeit die östlichen Literaturen weiter erschlossen und dem Verständnis für sie gedient zu haben. Sie hoffen, daß ihre Arbeit zu der geistigen Berührung zwischen den Kontinenten beitragen möge, die der durch die Technik vorausgenommenen räumlichen Annäherung erst ihren wahren Sinn geben kann. Wenn das erreicht würde, es wäre viel: — der Leser wäre daran nicht unbeteiligt.

Herbert G. Göpfert

Zur Ausgabe im Jahr 1978

Das vorstehende Schlußwort wurde 1952 geschrieben. Seitdem ist diese Anthologie in verschiedenen Auflagen und Ausgaben erschienen und hat als einzige derart umfassende und allein auf Übersetzungen nach den Originalen beruhende Sammlung vielfältige Zustimmung und Anerkennung gefunden. Nun erscheint sie im Jahr des 50jährigen Jubiläums des Verlags in einer für weiteste Verbreitung bestimmten Sonderausgabe. Der Verlag gedenkt bei diesem Anlaß der beiden inzwischen verstorbenen Mitherausgeber Wilhelm Gundert und Walther Schubring, deren intensive Anteilnahme seinerzeit entscheidend zum Gelingen des Buches beigetragen hat und deren Arbeit nun hier weiterwirkt, von Wilhelm Gundert auch in den vielen, einen Teil seines Lebenswerkes darstellenden Übertragungen.
Inhaltlich erscheint die Anthologie unverändert. Zwar ist seit 1952 manches an neuen Übersetzungen aus dem Bereich, den dieses Buch umgreift, erschienen, so daß einige der seinerzeit empfundenen Lücken kleiner geworden sind, doch steht noch immer viel aus. Vor allem aber würde eine Erweiterung zu derart folgenreichen Eingriffen in das Buch insgesamt führen, wie sie jetzt noch nicht möglich waren und wohl auch noch nicht nötig sind.

H. G. G.

INHALT